플롯의 발견

한국 고전 서사의 재생산과 전환

이화학술총서

플롯의 발견

한국 고전 서사의 재생산과 전환

김경미 지음

이화여자대학교출판문화원

책을 펴내며

플롯은 서사의 기획과 의도를 구현하는 장치로, 서사의 핵심적인 요소다. 작가는 인물을 등장시켜 어떤 공간을 배경으로 어떤 사건을 겪고 어떤 결말을 맞이하게 할지를 하나하나 선택한다. 그 선택의 과정이 플롯을 짜는 과정이다. 우리가 무엇인가를 선택할 때 우리의 욕망, 가치, 이데올로기가 개입하듯이 작가가 플롯을 짜기 위해 인물, 공간, 사건을 선택할 때도 이 모든 것이 개입한다. 그런 점에서 플롯은 보편적이고 가치중립적인 것이라고 하기 어렵다. 오히려 플롯은 작가의 사상이나 이데올로기를 가장 잘 전달하는 장치라 할 수 있다. 따라서 누구의 서사이며 어떤 이데올로기를 담는가에 따라 플롯은 달라진다.

이 책은 플롯을 이데올로기 장치로 보면서 먼저 성적 이데올로기 관점에서 가부장제 이데올로기가 어떻게 재생산되고 또 전환되는가를 분석하고, 그다음으로 가족, 국가, 인간 중심 이데올로기가 어떻게 재생산되고 도전받는가를 밝히는 데 주력한다. 이 책은 플롯의 개념과 이론에 대해 정리하는 서론 부분과 1부 '젠더화된 플롯의 재생산과 전환', 2부 '가족, 국가, 인간 중심 플롯의 재생산과 전환'으로 구성되어 있다.

1부에서는 먼저 초기 서사에 해당하는 <김현감호>, 전기소설(傳奇小說)을 대표하는 <최치원>, <이생규장전>, <주생전>의 젠더화된 플롯을 드러내고, <운영전>이 여성 서술자를 통해 젠더화된 전기소설의 플롯을 어떻게 전환하면서 봉합하는지, <심생전>이 어떻게 일상적 사랑의 플롯을 재현하면서 동시에 성적 위계를 재생산하는지를 분석했다. <매죽당 이씨전>과 <방한림전>의 플롯은 여성 간의 지기 관계를 보여준다는 점에서 새로운 플롯이라 할 수 있다. 전기소설과 결은 다르지만 재능을 가진 여성과 여성 간의 지기 관계를 통해 여성에게 부과된 규범을 위반하는 <매죽당 이씨전>과 여성 영웅을 등장시켜 영웅의 성공서사를 전환하고, 동성 결혼이라는 새로운 설정을 통해 젠더 체계뿐만 아니라 섹슈얼리티 체계를 흔들면서 가부장적 성체계에 도전한 <방한림전>을 살펴보았다.

1부에서는 주로 사랑의 서사를 다루었다. 전기소설이 보여주는 낭만적 사랑의 플롯은 주로 당대 사회가 금기시한 사랑에 대한 열망으로 가득 찬 남녀 주인공이 금기를 넘어 사랑을 하고 죽음에 이르는 결말로 이루어져 있다. 이러한 사랑-죽음의 플롯은 개인의 감정과 선택을 위해 사회의 규범을 넘고 죽음에까지 이르는 위반의 플롯을 보여주기 때문에 사랑은 모든 것을 넘어서는 순수한 열정이라는 사랑의 신비화를 낳는다. 하지만 사랑의 관계는 성별 위계와 신분 위계가 첨예하게 작동하는 장이며 전기소설도 예외가 아니다.

전기소설은 조선 사회가 금기시한 자유연애를 보여준다는 점에서 위반의 플롯을 만들어내고 그 안에서 남녀 주인공은 일시적으로 사랑의 공동체를 형성하는 것으로 보인다. 사랑의 공동체 안에서 이들은 신분을 뛰어넘기도 하고 일시적이나마 평등한 관계를 맺기도 한다. 그러나 이들 각각은 젠더와 신분의 위계 속에 놓여 있으며 서사를 둘러싼 가부장제 이데올로기의 영향을 받고 있음을 플롯 분석을 통해 분명하게 볼 수 있다. 전기소설은 고전소설 가운데 드물게 비극미를 드러내는 사랑의 서사로 평가되지만, 남성의 욕망이 중심에 놓인 사랑의 각본이다. 전기소설은 진지한 삶의 문제로 재현되지 못했던 사랑을 양식화했다는 점에서 그 의의가 인정되지만 그 양식화가 어떤 이데올로기에 기반해 있으며 그것이 어떤 이데올로기 장치로 작동했는가를 따지는 것은 별개의 문제다. 따라서 1부에서는 전기소설의 사랑의 플롯이 가부장적 성장치로 어떻게 작동했고 또 전환해갔는가를 밝히고자 했다.

2부에서는 가족, 국가 이데올로기에 대한 문제 제기가 어떻게 이루어지고 새로운 플롯을 창출했는가를 살펴보았다. 2부에서는 이산과 귀환을 다룬 <최척전>을 비롯해서 전쟁을 통한 포로, 이산, 이주의 경험을 서사화한 <김영철전>과 <강세작전>, 전쟁고아를 다룬 <숙향전>, 가부장적 가족 관계의 타자인 서얼 문제를 다룬 <홍길동전>의 플롯을 분석하고 가족 이데올로기와 국가 이데올로기가 어떻게 작동되고 전환되는지를 살펴보았다. 예를 들어 <최척전>은 국가 이데올로기보다 앞서는 개인, 가족 이데올로기가 드러나고 있어 흥미롭다. 마지막으로 동물전을 통해 조선 후기에 창작된 동물전들이 인간 중심의 이데올로기를 드러내면서도 동물 자체를 발견하고 서사화한 점을 밝히고자 했다. 다른 작품들과 층위가 달라 보일 수 있다는 생각을 하면서도 인간 중심의 서사에서 인간-비인간 관계를 다룬 서사, 동물의 서사로 관심을 이동할 필요가 있다고 생각해서 동물전을 포함시켰다. 지금 우리는 남성 중심의 플롯, 인간 중심의 플롯을 해체하고 새로운 공존의 플롯을 상상해야 할 시점에 있기 때문이다.

플롯은 사회적 규범을 서사 형식으로 구현한 것이다. 가부장 사회의 젠더화된 플롯이 그 예이다. 그러나 서사는 동일한 플롯을 지속적으로 반복하지는 않는다. 서사를 구성하는 사람들은 기존의 플롯을 재생산하면서 전환을 시도하고, 전환을 시도하면서 끈질기게 기존의 플롯을 재생산한다. 그런 점에서 서사의 세계는 역동적이다. 이것이 서사의 힘이고 우리가 서사를 읽는 이유이다. 이 책은 그 역동적인 과정을 작품 분석을 통해 드러내고자 했다. 장치 개념은 재생산과 전환의 과정을 보는 데 적절하다고 생각해서 성장치, 가족/국가 이데올로기 장치로 구분해서 사용했다.

플롯의 재생산과 전환의 관점에서 볼 때 한국 고전 서사는 권선징악 플롯을 재생산하며 고민 없이 행복한 결말로 마무리하는 천편일률적인 이야기가 아니다. 만약 한국 고전 서사를 천편일률적인 것으로 본다면 그 말은 곧 한국 고전 서사가 나온 그 시대를 변화가 없는 단조로운 시대로 본다는 말이기도 하다. 가부장적이고 남성 중심적인 영웅 일대기 플롯이 끈질기게 재생산되어 성장치, 국가/가문/가족 이데올로기 장치로 작동하기도 했지만 언제나 그것에 반론을 제기하면서 기존의 플롯을 흔드는 작품들이 나왔다. 따라서 그 플롯의 재생산과 전환이 보여주는 역동을 주시할 필요가 있다. 이는 고전 서사가 생산된 시대의 역동을 의미하기 때문이다.

고전은 시대를 넘어서는 보편적인 가치를 갖는다. 하지만 시대의 소산인 만큼 그 시대의 통념이나 이데올로기를 고스란히 담고 있다. 고전 서사를 읽을 때 더러 불편함을 느낀다면 바로 이런 요소들 때문일 것이다. 나는 다시 읽기를 통해 그 불편함의 정체를 따지고 드러내고 싶었다. 그리고 그 불편한 플롯이 어떻게 계속해서 재생산되고 또 전환되는가를 추적하고자 했다. 불편함이 전통이라는 이름으로 지속되어서는 안 된다고 생각하기 때문이다. 고전 서사를 새롭게 이해하면서 그 안의 불편함에서 벗어나기 위해서는 지금까지 읽어왔던 것과는 다르게 읽어야 한다. 이것이 다시 읽기이다. 다시 읽기란 익숙한 텍스트를 새로운 시각으로, 다른 방법으로 읽는 것이며, 다시 읽기를 통해 우리는 과거와 전통과 고전을 다른 눈으로 볼 수 있다. 그리하여 과거의 전통과 고전의 불편함으로 그대로 받아들이는 대신 그 불편함으로부터 벗어나야 한다. 그래야 현실을 새롭게 바꿀 수 있다.

플롯의 변화는 통념, 이데올로기의 변화를 의미한다. 한 시대의 서사 플롯을 예의주시하며 무엇이 변하고 무엇이 변하지 않았는가를 보면 그 시대를 알 수 있다. 서사는 시대를 일방적으로 반영하지 않는다. 서사가, 서사의 플롯이 시대에 영향을 미칠 수도 있다. 사랑의 서사는 사랑의 풍속을 바꾸었다. 플롯을 바꾸면 현실도 바꿀 수 있다. 이것이 빛의 속도로 모든 것이 변하는 이 시대에 시대를 거슬러 고전 서사의 플롯과 그 심저에 깔린 이데올로기를 분석하면서 다시 읽기를 시도하는 까닭이기도 하다.

지금까지 서사 연구를 해오면서 이론적 근거가 필요가 할 때 주로 참고한 것은 서구의 작품을 근거로 해서 나온 서구의 서사 이론들이었다. 그 이론을 통해 우리 서사를 보면 서구 서사와의 차이를 볼 수 있어 우리 서사를 이해하는 데 도움이 되었다. 그러나 늘 우리 서사가 갖는 특징을 더 잘 드러낼 수 없는 것이 아쉬웠고 우리 서사에 기반한 이론이 필요하다고 생각했다. 언젠가 우리 서사를 바탕으로 한 서사론을 이야기할 수 있으면 좋겠다고 생각했다. 이 책은 우리의 고전 서사의 플롯을 성장치, 국가 이데올로기 장치 개념으로 분석해서 그 특징을 드러내고자 했다는 점에서 이론적인 시도라 할 수 있다.

이 책이 나오기까지 많은 분들의 도움을 받았다. 이대 고소설 연구팀과 함께 오랜 시간 소설을 읽으며 생각을 나눈 것은 고전 서사에 대한 이해를 넓히는 데 많은 도움이 되었다. 전공이 다양한 이화인문과학원 동료들과의 대화는 익숙한 문제를 다른 시각에서 볼 수 있게 해주었다. 언제나 그렇듯 이 책은 앞선 연구자들의 성과 위에 서 있다. 모두에게 감사드린다. 그리고 약속한 기일을 훌쩍 넘긴 원고를 읽고 여러 차례 유익한 조언을 해주신 이화여자대학교출판문화원 이혜지 주간님, 책을 출간해주신 이화여자대학교출판문화원에 감사드린다.

2022년 1월

김경미

차례

서론

이데올로기 장치로서의 플롯

플롯, 서사의 의도와 욕망

춘향은 광한루에 놀러온 이도령과 만난 뒤 어떻게 되었는가? 그리고 둘은 어떤 결말을 맞이하게 되었는가? 그 결말은 작가층과 독자층의 의도와 욕망이 빚어낸 것이며, 이것으로부터 <춘향전>의 주제와 의미가 발생한다. 독자는 <춘향전>을 읽어나가는 동안에는 과정에 집중하면서도 늘 결말을 궁금해하면서 읽거나 듣는다. 드디어 결말에 이르렀을 때 결말에 따라 각 과정의 의미가 다시 해석된다. 플롯(plot)은 이처럼 만남부터 결말까지 전개되는 사건의 틀을 말한다.

플롯은 개별 행동이나 사건들을 안배하고 연결해서 의미를 구성하는 장치를 의미한다. 플롯은 기승전결이라는 선적인 줄거리의 구성 방식에 더 가까운 것 같지만 스토리와 서술, 시점과 공간, 시간, 등장인물과 관련된다. 이런 점에서 플롯은 허구의 세계가 '진실'의 의미를 획득하기 위해 필요로 하는 모든 장치, 즉 소설 속에서의 시간과 공간, 시점과 서술자, 작중 인물의 특성과 서사 구조 등을 의미하는 구조

(structure)와 겹치는 부분이 많다.[1] 하지만 구조가 서사에 필요한 모든 장치를 의미하는 데 비해 플롯은 인물의 행동이나 사건의 전개에 좀 더 집중되어 있다.

플롯은 이야기를 만들어내는 사람이나 비평하는 사람 모두가 중요하게 생각하는 서사의 한 요소이다. 조선시대 서사에 대한 논의에서도 플롯은 중요한 요소로 인식되었다. 조선시대 서사 이론에서는 배치(配置), 배포(排布), 기축(機軸)과 같은 말이 사용되었는데 이는 곧 플롯을 의미한다. 1835년에 창작된 박태석의 <한당유사>라는 한문소설은 크게 알려진 작품은 아니지만 작품을 읽는 방법이나 범례 등을 통해 구성이나 기법에 대해 중요한 언급들을 남겼다. "읽기의 방법[讀方]"에는 "이 책은 옛 사람들의 이야기를 답습함을 면치 못했으나 그 배포(排布)에 있어서는 스스로 기축[機軸]을 만들어냈다"[2]고 플롯에 대해 언급하고 있다.

배치나 배포, 기축은 오늘날에도 쓰이는 말인데 사전적 의미가 조선시대와 크게 달라지지 않았다. 『표준국어대사전』은 배치를 사람이나 물자 따위를 일정한 자리에 나누어 두는 것이라고 정의하고 있다. 배포는 머리를 써서 일을 조리 있게 계획함, 또는 그런 속마음, 일정한 차례나 간격에 따라 벌여 놓음, 살림을 꾸리거나 차림 등으로 정의하고 있다. 배치나 배포는 일정하게 안배해두거나 조리 있게 계획한다는 뜻과 그런 계획을 짜는 속마음이라는 뜻으로 플롯과 유사한 의미를 갖는다. 기축은 기관이나 바퀴 따위의 굴대, 어떤 활동의 중심이 되는 중요한

1 한국현대소설학회, 『현대소설론』, 평민사, 2015, 68면.

2 박태석, "읽기의 방법[讀方]", <한당유사>, 4면, "此書亦未免蹈襲古人說話, 而其排布則自出機軸."

부분, 시문의 체제, 용마루 밑에 서까래가 걸리게 된 도리 등을 말한다. 기축은 그 말 자체가 시문의 체제, 틀을 가리키며, 사물이나 행동의 가장 중심이 되는 부분을 의미한다. 따라서 박태석의 말은 여기서 이야기 내용은 옛날 것을 가져왔지만 구성을 달리하여 새로운 틀을 만들었다는 뜻으로 읽힌다. 구성을 새롭게 함으로써 작품이 새로워졌다는 말을 통해 구성을 중요하게 인식하고 있었음을 알 수 있다.

플롯에 대한 인식은 <춘향전>을 개작한 <수산광한루기>에서도 볼 수 있다. <수산광한루기>의 작가는 글쓰기를 그림에 비유해 "금강산을 그릴 때 바로 만 이천 봉을 그리는 것은 그림이 아니"[3]라고 하고 먼저 동해를 그리고 다음에 바다 위로 여러 봉우리를 들쑥날쑥하게 그린 다음 물과 돌, 수풀 속의 절, 구름 속의 암자를 그린 뒤에 수많은 봉우리들 사이로 우뚝 솟은 한 봉우리를 그려야 명화가 된다고 했다. 이는 사건을 어떤 순서로 구성할 것인가를 이야기한 것이다.[4] 아무리 아름다운 색채라도 아무렇게나 칠한 그림은 흑백의 초상화만큼도 쾌감을 주지 못하는[5] 것처럼 서사를 전개할 때는 사건이나 인물을 아무렇게 흩어놓는 것이 아니라 강조하고 싶은 부분이 잘 드러날 수 있도록 구성해야 한다는 것을 말한 것이다.

플롯이 중요하게 간주된 것은 플롯을 작가의 도덕적 가치를 제시하는 틀이라고 생각했기 때문이다. 아리스토텔레스는 『시학』에서 비극의 여섯 가지 요소로 장경(場景, spectacle), 성격, 플롯, 조사(措辭, diction), 노래, 사상을 들었다. 그중 플롯은 비극의 제1원리, 또는 비극의 생명

3 "광한루기서", <수산광한루기>, "有畵金剛山, 直畵萬二千峰者, 非畵也."
4 김경미, 『소설의 매혹』, 월인, 2003, 242~245면.
5 아리스토텔레스, 『시학』, 천병희 옮김, 문예출판사, 2019, 52면.

과 영혼이라고 하여 그 중요성을 강조했다. 여기서 플롯은 스토리 내에서 행해진 것, 사건의 결합을 의미한다.[6] 그런데 아무리 아름다운 색채라도 아무렇게나 칠한 것은 쾌감을 주지 못하듯이 플롯이란 아무렇게나 사건을 흩어놓는 것이 아니라 질서 있게 배치하는 것이다.

아리스토텔레스는 피해야 할 세 가지 플롯을 다음과 같이 제시했다. 첫째, 덕이 있는 자가 행복하다가 불행해지는 것을 보여서는 안 된다. 공포의 감정도 연민의 감정도 불러일으키지 않고 불쾌감만 자아내기 때문이다. 둘째, 악한 자가 불행하다가 행복해지는 것을 보여서도 안 된다. 비극적이지 않아서 인정에 호소하지도 못하고 연민의 감정도 공포의 감정도 불러일으키지 않기 때문이다. 셋째, 극악한 자가 행복하다가 불행해지는 것을 보여서도 안 된다. 인정에 호소하는 점이 있을지는 모르지만 연민의 감정도 공포의 감정도 불러일으키지 않기 때문이다.[7]

이는 덕이 있는 자의 불행과 악한 자의 행복이라는 플롯은 피해야 한다는 것으로 결국 권선징악에서 벗어나서는 안 된다는 말이다. 여기서 아리스토텔레스가 플롯을 비극의 생명과 영혼이라고 본 이유를 짐작할 수 있다. 아리스토텔레스는 플롯을 작가의 도덕적 가치를 제시하는 틀로 보았던 것이다. 이를 통해 플롯이란 중립적인 장치가 아니라 작가의 의도가 반영된 장치라는 것을 알 수 있다. 플롯은 성격과 밀접한 연관을 갖는데 아리스토텔레스는 또 성격이 추구해야 할 네 가지에 대해 언급하면서 두 번째 요소로 성격의 적합성을 들었다. "예컨대 여자도 용감할 수 있다. 그러나 용감하거나 똑똑한 것은 여자의 성격으로

---

6 아리스토텔레스, 위의 책, 51면.
7 아리스토텔레스, 위의 책, 77~78면.

적합하지 않다"[8]고 했다. 이는 당대의 통념을 반영한 말로 보이는데, 이를 통해 다시 확인할 수 있는 것은 사건, 인물이 관여해서 만들어지는 플롯은 작가 혹은 당대의 가치를 반영하고 지향한다는 것이다.

현대에 와서도 플롯은 여전히 서사를 이해하는 데 있어 긴요한 요소로 간주되었다. 로버트 숄즈와 로버트 켈로그는 『서사의 본질』에서 플롯을 서사에서 역동적이고 연속적인 요소로 보았으며, 인물이나 서사의 다른 요소도 플롯의 일부로 설명했다. 그들 역시 여러 재료를 동시에 또는 무질서하게 제시하는 공간 예술에는 플롯이 없지만 질서로 배열될 수 있는 일련의 유사한 그림들은 플롯을 갖기 시작한다고[9] 하여 플롯을 질서, 즉 의도된 배열을 통해 의미를 만들어내는 장치로 보았다.

영어에서 플롯(plot)이라는 말은 특정 목적으로 상용되는 작은 부분의 땅, 토지 계획, 서사나 드라마에서 행위의 윤곽을 구성하는 일련의 사건들, 계략 등으로 정의된다. 이 단어에는 범위 제한, 경계 표시, 구분과 순서의 설정 등의 개념이 공통적으로 들어 있으며[10] 계획이나 의도가 포함되어 있다. 피터 브룩스는 이런 사전적 정의로부터 플롯의 개념을 이렇게 정리한다. "플롯이란 대개 어떤 계획이나 음모이며, 허구 세계의 표면적이지만 지배적인 적법성에 대항하는 어떤 목적을 성취하기 위해 그리고 차단되고 저지당한 욕망을 실현하기 위해 협의된 계획이다. 따라서 플롯은 조직 구조일 뿐만 아니라 목적 지향적이고 점진

---

8 아리스토텔레스, 위의 책, 91~92면.

9 Robert Scholes, Robert Kellogg, *The Nature of Narrative*, New York: Oxford University Press, 1979, p.207. 임병권 옮김, 『서사의 본질』, 예림기획, 2001, 270면.

10 피터 브룩스, 『플롯 찾아 읽기: 내러티브의 설계와 의도』, 박혜란 옮김, 강, 2011, 34면.

적인 의도의 구조이기도 하다."[11] 브룩스의 플롯 개념을 요약하면 플롯은 내러티브의 설계와 의도를 포용하는 개념이며, 시간적 연속을 통해 발전된 혹은 그 이상이 된 의미들을 위한 구조이다. 연속과 시간을 통해 이 구조화 작용이 시작되고 필요한 것이 되며 그 의미들은 발전한다.[12] 브룩스의 플롯 이론은 서사 이론을 지배해온 형식주의에 이의를 제기하면서 서사를 역동적 작용으로 읽는 우리의 경험에 보다 적합한 모델을 찾는 과정이다.[13]

브룩스는 플롯을 단순히 서사를 전달하는 장치가 아니라 서사의 의도와 욕망을 드러내는 것으로 본다. 이는 플롯 이해에 중요한 전환점을 보여준다. 브룩스는 "내러티브 주제로서의 욕망, 내러티브 동력기로서의 욕망, 그리고 내러티브 언어의 의도 그 자체이자 이야기 행위로서의 욕망은 모두 밀접한 상호 관계를 맺고 있는 것 같다"[14]고 하면서 욕망을 다층화해서 이해하고 있다. 브룩스가 서사의 주제로서의 욕망, 서사를 이끌어가는 욕망, 이야기하고자 하는 욕망을 나눈 것은 서사의 내밀한 욕망을 좀 더 섬세하게 읽어내는 데 도움이 될 것으로 보인다. 예를 들어 주생의 이야기를 듣고 쓴 <주생전>이나 운영이 서술자로 등장하는 <운영전>에서 남녀 주인공의 사랑에 대한 욕망과 사랑의 경험을 이야기하고자 하는 욕망이 맺고 있는 관계를 분석하면, 금기를 위반하면서 또 그것을 이야기해서 남기고자 하는 서술자와 작가의 욕망을 볼 수 있다.

11 피터 브룩스, 위의 책, 34~35면.
12 피터 브룩스, 위의 책, 35면.
13 피터 브룩스, 위의 책, 86~88면.
14 피터 브룩스, 위의 책, 96면.

플롯에는 젠더가 있다

플롯은 가치중립적이고 보편적인 것처럼 보이지만 이데올로기적이며, 젠더에 따라 그 구현 양상이 달라질 수 있다. 젠더(gender)가 현대 페미니즘 이론의 기본 인식소일 뿐만 아니라 새로운 분석의 범주라는 점은 더 이상 부연할 필요가 없다. 젠더는 단순히 여자 또는 남자로 구분하는 생물학적 성(sex) 분류를 가리키기보다는 성별화된 의미를 생산하는 차이의 관계들을 포괄적으로 지칭한다. 젠더의 어원은 '낳다(generare)'라는 라틴어 동사로 그 어근 'genere-'는 인종, 종류, 부류를 뜻한다. 또한 'genre'(불어), 'geschlecht'(독일어), 'genero'(스페인어) 등에서 보듯이 젠더와 상응하는 각국 단어들은 문법적, 문학적 범주들을 가리키기도 한다.[15] 이들 용례에서 보듯 젠더라는 말 자체에는 경계라는 의미가 포함되어 있다. 그러나 이러한 구분 또는 경계가 차별의 근거로 작동하기 때문에 문제적이다. 따라서 젠더 연구는 여성의 남성에 대한 종속이 사회적, 문화적, 정치적, 역사적 구성물이며 여성과 남성이 모두 변화하는 존재라는 전제 위에, '성차의 시스템'과 '성차에 관한 지식'이 어떻게 구성되고 변화해왔는가를 규명하는 방식으로 진행되어 왔다.

문학 연구에서 젠더 분석은 텍스트뿐 아니라 작품과 작가를 둘러싼 문학 환경 전반을 대상으로 성차의 시스템과 지식을 분석하고 그 의미를 밝히는 작업이다.[16] 젠더 분석에서 출발한 페미니스트 비평은 여성

---

15 노승희, 「페미니즘 이론의 실천적 지평」, 『페미니즘, 어제와 오늘』, 민음사, 2000, 389면.

16 이경하, 「여성주의 문학연구의 효용성과 고전문학사」, 『여성문학연구』 16, 2006, 18면.

과 남성의 텍스트나 장르를 이해하는 데 새로운 관점을 제공해주었을 뿐만 아니라 남성들의 텍스트를 대상으로 한 기존의 이론이나 미학의 전제에 대해 계속 질문해왔다. 이러한 질문들은 남성들의 문학을 중심 또는 보편의 위치에 두는 전제에 대한 도전이며, 문학의 가부장성에 대한 비판이기도 하다.

문학 작품이란 한 천재적 개인에 의해 창조된 것이 아니라 여러 가지 문학적 관습과 전통에 의해 구성된 것이며, 미학이나 감성도 마찬가지라는 것은 더 설명할 필요가 없다. 서사학은 문학의 탈신비화에 큰 공헌을 했다. 서술적 기제는 오랫동안 축적된 하나의 전통이며, 문학적 효과는 이러한 여러 서술적 기제에 의해 생산되는 것이다. 문학 작품에 나타난 여러 가지 이데올로기는 실제로는 교묘한 조작에 의해 이루어진 것이며 진리처럼 보이던 것은 실제로는 조작에 의해 그렇게 보이도록 구성된 것에 불과하다는 것이다.[17] 그럼에도 서사학은 형식주의적이며, 완전히 비정치적인 과학을 표방하고, 보편성을 추구해왔다. 여기에 대해 성적 차이를 강조하는 페미니스트 비평가들은 어떤 텍스트들에 의거하여 서사학 이론이 형성되었으며, 서사학의 통찰이 세계에 대한 어떤 이해에 근거해 있는가를 질문해왔다. 그동안 서사학의 어떤 작업도 젠더에 근거해 있지는 않았기 때문이다. 따라서 페미니스트 비평가들에 의해 문학의 탈신비화가 본격적으로 이루어졌다.

서사학에 근거를 제공하는 텍스트들은 남성 작가들의 작품이었으며, 남성들의 텍스트가 보편적인 텍스트를 대변해왔다. 민담 등과 같은 작가가 분명하지 않은 텍스트들도 작가는 남자로 간주되었다. 젠더적

17 이봉지, 『서사학과 페미니즘』, 배재대학교출판부, 2005, 108면.

관점에서 개별 텍스트를 다시 읽어야 할 뿐만 아니라 문학사를 다시 써야 할 필요가 제기되는 것은 바로 이러한 이유에서이다. 이는 서사학을 다시 써야 한다는 이야기이기도 하고, 플롯이나 스토리의 이론이 본질적으로 바뀔 필요가 있음을 의미하기도 한다. 페미니즘 서사 읽기는 기존의 플롯을 새롭게 읽어내고 바꾸어내는 시도이다. 페미니즘 서사 읽기에서 플롯을 문제 삼는 것은 남성 중심의 비평, 이론, 문학사를 문제 삼는 것을 의미한다. 따라서 여성 중심 비평이든 여성 이미지 비평이든 페미니즘은 기존의 플롯을 문제 삼을 수밖에 없다.[18]

페미니즘 서사학은 피터 브룩스의 플롯 모델이 남성 욕망을 투사한 것이라고 비판했다. 서사의 출발점에 욕망이 있다고 보고 프로이트의 마스터플롯(masterplot)을 서사를 위한 모델로 제시하는 브룩스의 마스터플롯 개념은 팽창과 수축, 긴장과 이완, 그리고 강화를 통해 클라이맥스와 완성을 향한 근본적인 남성 쾌락의 리듬에 기초해 있기 때문이다. 페미니즘 서사학은 이에 대응되는 플롯으로 여성 쾌락에 기초한 서사학을 제안하기도 했다.[19] 브룩스는 19세기 피카로(pícaro)의 전략이 야망의 형태를 취했는데 야망은 남성 플롯과 관련이 있고 여성 플롯은 무관한 것은 아니지만 야망에 대해 보다 복합적인 입장을 취한다고 보았다.[20] 한국 고전 서사의 대표적인 플롯으로 간주되는 '영웅의 일대기 구조'는 남성 영웅의 서사이다. 영웅 서사의 플롯은 가정과 국가의 위기를 이겨내고 가정과 국가의 질서를 회복하는 것으로 마무리된다. 이

---

18 고정갑희, 「그리스로마 신화 페미니즘으로 다시 읽기: 젠더화된 욕망과 변신의 성정치」, 『페미니즘은 전환이다』, 북코리아, 2016, 275면.

19 이봉지, 『서사학과 페미니즘』, 배재대학교출판부, 2005, 122면.

20 피터 브룩스, 앞의 책, 74면.

때의 질서는 가부장적 질서이며 영웅 서사의 플롯을 통해 전달되는 이데올로기는 가부장적 국가 이데올로기이다. 이처럼 플롯은 젠더적이다.

성장치로서의 플롯

많은 페미니스트 비평가들은 플롯이 중립적이지도 보편적이지도 않고 남성 중심적인 것이며, 남성이 규정하는 세계관을 영속시키고자 하는 것이라고 주장한다. 즉 전통적인 서사는 가부장적인 정통성을 표시하는 것이며 하나의 단일하고 고정된 질서를 부여하려는 시도라는 것이다.[21] 예를 들어 김만중(1637~1692)의 <사씨남정기>는 사정옥과 교채란의 대립을 통해 정처와 첩의 대립과 갈등을 보여주지만 결국 정처의 승리로 마무리된다. 유교 가부장적 이데올로기를 내면화한 정처의 승리는 곧 가문의 회복이자 권선징악이라는 플롯을 보여준다. 이는 17세기 이후 조선 사회의 강화된 가부장적 이데올로기를 플롯으로 구현한 것이다. 이러한 현상을 보면 플롯은 폐쇄된 회로이며 예측 가능하고 미리 결정된 궤도에 사건을 끼워 넣은 것처럼 보인다.[22] 플롯에 대한 이 같은 비관적인 태도는 서사 구조 자체가 젠더화되어 있으며 서사 구조는 사회적인 구조와 상동성을 갖는다[23]는 인식으로 이어졌다.

이러한 비관론에 의하면 플롯에 대해서 이야기하는 것은 무망한 일처럼 느껴진다. 하지만 플롯은 감옥일 뿐만 아니라 동시에 놀이터로서

21 리타 펠스키, 『페미니즘 이후의 문학』, 이은경 옮김, 여이연, 2010, 166면.
22 리타 펠스키, 위의 책, 166면.
23 리타 펠스키, 위의 책, 168면.

완벽한 폐쇄회로가 되는 것은 불가능하다는 주장도 기억할 필요가 있다. 페미니스트 비평가로부터 비판의 대상이 되는 결혼 플롯도 아무런 회의 없이 남성이 규정한 세계관을 강요하고 있다고 볼 수 없으며, 로맨스 장르도 현재의 젠더 역할을 무반성적으로 반영하는 것이 아니라 독자의 욕망의 관점에서 상상적으로 재배치하고 재형상화하기[24] 때문이다. 이러한 주장은 플롯을 이해하는 데 중요한 관점을 제공해준다. 서사의 역사를 보면 작가들은 기존 플롯의 구속을 넘어서거나 전환할 수 있는 방법을 끊임없이 모색해왔다. 따라서 기존의 플롯은 완벽한 폐쇄회로가 될 수는 없다. 서사는 다성적인 목소리를 갖고 있고, 단일한 각본만을 전달하지는 않는다. 서사는 기본적으로 이전 플롯을 반복하는 것이 아니라 이전의 서사를 패러디하면서 자신의 플롯을 형성해가는 자기 형성적 성격을 갖는다. 따라서 서사는 기존의 이데올로기를 재생산하면서 동시에 전환하는 속성을 갖는다.

이처럼 기존의 서사가 재생산되면서 동시에 전환되는 것을 좀 더 잘 보게 해주는 개념이 성장치(sex-gender-sexuality apparatus)이다. 성장치 개념은 고정갑희가 제안한 것으로 알튀세르의 이데올로기적 국가장치(AIE) 개념과 푸코의 지식과 권력의 담론화 과정에 착안해서 발전시킨 것이다. 알튀세르는 국가를 장치로 보고 이를 억압적인 국가 장치와 이데올로기적 국가 장치로 나누었다. 그는 억압적인 국가 장치에 정부, 군대, 경찰, 감옥 등을 포함시키고 이데올로기적 국가 장치에 학교, 가족, 종교, 정치, 조합, 정보, 출판-보급, 문화를 포함시켰다. 그리고 억압적인 국가 장치가 물리적인 폭력을 직접 혹은 간접적으로 사용

24 리타 펠스키, 위의 책, 169~171면.

하는 억압적 장치라면, 이데올로기적 국가 장치들은 이데올로기에 의해 기능하는 것으로 보았다.[25] 고정갑희는 알튀세르와 "구체적인 장치들 내부에 존재하는 충돌과 장치들 사이에 작용하는 괴리와 모순을 통해, 성이데올로기가 형성되고 성장치들이 만들어져 왔음을"[26] 말해주는 푸코의 이론에 도움을 받아 성장치 개념을 이론화하지만 이들을 넘어설 수밖에 없다고 말한다. 이들이 젠더에 대한 관심을 갖지 않았기 때문이다. 국가 장치가 계급을 우선 심급으로 둔 개념이라면 성장치는 성(섹스-젠더-섹슈얼리티)을 우선 심급으로 둔 개념이다.[27] 국가 장치 개념이 계급 주체가 어떻게 형성되는가를 이해하게 해준다면 성장치 개념은 성적 주체가 어떻게 형성되는가, 여성 주체와 남성 주체가 어떻게 형성되는가를 이해할 수 있게 해준다. 국가와 가족도 성적 주체를 형성하는 장치로 기능하기 때문에 국가와 가족도 성장치에 포함된다. 이렇게 보면 성장치는 국가 이데올로기 장치의 범주를 넘어서는 개념이다. 가부장제는 국가보다 더 오래되고 더 광범위한 체제이기 때문이다.

고정갑희가 제안한 성장치 개념은 "특정의 사회 구성체가 어떻게 성적 가치, 성적 상징체계를 구축하고 계속해서 성적 구조가 문화 재생산을 가능하게 하는"[28]지 그 방식을 밝혀내는 데 도움을 주는 개념이다. 성장치란 "성적 위계, 성적 억압의 구조를 가능하게 하는 장치"로서 기존의 여성/남성 주체를 생산하고 재생산하는 데 동원되는 장치를 의미한다. 신체, 국가, 가족, 시장, 서사, 교육, 미디어 등이 성장치에 해

---

25 루이 알튀세르, 『재생산에 대하여』, 김웅권 옮김, 동문선, 2007, 132~137면.
26 고정갑희, 『성이론』, 여이연, 2011, 207면.
27 고정갑희, 위의 책, 208면.
28 고정갑희, 위의 책, 201면.

당한다.[29]

고정갑희는 성장치에 서사를 포함시키고 서사를 가부장적 성이데올로기를 재생산하는 중요한 장치라고 보았다. 문학, 텔레비전의 드라마, 언론의 기사, 방송의 뉴스 보도, 소설의 구성, 영화에서 볼 수 있는 서사 구조는 성장치로 작용한다. 모든 드라마나 이야기가 결혼이나 가족의 소중함으로 끝나는 서사 구조는 가부장적 성이데올로기를 재생산하는 데 기여한다.[30] 고정갑희는 서사를 성장치에 포함시키고 플롯에 대해 따로 언급하지는 않았다. 대신 서사 구조라는 말을 사용하고 있는데 플롯과 같은 뜻으로 사용한 것으로 보인다. 이후 그리스로마 신화를 성장치의 하나인 서사 장치로 읽으면서 구성, 구획된 땅, 음모라는 세 가지 뜻을 가진 플롯은 중요한 의미가 있다고 하거나, 서사란 플롯의 구성과 재구성 과정이라고[31] 하면서 플롯의 중요성을 직접 언급하고 있다. 고정갑희는 플롯이 성장치라고 명시적으로 말하지는 않았다. 그러나 서사를 성장치로 본다면 서사의 요소인 플롯도 성장치로 볼 수 있다.

플롯을 성장치로 볼 때 서사 이해에 어떤 새로운 관점이 열리는가? 서사가 기존의 성이데올로기를 재생산하는 장치로만 작동하는 것이 아니라 전환을 가져오는 장치라는 것을 보게 해준다. 성장치를 기존의 성이데올로기를 재생산하는 장치로만 본다면 가부장제의 전환이나 전복을 추구하는 새로운 플롯의 출현을 설명하기 어렵다. 성장치가 어떻게 기능하는지를 보면서 이 문제를 좀 더 구체적으로 이야기해보자. 성

29 고정갑희, 위의 책, 200~201면.
30 고정갑희, 위의 책, 218면.
31 고정갑희, 앞의 책, 2011, 274~275면.

장치는 세 가지 차원에서 기능한다. 첫째, 성장치는 기존의 여성/남성 주체를 생산하고 재생산하는 기능을 한다. 둘째, 성장치는 특정 사회가 성을 중심으로 어떻게 구성되었으며 성체계가 어떻게 재생산되는가를 보게 해주는 기능을 한다. 셋째, 성장치는 기존의 성체계가 위계적이고 차별적인 것을 발견하고 그것을 바꾸어나가는 실천을 이끌어내는 기능을 한다. 이 세 가지를 가부장제가 유지되는 현 사회를 예로 들어 설명하면 성장치는 가부장제 사회에서 성적 위계와 성적 억압의 구조를 재생산하는 기능을 하며 가부장제 사회가 성을 중심으로 어떻게 구성되고 성체계가 어떻게 재생산되는지를 보게 해주는 기능을 한다. 가부장제 사회를 유지하는 성이데올로기는 남성 중심주의와 이성애 중심주의이다. 성장치는 여기에 그치지 않고 가부장제 사회의 성적 위계와 성적 억압의 구조를 바꾸어나가는 새로운 장치, 즉 서사의 새로운 플롯을 발견하게 해준다.

한 서사가 젠더화된 플롯으로 진행된다면 이 서사는 가부장적 성장치로 작동한다. <김현감호>를 보면 작가가 가부장적 성이데올로기를 강화하는 플롯을 선택하는 과정을 발견할 수 있다. 작가가 젠더화된 플롯을 의도하지 않았다 해도 작가가 속한 사회의 통념이 무의식적으로 배어 있을 수 있다. 독자도 무의식적으로 이를 당연한 것으로 받아들일 수 있다. 그렇게 해서 젠더화된 플롯은 한 작품에만 특정하게 작동하는 것이 아니라 유형이나 장르 차원에서 작동하기도 한다.

그렇다면 이는 바꿀 수 없는 것인가? 고정갑희는 플롯이라는 단어가 구성, 구획된 땅, 음모라는 세 가지 차원을 가지고 있는 것에 착안하여 구성을 바꾸고, 땅을 바꾸거나 떠나고, 음모를 드러냄으로써 바꿀 수 있다고 본다. 서사는 끊임없이 플롯의 구성과 재구성이 이루어지는 장이며, 특정한 이데올로기 안에 갇혀 있는 것이 아니라 그것을 넘어서는 순간들을 갖고 있다. 기존 가부장제의 성적 이데올로기를 재생산하는 신화의 텍스트 안에서도 독신에의 욕망, 근친에의 성적 욕망, 동성애적 욕망, 가정 바깥 공간에 대한 욕망의 형태로 가부장제의 성적 이데올로기를 벗어나는 순간이 있다.[32] 젠더화된 플롯을 가진 전기소설에도 여성 인물이 사랑이나 재능에 대한 스스로의 욕망을 발견하거나 위계화된 자신의 위치를 각성하는 순간들, 유교 가부장제의 성적 이데올로기를 넘어서는 순간들이 있다. 물론 사랑에 빠진 여성 인물은 일시적으로 자유를 느낄지 몰라도 곧바로 상대 남성이 떠날 것을 두려워하는 입장에 놓이면서 남성에게 종속된다. 그러나 서사는 자유연애를 감행하면서 주체로서의 자신을 발견하는 순간들을 보여준다.

이러한 열림, 혹은 성적 이데올로기와 어긋나는 순간은 어떻게 가능한가? 이데올로기나 서사가 언어를 매개로 표현된다는 점이 이러한 열림의 순간을 가능하게 한다. 이데올로기는 세계에 대한 사유의 틀 또는 관념 체계로서 언어, 개념, 범주, 재현 체계를 포함한다.[33] 언어와 행위는 이데올로기가 물질적으로 표현되는 미디어이자 이데올로기가 기능하는 양식이다.[34] 그러나 한 언어는 하나의 의미로 고정되지 않고 다양한 의미의 층위를 갖는다. 이처럼 언어를 사용하는 서사나 이데올로기도 하나의 의미로 닫히지 않고 다양한 의미의 층위를 갖는다. 플롯 분석은 서사의 닫힘과 열림, 어긋남의 순간을 발견하게 해준다.

성장치에는 국가와 가족도 포함된다. 따라서 플롯 분석을 통해 국

---

32 고정갑희, 위의 책, 292~293면.

33 스튜어트 홀, 『문화, 이데올로기, 정체성』, 임영호 편역, 컬처룩, 2015, 47면.

34 스튜어트 홀, 위의 책, 98면.

가나 가족이 성적 이데올로기를 어떻게 재생산하는지 발견할 수 있다. <숙향전>이나 <홍길동전> 같은 작품은 전쟁고아와 서얼의 문제를 다루고 있지만 여전히 가부장적 이데올로기를 재생산하는 플롯을 보여준다. <숙향전>에는 가부장의 생명과 가문의 생명을 동일시하면서 딸을 버린 가부장의 모습이 등장하며, 서사는 숙명이나 보은의 플롯으로 가부장의 잘못을 무마하는 것을 보여준다. <홍길동전>도 가부장의 일시적인 성적 욕망의 결과로 태어난 얼자 홍길동이 적서차별의 문제를 반복해서 제기하지만 아버지와 왕의 권위에 직접 도전하지 못하고 조선 외부로 나가서도 가부장 이데올로기를 반복하는 플롯을 보여준다. 이 두 작품은 국가와 가족 제도의 문제를 제기하는 순간을 보여주지만 결말에 가서는 가부장적 이데올로기로 마무리된다. <방한림전>의 주인공 방한림은 생물학적 여성으로 태어났으나 남성으로 성장해서 공적 공간에 나가 벼슬을 하고 다른 여성과 결혼을 한다. 방한림의 행동은 왕, 즉 국가로부터 승인을 받기 전에는 정상성과 정당성을 인정받지 못한다. 이는 국가와 가족이 성장치로 작동하는 것을 보여주는 예라 하겠다.

성장치의 개념으로 서사의 플롯을 분석하면 여성/남성을 재현하면서 동시에 현실의 여성/남성 주체를 형성하는 구조를 발견할 수 있다. 또한 성적으로 위계화된 플롯이 재생산되고 전환되면서 이성애/동성애의 위계가 형성되는 구조와 그것이 작동해온 역사를 볼 수 있다. 나아가 고정되지 않고 변화해온 고전 서사의 역동성을 확인할 수 있다.

제 1 부

젠더화된 플롯의 재생산과 전환

플롯의 발견

제1장

가부장적 서사 장치의 강화
<김현감호>

1. 여기 두 이야기가 있다

여기 두 이야기가 있다. 아니 두 여자가 있다. 인간 남자와 인연을 맺은 두 호랑이 여자. 호랑이 여자는 이름이 없지만 두 남자는 이름이 있다. 김현과 신도징이 그들이다. 한 남자가 우연히 한 여자를 만나 사랑의 관계를 맺고 여자의 집으로 가니 여자는 실은 호랑이가 변해서 된 여자였고, 호랑이 여자는 반사회적인 가족을 대신해 죽으면서 만난 지 얼마 되지 않은 남자에게 관직에 오를 기회를 주고 죽는다. 또 한 남자는 눈보라 치는 날 우연히 길가의 집에 묵었다가 그 집 딸과 결혼

* 이 장은 「가부장적 서사 장치의 강화, <김현감호>의 플롯 연구」(『한국고전연구』 45, 2019)를 수정, 보충한 것이다.

을 하고 바로 부임지로 간다. 여자가 열심히 살림한 결과 집안을 이루고 아들, 딸도 낳는다. 그러나 남편이 관직을 끝내고 돌아가는 길에 들른 친정에서 여자가 호피를 발견하고 덮어쓰더니 뒤도 돌아보지 않고 떠난다. 『삼국유사』의 저자 일연(1206~1289)이 <김현감호>라는 제목의 글에서 우리에게 들려주는 두 이야기다. 앞의 이야기의 주인공은 김현과 호녀(虎女), 뒤의 이야기의 주인공은 신도징과 호녀로, 각각의 이야기는 『수이전』, 『태평광기』에 실려 있다. 그 배경은 각각 신라와 중국 당나라다. 일연은 이 두 이야기를 그냥 들려주지는 않는다. 일연은 두 이야기를 제시하고 앞의 여자는 어진 여자, 뒤의 여자는 배신한 여자라고 평가한다. 일연의 평가가 두 여자의 행위에 집중된 것으로 보아 일연은 이 두 이야기를 두 여자에 대한 이야기로 만들고 있는 것 같지만 제목이 의미하는 바 이 이야기는 김현의 이야기다.

이처럼 <김현감호>는 인간/남성과 동물/여성의 만남과 헤어짐이라는 기이한 일을 다룬 두 편의 이야기를 싣고 있는데다가, 그중 한 편이 중국의 전기인 <신도징>을 부분 생략한 것이어서 전기 양식의 하나로 일찍부터 주목받아왔다. 이후 <김현감호>에 대한 연구는 그 장르적 성격을 규명함으로써 초기 소설사의 형성 과정을 드러내고자 하는 연구부터 중국 송나라 때 편찬된 『태평광기』에 수록된 <신도징>과의 비교를 통해 그 성격을 드러내고자 하는 비교문학적 연구, 문체 분석이나 김현과 호녀의 관계나 호랑이 여자의 성격 분석을 통한 작품의 주제의식 연구까지 다양한 관점에서 이루어졌다.

우선, 장르와 관련하여 <김현감호>는 전기적 성격에 대한 연구가 나온 이후 한국의 초기 서사 형성과 관련하여 집중적인 관심을 받아왔다.[1] 그러나 최근에 이르러 <김현감호>의 전기적 성격에 대한 문제 제기가 이루어지고 불교적 성격에 주목하면서 작품의 성격과 초기 소설사에 대한 새로운 이해가 이루어지고 있다. <김현감호>를 불교적 영이전으로 보거나 초기 소설사를 복수적 시각으로 보자는 것이 그 예이다. 박일용은 문인 지식층의 세속적 욕망을 바탕으로 하는 장르인 전기에 속하는 <신도징>과 불교적 이념을 바탕으로 한 『삼국유사』 소재 <김현감호>가 지향하는 이념적 차이에 대해 주목한다. 그리고 <김현감호>와 <신도징>은 각각 이념적 기반을 달리하는 별개의 장르에 속하는 작품들이며, <김현감호>는 현실적 지배 질서를 지향하는 김현의 세계관을 바탕으로 부처의 영험을 부각시킨 불교적 영이전(靈異傳)이라는 견해를 제시했다.[2] 이후 한국 초기 서사의 구도에 대한 복수적 인식을 제안한 정환국은 초기 서사를 불교의 영험 서사, 기층무속의 지괴 서사, 역사전기(傳記) 서사, 문인전기(傳奇) 서사로 구분하고, <김현감호>를 불력(佛力)의 자장 안에서 김현이 영험을 체험한 서사로 규정했다.[3]

<김현감호>는 이질적인 존재 간의 만남이라는 비일상적인 소재와 동물/여자의 희생과 배반이 겹쳐져 있어 호랑이 여자의 형상과 갈등에 대해서도 다양한 논의를 낳았다. <김현감호>를 나말여초의 사회 변화와 관련지어 이해한 임형택은 호녀의 오빠들을 저항적·반체제적 세력으로, 하늘의 소리를 왕명으로 볼 수 있으며, 여주인공은 신분 간의 대립 갈등이 격화된 시대가 창출한 고귀한 희생정신의 여성 형상이라고 평가했다. 그리고 이 여성의 형상을 고귀하게 그린 작가의식의 저변

---

1 임형택, 「나말여초의 전기문학」, 『한국문학사의 시각』, 창작과비평사, 1984, 9~30면.

2 박일용, 「소설사의 기점과 장르적 성격 논의의 성과와 과제」, 『고소설연구』 24, 2007, 28~29면.

3 정환국, 「한국 초기서사의 복수(複數) 구도」, 『민족문학사연구』 59, 2015, 165면.

에는 인간 본연의 감정을 긍정하고 평등한 사회를 동경하는 생각이 잠재된 것[4]으로 보았다. 호녀의 희생을 가부장적인 억압의 결과로 본 정출헌은 남성 세계가 호랑이/여성인 그녀에게 자발성으로 포장된 무한한 자기희생을 강요한 것은 아닌가라는 문제를 제기하고 가문과 가장이라는 이름으로 여성의 삶을 포획하기 시작하던 남성/가장 중심주의를 지적했다.[5] 그리고 인간과 이물, 남자와 여자의 만남을 다룬 <신도징>류와 <김현감호>류의 플롯 가운데 인간 중심, 남성 중심의 서사가 선택되는 지점을 보여준다[6]고 언급했다. 필자는 이에 동의하면서 일연이 서사의 중심에 남성을 놓고, 여성의 희생을 당연시하는 남성 중심적 플롯을 바람직한 것으로 보았다[7]고 지적한 바 있다. 이와 달리 류준경은 자기희생이라는 가치의 실현을 통해 인간보다도 더 '인간'다운 호랑이, 호랑이의 모습을 한 진정한 '인간'을 형상화할 수 있었으며, 이것이 <신도징>과 다른 방향에서 <김현감호>가 이룩한 문학적 성취라고 평가했다.[8] 임완혁은 불교적 관점에서 호녀의 소원은 그 죽음 뒤편에 엄연히 존재하는 고귀한 이타(利他)의 삶과 중생 구제의 삶이었다고[9] 해석했다. 류준필은 <김현감호>를 특정 집단의 예외적 소수자에 해당하는 이류(異類)의 존재가 그러한 특성을 인정하고 수용하는 인간(남성)

---

4 임형택, 앞의 책, 16~17면.

5 정출헌, 「삼국의 여성을 읽던 一然의 한 시각: 「金現感虎」의 경우」, 『문학과 경계』 13, 2004, 313면.

6 정출헌, 위의 글, 272~284면.

7 김경미, 「전기소설의 젠더화된 플롯과 닫힌 미학을 넘어서」, 『한국고전여성문학연구』 20, 2010, 225면.

8 류준경, 「<金現感虎>를 통해 본 전기소설의 형성과정과 그 특징」, 『고소설연구』 30, 2010, 145면.

9 임완혁, 「<김현감호>에 나타난 虎女의 형상과 주제의식」, 『대동한문학』 53, 2017, 138면.

과 인연을 맺지만 상호간에 존재하는 이질성으로 인해 결국은 관계의 단절 혹은 파국에 이르는 내용을 갖고 있는 서사로 보고 이를 김현감호형 서사로 명명했다.[10] 그러나 호녀의 문제를 예외적 소수자의 문제로 볼 수 있을지에 대해서는 질문을 남긴다.

이 장에서는 <김현감호>의 플롯을 문제삼는다. 플롯을 문제삼는 것은 서술자의 기획이나 의도가 무엇이었는지를 질문하기 위해서이다. 일연은 이 두 이야기를 어떻게 읽고 있으며, 두 이야기를 가져와서 어떻게 재구성하고 있는가? <김현감호>가 지향하는 것은 무엇이며, 이를 위해 <김현감호>의 플롯은 어떻게 전개되는가? 이 문제에 대해 답하면서 이 작품의 장르적 성격에 대해서도 언급하게 될 것이다. <김현감호>의 장르적 성격을 밝히는 것이 이 장의 목적은 아니지만 일연이 가져온 이야기들이 한국 서사문학사의 초기 서사와 관련되어 있어 부분적이나마 언급이 불가피하기 때문이다.

2. 두 서사의 경합과 일연의 선택

<김현감호>의 플롯을 논하기 전에 해야 할 일이 있다. <김현감호>의 내용을 어디까지로 보아야 할 것인가의 문제이다. 주지하듯 일연은 <김현감호>라는 제목 하에 두 이야기를 병치하여 비교한 뒤 김현이 만난 호녀를 칭송하고 찬을 쓰는 것으로 이야기를 마무리한다. <김현감호> 안에는 두 이야기가 들어 있는데 제목에는 김현의 이야기만을 드

10 류준필, 「<김현감호>형 서사의 비교문학적 접근」, 『한국학연구』 45, 2017, 166면.

러내고 있다. 그렇다면 <김현감호>는 김현과 호녀의 만남에 대한 이야기이고 신도징과 호녀의 만남에 대한 이야기는 부차적인 것인가? 그렇다면 <김현감호>는 신도징의 이야기를 빼고 읽어도 무방한 이야기인가? 도대체 신도징의 이야기는 어떤 기능을 하는가? 일연이 신도징의 이야기를 가져온 이유는 무엇인가? 신도징의 이야기를 제외하고 읽을 때와 포함시켜서 읽을 때 무엇이 달라지는가?

조현우는 <김현감호>를 '김현의 이야기—신도징의 이야기—논평'이 상호 유기적으로 연결된, 편찬자의 의도가 강하게 반영된 텍스트로 평가한다. 그 제목도 '김현이 호랑이를 감동시켰다'가 아니라 '김현이 호랑이와 감응하다'이거나 '김현은 호랑이와 감응했지만 신도징은 그렇게 하지 못했다'의 축약형이라고 해석하고, 일연의 관심은 김현이나 신도징이라는 구체적 인물에 있다기보다는 초월적 존재의 주재에 의한 감응 여부에 있다고 보면서 <호원>과의 비교를 통해 <김현감호>의 유기성을 확인한다.[11] 이처럼 <김현감호>는 '김현의 이야기—신도징의 이야기—논평'이 유기적으로 연결되어 있으며 일연의 의도를 반영한 텍스트이다. 따라서 <김현감호>의 플롯은 논평까지 포함시켜서 보아야 할 것이다.

먼저 일연이 <김현감호>의 플롯을 어떻게 배치하고 있는지 보기로 하자. 일연은 신라 원성왕대에 살았던 김현의 이야기부터 시작한다. 김현은 탑을 돌다가 한 여자와 마음이 맞아 관계를 맺고 여자가 거부하는데도 기어이 여자의 집으로 따라간다. 김현이 여자의 집으로 가자 여자의 어머니로 보이는 노파가 마지못해 김현을 받아들이지만 곧이어

11 조현우, 「金現感虎」와 「虎願」의 對比 研究」, 『어문연구』 29권 1호, 2001, 187면.

호랑이 모습을 한 여자의 오빠들이 나타나 김현을 잡아먹으려 한다. 하늘에서 소리가 나며 한 놈을 베겠다고 하자 여자가 대신 벌을 받겠다고 제안한다. 세 호랑이가 기뻐하며 간 뒤 여자가 김현에게 말한다. 다음날 자신이 성안에 들어가 해로운 일을 하면 왕이 벼슬을 걸고 자신을 잡으려고 할 텐데 그때 따라오면 기다리겠다고 한다. 김현이 배필의 주검을 팔아 벼슬을 구할 수 없다고 거절하나 여자는 대신 절을 지어달라고 한다. 다음날 맹호가 나타나자 왕이 벼슬을 걸고 사람을 모집한다. 김현이 자원해서 벼슬을 받고 숲으로 가니 맹호가 여자로 변하여 웃으며 맞이한다. 여자가 간밤의 일을 잊지 말라고 하고 호랑이에게 물린 상처를 치유하는 법을 알려준 뒤 김현의 칼을 빼서 스스로 찔렀는데 호랑이였다. 이후 김현이 절을 짓고 이름을 호원사라 했다. 김현은 죽을 때가 되어서야 이 일을 기록해 남겼다. 일연은 이렇게 김현이 경험한 일과 그 일이 남게 된 경위를 이야기한 뒤 바로 신도징의 이야기로 넘어간다.

당나라 정원 9년 신도징이 한주(漢州) 십방현(什邡縣)의 관리가 되어 부임하러 가던 길에 눈보라와 추위로 길을 갈 수 없어 길가의 집으로 들어갔다. 그 집에는 늙은 부모와 14, 5세가량의 딸이 있었는데 그 딸은 꾸미지 않았지만 아름다웠다. 날이 저물어도 눈보라가 그치지 않자 신도징이 묵어가게 해달라고 청한다. 처녀가 얼굴을 다듬는 것을 본 신도징이 청혼하니 부모가 허락한다. 혼례를 올린 뒤 신도징이 아내를 말에 태워 부임지로 간다. 신도징의 봉급이 매우 박했으나 아내의 노력으로 집안을 이루었다. 임기가 끝나 돌아갈 무렵 1남 1녀를 두었는데 매우 똑똑했다. 신도징은 부인을 더욱 공경하고 사랑하여 그 마음을 담은 시를 주었다. 부인은 종일 읊조리며 화답할 듯하다가 끝내 입 밖에 내지 않았다. 임기가 끝나 돌아가는 길에 부인이 갑자기 앞에 받은 시에 화답하는 시를 읊어 산림에 머물고자 하는 뜻을 밝힌다. 친정을 찾아갔으나 아무도 없자 부인이 몹시 그리워하며 하루 종일 울다가 벽에 걸린 호피를 보고 크게 웃더니 그것을 뒤집어썼다. 그러자 호랑이로 변하여 포효하면서 문을 박차고 나가는데 신도징은 놀라 피한다. 두 아이를 데리고 부인을 찾아 길을 나선 신도징이 산림을 바라보며 며칠간 큰 소리로 곡을 했으나 끝내 부인이 간 곳을 알지 못했다.

신도징의 이야기를 끝낸 뒤 일연은 바로 두 이야기를 정리하고 비교한다. 신도징과 김현이 이물(異物)을 만나고 그 이물이 변해서 사람의 아내가 되었다는 점에서는 같지만, 한쪽은 사람을 배반하는 시를 준 뒤에 포효하면서 달아났고, 다른 한쪽은 부득이하게 사람을 다치게 했으나 그 처방까지 알려주었으니 어질다고 했다. 이처럼 <김현감호>는 인간/남자가 동물/여자를 만난 두 이야기를 김현, 신도징의 순서대로 배치하고 이를 비교한 뒤 김현이 만난 동물/여자의 희생을 불교적인 관점에서 평가하고 기린다. 형식상으로는 전(傳)의 형태를 취하고 있으나 기이함을 기록했다는 점에서 전기(傳奇)의 형태로 볼 가능성을 갖고 있다. 이 두 이야기는 일연의 순수한 창작이 아니라 다른 이야기에서 가져온 것이다. 조선시대 권문해가 편찬한 『대동운부군옥』에 출처를 『수이전』이라 밝힌 <호원(虎願)>이 실려 있고, 중국의 『태평광기』에 <신도징>이 실려 있다. 일연의 <김현감호>는 이 두 이야기와 각각 차이를 드러낸다. 일연이 각각의 이야기를 가져오면서 무엇을 넣고 뺐는지를 보면 일연이 <김현감호>에서 의도한 것이 무엇이었는지가 드러날 것이다.

먼저 김현과 호녀의 이야기를 보자. 일연에 의하면 이 이야기의 원

출처는 김현이 죽기 전에 남긴 기록이다. 김현이 남긴 이야기를 듣고 사람들은 '논호림'이라 부르는데 '지금까지도 일컫고 있다'고 한 것으로 미루어 일연 당대에도 김현의 이야기가 회자되고 있었음을 알 수 있다. 그러나 이야기의 내용이 일연이 쓴 <김현감호>와 일치하는지는 알 수 없다. 『대동운부군옥』에 실려 있는 <호원>과의 차이 때문이다.

<호원>의 줄거리는 <김현감호>의 김현과 호녀 이야기에 비하면 간략하다. 김현이 탑을 돌다가 한 여자와 마음이 맞아 관계를 맺고 따라간다. 여자가 다음날 성안에 들어가 해로운 일을 하면 왕이 벼슬을 걸고 자신을 잡으려고 할 텐데 그때 따라오면 기다리겠다고 한다. 그리고 절을 지어 좋은 과보를 얻게 해달라고 하고 서로 울면서 헤어진다. 다음날 맹호가 나타나자 왕이 벼슬을 걸고 사람을 모집한다. 김현이 잡겠다고 나서서 벼슬을 받고 숲으로 가니 맹호가 여자로 변하여 웃으며 간밤의 일을 잊지 말라고 하고 김현의 칼을 빼서 스스로 찔렀는데 호랑이였다. 김현이 절을 짓고 호원사라 했다. 여기까지가 호원의 내용이다. <호원>이 김현과 호녀 이야기에 비해 간략한 것은 어머니와 세 오빠의 등장, 호녀가 다섯 가지 이로움을 들어 김현을 설득하는 부분이 없기 때문이다.

임형택은 『대동운부군옥』의 <호원>이 『삼국유사』의 <김현감호>를 축약한 것으로 추정한다. 『대동운부군옥』이 축약된 형태로 실은 것은 책의 성격에 따른 것이다. 『대동운부군옥』은 사전의 일종으로 말의 뜻을 풀이하는 것이 목적이므로 긴 글을 다 실을 필요가 없었다는 것이다.[12] 조현우는 <호원>이 <김현감호>와 같은 텍스트로부터 왔다고 보

12 임형택, 「나말여초의 전기문학」, 『한국문학사의 시각』, 창작과비평사, 1984, 9면.

지만, <호원>이 전체 내용을 균일하게 생략하거나 축약한 것이 아니라 특정 부분을 축약하고 있다는 데 주목하고 두 텍스트 사이에 개재한 사고의 차이를 밝히고자 했다.[13] 이정원 역시 <호원>이 단순한 축약이 아니라 <김현감호>의 논리에 대한 방어이자 보충의 성격을 띤다고 본다.[14] 류준경은 김현의 이야기가 '김현과 호녀의 결연과 좌절'을 다루는 전반부와 '호녀의 희생과 보상'을 다루는 후반부가 문체, 서사적 지향이 서로 다르다고 지적하면서 후반부의 내용을 도성에서 난동을 부린 호랑이를 죽인 사건의 설화적 이해라는 견해를 제시했다.[15]

<호원>이 <김현감호>와 완전히 다른 부분은 호녀가 죽음을 선택하게 된 동기와 죽음의 의미를 설명하는 부분이 없다는 것이다. 김현과 호녀의 대화는 이렇게 진행된다. 김현은 사람이 사람을 사귀는 것은 떳떳한 인륜의 도이고 다른 부류와 사귀는 것은 보통 있는 일이 아니라고 하면서 어찌 차마 배필의 죽음을 팔아 관직을 얻겠느냐고 거절한다. 그러나 처녀는 자신이 일찍 죽는 것은 천명이고, 자신의 소원이며, 김현의 경사이고, 가족의 복이며, 나라 사람들의 기쁨이라고 하며, 한 번의 죽음으로 다섯 가지 이로움을 얻을 수 있다고 한다. 호녀의 이 말은 <김현감호>의 성격을 논의할 때 가장 중요하게 언급되는 부분으로 호녀의 죽음은 고귀한 희생인가, 가부장제의 강요에 의한 자발성인가의 문제로부터 다양한 해석을 낳는 중요한 부분이다. <호원>에는 이 부분이 없다. <호원>이 <김현감호>에 있는 부분을 생략한 것인가, 아니면 <김현감호>가 <호원>에 없는 부분을 첨가한 것인가? 여기에 대해 정

13 조현우, 앞의 글, 187~192면.
14 이정원, 「애정 전기소설사 초기의 서사적 성격」, 『고소설연구』 25, 2008, 77면.
15 류준경, 앞의 글, 139~140면.

확한 답을 찾기는 어렵다. 김현이 남겼다는 기록이 어디까지인지도 확인하기 어렵고 『수이전』으로 출처를 밝히고 있지만 그 내용을 그대로 가져왔는지의 여부도 확인하기 어렵기 때문이다. 현재로서는 전하는 형태를 중심으로 <김현감호>의 플롯을 이해할 수밖에 없다. 여기서는 일연이 호녀가 죽음을 선택하게 된 동기와 죽음의 의미를 설명하는 부분을 남기고 있을 뿐만 아니라 여기에 큰 의미를 부여한 것이 가장 큰 차이라는 점을 지적하고 구체적인 논의는 3절로 미룬다.

일연은 또 『태평광기』 소재 <신도징>을 가져오면서 그대로 가져오지 않았다. <김현감호>의 신도징 이야기는 『태평광기』 소재 <신도징>을 축약해서 싣고 있는데 사건의 순서를 변형하거나 문장을 크게 변형하지 않고 내용을 생략하는 형태로 축약하고 있다.

일연이 완전히 생략한 내용은 신도징이 자고 가기로 한 날 밤에 주인 부부와 술을 마시며 여자에게 주령(酒令)을 내고 시를 주고받는 부분, 신도징이 청혼하자 부모가 이전에도 청혼하는 사람이 많았으나 차마 딸과 헤어질 수 없어 거절했다는 이야기, 신도징이 혼인의 예로 주머니를 털어서 주었으나 부모가 받지 않은 것, 여자가 매번 신도징에게 부인의 도리를 위해 글을 알지 않을 수 없다고 한 것, 신도징이 관직을 끝내고 돌아가는 길에 시를 읊어주자 이 시에 대해 신도징이 말한 내용이다.

『태평광기』 소재 <신도징>에서는 먼저 술을 마시며 시를 주고받는 부분이 구체적으로 묘사되어 있는데 일연은 이 부분을 완전히 생략하고 있다. 생략된 부분을 보자.

> 잠시 후 노부인이 밖에서 술병을 가지고 와서 불 앞에서 데우면

서 신도징에게 말했다.

"그대는 추위를 무릅썼으니 술 한잔 드시고 추위를 녹이시지요."

신도징이 절을 하고 사양하며 "주인부터 드십시오."라고 하니 노인이 순서대로 잔을 돌렸는데 신도징이 마지막이었다. 그래서 신도징이 "자리에 아직 아가씨가 안 오셨네요."라고 하니 노부부가 모두 웃으며 말하기를, "시골집에서 자라 어찌 손님 맞을 예를 갖추었겠습니까?"라고 했다. 여자가 바로 눈길을 돌려 흘깃 보면서 말하기를, "어찌 술이 귀해서겠습니까? 제가 술자리에 끼는 것이 마땅치 않으신 것 같습니다."라고 하니 어머니가 즉시 치마를 끌어당겨 옆에 앉게 했다. 신도징이 비로소 그 재능을 알아보려고 바로 주령(酒令)을 내어 그 뜻을 살폈다. 신도징이 잔을 들어 "경서의 말씀을 찾아 눈앞의 일을 말하도록 합시다."라고 하고 읊기를 "편안히 오래도록 술 마시는 이 밤, 취하지 않으면 돌아가지 않으리."라고 하니 여자가 쪽진 머리를 수그리며 미소 짓고는 "날이 이런데 돌아가신들 또 어디로 가시겠습니까."라고 하였다. 잠시 뒤에 술잔이 돌아 여자에게 이르자 여자가 다시 주령을 내고는 "비바람 몰아쳐 어둑한데, 닭울음소리는 그치지 않네."라고 읊었다. 신도징이 깜짝 놀라 감탄하며 말했다. "아가씨가 이렇게 총명하고 제가 다행히 결혼 전이니 감히 스스로 청혼해도 괜찮겠습니까?"[16]

---

16 이방 등 편, <신도징>, 『태평광기』 18, 김장환·이민숙 외 옮김, 학고방, 2004, 92~93면, "有頃, 嫗自外挈酒壺至, 於火前暖飲, 謂澄曰, 以君冒寒, 且進一杯以禦凝冽. 因揖讓曰, 始自主人. 翁即巡行, 澄當婪尾. 澄因曰, 座上尚欠小娘子. 父嫗皆笑曰, 田舍家所育, 豈可備賓主. 女子即回眸斜睨曰, 酒豈足貴, 謂人不宜預飲也. 母即牽裙, 使坐於側. 澄始欲探其所能, 乃舉令以觀其意. 澄執盞曰, 請徵書語, 意屬目前事. 澄曰, 厭厭夜飲, 不醉無歸. 女低鬟微笑曰, 天色如此, 歸亦何往哉. 俄然巡至女, 女複令曰, 風雨如晦, 雞鳴不

우연히 머물게 된 집에서 주인이 추위에 언 손님에게 술을 권하면서 자연스럽게 술자리가 벌어지고 딸이 함께 자리하게 되면서 신도징과 딸이 시를 주고받으며 서로를 떠보는 장면이다. 딸이 술자리에 참석하자 신도징은 먼저 주령을 내어 딸의 재능을 시험한다. 주령은 술자리에서 한 사람이 수수께끼처럼 시구를 내면 여기에 대구로 답하는 일종의 놀이이다. 신도징은 경전의 구절을 들어 딸의 문장 능력을 시험하는데 딸은 어려움 없이 답한다. 이들이 주고받은 시구는 『시경』「소아」'담로(湛露)'와 『시경』「정풍」'풍우(風雨)'에 나오는 구절들이다. 신도징은 딸의 대답을 듣고는 '총명하고 똑똑함'에 놀라 청혼한다. 이 장면은 딸의 성격이 예사롭지 않을 뿐만 아니라 경전에 일정한 교양을 갖춘 총명하고 똑똑한 인물임을 보여주고, 남녀 주인공이 시를 통해 마음을 주고받으며 분위기가 무르익는 것을 보여준다는 점에서 서사 진행에서 중요한 의미를 갖는다. 시를 통해 인물의 내면을 드러내거나 남녀 인물의 마음을 소통하게 하는 방식은 <최치원>이나 <이생규장전> 같은 애정전기에서 종종 사용하는 것이다. 그런데 일연은 이 부분을 완전히 생략했다. 이 부분은 신도징과 딸이 서로에게 관심을 보이고 마음을 주고받는 과정을 보여주는데 이 부분을 생략한 결과 신도징의 청혼과 결혼이 갑작스러워 보이게 한다.

일연은 뒷부분에서 신도징의 아내가 시에 대해 언급하거나 원하는 바를 표현한 부분도 생략했다. 신도징은 아내의 조력으로 집안을 이루고 총명하고 똑똑한 아들, 딸을 두게 되자 아내를 더욱 공경하여 '아내

已. 澄愕然歎曰, 小娘子明慧若此, 某幸未昏, 敢請自媒如何."(『태평광기』 권 429) 번역은 필자가 일부 수정했다.

에게 주는 시' 한 편을 지어준다.

벼슬 한 자리 매복에게 부끄럽지만　　一官慚梅福
삼 년의 삶은 맹광을 부끄럽게 하네　　三年愧孟光
이 마음 어디에 비길까　　此情何所喩
물가의 원앙새로다　　川上有鴛鴦

매복은 처자를 버리고 신선이 된 인물이고, 맹광은 양홍의 아내로 어진 아내의 전형으로 일컬어지는 여성이다. 신도징은 이 시에서 벼슬을 한 자신은 신선이 된 매복에게는 부끄럽지만 삼 년의 삶은 맹광조차 부끄럽게 할 정도라고 하면서 자신들을 원앙에 비유하며 만족감을 표하고 있다. 맹광조차 부끄럽게 한다는 것은 신도징의 아내가 헌신적으로 남편을 받들었음을 의미한다. 이 시를 받은 아내는 종일 이 시를 읊으며 화답할 듯하다가 말고 끝내 답하지 않는다.

이 부분은 <김현감호>의 신도징 이야기에도 실려 있다. 그런데 아내가 신도징에게 매번 "부인의 도리를 위해 글을 모를 수는 없지만 혹시라도 다시 시를 쓴다면 도리어 늙은 부인네 같을 뿐입니다."[17]라고 말한 것은 생략되어 있다. 아내가 신도징의 시에 화답하지 않은 데 대한 해명일 텐데 다시 시를 쓰게 되면 늙은 부인네[嫗妾] 같을 것이라고 한 것이 정확히 무슨 뜻인지는 분명하지 않다. 앞에 한 말, 부인의 도리를 위해 글을 알아야 한다고 한 말과 연결해서 짐작해보면 늙은 부인처럼 부인의 도리나 읊는 시를 쓰게 된다는 뜻이 아닐까?

---

17 이방 등 편, <신도징>, 위의 책, "每謂澄曰, 爲婦之道, 不可不知書, 倘更作詩, 反似嫗妾耳."

이렇게 화답시를 주지 않던 여자가 신도징이 관직을 끝내고 돌아가는 길에 강가에 이르러 물가의 풀밭에 앉아 쉬다가 갑자기 화답시를 주는데 일연은 이 장면을 부분 생략해서 싣고 있다.

> 신도징이 관직이 끝나자 즉시 집을 비우고 진(秦)으로 돌아갔다. 이주(利州)를 지나 가릉강(嘉陵江) 가에 이르렀다. 물을 보며 풀을 깔고 앉아 쉬었는데 그 아내가 갑자기 슬픔에 빠져 신도징에게 말했다. "전에 제게 준 시 한 편을 보고 즉시 화답하려 했어요. 처음에는 마음을 보여드리지 못할 것 같았는데 이제 이 경치를 보니 끝내 가만히 있을 수가 없군요." 그리고 "부부의 정이 비록 중하지만, 산림을 향한 뜻 절로 깊어져, 시절이 변하는 것을 늘 걱정했네, 백년가약 저버릴까봐."라고 읊은 뒤에 한참 눈물을 흘렸는데 마치 그리워하는 것이 있는 것 같았다. 신도징이 말했다. "시는 아름답소. 그러나 산림은 약질이 사모할 게 아니오. 혹시라도 부모님을 생각하는 것이라면 이제 다 왔는데 어찌 슬퍼하고 운단 말이오? 인생의 인연과 업상에 관한 일은 모두 전생에 이미 결정된 데서 비롯되는 것이오." 이십여 일이 지난 뒤에 아내가 살던 집으로 가니 초가는 예전과 같은데 아무도 없었다. 신도징이 곧바로 그 아내와 그 집에 머물렀다. 아내는 그리움이 깊이 사무쳐 종일 울다가 벽 모퉁이에서 옛날 옷 밑에 있는 호랑이 가죽 하나를 보았는데 온통 먼지가 앉고 때가 묻어 있었다. 아내가 그것을 보더니 갑자기 크게 웃으며 말했다. "이게 아직 있을 줄은 몰랐구나."[18]

18 이방 등 편, <신도징>, 위의 책, "澄罷官, 即罄室歸秦. 過利州, 至嘉陵江畔, 臨泉藉草憩

위에서 밑줄 친 부분은 일연의 <김현감호>에 있는 부분이고 나머지는 생략한 부분이다. 여자는 이전에 신도징이 준 시에 화답하지 못한 이유와 이제 화답하는 이유를 설명한다. 화답하지 못한 것은 자신의 마음을 보여줄 수 없었기 때문이고, 이제 화답하는 것은 경치를 보고 나니 가만히 있을 수가 없기 때문이라는 것이다.

어떤 마음을 보여줄 수 없었는가? 여자가 말할 수 없었던 마음은 산림을 향한 뜻 때문에 부부의 정을 저버릴지도 모르는 마음이다. 여자는 산림을 향한 마음과 백년가약을 지켜야 한다는 마음 사이에서 늘 갈등하고 있었던 것이다. 말을 마친 뒤에 무엇을 그리워하는 듯 한참 동안 눈물을 흘렸다는 것은 여자의 고민과 갈등이 얼마나 깊었는가를 보여준다. 신도징은 산림에 대한 뜻과 가족을 지켜야 한다는 마음 사이에서 갈등하는 아내의 시를 보고 시는 아름답지만 산림은 약질이 사모할 게 아니며 인생의 인연과 업은 전생에 결정된 것이라고 답한다. 이는 아내의 고민을 이해하지 못하는 말이다. 약질은 여자를 비약(卑弱)한 존재, 즉 낮고 약한 존재로 간주하던 사고에서 나온 말로 여자를 가리키는 것으로 볼 수 있다. 신도징은 아내의 조력을 몹시 고마워하고 공경하지만 아내의 바람은 전혀 이해하지 못하거나 하지 않는다. 그리고 이승에서의 삶은 이미 전생에 결정된 것이라고 하며 변화의 가능성, 즉 산림에 대한 미련을 차단한다. 일연은 신도징의 이러한 면모가 드러나는 부

息, 其妻忽悵然謂澄曰, 前者見贈一篇, 尋即有和, 初不擬奉示, 今遇此景物, 不能終默之. 乃吟曰, 琴瑟情雖重, 山林志自深, 常憂時節變, 辜負百年心. 吟罷, 潸然良久, 若有慕焉. 澄曰, 詩則麗矣, 然山林非弱質所思, 倘憶賢尊, 今則至矣, 何用悲泣乎. 人生因緣業相之事, 皆由前定. 後二十餘日, 複至妻本家. 草舍依然, 但不複有人矣. 澄與其妻即止其舍. 妻思慕之深, 盡日涕泣, 於壁角故衣之下, 見一虎皮, 塵埃積滿. 妻見之, 忽大笑曰, 不知此物尚在耶."

분을 생략했다.

이외에도 일연은 문장을 쓰면서 글자를 바꾸거나 한두 글자를 첨가하고 있다. "閑麗之態"를 "閑雅之態"로, "其女見客 更修容靚飾"을 "其女見客方止 修容艶粧"으로, "不期貴客又欲援拾 , 豈敢惜"을 "不期貴客又欲採拾 , 豈定分也" 등으로 바꾼 것들이 그 예이다.

이야기를 마친 뒤 일연은 두 호녀의 행위를 평가하고 불교적인 관점에서 전체 서사를 마무리하면서 <김현감호>라는 제목의 이야기에 대한 자신의 해석과 평가를 제시한다. 일연은 <김현감호>를 통해 당대에 경합하며 전해지던 서사들에 대한 자신의 생각을 드러내고 새로운 플롯을 제시하고 있는 것이다. 그러나 <김현감호>에서는 기존의 서사와 일연의 서사 사이의 틈이 드러난다. 이 틈은 일연이 자신의 플롯을 짜면서 기존의 서사를 달리 해석한 데서 비롯된 것이며, 이는 일연이 이 이야기를 어떤 이야기로 만들고 싶어했는가 하는 서사 의도, 플롯과 관련된다. 이에 대해서는 다음 절에서 다루기로 한다.

3. <김현감호>의 젠더화된 플롯

일연이 기존의 두 서사를 가져와서 쓴 <김현감호>의 플롯에서 드러나는 특징 중의 하나는 불교적 신이를 드러내는 서사로의 전환이다. <호원>도 김현과 호녀가 절에서 탑을 돌다가 만나고 절을 지어달라고 부탁해서 호원사라는 절을 지어주었다는 내용을 담고 있어 기본적으로 불교적 서사이다. 그러나 <김현감호>는 여기서 더 나아가 일연이 호녀와 김현의 행위를 불교적 관점에서 재구성한 서사로 볼 수 있다.

앞에서 보았듯이 일연의 다시 쓰기는 먼저 불교적 관점을 강화하는 것으로 이루어진다. 일연은 두 이야기에 이어 평가하는 말과 호녀를 기리는 시를 차례로 놓았다. 일연은 두 이야기의 같은 점으로 신도징과 김현이 이물(異物)과 만났는데 그 이물이 변해서 사람의 아내가 된 점을 들고, 차이로 신도징의 호녀는 배반하는 시를 준 뒤 포효하며 달아났지만 김현의 호녀는 부득이 사람을 상하게 했으나 처방을 주어 사람을 구했다는 점을 든다. 그리고 신도징의 이야기를 부정적으로 평가한 뒤 일연은 다시는 신도징의 일에 대해 언급하지 않는다. 일연은 이제 김현의 이야기로 돌아가서 분석하고 그 가치를 평가한다. 일연은 두 이야기를 나란히 이야기한 뒤 신도징 이야기를 거론하지 않음으로써 신도징 이야기를 부차적인 이야기로 만든다. 여기에 이르면 독자는 신도징 이야기가 비슷한 비중으로 실려 있으면서 제목이 '김현감호'인 이유를 이해하게 된다. 이제 일연은 김현의 이야기에 집중해서 짐승도 인(仁)을 행하는데 짐승만도 못한 사람이 있다고 하며 호녀의 일을 인(仁)을 실천한 것으로 평가하고, 이 일의 처음부터 끝까지 '자세히 살핀다.' 김현과 호녀의 일에 대한 일연의 분석이 시작되는 것이다.

> 일의 처음과 끝을 자세히 살펴보면 ① 절 안을 돌 때 사람을 감동시키고, ② 하늘의 소리가 악을 징계하자 자신이 대신하고, ③ 신통한 처방을 전해서 사람을 구하고, ④ 절을 지어 부처의 가르침을 강하게 했으니 짐승의 본성이 어질어서만이 아니다. 대개 부처가 사물에 응하는 것은 다방면이어서 김현 공이 절을 돌 때 정성을 다하는 것에 감응하여 이로움을 주고자 한 것일 뿐이니 당시에 복과 도움을 받은 것이 당연하지 않은가?[19]

일연은 여자가 한 일 네 가지를 든 뒤에 짐승의 본성이 어질어서만이 아니라고 평가한다. 그런데 일연은 네 가지 가운데 김현이 관직을 얻은 것은 포함시키지 않는다. 왜 포함시키지 않았을까? 일연은 김현이 복을 받은 것은 부처의 감응력 때문이라고 보기 때문이다. 그는 부처가 다방면으로 응하기 때문에 김현이 정성을 다해 절을 도는 것을 보고 이로움을 준 것이며 김현이 당시(當時)에 복을 받은 것이 당연하다고 평가한다. 일연은 김현이 당시에 복을 받은 것이 당연하다고 했다. 당시란 일이 일어난 그때를 말한다. 여기에 '당시'라는 말이 들어간 이유는 무엇일까?

일연은 김현이 여자의 덕으로 관직을 얻고 복을 받은 것이 아니라 부처의 감응으로 복을 받았다고 이야기한다.[20] 그런데 일연의 결론은 앞에서 김현이 기록을 남기게 된 이유를 기술한 부분과 배치된다. 앞의 이야기로 잠시 돌아가자. 일연은 김현의 이야기 마지막 부분에 이렇게 썼다. 김현은 관직에 오른 뒤 호랑이의 소원대로 절을 짓고 『범망경』을 외워 호랑이의 저승길을 인도하게 하고, 또 호랑이가 살신하여 자신을 성공시켜준 은혜에 보답했다. 그리고 죽을 때가 되어 이전에 겪은 일의 기이함에 깊이 감동해서 전을 지었다. 여기서는 자신을 성공시켜준 은혜라고 분명히 밝혔다. 그런데 일연은 뒤에서는 부처가 감동해서 드러

---

19 일연, <김현감호>, "詳觀事之終始, 感人於旋遶佛寺中, 天唱徵惡, 以自代之, 傳神方以救人, 置精廬講佛戒, 非徒獸之性仁者也. 盖大聖應物之多方, 感現公之能致情於旋遶, 欲報冥益耳, 宜其當時能受禧佑乎." 이대형 편역, 『수이전』, 소명출판, 260면. 번역은 필자가 일부 수정했다(번호는 필자가 넣음).

20 박일용은 일연이 김현의 입신을 부처의 영이함 때문인 것으로 이해했다고 지적하고 <김현감호>를 부처의 영험을 부각시킨 불교적 영이전으로 보는 한 근거로 삼았다. 앞의 글, 27~28면.

나지 않게 이로움을 준 것이기 때문에 당시에 복을 받은 것이라고 해석한다. 이 차이, 혹은 틈은 어디서 비롯된 것일까? 김현이라는 인물이 호녀를 만난 결과 관직을 얻게 된 것이 너무 세속적이거나 물질적이라고 생각했던 것일까? 아니면 남자가 호랑이 혹은 미천한 여자의 도움으로 관직을 얻었다는 플롯이 불만이었을까?

일연은 아마도 김현이 호녀를 만나 사랑을 나눈 뒤 바로 관직을 얻었다는 결말에 대해 불만이 있었던 것으로 보인다. 공덕을 쌓지 않고 호녀와의 결연을 통해 얻은 것으로 보일 수 있기 때문이다. 그래서 일연은 이들의 행위를 불교적으로 해석한다. 일연은 김현이 호녀에 대해 "자기를 죽여 자기를 성공하게 해주었다[殺身成己]"고 한 것을 "자기를 죽여 인을 이루었다[殺身成仁]"로 바꾸어 인(仁)이라는 윤리적 가치를 실현한 것으로 평가하고, 김현에 대해서는 부처가 감응해서 명익(冥益)으로 보답한 것이라고 평가한다. 명익은 부처나 보살이 드러나지 않게 주는 이로움으로 오랜 시간 동안 축적된 뒤에 나타나는 것이다. 김현은 즉각 이로움을 받았다. 그럼에도 불구하고 일연은 김현이 받은 것을 명익이라고 명명하고 김현이 명익을 받을 수 있었던 것은 김현이 탑을 돌 때 정성을 다하는 것을 보고 부처가 감응한 결과라고 설명한다. 김현이 본래 신심이 깊었기 때문에 그렇게 마음을 다해 탑을 돌았고, 그 결과 복을 받았다는 말이다. 일연이 보기에 김현이 당시에 복을 받는 것은 마땅하다. 그래서 '당시'라는 말이 들어가 있다. 일연은 김현이 호녀 덕분에 보응을 받은 게 아니라 그 자신이 쌓은 공덕으로 보응을 받았다고 보는 것이다.

일연은 호녀를 자신을 희생해서 인(仁)을 이룬 윤리적 존재이자 절을 세워주기를 원하는 종교적 인물로 평가하고, 김현에 대해서도 부처가 감응할 정도로 신심이 깊은 종교적 인물로 평가한다. 김현이 자기를 성공하게 해주었다고 한 것을 인을 이루었다고 바꾼 것은 호녀의 행위를 윤리적 행위로 격상시킨 것으로 볼 수 있다. 그런데 일연의 김현에 대한 평가 이면에 약간의 왜곡과 은폐가 있다. 김현이 여자와 관계를 맺은 뒤 거부하는데도 불구하고 집으로 따라가고, 여자가 오빠들을 대신해 죽으면서 김현에게 자신을 죽여 관직을 얻을 기회를 제안했을 때 거절하다가 결국은 여자가 죽은 대가로 벼슬을 받았음에도 이에 대한 언급이 없기 때문이다. 왜 그랬을까? 여성이 가족을 위해 희생하는 것을 당연하게 여겼던 것이 아닐까? 그래서 플롯을 통해 그러한 생각이 드러나고 있는 것은 아닐까?

<김현감호>의 김현과 호녀 이야기에는 호녀의 가족이 등장한다. <호원>에는 없는 설정이다. 여자가 김현과 함께 집으로 가니 어머니로 짐작되는 노파가 꾸짖고, 세 오빠가 오자 김현을 숨긴다. 오빠들이 냄새를 맡고 잡아먹겠다고 하자 노파와 여자가 미쳤느냐고 꾸짖는데 그때 하늘에서 소리가 나면서 하나를 잡아 응징하겠다고 한다. 오빠들이 두려워서 위축되자 여자가 오빠들 대신 죽겠다고 나서니 오빠들이 좋아하면서 간다. 어떤 집단이 위기에 처했을 때 가장 약한 존재가 희생양이 되기 쉽다. 따라서 자발적으로 보이지만 스스로 선택할 수밖에 없었을 수도 있다. 누이가 희생을 자처하자 오빠들이 좋아서 갔다는 것은 이를 당연하게 여겼다는 의미이기도 하다. 오빠들이 냄새를 맡고 요기하면 되겠다고 하자 노파는 호녀와 함께 미쳤느냐고 꾸짖는다. 하지만 하늘의 소리가 들린 뒤 여자가 오빠들을 대신해 죽겠다고 했을 때 노파는 침묵한다. 무언의 동조인 셈이다. 김현과 여자의 이야기가 본래 그런 것을 일연이 가져왔을 뿐이라면 플롯에 내재해 있는 가부장적 의

식을 일연의 것으로만 볼 수는 없다. 그러나 신도징의 플롯, 신도징의 호녀에 대한 평가와 이 부분을 연관시켜 보면 그 일관된 성격이 드러난다.

앞서 보았듯이 일연은 <신도징>을 가져오면서 여자의 시 짓는 능력, 산림에 대한 뜻과 가족 유지 사이에서의 갈등, 여자의 화답시에 대한 신도징의 발언 등을 생략했다. 일연이 여자의 교양과 내면의 갈등을 생략하고 신도징의 아내에 대한 몰이해를 생략한 결과 여자의 돌변으로 신도징과 자식들이 버려진 상황이 더욱 강조된다. 일연은 산림에의 뜻을 밝힌 시를 사람을 배반하는 시라고 했다. 산림은 호녀가 본래의 자신을 드러낼 수 있는 곳이다. 호녀가 자신의 본모습을 찾는 것은 사람에게는 배신이지만 호녀의 입장에서는 본모습을 찾는 것이고 해방이다. 그래서 여자는 크게 웃음을 터뜨리고[大笑], 신도징은 크게 곡한다[大哭].

『태평광기』에 실려 있는 <신도징>은 여자가 집을 나가며 좋아하고 남겨진 신도징이 우는 장면으로 끝난다. 그러나 독자들은 여자의 갈등과 깊은 슬픔을 이미 보았기에 여자가 달아난 것을 이해할 수 있다. 일연은 그러한 부분을 생략해서 여자의 배신을 돋보이게 하고 가족을 희생한 여자와 대비시켰다. 일연은 가족을 떠난 여자는 이해할 여지가 없다고 보고 신도징의 서사를 배반한 여자의 서사로 만들었다. 이에 비해 일연은 김현과 호녀의 서사에서는 여자가 김현을 설득하는 긴 대화를 실어 여자의 내면을 충분히 이해할 수 있게 했다. 여자의 희생이 자발적이며 여자의 희생이 단지 자신의 가족을 살릴 뿐만이 아니라 김현, 사회와 국가에까지 이로운 것임을 드러내기 위해서이다. <호녀>에 비해 볼 때 이러한 설정은 작품의 내적 논리를 강화하는 역할을

한다.[21]

여자의 말, 즉 자신이 죽음으로써 다섯 가지 이로움을 얻을 수 있다는 논리는 죽음의 의미를 확장하여 죽음을 정당화하는 것이며, 가족을 위한 죽음, 국가를 위한 죽음이 숭고하다는 이념의 확인이다. 그런데 호녀에게 그 가족은 어떠한가? 오빠들을 비롯해서 어머니조차 호녀의 죽음을 당연한 듯이 받아들인다. 한 사람이 죽어야 한다면 호녀가 죽어야 한다는 것이 당연한 것인가? 그렇다면 자신이 죽을 수밖에 없는 상황임을 깨닫고 죽는 여자가 하는 저 말은 자신의 죽음의 의미를 스스로 가치가 있는 것으로 만들고 있는 것인가? 한 여자의 희생이 가족을 이롭게 하고, 국가의 경사까지 가져온다는 말은 가족과 국가가 한 여자의 희생 위에 있다는 의미로 한 여자의 희생은 국가적 의미를 갖는 것으로까지 격상되는 것처럼 보인다. 그러나 그 전제는 희생이다. 죽지 않으면 안 된다. 조선시대 열녀가 죽음에 가까운 헌신과 희생을 하거나 죽을 때 국가가 열녀로 인정하는 것과 같은 구조다.

이러한 구조를 통해 남녀의 성별 위계와 억압의 구조는 반복된다. 이것이 서사로 구현될 때 가부장적 서사 장치, 젠더화된 플롯으로 나타난다. <김현감호>는 이러한 젠더화된 플롯을 내장하고 있다. 그런 점에서 <김현감호>는 나말여초에 나온 전기가 가부장적 성격을 강화하는 플롯으로 전환되는 예를 보여준다. 그런데 앞서 신도징의 이야기에서 시를 주고받으며 마음을 주고받는 장면을 생략한 데서도 볼 수 있듯이 일연은 애정전기에 특별한 관심이 있었던 것 같지 않다. 일연은

21 류준경은 호녀의 발언을 통해 호녀의 자발적인 동의에 기반한 희생의 가치 실현이라는 <김현감호>의 핵심적 의미가 이루어진다고 보았다. 류준경, 앞의 글, 147면.

애정전기를 불교적인 관점에서 재구성하면서 자신의 의견을 덧붙이고 찬을 써서 전의 형태를 갖춘 서사로 만들고 가부장적 성격을 강화했다.

여기서 한 가지 드는 의문은 고려는 불교 사회이고, 조선에 비해 여성의 지위가 높았던 것으로 알려져 있는데 고려시대 승려인 일연이 쓴 <김현감호>가 어떻게 가부장적 플롯을 강화했다고 볼 수 있는가 하는 점이다. 그것은 불교 교리가 갖고 있는 가부장적 성격과 관련하여 설명할 수 있다. 엄격한 카스트 신분 사회에서 인간 평등과 해방 사상을 주창한 붓다는 여성 수행자만으로 이루어진 비구니 승단을 설립했고, 여성 제자들을 양성했으며, 성·인종·신분·결혼 여부 등에 상관없이 출가자를 받아들여 평등한 수행공동체를 만들었다. 그러나 붓다 사후 교단이 급격하게 가부장적으로 위계화되면서 여자는 열등하고 부정하다는 여성관이 확립되었고, 여성 혐오로 의심할 만한 내용들이 교리나 계율을 통해 전승되었다.[22] 그리하여 여성도 성불할 수 있다는 여성성불론은 교단 내 가부장성이 강화되면서 교리 해석의 차이에 의해 여성은 성불할 수 없다는 여성불성불론, 여성이 남성으로 변해야 성불할 수 있다는 변성성불론, 여성의 몸으로 성불할 수 있다는 여성즉신성불론 등으로 변해왔다.[23] 불교에서 요구하는 여성의 역할도 가부장적 규범에서 벗어나지 않았다. 『선생경』, 『범망경』, 『우란분경』, 『목련경』 등 불교의 많은 경전에서는 여성들에게 부모에 대한 효행을 통해 깨달음을 얻거나 정토왕생(淨土往生)이 가능하다는 것을 설교했다. 또 결혼 후에는 남편에게 순종하며 여자의 일에 힘써 집안 살림을 꾸려나가며 남편의

22 옥복연, 「불교 경전에 나타난 여성혐오적 교리의 재해석: 불교여성주의의 관점에서」, 『한국여성학』 31권 1호, 2015, 98면.

23 옥복연, 위의 글, 105면.

사회적 활동을 뒷받침하고, 시부모에게 효도하고 친척에게 베풀어 이익이 되게 할 것을 요구했다.[24] 불교를 수용한 이후 여성들은 가부장적 가족 제도에 걸맞는 의식 구조와 생활 방식을 요구받았다. 이는 국가가 요구하는 유교적 윤리관과 괴리되지 않았다. 이처럼 유교적 윤리관을 보급시키려고 노력을 기울이면서도 불교 신앙을 장려함으로써 고려 사회에는 유교와 불교가 병존할 수 있었다.[25] 일연 당시 살았던 염경애(廉慶愛, ? ~ 1146)의 묘지명은 염경애가 최루백과 결혼한 뒤 시어머니를 효성스럽게 모시고, 제사를 챙겼으며, 길쌈을 하고, 남편을 열심히 내조한[26] 고단한 삶을 기록하고 있다. 그러나 재산이나 혼인, 거주에 있어서는 고려 여성들이 조선 여성들에 비해 자유로운 측면이 있었다.

이상의 논의들은 일연 당시 여성들의 상황을 보여준다. 당시 여성들은 종교적으로나 사회적으로 가부장적 가족 제도에 맞는 의식 구조와 생활 방식을 요구받았으며, 일연이 보여준 가부장적 의식도 이와 비슷한 자장 안에 있었음을 짐작할 수 있다.

4. 일연의 가부장적 독법과 가부장적 서사 장치의 강화

일연의 『삼국유사』에 실려 있는 <김현감호>는 인간/남자와 동물/여자의 사랑을 다룬 두 이야기를 병치하여 대비적인 사랑의 플롯을 제

---

24 김영미, 「불교의 수용과 여성의 삶 · 의식세계의 변화」, 『역사교육』 62, 69면.

25 김영미, 위의 글, 69면.

26 홍완표 · 권순형, 「고려시대 귀족 여성의 혼인 생활 연구: 염경애 묘지명을 중심으로」, 『한경대학교논문집』 37, 2005, 191~194면.

시한 뒤 두 이야기에 대해 일연이 평가한 내용을 담은 서사이다. 앞서 보았듯이 <김현감호>에 실려 있는 두 이야기는 <호원>과 <신도징>의 서사를 변형하여 수록하고 있다. <호원>에는 없는 이야기가 들어가 있고, <신도징>에는 있는 것이 생략되어 있다. 따라서 <김현감호>는 서사에 대한 서사라고도 할 수 있고, 기존의 서사를 재해석해서 새롭게 제시한 서사라고도 할 수 있다. 이처럼 <김현감호>는 기존의 전기 양식에 해당하는 이야기를 수록하고 있어서 초기 소설 논의에서 중요하게 다루어지고 그 주제에 대한 논의도 심도 있게 이루어졌다. 특히 호녀의 희생은 작품의 의미를 규명할 수 있는 열쇠에 해당하는 부분이어서 이를 둘러싼 다양한 해석이 이루어졌다.

지금까지 일연에 의해 재탄생한 <김현감호>의 플롯을 분석하여 그 서사적 성격을 밝히고 이를 12세기 당시의 상황과 관련하여 해석한 것을 살펴보았다. 먼저 <김현감호>의 전체 플롯을 두 이야기와 일연이 쓴 찬 모두를 포함한 것으로 보고, 김현과 호녀의 이야기와 신도징과 호녀의 이야기를 <호원>, <신도징>과 각각 비교하고 일연이 두 서사에 대해 평가한 부분을 비교 분석하여 일연이 가부장적 서사 장치를 강화하는 태도를 드러내고 있음을 밝혔다. 일연은 두 이야기를 병치한 뒤 호녀를 자신을 희생해서 인(仁)을 이룬 윤리적 존재이자 절을 세워주기를 원하는 종교적 인물로 평가하고, 김현도 부처가 감응할 정도로 신심이 깊은 종교적 인물로 평가했다. 그리고 여자의 행위를 김현과의 사랑보다는 가족을 위한 희생에 더 초점을 맞추어 평가했다. <김현감호>에서 김현과 호녀의 서사 중 <호원>에 없는 부분은 일연의 서사 의식을 드러내는 데 긴요한 부분이다. 그러나 이 부분을 일연이 첨가한 것인지 확인하기는 어렵다. 설화의 서사 골격에 문인의 서술 욕망이 결합한 것으로 볼 수도 있지만[27] 이 문인이 누구인지 알 수 없는 것이 난점이다. 일연이 이 서사를 구성하고 있는 한 이 서사는 일연의 서사이다. <김현감호>의 김현과 여자 이야기는 남자를 위해 희생하는 아내의 플롯에 가족을 위해 희생하는 누이, 딸의 플롯이 더해진 것이다. <신도징>과의 비교를 통해 보았듯이 일연은 여자의 시적 교양이나 삶의 지향에 대해서는 별다른 관심을 보이지 않는 대신 가족을 위해 희생하는 여자의 주장에는 길게 지면을 할애하고 있다. 그러나 여자들의 고통에 대한 공감이 없기는 둘 다 마찬가지다. 또한 일연은 애정전기에 대해서는 큰 관심을 보이지 않고 전기를 불교적으로 재해석하는 데 더 관심이 있었던 것으로 보인다.

<김현감호>는 12세기 무렵 인간/남자와 동물/여자의 사랑을 다룬 두 플롯이 경합하다가 김현의 이야기가 선택되는 현장을 보여준다는 점에서 서사론의 관점에서 볼 때도 매우 흥미로운 텍스트이다. 또한 일연이 두 이야기를 가져오는 과정에서 이루어진 취사선택을 통해 일연의 독법을 보는 것 또한 흥미롭다. 이를 통해 우리는 12세기 무렵 전기를 둘러싸고 가부장적 성장치로의 전환이 이루어진 한 사례를 볼 수 있다. 여기서 미처 다루지 못했지만 <김현감호>를 비롯한 인간/남자와 동물/여자의 이야기에서 동물이 여자의 은유로 등장하는 것에는 인간과 동물, 남자와 여자에 대한 뿌리 깊은 차별의식이 개재해 있다는 것을 지적해두고자 한다.

---

27 류준경, 앞의 글, 149면.

제2장

전기소설의 젠더화된 플롯

<최치원>, <이생규장전>, <주생전>

1. 전기소설과 연애 서사의 플롯

이 장에서는 젠더적 관점에서 전기소설의 플롯을 문제 삼는다. 플롯은 장르 혹은 유형의 서사 문법을 중심으로 이루어진 고소설 연구에서 중요한 분석 도구로 사용되어왔다. 영웅소설이나 전기소설을 영웅 일대기 구조나 고독한 개인의 만남과 이별이라는 구조로 분석한 것이 그 대표적인 예에 속한다. 그런데 영웅소설의 영웅 일대기 구조나 전기소설의 만남과 이별의 구조는 보편적이고 가치 중립적인 분석 도구로 다루어져 왔다. 하지만 플롯은 보편적이고 가치 중립적인 것으로 보이지

* 이 장은 「전기소설의 젠더화된 플롯과 닫힌 미학을 넘어서」(『한국고전여성문학연구』 20, 2010)를 전면 수정, 보완한 것이다.

만 실은 서사가 담고자 하는 이데올로기를 전달하는 장치이다. 누구의 서사이며 어떤 이데올로기를 담는가에 따라 플롯은 달라질 수 있다. 전기소설을 문제 삼는 것은 전기소설이 대표적인 연애 서사로, 고전소설 가운데 드물게 비극미를 드러내는 것으로 평가되지만, 실은 남성 중심의 전형적인 연애의 각본, 플롯임을 드러내기 위해서이다. 전기소설의 플롯은 영웅소설의 플롯만큼이나 남성 중심적이다. 이러한 측면들이 전기소설 연구에서 언급되지 않은 것은 아니다. 그러나 플롯과 젠더를 연관시켜 보게 되면 남성 중심적 서사가 어떻게 구조화되고, 다시 그것이 어떻게 남성 중심적 문화를 강화하거나 재생산, 혹은 전환하는지가 좀 더 분명히 드러날 것으로 생각된다. 성장치라는 개념은 이처럼 서사의 플롯이 구성, 재구성되면서 성적 이데올로기가 작동되는 방식을 보여주는 데 유용할 것으로 보인다.

이 장은 또한 서사의 플롯을 유형으로 다루는 것을 문제 삼는다. 고소설 연구에서 유형적 접근이 긴요한 측면이 있다. 대부분의 작품들이 작가나 창작 연대를 알 수 없는 형편에서 비슷한 플롯을 가진 작품들을 분류해서 유형화하는 것은 설명의 한 방법이 될 수 있기 때문이다. 그러나 문제는 유형적 접근이 개별 작품을 고정화시키는 결과를 낳을 수도 있다는 점이다. 유형적 접근은 하나의 전형을 요구하고, 전형적인 작품들과 전형을 벗어나는 작품들로 나누기 때문이다. 예를 들어 몽유록의 형식을 취하면서도 그 전형을 벗어나는 <운영전>이나 <강도몽유록> 같은 작품들을 해석할 때 몽유록의 유형적 특징을 강조하다 보면 오히려 이 작품들이 갖는 의미를 약화시킬 수도 있다. 영웅의 일대기 구조로 접근하는 방식에서도 마찬가지이다. <방한림전> 같은 작품을 영웅의 일대기 구조로 보게 되면 이 작품은 영웅소설의 변형일 뿐이 작품이 제기하는 문제들을 제대로 읽어내기 어렵다. 유형은 고소설의 역사적 전개를 보는 데 도움이 된다. 하지만 유형을 통한 접근은 자기동일성을 강조하면서 작품들을 전형과 변형으로 구분하고, 이를 다시 중심과 주변으로 배치하기 때문에, 개별 작품이 제기하는 문제나 미학을 제대로 볼 수 없게 한다.[1] 이 장에서는 이 유형화의 과정, 전형과 변형의 구분에 젠더가 개입된다고 보고 고소설의 대표적인 유형인 전기소설을 성장치의 개념으로 분석하고자 한다.

전기소설의 젠더화된 플롯이나 미학이 어떻게 반복, 재생산되어왔는가를 분석하는 것은 전기소설 연구뿐만 아니라 그간의 문학 연구가 갖고 있었던 남성 중심성을 드러내고 해체하는 것이기도 하다. 젠더 분석이 이제는 가부장적 이데올로기를 지적하고 해체하는 데서 더 나아가 대안을 제시해야 할 것이지만, 이 장에서는 우선 플롯을 성장치의 하나로 보고 소설이 어떤 성장치로 작동했는지, 그리고 오늘날 이에 대한 해석은 어떻게 이루어지고 있는지를 전기소설의 예를 통해 보고자 한다.

전기소설은 소설의 발생 및 초기 소설의 형성과 관련하여 소설 연구의 중심에 놓여 있었던 장르이다. 전기는 중국 당대에 창작되기 시작해서 신라 문인들에게 전해져 나말여초, 즉 신라말 고려초에 창작되기 시작했다. 본격적인 전기소설로는 <최치원>, 『금오신화』, <주생전>, <최척전> 등의 작품이 거론되며, 전기소설의 전개에 대해서는 견해 차이가 있기는 하나 그 초기 형태로부터 따진다면 나말여초로부터 18세

---

1 이러한 과정은 고소설 장르 안에서만이 아니라 문학 장르 전반에서도 볼 수 있다. 장르 역시 젠더가 성별을 말하는 것처럼 문법적, 문학적 범주를 가리키는 말이지만, 문학 제도 속에서 구성되고 서열화되어 있다.

기 이후까지 이어졌다고 본다. 이렇게 보면 전기소설은 소설사에서 가장 오랜 기간 존재했던 역사적 장르이다. 따라서 전기소설은 소설의 발생 문제와 관련하여 본격적인 관심의 대상이 되었다. 익히 알려져 있는 대로 『금오신화』의 소설 기원설과 나말여초 전기의 소설 기원설이 대립하면서 전기소설의 장르적 성격이나 미적 특질에 대한 연구가 본격화되었다.[2] 전기소설에 대해 관심이 집중되면서 전기소설의 서사 문법, 미적 특질 등에 대해서도 주목할 만한 연구들이 이루어졌다. 이 장에서는 <최치원>과 <이생규장전>, <주생전>, 세 작품을 중심으로 전기소설의 플롯이 성적 위계, 성적 억압의 구조를 가능하게 하는 성장치로 작동하는 면모를 드러내고자 한다. 이와 아울러 전기소설을 둘러싼 담론이 갖는 젠더적 성격을 드러내고자 한다.

2. 젠더화된 플롯의 반복/재생산

<최치원>, '구원받아야 하는 여성, 구원하는 남성'의 서사

<최치원>은 조선 전기의 문인 성임(成任, 1421~1484)이 편찬한 『태평통재』에 실려 있는 전기소설이다. 최치원이 두 여자의 무덤을 지나가다 시를 짓고 두 여자와 만남을 이루었다는 이야기는 『태평통재』 외에

2 이에 대해서는 임형택, 「나말여초의 전기문학」, 『한국문학사의 시각』, 창작과비평사, 1984; 김종철, 「서사문학사에서 본 초기 소설의 성립 문제: 전기소설과 관련하여」, 『고소설연구논총』, 경인문화사, 1988; 박희병, 『한국전기소설의 미학』, 1997; 장효현, 「전기소설의 장르 개념과 장르史의 문제」, 『한국고전소설사연구』, 2002 등 많은 연구가 있다.

도 한국과 중국의 문헌에 여러 편이 전한다. 한국의 문헌으로는 권문해(權文海, 1534~1591)의 『대동운부군옥』에 <선녀홍대(仙女紅袋)>라는 제목으로 실려 있는데, 그 출전을 『신라수이전』으로 밝히고 있어 신라시대에 이미 이 이야기가 있었음을 알 수 있다. 중국 쪽 문헌으로는 장돈이가 편찬한 『육조사적편류』(1160), 『경정건강지(景定健康志)』, 『지정금릉신지(至正金陵新志)』 등이 이 이야기를 싣고 있다.[3]

<최치원>은 육두품 문인으로 당나라에 유학해서 과거에 급제하고 능력을 인정받았으나 신라에 돌아와서 크게 쓰이지 못한 역사적 인물 최치원을 주인공으로 한 작품이다. 이 작품의 주인공은 최치원이지만 그 내용은 최치원이 무덤 속의 여성들을 불러내 시를 주고받은 뒤 하룻밤을 같이 보내고 헤어진다는 기이한 사건이 주를 이룬다. 인간 남자와 귀신 여자의 만남은 <김현감호>의 김현이나 신도징의 서사에서 볼 수 있는 인간 남자와 호랑이 여자의 만남과 유사하다. 그러나 <최치원>은 시를 통해 감정을 주고받는다는 점에서 김현과 신도징의 서사와는 차이를 드러낸다. 일연이 신도징의 서사를 가져오면서 시문을 주고받는 장면을 생략한 것과 비교하면 시를 통해 감정을 주고받는 <최치원>은 연애 서사로서의 전기소설의 면모를 확실하게 보여주는 작품임에 틀림없다. 그러나 그 연애 서사로서의 면모가 또한 문제이다.

무덤에 있는 두 여자와의 만남을 이야기한 <최치원>을 읽으면 두 여자와의 만남과 귀국으로 이어지는 플롯이 잘 연결이 되지 않는 것 같은 느낌을 받는다. 결연 과정에서 보이는 최치원의 태도와 장시(長詩)에서 보이는 태도, 그리고 귀국 후의 최치원의 태도가 달리 보이기 때

3 소인호, 「쌍녀분 전승의 쟁점적 고찰」, 『한국융합인문학』 4권 1호, 2016, 28면.

문이다. <최치원>의 내용을 요약하면 다음과 같다.

과거에 합격해 율수 현위가 된 최치원은 남쪽에 있는 초현관에 갔다가 두 여자가 묻혀 있는 쌍녀분을 보고 무덤 앞 석문에 시를 쓴다. 그 내용은 무덤 속의 두 여자와 사랑의 만남을 이루고 싶다는 것이었다. 그러자 밤에 한 여자[취금]가 나타나 만남에 응하는 두 여자의 화답시를 전해준다. 기분이 좋아진 최치원이 심부름 온 취금에게 추근거리다가 취금이 화를 내며 빨리 답장을 달라고 하자 답장을 써서 준다. 최치원이 두 여자를 만난 자리에서 두 남편을 섬긴 식부인에 빗댄 시를 써주자 한 여자가 화를 내며 자신들은 한 남자도 섬기지 않았다고 한다. 두 여자는 그동안 비루한 사람들만 왕래할 뿐 최치원처럼 수려한 수재를 만난 적이 없다고 한다. 세 사람은 술을 마시며 함께 시를 주고받고 취금에게 노래를 부르게 하며 어울려 즐긴다. 최치원이 두 여자에게 함께 자기를 청하자 두 여자가 난감해하다 응낙한다. 새벽이 되어 두 여자가 떠나면서 각각 시를 지어준다. 최치원이 시를 보고 눈물을 흘리자 두 여자가 훗날 지나가게 되면 황폐한 무덤을 쓸어달라고 하고 사라진다. 다음날 아침 최치원은 무덤가로 가서 장시를 지어 스스로를 위로한다. 최치원은 고국으로 돌아오다 속세의 영화를 떠나 흰 구름 깊은 곳에서 살겠다는 내용의 시를 쓴다. 이후 속세를 떠난 최치원은 마지막에는 해인사에 은거하며 경론을 탐구하고 고요한 데서 노닐다 세상을 떠난다.

<최치원>의 서사는 두 부분으로 나뉜다. 앞부분의 서사는 최치원이 율수 현위에 임명되어 가던 중 초현관에 머물며 쌍녀분의 두 여자와 만나 하룻밤 동침을 하고 헤어지는 것으로 되어 있고, 뒷부분의 서사는 귀국한 뒤 속세를 벗어나 전국을 유람하고 말년에 해인사에서 세상을

떠나는 것으로 이루어져 있다. 이 사이에 여자들과 헤어진 뒤 최치원이 쓴 장가(長歌)가 놓여 있다. 비중으로 따지면 신라로 귀국하기 전 당에서 겪은 일이 내용의 대부분을 이룬다. 최치원을 중심으로 서사를 정리하면, 당으로 유학 가서 율수 현위로 임명되어 가던 중 쌍녀분을 찾아가서 그 앞에서 만나고 싶다는 내용의 시를 쓰고 두 여자와 만난 뒤 헤어져 고국으로 돌아와서 말년에 해인사에서 죽었다는 것이다. 두 여자를 중심으로 서사를 정리하면 두 여자는 율수현 장씨의 딸들로 원하지 않는 사람과 정혼한 것을 견디지 못하고 죽어서 무덤에 있다가 최치원의 시를 듣고 나와서 만나 연분을 맺고 돌아갔다는 것이다.

<최치원>에 대한 초기 연구에서 최치원의 형상은 철저히 고독한 형상이라는 의미를 부여받았다. 나말여초 전기소설의 성립을 주장한 논의에 의하면 최치원은 중국에서도 신라에서도 발붙일 곳이 없었기 때문에 철저히 고립된 개인으로서 외로움밖에 남은 것이 없는 모습으로 형상화되었으며, 이러한 최치원의 역사적 고독이 한 편의 전기로 포착된 것이 <최치원>이다.[4] 나말여초 전기소설의 성립설에 동의하면서 전기소설의 미학을 정리한 논의에서도 나말여초의 대표적인 전기소설로 <최치원>을 들었다. 이 논의에서는 전기소설이 문제 삼는 생의 몇 가지 근본 형식으로 고독, 만남과 이별, 재회, 세상에 남음, 행(幸)과 불행(不幸), 기쁨과 슬픔, 고통, 생과 사, 현실과 초현실, 초월과 구원을 들고, 전기적 인간의 특징으로 고독감, 내면성, 다정다감, 선량함, 섬세하고 여림, 소극성과 함께 연애 대상에 대한 걷잡을 수 없는 맹목과 충동을 들고 있다. 이 논의는 특히 전기소설 주인공의 고독감을 강조하는데,

4 임형택, 앞의 책, 20면.

<최치원>의 고독감을 역사적 고독으로 해석했다.[5] 그러나 최치원의 고독감이 서사적 내용의 핵심인지 의문을 표하거나,[6] 사대부 문인 지식층의 꿈과 원망을 반영한 양식인 전기소설에 재현된 고독감은 청춘시절에 겪게 마련인 홍역으로 전근대 문인 지식인의 불우감 정도[7]라는 평가가 이루어지면서 소위 역사적 고독감에 대한 의문이 제기되었다. 여기서 더 나아가 최치원이라는 남성 주인공이 보이는 행동을 바람둥이적 행태로 지적하면서 <최치원>을 남성 판타지 소설의 시작[8]이라고 보는 견해가 제시되고, 이어 <최치원>에 드러난 성애에 대한 말초적 탐닉, 최치원의 성적인 충동과 일시적 해소, 바람둥이적 면모 등에 대한 본격적 논의가 이루어졌다.[9] 이에 따라 최치원의 인물 형상의 특징으로 불우함이나 고독감보다는 바람둥이적 형상이 강조되었는데, 그에 대한 반론도 적지 않게 제기되었다. 즉 <최치원>이 남성 주인공의 성적 욕망을 여성 주인공에게 투사하고 그것을 정당화하기 위해 최치원을 바람둥이처럼 그린 작품이 아니라는 것이다. 이 논의에 의하면 <최치원>은 남성 주인공 최치원이 여성 주인공들에게 투사된 자신의 욕망을 성찰하고 여성 주인공뿐만 아니라 남성 주인공 자신의 성적, 사회적 욕망도 현실 세계에서는 해소될 수 없음을 깨닫는 과정을 보여준 작품이라

5 박희병, 앞의 책, 128~133면.

6 김현양, 「최치원의 장르 성격 논의에 대한 비판적 검토」, 『민족문학사연구』 10, 1997, 413면.

7 윤재민, 「전기소설의 인물성격」, 『민족문화연구』 28, 고려대 민족문화연구원, 1995, 64~67면.

8 조혜란, 「남성 환타지 소설의 시작, 최치원」, 『여/성이론』 8, 여이연, 2003, 126~144면,

9 이정원, 「애정소설사 초기의 서사적 성격」, 『고소설연구』 25, 한국고소설학회, 2008, 71~73면; 김경미, 「전기소설의 젠더화된 플롯과 닫힌 미학을 넘어서」, 『한국고전여성문학회』 20, 한국고전여성문학회, 2010, 222~225면; 최귀묵, 「전기 <최치원 다시 읽기」, 『문학치료연구』 16, 문학치료학회, 2010, 37~58면.

할 수 있다.[10] <최치원> 해석에서 쟁점이 되는 부분은 최치원이라는 인물, 최치원과 두 여자의 만남이며, 이는 <최치원>이라는 작품에 대한 평가와도 연결되기 때문에 중요한 의미를 갖는다.[11]

<최치원>을 볼 때 다시 한번 확인해야 할 것은 역사적 인물 최치원과 <최치원>의 최치원을 구분해서 보아야 한다는 것이다. 역사적 인물 최치원과 <최치원>의 최치원이 무관하지는 않겠지만 이 둘을 구분해서 보아야 하며 이 둘이 드러내는 차이가 갖는 의미를 따져봐야 한다. 육두품 문인으로 당나라에 유학 가서 과거에 급제하고 능력을 인정받았으나 정작 신라에 돌아와서는 크게 쓰이지 못한 최치원이 왜 <최치원>의 최치원 형상으로 재현되었는가를 따지는 것이 더 중요하다는 의미다.

역사적 인물 최치원은 몰라도 적어도 이 작품에서 드러나는 최치원은 자신의 욕망에 몰두하며, 생사를 넘어 이루어진 만남과 헤어짐에 대해 진지하지 못한 면모를 드러낸다. 최치원은 초현관에 놀러가서 쌍녀분을 보고 무덤 앞 석문에 시를 쓰는데 무덤 속 여자들의 원망을 이해하는 말로 시작하는 듯하다가 바로 여자들을 만나 사랑을 나누고 싶다는 욕망을 드러낸다.

고운 그대들 꿈에서라도 만날 수 있다면　　芳情儻許通幽夢

---

10 박일용, 「<최치원>의 형상화 방식과 남·녀 주인공의 성적·사회적 욕망」, 『한국고전연구』 23, 한국고전연구학회, 2011, 5~32면,

11 이정원, 「『태평통재』에 실린 <최치원>에 대한 장르론 검토」, 『국어국문학』 192, 2020, 177~229면. 『태평통재』에 실린 <최치원>의 전문을 원문으로 간주해야 한다는 입장에서 <최치원>의 장르론을 검토하고, 최치원이라는 인물 형상, 만남의 의미에 관한 그간의 논의를 모두 정리하고 있다.

긴긴 밤 나그네 위로함이 무슨 허물이 되리오. 永夜何妨慰旅人
외로운 여관에서 운우(雲雨)의 만남 이룬다면 孤館若逢雲雨會
그대들과 낙천신(洛川神)을 이어 부르리. 與君繼賦洛川神[12]

최치원은 여자들을 만나기를 원하면서 나그네 즉 최치원 자신을 위로해주는 것도 나쁘지 않다고 하며 운우의 만남을 기대한다. 여종 취금이 나타났을 때도, 두 여자와 대화를 나눌 때도, 최치원은 종종 진지한 태도를 보이지 않는다. 그래서 취금이 화를 내며 답장을 재촉하고, 무덤 속의 여자도 경멸을 당했다고 화를 낸다. 최치원 스스로도 진지한 태도가 아니었다고 말한다. 자신이 쓴 시에 두 여자가 답을 보내자 최치원은 우연히 "경솔한 글[狂詞]"을 쓴 것이라 하고, 두 여자가 나타나자 장난으로 쓴 글[戱言]인데 아름다운 발걸음을 드리웠다고 한다. 헤어진 뒤에 쓴 장시에서도 최치원은 "장난으로 쓴 시구[戱將詞句向門題]"를 보고 감동한 선녀가 찾아왔다고 한다. 최치원은 왜 거듭 자신의 시를 장난으로 쓴 것이라고 했을까? 무덤에 대고 운우의 정을 기대한 것을 진지한 태도였다고 말하기는 어려웠기 때문일 것이다. 그런데 그 시에 감동한 두 여자가 찾아왔고 이들은 함께 밤을 보낸다. 새벽이 되어 두 여인이 다음에 다시 지나게 되면 무덤이나 쓸어달라고 하고 떠나자 최치원은 무덤가에 가서 장문의 시를 지어 자신을 위로한다[作長歌自慰].

두 여자와 최치원 모두 이별을 아쉬워하며 헤어지지만 헤어진 뒤에 장시에서 최치원은 이전과 다른 태도를 드러낸다. 장시는 최치원이 뛰

12 이대형 편역, 『수이전』, 소명출판, 2013, 38~39면.

어난 재주로 지방 관리가 된 것을 한탄하다 여자들을 만나게 된 과정, 여자들의 뛰어남, 여자들과의 결연, 이별에 대한 슬픔, 꿈같은 만남에 대한 아쉬움을 담고 있다. 이 시에서 최치원은 두 여자와의 만남을 양왕이 꾼 꿈과 비슷한 것이라고 정리한다. <최치원>은 결국 최치원이 쌍녀분을 보면서 기대한 운우의 만남이 이루어지는 과정을 보여준 것이라 할 수 있다. 운우의 만남은 양왕이 무산의 신녀와 만나 사랑을 나누었다는 고사로 남녀의 만남을 상징적으로 비유할 때 흔히 쓰인다. 따라서 이 비유를 가져온 것은 최치원이 무덤 속의 여자들을 만난 것이 양왕이 신녀를 만난 것과 비슷하다는 뜻이다. 그런데 실제 내용을 보면 그 만남의 성격이 다르다. <최치원>은 두 여자와의 성관계라는 일탈적인 관계를 담고 있기 때문이다. 작품 내에서 최치원도 이를 의식하고 있는 것으로 그려진다. 두 여자와의 만남을 읊은 대목에서 세 사람의 동침을 권유받은 여자들이 난감해하는 장면을 이렇게 묘사하고 있기 때문이다.

미친 내 마음 어지러워 부끄럼도 모르고	狂心已亂不知羞
아름다운 그대들이 허락할지 시험해보았네.	芳意試看相許否
미인은 얼굴을 한참 숙이고 어쩔 줄 몰라	美人顔色久低迷
반쯤은 웃는 듯 반쯤은 우는 듯하네.	半含笑態半含啼[13]

스스로 미친 마음으로 시험해봤지만 최치원 자신도 그것이 부끄러운 일이라는 것을 알고 있었다. 두 여자는 어쩔 줄 몰라 하다가 허락하

13 이대형 편역, 위의 책, 66~67면.

는데 그 얼굴이 반쯤은 웃고 반쯤은 우는 것 같다고 해서 난감해한 것으로 그려진다.

이렇게 함께 밤을 보낸 뒤 이별한 슬픔을 노래하다가 마지막 부분에 이르러 최치원은 '대장부 대장부여'라고 자신을 호명한다. 그리고 "남아의 기운으로 아녀자의 한을 제거한 것뿐이니 마음을 요망스런 여우에게 연연해하지 말라(壯氣須除兒女恨, 莫將心事戀妖狐)"[14]고 하며 노래를 끝맺는다. 여기서 두 여자는 요망스런 여우가 된다. 그리고 최치원과 두 여자의 만남은 결국 최치원이 여자들을 통해 자신의 결핍 혹은 욕망을 충족시킨 것이 아니라, 최치원이 남아의 기상으로 여자들의 한을 풀어준 것으로 마무리된다. 그래서 여자들이 아니라 자신을 위로하는 것이다. 여자들과의 만남은 이것으로 끝나는데 여기서 우리는 '구원받아야 하는 여성, 구원하는 남성'의 플롯을 발견하게 된다. 원치 않은 결혼에 대한 불만으로 요절한 두 여인이 누워 있는 쌍녀분은 최치원이라는 재주 있는 문사의 시를 통해서 열렸다가 다시 닫힌다. 최치원도 그 사실을 알고 있기에 장부의 기상으로 아녀자의 한을 제거해준 것이라 노래한다. 이러한 플롯은 잠자는 숲속의 공주가 왕자의 입맞춤을 통해서 깨어나는 것과 유사하다. 이는 전형적인 가부장적 방식의 플롯이다.[15]

역사적 인물 최치원은 몰라도 적어도 이 작품에 재현된 최치원은 자신의 욕망에 몰두하여 일탈적 성관계를 요구하고 생사를 넘어 이루어진 만남과 헤어짐에 진지하지 못하다. 그러나 작가는 작품 말미에 속세

14 이대형 편역, 위의 책, 70~71면.

15 김복순, 「식민지근대 초기의 만보와 소설 형식의 젠더화」, 『현대소설연구』 28, 2005, 47~48면.

를 벗어나 말년에 해인사에서 경론을 탐구하고 고요한 마음으로 지내다가 세상을 떠났다고 마무리함으로써 최치원을 초탈하여 유유자적한 인물로 만든다. 이는 <만복사저포기>의 양생이나 <이생규장전>의 이생이 여자가 떠난 뒤에도 그리워하는 것과는 차이를 드러낸다. 따라서 최치원이 속세를 떠나 스님을 찾아가서 서재를 짓고 책을 읽고 풍월을 읊조리며 살았다는 결말을 두 여성과의 만남에서 온 깨달음과 직접 연관 짓기 어렵다. 오히려 마지막 부분은 후일담처럼 덧붙여진 것으로 보이는데 최치원이 앞서 보인 행동과 긴밀하게 조응되지 않고 삐걱거린다. 그렇다면 <최치원>의 플롯은 앞뒤가 조응되지 않는다고 하면 되는 것일까? 그리고 이는 당에서의 일화에 신라로 돌아온 뒤의 일화가 덧붙여진 것이기 때문에 생긴 불일치라고 보면 되는 것인가?

성장치의 개념으로 볼 때 <최치원>의 플롯은 일관된 구조를 갖는다. <최치원>의 플롯은 최치원의 성적인 충동과 그 충동의 일탈적인 해소, 남성 중심적 입장에서의 관계 정리, 그리고 속세를 벗어난 인물로의 고양에 있다고 본다. 쌍녀분 앞에서 무덤 속의 여인들을 만나고 싶어하거나 취금을 보고 희롱하는 최치원은 성적인 충동으로 가득 차 있으며, 바로 그렇기 때문에 죽은 여인들의 무덤 앞에서 운우의 정을 읊조리고, 두 여자에게 동침을 제안한다. 작가는 순임금의 고사를 빌려와서 최치원과 두 여자의 동침을 합리화하지만, 요임금의 두 딸을 아내로 맞아들이는 것과 두 여자와 동시에 동침하는 것을 동일시할 수는 없다. 두 여자와 만나는 과정에서 최치원은 스스로를 '광객(狂客)', '광심(狂心)', '광생(狂生)'으로 부르며 성애를 즐기는 태도를 보인다. 그런데 이 '광객', '광심', '광생'이 돌연 '대장부(大丈夫)', '장심(壯心)'으로 바뀐다. 그리고 두 여성은 선녀에서 '요망스런 여우[妖狐]'[16]로 바뀐다. 이렇게 정리할 때 간밤의 일탈적인 성애도, 자신의 성적 충동도 자신의 문제가 아니라 두 여자의 문제이며, 자신의 행동은 여자들의 한을 제거해준 것으로 합리화되는 것이다. 여자들이 떠난 뒤 최치원은 쓸쓸함을 표하지만 곧 대장부의 마음을 되새긴다. <최치원>이라는 텍스트는 이처럼 최치원의 입장에서 서술된 것이다.

<쌍녀분>, 무덤 속 두 여자의 역사적 고독

만약 <최치원>에서 역사적 고독을 말한다면 그 주체는 최치원에 의해 다시 한번 요망한 여우로 불리며 타자화되는 무덤 속의 두 여자일 것이다. 여기서 한 가지 짚고 넘어갈 것은 무덤 속의 두 여자를 주인공으로 한 <쌍녀분(雙女墳)>과의 관계이다. 우선 <쌍녀분>이라는 명칭이 두 여자를 중심에 놓는 명칭이라면 <최치원>은 최치원을 중심에 놓는 명칭이다. <쌍녀분>이라는 명칭이 언제 <최치원>으로 바뀌었는지는 정확히 알 수 없지만, 이 변화 사이에 플롯의 전환이 일어났던 것은 아닐까 추측해볼 수 있다. 즉 앞에서 보는 것과 같은 남성 중심적 플롯으로의 전환 말이다. 다음은 『육조사적편류』에 실린 쌍녀분 이야기의 전

16 엄태식은 <임씨전>, <왕경룡전>을 들어 '요망스런 여우[妖狐]'가 부정적인 의미로 쓰인 것이 아니라 미색(美色)의 은유이며, '대장부여' 이하 부분은 두 여자와의 만남이 지기와의 만남이었다는 성찰이라고 했으나 여기서 문제는 요호가 미색의 은유라는 것이 아니라 요호가 부정적으로 쓰였다는 점이다. 여자 혹은 미인을 여우에 비유하는 것은 여성에 대한 편견을 보여주는 전형적인 사례이다. 엄태식은 그 사례로 <왕경룡전>에서 "술은 광약인지라 입에 대면 마음이 방탕해지고, 여색은 요호인지라 눈에 들면 정신이 흐려집니다.[酒是狂藥, 着口則心蕩, 色爲妖狐, 入眼魂迷]"라고 한 부분을 들어 요호가 미색의 은유라고 했는데 여기서 미색, 요호는 모두 부정적인 의미를 갖는다. 엄택식, 앞의 책, 48면.

문인데 여기에는 두 여자의 사연이 중심이 되어 있다.

> <쌍녀분기>에 다음과 같이 전한다.
>
> 계림(桂林) 사람인 최치원이 당나라 건부(乾符) 연간에 율수 현위(溧水縣尉)로 발령받고 초현관에서 쉰 적이 있었다. 그 앞 언덕에는 '쌍녀분'이라는 무덤이 있었는데, 사연을 물어보아도 아는 사람이 없었다. 그래서 시를 지어 조문하였다.
>
> 이날 밤에 감동한 두 여자가 와서는 사례하였다.
>
> "저희는 본래 선성군 개화현 마양향에 사는 장씨의 딸들입니다. 어려서 붓을 가까이 하고 자라서는 재주를 자부하였는데, 뜻하지 않게 부모님께서 소금장사치의 배필이 되게 하셨습니다. 이 때문에 분하고 울적하여 생을 마감하고 천보 6년[747년]에 여기에 같이 묻히게 되었습니다."
>
> 단란한 이야기가 새벽까지 이어지다가 헤어졌다.
>
> 무덤은 율수현 남쪽 110리에 있다.[17]

<쌍녀분>의 플롯은 율수 현위가 된 최치원이 초현관 앞 쌍녀분을 보고 시를 지어 애도하자, 감동한 여자들이 나타나 자신들의 사연을 전하고 함께 이야기를 나누다 헤어졌다는 것이다. 여기서 최치원은 두 여자가 쌍녀분에 묻히게 된 사연이 드러나게 해주는 역할을 한다. 어려서

---

17 이대형, 위의 책, 152~153면, "雙女墳記曰, 有桂林人崔致遠者, 唐乾符中補溧水尉, 嘗憩于招賢館, 前岡有塚, 號曰雙女墳, 詢其事迹, 莫有知者. 因爲詩以弔之. 是夜感二女至, 稱謝曰, 兒本宣城郡開化縣馬陽鄉張氏二女, 少親筆硯, 長負才情, 不意爲父母匹于鹽商小豎, 以此憤恚而終. 天寶六年同藏于此. 宴語至曉而別. 在溧水縣南一百一十里."

부터 글을 익히고 자라 재능을 자부했던 두 여자는 자신들의 뜻과 다른 결혼을 받아들이지 못하고 죽었다. <쌍녀분>의 두 여자야말로 불우(不遇)한 인물들이다. 두 여자의 무덤은 가부장제 사회에서의 여성의 처지를 상징적으로 보여준다. 그런데 <최치원>은 쌍녀분을 주요 소재로 가져와서 최치원의 이야기로 만들었다. <최치원>은 두 여자가 최치원의 재능을 알아보고 문인을 열망한 것으로 묘사하면서 두 여자가 글을 익혀 재능을 자부했다는 부분은 생략했다. 오히려 최치원이 스스로를 뛰어난 재주로 지방 관리됨을 한탄하는 데서 보듯 최치원의 재능을 강조한다. 따라서 <쌍녀분>에서 <최치원>으로의 변화는 두 여자의 이야기에서 최치원의 이야기로 전환되면서 가부장적 플롯이 강화된 것으로 볼 수 있다.

일연의 『삼국유사』에 실린 <김현감호>가 가부장적 플롯의 강화를 보여준다는 것은 앞에서 살펴보았다. 김현의 이야기와 신도징의 이야기는 주인공 남자와 호녀(虎女)의 만남을 다룬다는 점에서 유사한 이야기다. 하지만 이 두 이야기에 대한 일연의 평가는 전혀 달랐다. 일연은 김현을 만난 호녀는 어진 여자로 평가한 반면, 신도징과 결혼한 호녀는 끝내 자신의 무리들을 따라갔기 때문에 배반한 여자로 평가했다. 일연은 서사의 중심에 남성을 놓고, 여성의 희생을 당연시하는 남성 중심적 플롯을 바람직한 것으로 보았기 때문이다. 이와 마찬가지로 <최치원>도 전기의 플롯이 남성 중심적인 플롯으로 젠더화되는 과정을 보여준다.

<이생규장전>, 소극적인/달아나는 남성, 적극적인/희생하는 여성의 서사

<이생규장전>은 전기소설의 대표적인 작품으로, 가장 빼어난 전기소설로 평가받고 있다. 전쟁으로 인해 사랑의 서사가 비극적 결말로 마무리되면서 여운을 남기는 한편 여성 주인공의 성격이 적극적으로 재현되고 있기 때문이다. 그러나 남녀가 모두 비극적 죽음을 맞는 <이생규장전>의 플롯은 교묘하게 젠더화된 플롯임이 드러난다.

국학에 다니는 청년 이생은 명문가의 딸인 최낭과 만나 사랑에 빠지지만 아버지에게 들켜 울주로 쫓겨 간다. 매일 찾아오던 이생이 오지 않자 최낭은 사람을 시켜 그 까닭을 알아내고 병들어 앓게 된다. 부모가 이 사실을 알게 되자 최낭은 맹세코 다른 사람에게 시집가지 않고 차라리 죽어서 이생을 만나겠다고 한다. 최낭 집안이 이생의 집안에 청혼하여 둘은 혼인하게 된다. 결혼한 뒤 신축년에 홍건적이 쳐들어와서 피난 가던 중 최낭은 적의 손에 죽고 이생 혼자 살아남게 된다. 혼자 살아남은 이생을 찾아온 최낭은 자신의 죽음을 이야기하고, 부모의 시신을 수습해줄 것을 부탁한 뒤 다시 만났으니 이전의 맹세를 저버리지 말고 함께하자고 한다. 이생은 바라던 바라고 하며 부모의 장례를 치르고 벼슬에도 나아가지 않고 최낭과 함께 지낸다. 그러나 결국 최낭은 떠나고 혼자 남은 이생은 최낭에 대한 그리움으로 병을 얻어 죽는다.

만남과 헤어짐이 반복되는 <이생규장전>의 플롯은 최낭이 죽은 뒤, 그 뒤를 이어 이생도 죽는 것으로 끝난다. 이러한 결말에 대해 작가는 이 이야기를 들은 사람들이 슬퍼하고 탄식하며 그 '의(義)'를 사모하지 않음이 없었다고 마무리하고 있다. 사람들이 의롭다고 여긴 내용은 이생이 최낭의 유골을 수습해서 장례를 치러준 뒤, 병을 얻어 죽은 것을 가리키는 것으로 보인다. 이러한 결말을 통해 작가는 이생은 의리 있는 인간으로, 이생의 삶은 비극적인 것으로 끌어올리고 있다. 드러나는 서사만 보면 최낭의 유골을 수습하여 묻어준 뒤 그 뒤를 이어 세상을 떠나는 이생은 의를 아는 인물이다. 사실 이생은 처음부터 의리 있는 인물이 아니었다. 의리 있는 인물은 최낭이지 이생이 아니다. 그러나 김시습은 최낭을 통해 이생을 의리 있는 인물로 만들고 서사를 완결한다. 여기서 잠시 전쟁에서 최낭이 죽는 장면으로 가보자.

> 신축년에 홍건적이 경성을 침략하여 왕이 복주로 옮겨갔다. 적들은 집들을 불태워 없애고 사람과 가축을 죽이고 잡아서 구워먹으니 부부와 친척이 서로 보호해주지 못하고 동서로 달아나 각각 살기를 꾀하였다. 이생이 식구들을 이끌고 궁벽한 낭떠러지에 숨었는데 한 도적이 칼을 들고 따라왔다. 이생은 달아나서 벗어났으나 여자는 도적에게 사로잡혔다. 도적이 다가가자 여자가 큰 소리로 꾸짖기를, "귀신 같은 놈! 나를 잡아먹어라. 차라리 죽어 승냥이 뱃속에 장사지낼지언정 어찌 개돼지 같은 놈의 짝이 되겠는가?"라고 하니 적이 분노하여 죽이고 살을 발라냈다. 이생은 들판에 숨어 겨우 목숨을 보전하였다. 적이 모두 사라졌다는 말을 듣고 드디어 부모님이 계시던 옛집으로 찾아가니 그 집은 이미 전쟁으로 불에 타버리고 없었다.[18]

---

18 김시습, 『금오신화』, 김경미 옮김, 펭귄클래식 코리아, 2009, "辛丑年, 紅賊據京城. 王

<이생규장전>의 이 대목은 부부와 친척이 서로를 보호해주지 못하고 각자 살기를 도모할 수밖에 없는 극한 상황을 보여준다. 그런데 작가는 이 대목에서 열녀 서사를 끌어온다. 한 도적이 칼을 들고 따라오자 이생은 달아나서 피하고, 사로잡혀 강간을 당하게 될 상황에서 여자는 큰 소리로 욕을 하고는 살이 발라지는 참혹한 죽음을 당하는 것이다. 이 열녀 서사는 달아난 이생에게서 최낭의 장렬한 죽음으로 관심을 돌리게 만든다. 즉 따라오는 도적을 피해 이생이 달아난 것을 문제 삼기보다는 정절을 지키고자 저항하는 여자에게 적이 분노해서 죽인 것을 문제 삼게 만드는 것이다. 물론 이 상황에서 달아난 이생을 문제 삼을 수는 없다. 목숨이 걸린 상황에서 자기의 목숨을 내놓기는 누구나 어렵기 때문이다. 그런데 문제는 이런 상황에서 언제나 여자가 목숨을 걸고 정절을 지키는 것이 당연한 것으로 플롯이 진행된다는 점이다. 뒤에 여기에 대해서는 한 마디 언급도 없다는 점이 그것을 말해준다.

들판에 숨어 목숨을 보전한 이생이 자신의 옛집으로 갔다가 다시 여자의 집으로 가서 슬픔을 이기지 못하고 이전에 자신들이 처음 만났던 누각에 올라가 옛날 생각을 하고 있을 때 여자가 나타난다. 이생은 여자가 죽은 줄 알면서도 "어느 곳으로 피했기에 목숨을 보전했느냐"고 묻고 여자는 이생의 손을 잡고 한바탕 통곡을 한다. 그런데 작가는 이생이 여자가 죽은 줄 알면서도 "사랑하는 마음이 너무 깊어서 다

移福州, 賊焚蕩室廬, 臠炙人畜, 夫婦親戚, 不能相保, 東奔西竄, 各自逃生.生挈家隱匿窮崖, 有一賊, 拔劍而逐, 生奔走得脫, 女爲賊所虜. 欲逼之, 女大罵曰, 虎鬼! 殺陷我. 寧死葬於豺狼之腹中, 安能作狗彘之匹乎? 賊怒, 殺而剮之. 生竄于荒野, 僅保餘軀, 聞賊已滅, 遂尋父母舊居, 其家已爲兵火所焚."

시 의심하지 않고" 물었다고 쓰고 있다. 이 질문, "어느 곳으로 피했기에 목숨을 보전했느냐"는 이 질문은 적이 따라와 자신은 달아나고 최낭은 죽음을 맞은 상황을 아는 사람으로서는 할 수 없는 질문이다. 적을 피하지 못했고 목숨을 보전하지 못한 것을 이미 아는 상황이기 때문이다. 그럼에도 왜 이생은 이렇게 질문했는가? 죽은 줄 알았던 최낭이 살아서 돌아온 것에 대한 반가움? 자신들의 사랑이 끝난 것을 인정하지 못함? 아니면 전쟁이라는 세계의 횡포에 대한 저항? 필자는 그보다는 죽음의 상황에서 최낭을 버리고 달아난 이생이 자신을 스스로 속이는 것이며, 그것을 깊은 사랑이라는 이름으로 미화하는 질문이라고 생각한다. 그것은 최낭의 대답을 보면 더욱 분명해진다. 최낭은 이 질문에 대해 어디로 피해서 목숨을 보전했다고 대답하지 않는다. 아니 대답할 수가 없다. 그녀는 피하지 못했으므로. 그래서 최낭은 우선 한바탕 통곡하고 좋은 집안에 태어나 규방의 일만 알다가 이생을 만난 뒤로 평생의 사랑을 맺고 끝까지 함께할 줄 알았는데 중간에 꺾이게 될 줄 몰랐다고 하며, 끝내 승냥이 같은 적에게 몸을 맡기지 않고 진흙 모래 위에서 살이 찢어지기를 스스로 선택했지만, "이는 실로 타고난 천성으로 자연히 그렇게 한 것이나 인정으로 차마 할 수 없는 일"이라고 한다. 그리고 다시 만나 이전의 맹세를 저버리지 말자고 제안한다. 이생은 바라던 일이라고 응낙하고 여자로부터 남아 있는 재산의 소재와 양가 부모의 시신이 버려진 곳을 듣고 재물을 얻은 뒤 장례를 치른다.

이생의 질문에 대해 최낭은 자신이 이생을 만나 평생의 사랑을 하게 되었음을 말하고 자신의 죽음을 스스로 선택했다고 한다. 그러나 그것은 타고난 천성 때문에 한 것이지 사람으로서는 차마 할 수 없는 일이라고 했다. 여기서 최낭의 선택이 얼마나 고통스러운 것이었는가를 알 수 있다. 그럼에도 최낭은 결코 이생을 비난하지 않는다. 오히려 천성이라고 함으로써 자신의 선택을 자연스러운 선택으로 만들고 있다. 이러한 플롯은 자연스러운 것처럼 보인다. 작가는 '이생이 혼자 달아났다'는 것을 문제 삼지 않음으로써 아무런 문제도 느끼지 않는 것처럼 보이게 할 뿐 아니라 이 달아난 이생을 '의리' 있는 인물로, 비극의 주인공의 만들면서 서사를 마무리한다. 이것이 바로 플롯이 무성적인 것이 아니라 젠더적임을 보여주는 것이다. 달아난 이생을 서사화하면서 달아난 것에 대해 질문을 삼가는 것, 최낭은 열절을 지켜 죽지만 여기에 대해 결코 질문하지 않을 뿐만 아니라 모든 것을 잃은 이생에게 살길을 도모해주는 것 말이다.

이런 식의 플롯은 계속해서 재생산된다. 다음 조찬한(趙纘韓, 1572~1631)이 아내에게 쓴 제문도 그 한 예이다. 제문이기는 하지만 위기 앞에서의 여성과 남성의 플롯을 재생산하고 있다는 점에서는 다름이 없다. 정유재란을 만나 피난 가던 중 숙모가 없어져서 조찬한 부부는 함께 숙모를 찾아 나섰다. 그러나 적들이 주위를 에워쌌고, 부인은 발이 부르터 걷기가 힘들었다. 사방에서 나는 창 소리를 들으며 밤을 지새운 다음 날 다시 적들이 다가오자 아내는 남편을 달아나게 한 뒤 자결했다. 다음 예문은 자신이 아내를 두고 달아났다가 다시 돌아와 죽은 아내를 발견하는 장면이다.

> 아! 슬프다. 당신은 이때 나에게 "달아나 피하세요. 저 때문에 저들이 올 때까지 있지 마세요."라고 권하였소. 곧 적들이 이르렀고 당신은 나더러 나가라고 재촉해서 나는 적을 향해 맨 몸에 버선발로 뛰어나갔소. 종 하나가 나를 따랐고 산으로 달아나 빠져나갈 수 있

> 었다오. 적이 지나간 뒤 곧 산에서 내려오니 날이 이미 저물어 어두워 있었소. 내가 서(庶)숙부와 함께 당신이 숨어 있던 곳으로 찾아가니 슬프게도 당신은 이미 죽어 있었소. 시신의 피가 풀밭에 어지러이 묻어 있었으니 해를 당한 것이 분명한지라, 시신을 어루만지고 발을 구르며 울부짖었소.[19]

남편과 종을 달아나게 하고 홀로 적을 맞아 죽은 아내. 그 아내의 시신을 어루만지고 발을 구르며 울부짖는 남편. 전쟁이 빚어낸 참혹함이다. 여기서도 아내를 두고 달아나는 남편, 홀로 죽음을 맞는 아내의 플롯은 반복된다. 그러나 조찬한은 스스로 자신이 달아난 것을 이야기하지만, <이생규장전>의 이생은 결코 그것을 이야기하지 않는다. 오히려 어떻게 피했느냐고 질문한다. 이런 이생은 결코 의리가 있는 인물이라 할 수 없다. 그러나 세 번째 만남을 통해서 이생은 이전과는 달라진 모습을 보인다. 환생(幻生)한 최낭을 만난 뒤로 이생은 벼슬에 나가지 않고 사람들도 만나지 않고 최낭과 함께 있으면서 시를 주고받거나 거문고를 함께 타면서 몇 년을 보낸다. 그리고 최낭이 죽은 뒤 유골을 수습하고 병을 얻어 죽는다. 이생은 이 세 번째 만남을 통해서야 비로소 의리가 있는 인물이 된다. 그러나 이 세 번째 만남 역시 여자에 의해 이루어진 것이다. 최낭은 귀신이 되어 돌아와서 속수무책 앉아 있는 이생에게 숨겨둔 재산이 있는 곳을 알려주고 양가 부모님의 시신이 있는 곳을 알려주어 수습하게 한 뒤 한동안 이생과 살다가 돌아간다. 홀

---

19 조찬한, <제망실문>, 『현주집』, "嗚呼哀哉, 君於此時, 勸我走避, 勿以我故, 坐致彼至. 俄然賊至, 君促我出. 我出突賊, 裸體徒襪. 一奴隨我, 走山得脫. 賊去卽下, 日已昏黑. 獨與孽叔, 訪君所伏. 哀哀已死, 屍血塗草, 謂必遇害, 撫屍踊悼."

로 남아 있는 이생의 일을 수습해주러 온 것으로 보일 정도이다. <이생규장전>은 이생이 담장 안을 엿본 이야기로 이생이 주체가 되는 이야기지만, 앞서 보았듯이 위기의 순간마다 이생은 텍스트에서 사라진다. <이생규장전>은 열녀 서사의 플롯을 차용하여 달아나는 남성의 서사를 은폐하고, 환생(幻生)이라는 전기의 플롯을 가지고 와서 이생을 비극적 주인공으로 만들고 있는 서사라 할 수 있다.

물론 최낭의 환생 이후의 이생은 이전의 이생과는 다르다. 전란이 휩쓸고 간 뒤 혼자 남은 이생은 최낭의 환생을 받아들이고 오로지 최낭과 함께 지낸다. 이생은 벼슬에 나가지 않고 최낭과 지내며, 세상일에는 관심이 없어져 친척이나 지인들의 경조사도 돌보지 않고 거의 유폐에 가까운 생활을 한다. 환생한 최낭과 몇 년을 지낸 것은 이생이 할 수 있는 최대한의 애도였던 것으로 보인다. 이 부분에 대해 멜랑콜리의 관점에서 접근한 연구는 최낭 사후 이생의 태도에 대해 이생이 내면에 지워지지 않는 '상실' 곧 '최낭의 죽음'과 '최낭과의 영원한 이별'에 완전히 사로잡혀 있었던 것이라고 보았다.[20] 분명 이생의 태도에는 이런 측면이 엿보인다.

이러한 이생의 형상에는 가부장제 사회에서 아버지의 권위를 따라야 하는 젊은 양반 남성의 처지가 반영되어 있다. 가부장제는 남성의 여성 지배뿐만 아니라 연장의 남성의 연소한 남성 지배를 의미한

20 이 경우 멜랑콜리의 메커니즘은 대상을 상실한 데서 오는 심리적인 퇴행이 아니라, 오히려 상실된 대상을 살아 있게 만드는 몽환적인 힘이며, 처음엔 상황적이었던 이생의 고독을 자발적 고독으로 변화시키고, 허상적 존재인 최낭을 위해 기꺼이 집을 짓고 둘만이 거처할 수 있는 방 안에 틀어박힌 채 그 삶을 지속하게 했다고 보았다. 이민희, 「멜랑콜리 관점에서 본 「李生窺墻傳」 還魂 서사의 의미」, 『고전문학연구』 51, 2017, 183~184면.

다.[21] 가부장제 하의 이생은 아버지의 말을 거역하지 못하고 아버지의 뜻을 따르는 것으로 그려진다. 최낭과 몰래 만나던 이생을 울주로 보내고, 최낭 집안의 청혼을 두 번이나 거절하는 이생의 아버지는 이생의 삶에 결정권을 가진 존재로 그려진다. 이생은 아버지의 허락 하에서 결혼할 수 있었는데 아버지의 허락 이면에는 최낭 집안의 간절한 청혼이 있었고, 최낭 집안의 적극적인 청혼 이면에는 '사랑하는 마음을 어기게 하면' 죽어도 다른 사람과 결혼하지 않겠다는 최낭의 결단이 있었다. 아버지가 최낭과의 결혼을 물었을 때 기쁨을 이기지 못한 것 외에 결혼에 이르는 과정에서 이생은 자신의 뜻을 드러내지 않는다. 하지만 최낭의 환생 이후 이생은 달라진 면모를 보인다. 최낭의 도움으로 부모의 장례를 치르고 이전과 같은 집안의 면모를 회복했지만 더 이상 사회생활을 하려는 의지를 보이지 않는다. 오로지 최낭과 함께 있는 것을 최우선으로 여긴다. 이는 장원급제해서 이름을 드날리기를 바란 아버지의 뜻을 어기는 것으로, 아버지의 부재로 인해 이러한 거역이 가능해진 것이다.

당나라 전기인 <이왜전>은 가부장제 하의 젊은 남성의 위치를 충격적으로 보여준다. <이왜전>은 기생 이왜와 형양공의 아들의 만남과 이별, 결혼을 다룬 작품이다. 늦게 얻은 아들이 시문에 뛰어난 재능을 보이자 형양공은 장안에 과거시험을 보러 가게 한다. 형양공은 넉넉하게 돈을 주어 보냈는데 아들은 이왜를 만나 돈을 탕진하고 과거도 못 본

21 케이트 밀렛, 『성 정치학』, 김유경 옮김, 쌤앤파커스, 2020, 73면. 케이트 밀렛은 가부장제는 남성이 여성을 지배하는 제도라고 한다면 가부장제의 원칙 또한 이중적으로 보인다고 하면서 남성이 여성을 지배하고 나이가 많은 남성이 어린 남성을 지배하는 것이라고 본다. 그러나 모순과 예외가 체제 안에 늘 공존하며, 역사와 장소에 따라 아주 다양한 모습을 보여준다고 했다.

채 장의사에서 애가(哀歌)를 부르며 살아간다. 마침 장안에 온 형양공이 도적에게 해를 당해 죽은 줄 알았던 아들을 만나지만 아들이 기대를 저버린 것을 알고 죽을 지경으로 매를 때린 뒤에 버리고 간다.

> 아들을 본 부친은 꾸짖으면서, "사내의 뜻이 이것밖에 안 되어 우리 가문을 욕되게 했도다. 무슨 면목으로 다시 보겠느냐?" 하면서 이끌고 걸어 나가 곡강 서쪽 은행나무 동산 동쪽에 이르러, 아들의 옷을 벗기고 말채찍으로 수백 대의 매를 쳤다. 젊은이는 그 아픔을 견디지 못하고 쓰러져 기절했는데, 부친은 죽은 아들을 거기에 버려둔 채 숙소로 돌아가버렸다.[22]

형양공은 이왜와 다시 만난 아들이 이왜의 헌신으로 공부를 해서 과거에 급제한 뒤에야 아들을 집안에 받아들이고 이왜와의 결혼을 허락한다. 유교 가부장제 하에서 양반 남성은 과거에 급제해서 성공할 수 있는 기회가 주어져 있다. 하지만 그 기대를 저버렸을 때는 가차 없이 버려질 수도 있다는 것을 <이왜전>은 보여준다.

<이생규장전>의 이생도 국학에 다니는 수재였지만 아버지의 기대에 어긋나자 바로 울주로 쫓겨난다. 그런데 최낭의 환생 이후 이생의 태도는 이전과 차이를 드러낸다. 부모의 장례를 치르고 제사를 모시며 이전의 삶을 회복하는 듯 보이지만 바깥세상과 절연한 삶을 선택하고 최낭이 떠난 뒤 그리워하다가 죽는다. 아버지가 원한 삶을 자발적으로

---

22 김종군, 『중국전기소설선』, 박이정, 2005, 27면/328면, "父責曰, 志行若此, 汚辱吾門. 何施面目, 復相見耶. 乃徒行出, 至曲江西杏園東, 去其衣服, 以馬鞭鞭之數百. 生不勝其苦而斃, 父棄之而去."

거부하고 최낭에 대한 사랑과 의리를 택한 것이다. 사랑의 완성을 가져오게 한 것은 최낭이지만 이생 아버지의 부재도 중요한 요인으로 작용했을 것이다. 이렇게 해서 이생은 소극적/달아나던 인물에서 사랑 때문에 죽는 비극적 인물로 재현되며 <이생규장전>은 결국 비극적 플롯으로 마무리되는 것이다.

<주생전>, 사랑이라는 이름의 폭력, 낭만적 사랑의 환상과 그 이면

<주생전(周生傳)>은 임진왜란 당시 명나라 군대의 서기로 온 주생이라는 인물이 경험한 사랑 이야기다. 작가는 조선의 문인 권필(權韠, 1569~1612)이지만 서사의 주요 공간은 중국 전당(錢塘) 지역이고 인물들도 전당 출신이다. <주생전>은 권필이 주생을 만나 그로부터 들은 이야기를 쓴 것인데, <운영전>에서 운영이 등장해 자신의 이야기를 직접 들려주는 것과는 달리 3인칭 작가의 시점에서 서사가 전개된다. 독자는 작품 끝에 이르러서야 권필이 주생으로부터 직접 들은 이야기라는 것을 알게 된다.

<주생전>은 과거에 계속 실패하자 과거를 그만두고 장사에 나선 주생이 우연히 고향인 전당에 가서 어릴 때 친구인 배도를 만나는 것으로 이야기가 시작된다. 기녀로 이름을 날리던 배도는 주생이 쓴 시를 본 뒤 아내가 되기를 원하며 나중에 출세하면 자신의 이름을 기적(妓籍)에서 빼달라고 부탁한다. 주생이 그렇게 하겠다고 하자 배도는 곽소옥과 이익의 일을 이야기하며 나중에 버리지 않겠다는 맹세의 글을 써달라고 한다. 주생이 글을 써준 뒤 두 사람의 결연이 이루어진다. 다음

날 노승상 집에 간 배도를 따라가서 선화를 본 주생은 갑자기 배도에 대한 마음이 사라지고 선화에게 빠진다. 선화의 동생 국영의 선생이 된 주생은 핑계를 대서 노승상의 집으로 들어가 국영을 가르친다. 선화에게 다가갈 궁리를 하던 주생은 결심을 하고 선화의 방을 엿보다 선화가 부르는 노래의 가사에 화답한 뒤 방으로 들어간다. 이후 지속된 주생과 선화의 관계를 배도가 알게 되고 배도와 주생의 관계가 냉랭해진다. 주생이 선화만 생각하고 병을 핑계로 자리에서 일어나지 않던 중 국영이 죽는다. 몇 달 뒤 배도가 죽자 주생이 제문을 지어 애도하고 배도의 집을 떠난다. 주생은 어머니의 먼 친척을 통해 9월에 선화와 결혼하기로 했으나 조선에 전쟁이 일어나 군대의 서기로 따라오게 된다. 그 이듬해 군대가 남하하게 되었는데 선화 생각에 병이 든 주생은 군대를 따라가지 못하고 송도에 머문다. 이때 일이 있어 송도에 간 작가가 주생을 만나 이 일의 전말을 듣고 이 이야기를 쓴 것이 <주생전>이다.

<주생전>은 <곽소옥전>, <앵앵전>, <가운화환혼기> 등 중국 전기의 영향이 보이기는 하지만[23] 이들 작품에서 볼 수 없는 새로운 인물과 플롯을 보여준다. 주생과 기생 배도의 만남, 배도의 죽음은 <곽소옥전>의 이익과 곽소옥의 서사에서 볼 수 있고, 주생과 선화의 만남과 이별은 <앵앵전>의 장생과 앵앵의 서사에서 볼 수 있지만 이 두 서사를 결합함으로써 세 사람 사이의 삼각관계라는 새로운 플롯을 만들어

23 정민, 「<주생전>의 창작 기층과 문학적 성격」, 『한양어문연구』 9, 1991, 125면, <곽소옥전>, <앵앵전>, <가운화환혼기>의 결구를 절묘하게 교직하되 플롯은 <곽소옥전>과 <앵앵전>을 결합하고 작품의 전체 분위기는 <가운화환혼기>로부터 가져오는 것과 같은 방식을 사용해서 단순한 모방이 아니라 전혀 새로운 작품으로 형상화하는 데 성공했다고 보았다.

냈고, 인물들의 성격, 결말도 다르다.[24]

중국 전기소설과의 직접적인 관련뿐만 아니라 재현된 인물들이나 이들 사이에 이루어진 사랑과 질투, 만남과 이별이 이전에 창작된 전기소설과 다른 모습을 보여주고 있어 <주생전>은 일찍부터 많은 연구자들의 관심을 모았다. 위에서도 보았듯이 배도와의 약속을 하루만에 저버리고 선화에게 마음을 빼긴 주생이나 출세하면 자신을 기적에서 빼달라고 하면서 주생과 결연하는 배도, 배도의 남편인 줄 알면서도 주생과 관계를 맺고 배도를 질투하는 선화 등 <주생전>의 인물들은 자신들의 욕망을 드러내고 추구하는 데 주저함이 없으며 또한 매우 현실적이다. 작품의 서사도 결국 주생이 배도와의 약속을 저버리고 선화를 선택하며 결혼을 약속하는 것으로 진행된다. 이러한 인물 재현과 서사 전개로 인해 인물의 성격이나 작품의 의의에 대한 평가도 엇갈리고 있다.[25]

앞서도 언급했듯 작가는 권필이지만 그 내용은 주생을 통해 전달된 것이다. 다시 말해 주생의 관점에서 구성된 이야기를 권필이 다시 구성한 것이 <주생전>인 것이다. 따라서 <주생전>의 플롯을 보기 위해서는 주생이라는 인물을 주목할 필요가 있다.

주생이 배도와 선화에게 이끌리는 것은 그녀들의 외모 때문이다.[26]

---

24 <곽소옥전>과 비교하면 신분이 기녀로 설정된 것은 비슷하지만 곽소옥과 배도를 비슷한 인물 유형으로 보기 어렵다. <앵앵전>과 비교해봐도 남녀 주인공의 성격이 다르게 재현되어 있다. 결말에서도 곽소옥은 자신을 배신한 이익을 저주하며 죽지만 <앵앵전>의 앵앵은 다른 사람과 결혼한다.

25 박일용, 「<주생전>의 환상성과 남·녀 주인공의 욕망」, 『고전문학과 교육』 25, 2013, 400~402면, 주생, 선화, 배도에 대한 상반된 견해를 간명하게 정리하고 있다.

26 엄태웅, 「17세기 전기소설에 나타난 남녀 관계의 변모 양상: <위생전>·<주생전>의 남녀 주인공을 중심으로」, 『한문학논집』 29, 2009, 16면. 대개의 전기소설에서 남성 주인공이 여성 주인공에게 관심을 갖게 되는 경위는 시적 재능의 확인인 데 비해 <주생전>에서는 여성 주인공의 외적인 아름다움에 취한 뒤에 시적 재능을 확인한다는 점을

전당에 와서 배도를 본 주생은 “배도의 자태가 곱고 아름다운 것을 보고 마음속으로 심취”[27]하고, “배도의 외모를 사랑하게 된 터에 또 그녀가 지은 시를 보자 마음이 미혹되어 온갖 상념이 다 일”[28]어난다. 선화와 함께 앉아 있는 배도를 보고는 “그 소녀에 비하면 봉황에 섞인 갈가마귀나 올빼미요, 옥구슬에 섞인 모래나 자갈”처럼 여기고 선화를 보고는 “넋이 구름 밖으로 날아가고 마음이 공중에 붕 뜬 듯이 황홀”해하고 “몇 번이나 미친 듯이 소리를 지르며 달려들어갈 뻔”[29]할 정도로 반한다. 그러나 주생은 달려가지 않는다. 그냥 지켜보다가 배도가 자리를 뜨자 급히 달려 나와 배도의 집으로 가서 자는 척한다. 주생은 직접 행동으로 옮기지는 않지만 강한 충동을 느낀 것으로 재현된다. 배도에게 자신의 감정을 숨긴 채 선화에 대해 물어보고, 국영의 수고를 덜어주고 책을 본다는 핑계로 승상의 집에 들어가는 등 이어지는 서사를 보면 주생은 주도면밀한 데 가깝다. 따라서 주생을 충동적인 인간으로 단정할 수는 없다. 오히려 자신의 욕망에 솔직하면서도 현실적인 선택을 하는 인물이라 할 수 있다. 과거에 잇달아 실패하자 공명에 구속되고 속세에 매몰되어 인생을 보낼 수 없다고 하며 과감하게 과거공부를 그만두고 배를 사서 강호를 왕래하고 잡화를 거래하는 장사를 시작한 것에서도 그의 현실적인 면을 볼 수 있다.

이러한 주생의 형상은 명대 주변부 문인인 산인(山人)들의 삶의 행

지적했다.

27 이상구, 『17세기 애정전기소설』, 월인, 1999, 38면/234면, “生亦見桃, 姿姸態濃, 心中亦醉.”

28 이상구, 앞의 책, 38면/234면, “生旣悅其色, 又見其詩, 情迷意惑, 萬念俱灰.”

29 이상구, 앞의 책, 44면/237면, “桃坐于其間, 不啻若鴉鶚之於鳳凰, 砂礫之於珠璣也. 魂飛雲外, 心在空中, 幾欲狂叫突入者數次.”

적과 여러 모로 합치되는 면이 많다. 과거에 떨어진 빈한한 사인으로 벼슬길이 막히고 떠돌아다닐 수밖에 없었으나 글이나 서화에 대한 재능으로 생계를 도모했던 산인들처럼 주생 역시 과거를 포기한 뒤 장사, 교사, 서기 등을 두루 거치고 유동하는 삶을 살았다.[30] 김수연은 이런 주생에게 선화의 집과 이를 둘러싼 공간은 전당-서호 지역의 경제적인 부와 문화적 권력의 축소판 같은 곳으로, 선화와의 결혼은 그에게 산인으로서 성공할 수 있는 발판이 되는 것이기에 주생에게 선화에 대한 사랑이란 명대 산인들의 욕망의 다른 이름[31]이었을 것이라고 보았다. 이보다 앞서 선화에 대한 주생의 사랑에 대해 욕망의 충족과 지위 상승의 욕망이 내재된 것이거나 탕심(蕩心)이나 성욕에 근거한 것일 뿐 재자·유자로서의 모습이나 명예 회복의 의지는 전혀 보이지 않는다[32]는 평가가 있었다. 선화에 대한 주생의 태도를 보면 지위 상승이나 명예 회복의 의지나 욕망을 직접적으로 드러내지 않는다. 오히려 선화에 대한 주생의 태도는 순수한 감정에 가깝게 서술되어 있으며, 선화도 주생의 감정을 의심하지 않고 받아들이는 것으로 서술되어 있다. 먼저 주생이 선화를 찾아가서 관계를 맺는 장면을 보자.

> 주생은 10여 일 넘도록 잠을 이루지 못하고 고민하다가 마침내 자신에게 일렀다. "처음 내가 이곳에 온 것은 본래 선화를 만나기 위함이었다. 이제 향기로운 봄도 이미 끝나버렸는데 아직도 만나지

---

30 김수연, 「명대 주변부 문인의 삶과 <주생전>」, 『영주어문』 40, 2018, 93~98면.
31 김수연, 위의 글, 104~106면.
32 여세주, 「주생전의 서사 구조와 성모랄」, 『영남어문학』 25, 173~174면; 엄태식, 위의 책, 143면.

> 못하고 있으니, 사람의 수명이 얼마나 된다고 황하가 맑아지기를 기다리겠는가? 차라리 당돌하게 담을 넘어가는 것이 나으리라. 일이 이루어지면 귀하게 될 것이요, 이루어지지 않으면 벌을 받아 죽으면 그만이다."[33]
>
> 선화는 짐짓 못 들은 체하면서 즉시 촛불을 끄고 잠자리에 들었다. 주생은 방 안으로 들어가 선화와 동침을 하였다. 선화는 나이가 어리고 몸이 허약해 정사를 감당하지 못했다. 그러나 옅은 구름 속에서 가랑비가 내리고, 버들가지가 하늘거리며 꽃이 교태를 부리듯이 향기로운 울음소리로 속삭이는가 하면, 잔잔하게 미소를 짓거나 얼굴을 살짝 찌푸리곤 했다. 주생은 벌이 꿀을 탐하고 나비가 꽃을 사랑하듯이 정신이 혼미하고 화락하여 날이 새는 것도 깨닫지 못했다.[34]

이는 앞서 주생이 선화를 처음 보고 미친 듯이 소리를 지르며 달려가고 싶은 충동을 참고 벼르고 벼르다 선화의 방으로 들어가는 장면이다. 처음 선화를 본 뒤 주생은 선화의 동생인 국영이 오가는 수고를 덜어주고 노승상의 집에 있는 장서들을 본다는 핑계로 노승상의 집으로 들어간다. 그리고 틈을 엿보다 선화의 방으로 들어간다. 그런데 선화는 주생을 거부하지 않는 것으로 그려진다.

이와 유사한 것으로 <위경천전>을 들 수 있는데 이 역시 여성이 방

---

33 이상구, 앞의 책, 48~49면/238면, "輾轉浹旬, 忽自念曰: 始吾來此, 本圖仙花, 今芳春已盡, 奇遇未成, 俟河之淸, 人壽幾何, 不如昏夜唐突, 事成爲貴, 不成則烹, 可也."

34 이상구, 위의 책, 50면/240면, "仙花佯若不聞, 卽滅燭就睡. 生入與同寢, 仙花稚年弱質, 不堪情事, 微雲細雨, 柳嫩花嬌, 芳啼軟語, 淺笑輕顰. 生蜂貪蝶戀, 意迷神融, 不覺近曉."

안에 돌입한 낯선 남성을 받아들이고 결국 사랑하는 관계가 되게 한다는 점에서 남성의 폭력을 합리화하는 플롯의 또 다른 예라 할 수 있다. 다음은 위경천이 소숙방의 방에 몰래 들어가는 장면이다.

> 위생은 즉시 죽음을 각오하고 욕정을 풀려고 하였다. 그러나 문득 담을 넘어 박달나무를 꺾는 것은 호랑이의 꼬리나 봄날의 살얼음을 밟는 것만큼 위험하며, 사사로운 만남을 가졌다는 비난을 경계하지 않으면 마침내 신세를 망치는 재난에 빠질 것이라는 생각이 들었다. 님이 그립기는 해도 다른 사람의 비난이 두려운지라, 위생은 앞으로 나가려 하다가 다시 뒤로 물러나고, 발을 들었으나 차마 내딛지 못하였다. 이와 같이 하기를 몇 번 되풀이하다가 마침내 미친 듯한 욕정이 크게 일어나 여섯 마리의 말이 함께 달리듯 마음을 억누를 수가 없게 되었다. 드디어 발걸음이 가는 대로 맡겨 방문 앞까지 다가가 몰래 창틈으로 엿보니 바로 그 처녀의 침실이었다. …… 처녀는 봄잠에 깊이 빠져 있는지 진홍색 비단 잠옷이 조금도 흔들리지 않았다. 위생이 옷소매를 걷어 올리고 안으로 들어가자, 처녀가 깜짝 놀라며 말했다. "어느 집 탕자가 이렇듯 사납게 구느냐?" 처녀가 심하게 거부를 하자, 위생은 당황하여 어찌할 줄 모르고 다시 물러나려고 했다. 그러나 문이 굳게 닫힌 집안에 갇혀 있는 처지라 달아나려고 해도 나갈 길이 없었다. 위생은 자기 때문에 가문이 욕을 먹게 되면 죽는 길밖에 다른 도리가 없다고 생각하고, 바야흐로 위협하여 처녀의 뜻을 빼앗으려 했다. 처녀는 위생의 온화한 말투가 협기 어린 소년이나 무뢰배의 말투와는 다른 것을 보고는 다소 의아한 표정을 지었다. 이에 위생이 나지막한 소리로 여기까지

오게 된 곡절을 이야기하자 처녀는 마음이 점차 누그러지는 듯하더니 처음처럼 심하게 거부하지도 않았다.[35]

<위경천전>의 이 장면에 대해서는 "외형상으로 보면 성폭력이요, 그 사내는 갈데없이 부랑자"로, 이런 상황을 설정하고 거기서 진실한 상황이 싹튼 것으로 납득할 수 있도록 처리하기란 실로 쉽지 않은 일인데 작가의 필치는 이 대목이 무리하지 않게 되도록 제법 기량을 발휘하고 있다[36]는 평가가 이루어진 바 있다. 이러한 설정이 설득력을 갖도록 서사 전체가 구성되었다는 뜻이다. 이처럼 갑자기 방 안에 뛰어들어온 남성을 거부하지 않는 여성들의 반응이 의아함을 불러일으킬 수 있는 소지가 있는 데 비해, 비록 폭력적인 양상으로 나타났다고 해도 남성 주인공들의 행동 양상은 이해 가능하도록 그 동기가 충분하게 서술된다. 주생이나 위경천의 경우에는 그들이 선화와 소숙방을 본 뒤에 마음을 정하지 못하고 혼란에 빠져 방황하고 고민하며 목숨을 걸기로 마음먹는 과정을 보여주기 때문이다.

고민하는 남성의 모습을 보고 독자들은 이들의 행동을 일정하게 수긍하게 될 것이다. 물론 이후에도 주생이나 위경천은 선화, 소숙방과의 사랑을 이루기 위해 노력하는 모습으로 그려지기 때문에 이들의 행

35 이상구, 위의 책, 77면/252면, "卽欲冒死逞情, 而忽念踰墻折擅, 虎尾春水, 不戒鑽穴之誚, 則終陷亡身之禍. 仲可懷也, 人言可畏. 欲進還退, 擧足未投, 如是數度, 狂心大發, 六馬東奔, 終莫能製. 遂倍 步而行, 及至房外, 暗窺窓隙, 則是乃女之寢室也. …… 春眠惱重, 絳綃不動. 生褰衣而入, 女忽驚愕曰: 誰家蕩子, 狂暴至此? 拒之甚耳. 生蒼黃無計, 擬將還退, 而身因鎖闥之中, 逃出無露. 若逢門戶之辱, 則其死一也. 方欲奪其志. 女見生之溫雅詞氣, 非俠少倡類之流, 似有疑訝之色. 生低聲細語, 曲盡所由, 則女稍似小薄, 而拒之亦不如初也."

36 임형택, 「傳奇小說의 戀愛主題와 <韋敬天傳>」, 『동양학』 22권 1호, 1992, 31면.

동에 대해 수긍하고 사랑의 진정성에 대해서도 믿게 된다. 반면 여성의 고민이나 갈등은 심각하게 그려지지 않는다. 결국 이들 작품은 철저히 남성의 입장에서 그린 남성이 원하는 연애의 각본이라고 할 수 있다. 사랑으로 인한 내면적 갈등과 감정의 소용돌이를 겪는 이는 남성 주인공이다. 여기서 여성 인물은 그들의 욕망에 맞게 재단되어 있기 때문에 남성 주인공이 원하는 욕망의 방향대로 적극적으로 부응하는 자세를 보이는 것으로 재현된다.

플롯의 구축은 선택의 과정이다. 인물의 경우 한 행동 다음에 어떤 행동을 하는 것으로 재현할 것인가, 한 사건 다음에 어떤 사건을 배치할 것인가가 모두 작가의 선택 과정인 것이다. 이 선택 과정에 장르 관습, 당대의 성별 이데올로기, 종교 등 문화적 관습이 개입한다. 전기소설에서 남성 주인공의 욕망은 거부당하지 않으며, 폭력적인 접근을 했다 할지라도 상대 여성과 연인이 된다. 그리고 이것은 전기소설의 플롯으로 재생산되어왔다. 따라서 전기소설은 남성의 욕망을 사랑이라는 이름으로 이상화한 장르라 할 수 있다. 만남과 이별의 플롯을 통해 남성의 욕망을 해소하고 있으며, 이런 점에서 남성 중심적 성장치라 할 수 있다. <주생전>이나 <위경천전>에 이르면 남성의 욕망은 폭력적인 양상을 띤다. 성별은 차이가 아니라 지배의 문제이고, 강간을 생각하지 않고 욕망을 말하기 힘든 가부장적 성 정치의 현실을 이 작품들은 보여주고 있다.[37] <주생전>이 보여주는 삼각관계의 플롯도 주생의 욕망에서 비롯된 것이다. 그리고 서술에도 주생을 우호적으로 서술하는 일

---

37 고정갑희, 「그리스로마 신화에 나타난 변신의 성정치」, 『영미문학 페미니즘』 11, 2003, 17면.

방적인 시각이 개입되어 있다.[38]

<최치원>과 <이생규장전>도 여성의 성적 욕망을 묘사하고 있지만, <주생전>과 <위경천전>은 여성의 성적 욕망을 더 직접적으로 보여준다. 전기소설에서 여성이 성적 욕망을 표현하고 남성 주인공을 거부하지 않는 것은 규방 여성의 성적 욕망을 인정하고, 남녀의 사랑의 감정을 긍정한 것으로 인간 해방[39] 혹은 개인의 감정을 인정한 것으로 볼 여지가 있다.

그러나 한편으로 생각하면 여성의 성적 욕망을 인정하지 않으면 그야말로 전기소설의 서사는 일방적이고 폭력적인 서사가 되고 만다. 선화나 소숙방이 주생과 위생을 거부하는 것으로 서사가 전개되면 지금 보는 것과 같은 연애 서사 자체가 성립될 수 없다.[40] 따라서 선화나 소숙방이 늘 사랑을 그리워해왔다는 것을 전제한 다음 주생과 위생을 연

38 엄태식, 앞의 책, 143면.

39 임형택, 앞의 글, 31~32면에서도 언급하듯 중세 시대와 근대에 자유연애가 갖는 의미는 다르다. 임형택은 <이생규장전>이 쓰여진 15세기 중엽으로부터 <위경천전>이 쓰여진 17세기 전후로 오는 동안 조선 사회는 유교의 강상 윤리가 한층 더 강화되고 경직되는 추세였다고 지적한다. 따라서 예교의 굴레 속에서 인간은 감정이 더욱 고식화되어 갔으며, 세속적 출세주의가 충효(忠孝)라는 지상의 덕목으로 미화되었다고 본다. 그리고 <위경천전>에 대해서는 연애 주제를 표출하기 위해 한층 대담하게 정욕을 긍정하고 있는 바 예교의 강압에 대한 반작용으로 이해했다.

40 여성의 동의가 없을 때 사랑이 폭력이 되는 경우를 가장 잘 보여주는 것은 그리스·로마 신화의 월계수가 된 다프네 이야기다. 큐피드의 화살을 맞은 아폴로가 즉시 사랑에 빠진 반면 다프네는 사랑이라는 말을 듣기만 해도 달아난다. "내가 그대를 뒤쫓는 건 사랑 때문"이라고 강변해도 다프네는 겁이 나서 계속 달아난다. 작가인 오비디우스는 이 장면을 "갈리아 산(産) 사냥개가 토끼 한 마리를 발견하고는 빠른 발로 먹이를 뒤쫓고, 토끼는 살기 위해 줄달음치는 장면과 같았다."고 묘사한다. 즉 작가는 다프네와 아폴로의 관계가 폭력에 기반한다는 인식을 보여주는 한편 아폴로가 "사랑"이라고 하는 말에 대해서만은 의문을 제기하지 않는다. 오비디우스, 『변신 이야기』, 천병희 옮김, 숲, 2017; 고정갑희, 앞의 글, 2003.

인으로 받아들이고 비록 결혼에 이르지는 못하지만 결혼을 약속하는 것으로 서사가 전개된다. 이는 여성의 성적 욕망을 인정해주는 것처럼 보이지만 어디까지나 소설 내에서 가능한 것이다. 사랑은 여성의 성행위가 용인되는 유일한 상황으로 이때 사랑이라는 관념은 남성이 자유롭게 활용할 수 있는 정서적 조작 수단[41]이며 남성의 욕망을 합리화해주는 것이다.

주생과 위생, 선화와 소숙방의 욕망은 위험한 것이다. 그럼에도 이들의 욕망이 받아들여지는 것은 이들의 욕망이 순수한 것으로 비춰지기 때문이다. <주생전>의 경우 선화에 대한 주생의 욕망은 성적 충동과 함께 자신이 처한 소외적 상황을 벗어나고 싶은 욕망에서 비롯되었을 수 있다.[42] 그러한 욕망은 선화가 있는 공간을 훔쳐보는 주생의 시선, 선화와 배도의 차이를 바라보는 시선 등을 통해 암시된다. 이를 통해 독자들은 선화와 배도의 신분적, 문화적 계급 차이를 인식할 수 있다.[43] 그러나 작가는 주생이 자신의 사회적 욕망을 위해 선화를 선택한 것으로 그리지 않는다. 선화에 대한 주생의 욕망은 오로지 선화 자체의

---

41 케이트 밀렛, 앞의 책, 36면, 궁정풍 연애와 낭만적 사랑에 대해 이야기하면서 사랑은 여성의 성행위가 (이데올로기적으로) 용인되는 유일한 상황이어서 낭만적 사랑이라는 관념은 남성이 자유롭게 활용 가능한 정서적 조작 수단이 되며, 낭만적 사랑에 대한 신념은 성적 금기로 여성이 받아온 훨씬 더 강력한 조건화를 극복할 수 있는 유일한 상황이므로 실상 양쪽 모두에게 편리한 구실이 되어주었다고 지적하고 있다.

42 박일용, 앞의 글, 408면.

43 서지영, 「규범과 욕망의 틈새: 조선시대 문학 속의 섹슈얼리티」, 『한국고전연구』 15, 2007, 254면, 배도와 선화의 차이는 신분의 차이만이 아니라 물적, 사회적 권력의 토대 하에 구성되는 문화적 계급의 차이를 포함하는데 이는 당대 사랑을 구성하는 주요 요소로 기능한다고 지적하면서 배도는 시문 실력과 아울러 자태도 아름다웠지만 선화가 가지는 계급적 아우라와 비견되지 못한다고 하여 신분적 차이의 중요성을 언급했다. 그러나 문제는 주생이 선화가 가진 것에 대한 관심을 드러내지 않는 것으로 서술된다는 점이다.

자질, 즉 아름다움에서 비롯된 것으로 그려진다. 선화 역시 주생이 기녀인 배도의 남편으로 동생의 가정교사라는 주생의 현실적 처지에 대해 전혀 고려하지 않는 것으로 그려진다. 뿐만 아니라 선화는 배도에 대해서도 전혀 고려하지 않는다. 주생이 배도의 남편임을 알지만[44] 아랑곳하지 않고 배도의 시에 먹칠을 한다. 이들은 오로지 사랑에 몰두하는 인물들로 그려진다. 이에 비해 배도는 주생을 만나 결혼 여부를 묻고 주생의 재능을 본 뒤에는 입신출세해서 자신의 신분을 회복시켜 달라고 이야기하고, 곽소옥과 이익의 일을 이야기하면서 맹세의 글을 요구한다. 배도의 이러한 면모는 신분 회복의 의지로 읽히든 주생의 사랑의 맹세를 받아내기 위해 동원된 전략이며 수단적 허구로[45] 읽히든 조건적 사랑으로 보이게 한다.[46] 따라서 주생과 배도의 관계는 배도의 죽음으로 끝나고 주생과 선화의 관계는 비록 이루어지지는 않았지만 사랑-결혼의 플롯으로 전개되는 것이다. 이처럼 주생과 선화의 사랑은 순수하고 낭만적 사랑의 전형을 보여주는 것처럼 보인다. 그러나 그 이면에는 신분적, 성별 위계화가 작동하고 있어서 기녀인 배도의 사랑이 인정되지 않고 배도에 대한 주생의 배신도 주생의 애도로 마무리되는 것이다.

---

44 주생을 만난 뒤 열린 연회에서 배도가 주생과 인연을 맺게 된 이야기를 상세하게 말하자 선화가 왜 진작 말하지 않았느냐고 하며 돌아가는 것을 허락한다. 또 국영에게 글을 배우라고 하면서 배낭자의 남편 주생이 학문이 뛰어난 선비라는 것을 들었으니 그에게 배움을 청하라고 한다. 따라서 선화는 주생이 배도의 남편인 것을 알고 있었다.

45 지연숙, 「<주생전>의 배도 연구」, 『고전문학연구』 28, 2005, 333면.

46 낭만적 사랑에서 관계의 순수성은 비인격적 요소가 없다는 것을 의미한다. 돈, 권력, 유능함이 작동하는 관계는 사랑이 아닌 것으로 간주된다. 이현재, 「포스트모던적 로맨스 주체: 줄타기와 저글링」, 『여/성이론』 28, 2013, 19면.

3. 젠더화된 플롯의 전환 지점

성별 이데올로기를 유지하거나 재생산하는 성장치로 작용하는 서사는 역사·사회적 맥락에 따라 새롭게 쓰여지면서 새로운 여성/남성 주체를 형성한다. 나말여초에 나온 전기는 후대로 내려오면서 가부장적 성격을 강화하는 플롯으로 전환된 것으로 보인다. <쌍녀분>과 <최치원>, <김현감호>와 <신도징>은 남성 중심적 플롯으로의 전환을 보여주는 한 예가 될 것이다. 조선시대에 들어와서 본격적으로 창작된 전기소설은 유교의 영향으로 젠더적 성격을 강화하면서 재생산된 플롯의 예들을 보여준다. 그런 의미에서 재자가인의 설정, 비극적 결말에 대해서도 다시 살펴볼 필요가 있다.

전기소설의 고정된 플롯이라 할 수 있는 재자가인(才子佳人)의 설정도 남성을 사랑의 주체로, 여성을 남성의 욕망을 거부하지 않고 받아들이는 주체이자 열절의 주체로 미화한 것으로 볼 수 있다. <이생규장전>이 열녀 서사를 내장하면서 여성을 사랑의 주체로 놓는 동시에 열의 주체로 놓고 있는 것이나, <만복사저포기>의 여성 주인공이 전쟁에서 정절을 지키다 죽은 주체이면서 사랑하는 마음을 걷잡을 수 없어 탄식하고 표현하는 사랑의 주체로 그려지는 것이 그 예이다. <주생전>이나 <위경천전>이 보여주는 폭력적 사랑이 사랑이라는 이름으로 미화되어 이야기될 수 있는 것도 유교 가부장제의 남성 권력이 강화된 것을 보여주는 예라 할 수 있다.

또한 전기소설의 고정된 플롯 중 하나인 비극적 결말은 사랑을 시작했으나 끝내 이루지 못하고 헤어지는 남성 인물의 결말에 맞춰져 있다. 전기소설의 남성 주인공은 사랑에 모든 것을 거는 비극적 인물로 고양

되고, 이를 읽는 남성 문인은 여기에 자신을 동일시하면서 비극적 미감을 갖게 되는 것이다. 전기는 이처럼 남성 인물의 비극이 되면서 여성 인물은 부차적이게 되거나 남성 인물의 비극을 완성해주는 역할을 하는 데 그친다. 예를 들어 여성 인물의 적극성이 두드러지는 작품으로 언급되는 <이생규장전>도 표면적으로는 최낭이 적극적인 것처럼 보이지만 결국은 이생의 비극을 이야기하고 있다. 작가는 의도했든 혹은 의도하지 않았든 간에 달아나는 이생의 플롯에 열녀 플롯을 겹치고, 이어 환생 플롯을 가지고 와서 이생의 결함을 은폐하고, 결국은 최낭을 애도하다 죽는 것으로 결구하여 이생을 비극적 인물로 완성한다. 여기서 최낭의 비극성은 부차적일 뿐이다. 이것이 바로 전기소설의 젠더화된 플롯의 내용이다.

그런데 이러한 전기소설의 플롯은 17세기에 이르러 전환을 보여준다. <운영전>이나 <강도몽유록>은 여성을 서사의 주체로 설정함으로써 앞서 본 것과 같이 젠더화된 플롯을 바꾸어내는 예를 보여준다. <운영전>과 <강도몽유록>이 여성 서술자나 여성 인물들의 발화를 중심으로 전개된다고 해서 남성 중심적인 플롯이 전환된 것으로 볼 수 있을 것인가에 대해 의문이 있을 수 있다. 3인칭 전지적 시점에서 전개되지만 작품 말미에 주생의 경험을 듣고 썼다는 것이 밝혀지는 <주생전>이 남성의 경험을 중심으로 전개되는 플롯이라는 것은 앞서의 분석에서 살펴보았다. 따라서 <주생전>과 <운영전>을 비교해보면 행위의 주체를 누구로 하는가에 따라 서사 시각이 달라지는 것을 볼 수 있다. <운영전>은 여성 서술자를 내세워 자신의 사랑을 직접 이야기하게 하는 플롯을 통해 남성의 비극이던 전기를 여성의 비극으로 전환시킨다. 또한 <강도몽유록>은 병자호란에서 죽은 여성들을 등장시켜 자신들의 죽음에 대해 이야기하게 함으로써 남성 중심적인 몽유록의 플롯을 전환시킨다.[47] 이러한 전환이 가능했던 것은 17세기의 전쟁을 통해 남성 지배층의 무능함이 드러나고 여성의 피해가 직접적이었던 것과 무관하지 않다. 기존의 젠더화된 플롯은 이처럼 직접적으로 드러난 가부장제의 허구성을 지적하는 여성의 목소리를 드러내기에 적절하지 않게 된 것이다. <운영전>이나 <강도몽유록>은 새로운 여성/남성의 주체 형성에까지는 이르지 못했다 할지라도, 기존의 젠더화된 플롯에서 움직이는 여성/남성 주체를 넘어서는 국면에 도달했던 것이고, 따라서 그 재현도 달라진 것으로 보인다. 그러나 이 두 작품은 그 플롯을 완전히 바꾸지는 못했다. 기존의 플롯을 따르되 여성의 목소리를 전면화함으로써 플롯을 전환했기 때문이다. 그러나 이는 여성/남성 주체의 재현과 형성에 큰 전환을 가져왔다. 이런 점에서 서사가 여성/남성 주체의 재현과 형성에 민감한 성장치임을 확인할 수 있다. 그럼에도 유형적 특성을 강조하게 되면 이러한 전환의 지점이 부차적인 것으로 다루어지고 만다. <운영전>에 대해서는 다음 장에서 자세히 다루기로 하고, 여기서는 <강도몽유록>이 몽유록의 서사 관습을 어떻게 전환하고 있는가를 보기로 한다.

<운영전>과 <강도몽유록>이 몽유록의 관습을 깨고 여성 서술자를 내세워 여성의 목소리가 적극적으로 나오게 된 점에 대해서는 일정하게 의미가 부여된 바 있다. 그러나 몽유록이라는 유형의 특성을 보다 강조한 연구는 이러한 읽기에 대해 표면적인 읽기라고 비판한다. 김정녀는 <강도몽유록>의 경우 발화의 주체가 여성이 됨으로 인해 당대 실

47 조혜란, 「<강도몽유록> 연구」, 『고소설연구』 11, 2001, 329~352면.

정에 대한 비판과 이념의 허구성에 대한 비판, 인간적 감정의 긍정이라는 주제의식을 효과적으로 드러내고 있다는 견해에 대해 "여성들의 육성을 통해 병자란 당시의 여성 수난 양상을 극적으로 보여주고, 그 과정에서 정절 이데올로기의 허구성을 폭로하며, 비록 절의를 위해 죽어갔지만 갈등과 안타까운 마음을 지닌 그녀들의 인간적인 모습을 재구해내었다는 논자의 지적은 이 작품을 표면적으로만 이해한 것이다. 이 작품에는 사실 전달 이상의 의미 이상의 '우의(寓意)'가 숨겨져 있음을 간과해서는 안 된다."[48]고 하면서 이는 몽유록 장르가 지닌 언표 양식을 고려하지 않은 것이라고 했다. 그러나 <강도몽유록>은 여성 서술자 또는 여성 인물을 등장시킴으로써 몽유록의 언표 양식을 깬 것으로 볼 수 있다. 이처럼 <강도몽유록>이 여성 서술자를 내세워 여성의 수난과 정절 이데올로기의 허구성을 폭로한 것이 표면적인 이해일 뿐이며 사실 전달 이상의 우의가 숨겨져 있다는 지적은 유형적 접근이 작품 해석을 고정화시키는 예의 하나일 뿐 아니라 여성의 수난이나 정절 이데올로기의 허구성에 대한 폭로 같은 것을 정치적인 문제보다 부차적인 문제로 보는 태도를 반영한 것이라 할 수 있다. 병자호란은 그 어느 전쟁보다 여성의 피해가 컸던 전쟁으로 평가되며, 그 피해의 생생한 결과들이 기록으로 남아 있다. <강도몽유록>도 그 예의 하나로 오히려 몽유록의 형식을 빌려 실제로는 그 목소리를 낼 수 없었던 여성들의 이야기를 전달하고 있는 것이다. <강도몽유록>에 등장하는 여성 인물들의 참혹한 형상화나 경험의 토로는 <원생몽유록>이 단종이나 사육신

48 김정녀, 「고소설의 여성주의적 연구의 동향과 전망」, 『여성문학연구』 15, 2006, 61~62면.

의 목소리를 전달하는 것과 큰 차이가 없다. 그럼에도 등장하는 여성들의 직접적인 목소리보다 그 이면의 혹은 그 이상의 우의를 찾는 것은 몽유록의 플롯을 유형적으로 접근하면서 하나의 전형을 상정하고 있는 데서 비롯된 것으로 생각된다.

설령 <강도몽유록>이 전쟁으로 인해 죽은 여성들의 재현보다는 정치적 비판이 목적이었다 할지라도 작가가 발화자를 여성으로 택하는 순간 플롯은 달라진다. 여성 인물을 등장시켜 당대 정치 세력을 비판하는 것이 현실감을 얻기 위해서는 여성 인물의 입장에서 발화해야 한다. 따라서 여성 인물을 발화자로 선택하는 순간 여성의 시각이 들어가게 되는 것이다.[49] <강도몽유록>이 당시의 정치적 맥락을 모르는 독자에게도 전쟁에서 죽은 여성들의 이야기로 수용될 수 있었던 것은 이 작품이 여성의 발화를 통해 서사가 전개되기 때문이다. 그런 의미에서 한문본을 번역한 국문본 <강도몽유록>의 존재는 중요한 의미를 갖는다. 국문본에는 필사를 마치고 쓴 필사기가 첨부되어 있는데 구체적인 상황을 알 수는 없다. 그러나 여성 필사자가 지극한 고통으로 심신을 안정할 수 없는 상황에서 서너 장씩 겨우 베꼈는데 줄도 고르지 않아 "형님 마음에 마땅치 않으셔도 아우 보신 듯 두고 보소서."라는 말을 남긴 것으로 보아 어려움에 처한 언니에게 주기 위해 쓴 것으로 보인다. 이

49 당대 현실을 비판하기 위해 창작된 작품이라 할지라도 <호질>이 동물인 호랑이를 발화의 주체로 선택하고 호랑이와 인간의 대면을 설정함으로써 호랑이의 입장, 나아가 동물의 입장에서 인간을 비판하는 내용이 들어가는 것과 같다. 당시 <호질>을 읽은 유만주는 일기에 "연암이 또 근래에 <호질>이라는 글 한 편을 지어 세상의 사람된 자들을 두루 비난했는데 그 작품이 매우 기이하고 이상하다(祇又近著虎叱一文, 歷詆世之爲人者, 其製甚詭奇)"는 기록을 남겼다. 유만주, 『흠영』 22책, 병오 윤 7월 26일, 서울대규장각영인본 권6, 303면.

자료를 소개한 김정녀는 필사자가 여성 인물들의 억울하고 원통하고 한스러운 절규와 죽음으로 정절을 지켜낸 여성들의 안타까운 사연을 베끼면서 깊은 공감과 위로를 받고 자신의 마음속에 맺힌 설움을 풀어냈을 것으로 짐작하고 국문 번역자나 필사자는 이 작품을 강한 정치적 도전의식이 내포된 우언으로 수용하지 않았을 것으로 보았다.[50] 국문본 번역자나 필자는 <강도몽유록>을 절사한 여성들의 서사로 읽었던 것이다.

4. 비극적 미학에 대한 재성찰

앞서 살펴본 애정전기소설의 플롯은 연애 서사의 한 전형으로 나말 여초부터 이어져 왔고, 조선시대에 들어와서도 계속 재생산되었다. 애정전기소설의 플롯, 즉 서사 전략은 남성 욕망을 정당화하는 것이다. 그간의 연구에서는 남성 욕망의 재현에 대해 대체로 예교에 대한 도전의 의미를 지니는 것으로 그 의의를 평가해왔다. 한편 <주생전>이 보여주는 저와 같은 면모에 대해 페미니즘의 시각에서 볼 필요가 있다거나 <위경천전>의 결연 과정이 자연스럽지 못하다는 언급은 진작부터 있었다.[51] 하지만 그간 전기소설 연구는 남성 중심적 연애 이데올로기를 드러내지 않은 채 고독감이나 비극성의 측면을 강조하여 그 미적 특질을 작품에 내재하는 것 이상으로 평가했다. 여기에는 가부장제

---

50 김정녀, 「신자료 국문본 <강도몽유록>의 이본적 특성과 의미」, 『고소설연구』 27, 2009, 31~32면.

51 박희병, 앞의 책, 36면, 40~41면.

적 쾌락을 생산해내는 플롯을 미적 가치를 지닌 것이라고 판단하는 인식이 개재해 있는 것으로 생각된다. 물론 이것으로 전기소설이 갖는 문학적 특질을 모두 부정하는 것은 아니다. 다음에도 이야기하겠지만 15세기 전기소설은 사랑의 양식화를 서사적으로 구현했다는 점에서 중요한 문화사적 의미를 갖는다고 생각한다. 다만 전기소설을 둘러싼 담론이 젠더적 관점에서 본격적으로 분석될 필요가 있다는 것을 강조하고자 한다. 그러할 때 유형적 동일성에 기반하여 구축된 전기소설의 미학에 대한 남성 중심적 시각을 벗어날 것으로 생각된다. 성장치는 서사가 성별 이데올로기의 구축물이며 여성/남성을 재현하면서 동시에 현실의 여성/남성 주체를 형성하게 하는 구조를 생각하게 해준다는 점에서 유용한 개념으로 생각된다. 또한 기존의 문학사나 문학 연구가 갖는 젠더적 경향을 보게 해준다는 점에서도 유용하다. 앞서 보았듯 전기소설의 비극적 미학은 남성 주인공의 결함을 은폐하는 플롯의 반복/재생산을 통해 구축된 것이다. 그럼에도 기존의 유형적 접근은 이러한 반복/재생산을 깨고 나온 전환의 지점을 변종이나 주변적인 것으로 평가했다.

따라서 이제는 고소설의 장르 배치가 젠더화되어 있다는 것을 인식하는 것과 아울러 기존의 장르 서열을 허무는 데서 여성문학 연구가 재출발해야 할 것으로 생각된다. 이를 위해서는 기존의 장르 관습에 매여 작품을 분석하는 데서 벗어날 필요가 있다. 기존의 장르 관습을 생각하지 않고 낱낱의 작품을 따로 볼 것이냐는 반문이 바로 나올 것으로 짐작된다. 그러나 젠더화된 장르 배치에서 배제된 작품들은 여성문학의 역사를 복원하는 데 놓칠 수 없는 것들이다. 예컨대 <운영전>, <강도몽유록>, <절화기담>, <포의교집>, <방한림전> 같은 작품들은 젠더화된 플롯의 공식을 바꾸려는 시도를 보인다. 뒤에서 더 자세하게 살펴보겠지만, <방한림전>은 고정된 성정체성에 의문을 제기하는 데서 나아가, 성별 체계를 위반한 새로운 성정체성을 가진 인물을 등장시켜 이성애에 기반을 둔 가부장적 결혼 제도에 도전한 급진적인 작품이라 할 수 있다. 여성영웅소설 유형에 속하는 작품들이 결국은 여성의 위치로 돌아가는 반면, 방관주는 끝까지 남성으로 남으며 영혜빙이라는 여성과 결혼해서 40년간 결혼 생활을 유지하기 때문이다. 이는 <방한림전>이 여성영웅소설의 유형에 속하면서 동시에 벗어나는 특징적인 면모이다. 여기서 문제가 되는 것은 주인공 방관주가 스스로의 성정체성을 어떻게 인식하고 있는가 하는 점이다. 따라서 이를 장르 관습의 측면에서만 해석하려고 하다 보면 이 작품이 정작 말하고자 하는 부분을 놓칠 수도 있는 것이다. 장르 배치를 완전히 해체할 수는 없지만, 장르 관습을 강조하다 보면 동일성의 측면을 계속 강조하게 되고 차이에 주목하지 못하게 하는 측면이 있음을 지적해두고자 한다.

여성주의 문학 연구는 남성들의 텍스트를 대상으로 한 기존의 이론이나 미학의 전제에 대해 계속 질문해왔다. 이러한 질문들은 남성들의 문학을 중심 또는 보편의 위치에 두는 전제에 대한 도전이자 문학 연구의 남성 중심성에 대한 비판이기도 하다. 이 연구도 그러한 질문 중의 하나로 플롯 자체가 젠더화되어 있다는 점, 그것이 여성/남성 주체를 형성하는 성장치로 작동해왔다는 점, 그러나 그것이 드러나지 않았던 것은 문학 연구의 남성 중심성에 기인한다는 점을 지적하고자 한다.

제3장

여성 서술자의 등장과 전기소설의 플롯 전환

<운영전>

1. 여성 서술자의 등장

<운영전>은 몽유록과 애정전기소설의 전통에 맞닿아 있으면서도 전기소설의 변화를 알려주는 여러 가지 지표를 보여주는 대표적인 작품이다. 길이의 확장, 악인형 인물의 등장, 여성 인물, 특히 궁녀인 여성 인물의 전면적인 등장 등 <운영전>은 그 변화를 구체적으로 보여주는 작품 중의 하나임에 틀림없다. 게다가 사랑의 문제를 <운영전>처럼 전면적으로, 그리고 절박하게 보여주면서 결국은 비극으로 끝나고 마는 작품은 우리 소설사에서 그 유례를 찾아보기 어렵기 때문에 이

* 이 장은 「<운영전>에 나타난 여성 서술자의 의의」(『한국고전여성문학연구』 4, 2002)를 수정, 보충한 것이다.

작품은 연구자들에게 더욱 매력적으로 다가가면서 관심을 끌어왔다.

<운영전>에 대해서는 주목할 만한 연구 성과들이 이미 다수 나와 있다. 작가 문제,[1] <운영전>에 드러난 사랑의 비극성, 그 비극의 사회적 의미, 작가의식,[2] 서사적 특징[3] 등이 거듭 논의되었고, 최근에 이르러는 전기소설의 소설사적 전개와 관련하여, 또 여성 주체의 욕망 발현 문제와 관련하여[4] 새롭게 주목되고 있다. 작가는 아직 확실하지 않지만, 그 창작 시기에 대해서는 17세기 전반이라는 견해[5]가 대체로 받아들여지고 있다.

17세기가 소설사 전개 과정에서 여러 중요한 국면 전환이 이루어진 문제적 시기라는 것은 전기소설의 변화, 가문소설의 출현, 여성을 포함한 독자층의 확대 등을 통해 거듭 확인되었다. 17세기 소설사의 이러한 문제적 국면은 두 차례의 전란을 겪은 뒤 혼란과 변화 속에서 새로운 방향을 잡아나갔던 17세기 조선의 정치, 사회, 사상적 변화와 밀접

---

1 大谷森繁, 「<운영전> 소고」, 『조선후기의 소설독자층 연구』, 고려대 민족문화연구소, 1985; 정환국, 「한문소설사 서술의 제 문제」, 『한국한문학연구』 64, 2016; 박희병, 「<운영전> 작가 고증」, 『국문학연구』 42, 2020.

2 소재영, 「<운영전>의 비극성」, 『고소설 통론』, 이우출판사, 1983; 박일용, 「<운영전>과 <상사동기>의 비극적 성격과 그 사회적 의미」, 『조선시대의 애정소설』, 집문당, 1993; 신경숙, 「<운영전>의 반성적 검토」, 『한성어문학』 9, 1990; 박기석, <운영전>, 『한국고전소설작품론』, 집문당, 1990; 이상구, 「<운영전>의 갈등양상과 작가의식」, 『한국고소설의 자료와 해석』, 아세아문화사, 2001; 정출헌, 「<운영전>의 중층적 애정 갈등과 그 비극적 성격」, 『고전소설사의 구도와 시각』, 소명출판, 1999; 윤채근, 『소설적 주체, 그 탄생과 전변』, 월인, 1999.

3 김장동, 「<운영전>의 시점과 시제의식」, 『한국문학연구』 8, 동국대 한국문화연구소, 1985; 조용호, 「<운영전> 서사론」, 『한국고전연구』 3, 한국고전연구학회, 1997.

4 황윤실, 「17세기 애정전기소설에 나타난 여성주체의 욕망발현 양상」, 한양대 박사학위논문, 2000.

5 창작 시기에 대해 신경숙은 1616~1641년, 조용호는 1601~1616년으로 구체적으로 제시했는데, 17세기 전반이라는 점에서는 일치한다.

한 관련을 갖는다. <운영전>도 이러한 변화 속에 놓여 있는 작품이다. <운영전>의 갈등이나 비극적 사랑이 갖는 사회적, 사상적 의미에 연구자들의 관심이 모아졌던 것도 17세기가 보여주는 이러한 성격에 대한 주목과 같은 맥락에 있다. <운영전>을 이해하는 데 있어서 사회적, 사상적 맥락은 물론 중요하다. 남녀의 사랑 이야기는 많은 사회적, 사상적 문제를 야기하는 바, 단 한 편의 연애소설 속에도 심상치 않은 사회적, 사상적 의미가 내장되어 있을 수 있기 때문이다.

<운영전>은 동아시아의 대표적인 연애 담론이라 할 수 있는 전기소설의 맥을 잇고 있는 작품이다. 그러나 서사 방식에 있어서는 액자소설의 서사 방식을 취했을 뿐만 아니라 운영이라는 여성 주인공을 서술자로 등장시켜 자신의 연애담을 이야기하게 하는 새로운 이야기 방식을 보여주고 있다. <운영전>이 여타의 전기소설과 다른 점이 바로 여기에 있다.

애정전기소설은 젊은 남성 문사가 주인공이 되어 펼치는 연애담이다. 그런데 흥미로운 것은 애정전기소설의 여성 주인공이 애정이나 욕망에 대해 매우 적극적인 인물로 재현된다는 점이다. 기존의 연구자들 역시 이 부분에 주목하여 대부분의 전기소설의 여주인공들이 남성 주인공들보다 오히려 자신의 애정 실현에 대해 능동적이고 적극적인 인물들이라고 파악했으며, 이를 주체적인 여성 욕망의 발현 혹은 실현으로 의미를 부여하기도 했다. 전기소설 서사의 표면적인 흐름만을 살펴볼 때는 이 같은 지적이 일견 타당한 해석으로 보이기도 한다. 그러나 그러한 지적이 끝내 석연치 않은 것은 전기소설에서의 여성 주인공의 애정에 대한 태도가 과연 주체적인 욕망의 발현일 수 있을까 하는 근본적인 의문의 여지를 남기기 때문이다.[6] 물론 정절이 이데올로기가 되

어 민풍화된 것이 18세기 중반 이후일 것으로 추정 가능하다 할지라도 이미 임진왜란 때에 다수의 부녀자들이 왜적의 손길을 피해 죽음으로 자신의 정절을 지켜내고 조정에서도 또한 이들에 대한 포상을 하고 있었다[7]는 사실을 상기해볼 때, 아무리 연애담이라 할지라도 고귀한 신분의 여주인공이 심각한 고민이나 갈등을 보이지 않은 채 남성 주인공들의 구애에 오히려 그들보다 적극적인 행동 양상을 보인다는 점은 선뜻 받아들이기 어렵다. 그렇다면 이들 여성 인물들이 보이는 적극성을 우리는 어떻게 이해해야 할 것인가? <운영전>은 이 문제에 대해 하나의 답을 제시해줄 수 있을 것으로 생각된다.

지금까지 <운영전> 연구는 서사 방식상의 액자 구조를 주목하기는 했으나 정작 서술자로서의 운영의 존재에 대해서는 비껴갔다. 이 장에서는 앞서 제기한 애정전기소설 여주인공의 욕망 문제를 염두에 두고, <운영전>이 애정전기소설에서는 드물게 남성 주인공이 아닌 여성 주인공이 자신의 연애담을 이야기하고 있다는 서사적 특성에 주목해 이 작품을 살펴보기로 한다.

<운영전>은 이본이 20종이 넘게 조사되어 있으며, 한문본과 국문본으로 동시에 존재하고 있다. 이 글에서 대상으로 삼은 자료는 국립도서관 소장 한문본 <운영전>이다.[8]

---

6 윤재민, 「조선후기 전기소설의 향방」, 『민족문학사연구』 15호, 1999, 18~22면에서 전기소설의 욕망의 주체는 남성 주인공이며, 여성은 그 객체일 뿐임을 지적한 바 있다.

7 이옥경, 「정절 이데올로기의 형성기반과 정착방식에 관한 연구」, 이화여대 여성학과 석사학위논문, 1985 참조.

8 이상구 역주, 『17세기 애정전기소설』, 월인, 1999, 여기에 실린 <운영전>은 국립도서관본을 저본으로 삼아 번역한 것인데, 이를 텍스트로 삼은 것은 이 이본이 오자나 탈자가 거의 보이지 않으며 문장이 정제되어 있고 원본에 가장 가까운 판본이라는 역자의 판단에 따른 것이다. 또 이 번역은 운영이 서술자임을 확실하게 드러내고 있어 작품의

2. 서술자로서의 운영의 위상

서사는 서술자의 눈에 포착된, 그리고 서술자에 의해 해석된 이야기가 서술자의 의도대로 재구성되어 전달되는 것이다. <운영전>이 전대의 소설과 다른 플롯을 보여주는 점은 무엇보다 여성 서술자의 등장에 있다. <운영전>은 운영이라는 여성 인물이 '서술자'로 등장해서 자신의 사랑을 이야기하고 있는 작품이다. 물론 김진사도 서술자로서 함께 이야기를 하지만, 그의 역할은 운영의 이야기를 거드는 데 그친다. 이제 운영이 이야기하는 서사로 들어가보자.

만력 신축년(1601년) 청파에 사는 선비 유영(柳永)은 초라한 행색 때문에 오랫동안 주저하던 끝에 홀로 탁주 한 병을 들고 수성궁으로 간다. 그러나 구경꾼들이 초라한 자신을 손가락질하며 비웃자 멋쩍어진 유영은 후원으로 들어가 높은 곳에 올라서 폐허가 된 궁궐을 둘러보고는 인적 없는 곳에 가서 홀로 술을 마시고 잠이 든다. 문득 잠이 깨니 날은 저물어 달이 떠 있는데, 사람들의 말소리가 들려와 찾아간 곳에 한 젊은 남성과 절색의 여인이 마주 앉아 있다. 이를 본 유영은 이들과 자리를 같이하고 함께 이야기를 나누게 된다. 이로부터 <운영전>의 이야기가 시작된다. 여기서 운영은 자신이 목매 죽기까지 김진사와 나누었던 사랑의 전말을 이야기하고, 김진사는 운영이 죽은 뒤의 일을 이어서 서술한다. 재주가 출중하다고 스스로는 자부하나 알아주는 이 하나 없고, 봄날이 되어도 함께 놀러갈 이조차 없는 외로운 문사였던 유영이

분위기를 잘 전달해주고 있다. 실제로 <운영전>의 이본들은 제목에서 <유영전>, <수성궁몽유록> 등 다소의 차이를 드러내지만 내용상 큰 차이는 없다고 한다. 신경숙, 앞의 글, 60면, 각주 14) 참조.

이들의 이야기를 듣고 술에 취해 잠깐 잠이 들었다가 깨니, 사람들은 간 곳이 없고 김진사가 기록한 책자만이 남아 있었다. 유영은 그 책을 가지고 돌아와서 간직하며 때때로 꺼내보곤 했는데 망연자실하여 세상 일에 뜻을 두지 않고 명산대천을 두루 돌아다녔는데, 그 끝이 어떻게 되었는지는 알 수 없다고 작가는 전하고 있다.

여기서 유영은 대체로 불우한 처지에 있는 것으로 그려지는 몽유록의 몽유자의 성격을 이어받고 있다. 유영은 김진사, 운영 이 두 사람의 분위기가 심상치 않음을 보고 그들에게 이야기를 꺼내게 하는 매개적 인물이다. 그러나 '안평대군이 한창 활동하던 때의 일'과 '진사가 슬퍼하는 이유'를 묻는 그의 물음에서 전체 이야기의 방향이 결정되기 때문에 그의 존재와 현실적 처지는 작품 해석의 한 단서를 제시한다.[9] 이처럼 유영의 존재는 이야기의 방향을 결정하고 작품 전체의 비감한 분위기를 상승시키는 역할을 하고 있지만, 그는 이 이야기의 편집권을 가지고 있는 서술자의 위치가 아니라 이야기를 끌어내는 매개자의 위치에 있다. 다음은 유영이 운영과 진사로 하여금 이야기를 하게 하는 장면으로 서술자의 위치가 운영에게로 자연스럽게 넘겨지고 있는 부분이다.

> 유생이 말했다. "말을 꺼내놓고 다 하지 않는다면 처음부터 아예 말을 하지 않는 것보다 못합니다. 안평대군이 한창 활동하던 때의 일과 진사가 슬퍼하는 이유를 자세히 들을 수 있겠습니까?" 진사가 운영을 돌아보며 말했다. "해가 여러 번 바뀌고 세월이 이미 오래되

9 박일용, 신경숙, 조용호, 정출헌 등의 논문 참조.

었는데, 너는 그때 일을 기억할 수 있겠느냐?" 운영이 대답하기를, "가슴 속에 쌓인 원한을 어느 날인들 잊을 수 있겠습니까? 제가 한 번 말해볼 테니 낭군께서는 옆에서 빠진 부분이 있으면 보충해주십시오." 하고는 곧 이야기를 했다.[10]

이렇게 해서 <운영전>의 주 내용은 운영과 김진사가 1인칭 서술자로 자신들의 일을 서술한 것으로 이루어지게 된다. 그 분량으로 보면 안평대군이 활동하던 때의 일과 자신들의 연애의 전말을 담은 운영의 이야기가 대부분을 차지하며, 그 뒤의 후일담을 담은 김진사의 이야기는 운영이 한 이야기의 10분의 1도 되지 않는다.[11] 고소설에서 1인칭 서술자의 존재는 드물게 나타나며 특히 1인칭 여성 서술자의 존재는 더욱 찾아보기 어렵다는 점에서 <운영전>의 이러한 설정은 주목을 요한다. 물론 운영이나 김진사가 이야기하는 부분에서 시점의 혼동이 드러나기도 한다. 보통 1인칭 서술자의 경우 자신이 보고 들은 것을 서술하는 데 비해 운영이나 김진사는 자신들이 현장에 있지 않았던 일들까지도 전지적으로 서술하고 있기 때문이다. 이런 점에서 운영과 김진사는 1인칭 제한적 서술자가 아니라 1인칭 전지적 서술자에 근접하는 존재라는 지적도 나올 법하다.[12] 그러나 유영이 운영과 김진사 두 사람에게서 이야기를 듣는 것으로 설정되어 있다는 점에서 <운영전>은 1

---

10 이상구 역주, 앞의 책, 100면, "生曰, 言出而不盡, 則初不如不言之爲愈也. 安平盛時之事, 進士傷懷之由, 可得聞其詳乎. 進士顧雲英曰, 星霜屢移, 日月已久, 其時之事, 汝能記憶否. 雲英答曰, 心中畜怨, 何日忘之耶. 妾試言之, 郎君在傍, 補其闕漏. 乃言曰."

11 운영이 죽은 뒤 다시 특에게 운영을 위한 재를 올려달라고 했다가 특에게 속은 것을 깨닫고 일을 수습하는 내용이 대부분이다.

12 조용호, 앞의 글, 131면.

인칭 여성 서술자인 운영의 시각에서 이야기가 전개되는 플롯을 보여준다.[13]

물론 운영도 김진사도 등장인물의 한 사람으로 역시 작가의 조정을 받는 인물이다. 그러나 중요한 것은 작가가 김진사도 유영도 아닌 운영으로 하여금 운영의 시점에서 주로 이야기하도록 서사를 구성했다는 점이다. 서술자는 이야기를 틀어쥐고 있는 존재로서 어떤 시점에서 이야기를 구성하느냐를 결정하는 존재이다. 따라서 <운영전>에서 운영이라는 여성을 서술자로 내세웠다는 사실은 일단 운영의 입장에서 운영의 감정을 중심으로 이야기하겠다는 뜻인 것이며, 그런 의미에서 서술자로서의 운영의 위상은 중요한 의미를 갖는다. 더욱이 운영이 하는 이야기는 다른 이야기가 아닌 사랑의 이야기다. 여성의 입을 통해 사랑의 감정을 이야기하게 하는 설정은 남성의 입을 통해 자신의 경험을 이야기하게 하는 것과는 분명 다른 설정이다. 이러한 설정의 차이가 가져온 변화는 어떠한 것이었을까?

---

13 소재영 · 장홍재, 『운영전』, 시인사, 1994, 국문본의 경우에도 운영의 입장에서 서술되는 것으로 설정되어 있지만 때로 서술자의 혼란이 나타나기도 한다. 활자본 소설을 대본으로 한 소재영 · 장홍재의 『운영전』을 예로 들어보면 "지금 말한 그때의 일을 소년이 옆에 앉아서, 궁에서 지낸 일을 말하며, 붓을 들어 쓴 것이 다음의 일편이다"(31면)라고 하여 소년이 말하고 쓴 것처럼 모호하게 서술되어 있다. 그러나 그 뒤에 이어지는 이야기에서는 "첩들을 불러서 말하여 가로되"(35면), "대군은 첩에게 마음 있는 풍정을 조금도 나타내지 않으시나 궁녀는 모두 대군이 첩에게 마음을 두신 모양이라고 전전부터 풍설이 자자하다"(43면)라고 해서 운영이 서술자로 이야기를 하다가 "그날 밤에 운영은 수건으로 목을 매어 자살했다"(97면)라고 하여 운영이 아닌 다른 서술자가 이야기하는 것으로 되어 있다. 운영이 죽은 뒤에도 "이제는 김진사에게로 말이 옮긴다"(97면)라고 해놓고 "김진사도 이 말을 듣고 오랫동안 기절한 까닭에 집안사람들이 발상하였다"(97면)라고 하여 역시 서술자의 혼동을 보여준다. 그러나 이는 부분적인 것이고 전체적인 틀로 보면 운영과 김진사를 서술자로 설정하고 서사를 진행하고 있다.

3. 여성이 이야기하는 연애담

여성 공간의 확보

운영의 이야기는 안평대군과 수성궁, 수성궁에서의 자신들의 일상에 대한 묘사로 시작된다. 안평대군은 운영을 비롯한 10명의 궁녀들에게 하늘이 남성에게만 재주를 많이 내리고 여성에게는 적게 내렸겠느냐고 하며 열심히 공부할 것을 격려하고 시문을 익히게 하지만, 이들의 존재를 철저하게 은폐한다. 외부에서 볼 때 이들은 완전히 '부재하는' 존재들이며, 궁 내부에서도 다른 공간과는 철저하게 분리된 공간에 속해 있는 존재들이다. 안평대군이 살았을 당시의 수성궁은 안평대군이 문사들과 더불어 술을 마시고 기예를 다투는 공간과 궁녀들이 거처하는 공간이 철저히 분리되어 있는 것으로 그려진다. 운영의 이야기는 당연하게도 자신이 포함된 궁녀들의 공간에 집중되어 있으며, 안평대군이 철저하게 은폐하는 이 공간이 서사의 중심이 되어 있다.

보통 전기소설의 공간은 남성 인물을 중심으로 구성되어 있고, 여성의 공간은 남성 인물이 문틈이나 담장 너머로 엿보는 만큼만 드러나거나, 그 공간으로 틈입해 들어갔을 때 비로소 드러난다. <이생규장전>이라는 제목은 이러한 면을 상징적으로 보여주며, 다음 <주생전>의 한 구절에 이르면 여성의 공간이 남성의 시선에 의해 어떤 방식으로 보여지는지 그 전형적인 묘사를 만나게 된다.

> 섬돌을 따라 서쪽으로 돌아서 수십 보를 가니 멀리 포도 넝쿨이 우거진 시렁 아래 집 한 채가 보였다. 집은 작았으나 매우 아름다웠

> 으며, 반쯤 열려진 사창으로 촛불이 대낮처럼 밝게 빛났다. 촛불 아래에는 붉은 치마와 푸른 저고리를 입은 여자들이 은은히 오가고 있었는데 마치 한 폭의 그림 같았다. 주생은 몸을 숨긴 채 다가가서 숨을 죽이고 엿보았다. 금빛 병풍과 채색 담요가 황홀하여 눈이 부셨다.[14]

남성 인물이 문틈으로, 혹은 담장 너머로 엿본 여성의 공간은 그들의 눈에 아찔할 정도로 황홀하고 아름다운 공간으로 비쳐진다. 남성 인물들의 시선에 노출되고 있는 여성 공간은 마치 남성들에게 보이기 위해 치장된 것처럼 유혹적인 공간으로 묘사되고 있는 것이다. 그러나 <운영전>에서의 여성 공간은 더 이상 남성 인물들의 엿보기에 의해 드러나는 대상이 아니다. <운영전>은 서사의 중심적 공간으로 기능하는 여성 공간을 보여주고 있으며, 심지어 엿보기의 대상과 주체가 역전되어 나타나기도 한다.

> 대군은 마음속으로는 탄복하면서도 겉으로는 고개를 저으면서 말했습니다. "누가 근보(성삼문)더러 시를 감식하는 눈이 있다고 말했던가? 내 궁중에 어찌 이러한 사람들이 있겠소? 의심이 지나치다 할 만하오." 이때 우리 10명은 창틈으로 몰래 엿듣고 있다가 성삼문의 말에 탄복하지 않은 사람이 없었습니다.[15]

---

14 이상구 역주, 앞의 책, 44면/236~237면, "由階而西折數十步, 遙見葡萄架下有屋, 小而極麗, 紗窓半啓, 畵燭高燒, 燭影下紅裙翠袖, 隱隱然往來, 如在畵圖中. 生匿身而往, 屛息而窺, 金屛彩褥, 奪人眼睛."

15 이상구 역주, 앞의 책, 112면/268면, "大君內自心服, 而外不頷可曰, 誰謂謹甫有詩監乎. 我宮中豈有此等人哉. 可謂惑之甚也. 于時, 十人從窓隙暗聞, 莫不歎服."

> 그 이후로 대군은 진사와 자주 접촉하였으나 우리들은 서로 볼 수가 없었습니다. 그래서 저는 매일 문틈으로 엿보았지요.[16]

첫 번째 예문은 성삼문이 수성궁으로 와서 대군과 나누는 대화를 궁녀들이 엿듣는 장면이고, 두 번째 예문은 대군을 찾아온 김진사를 운영이 엿보는 대목으로 여기서 시선의 주체는 운영을 비롯한 궁녀들이다. 이처럼 여성 공간이 엿보기의 대상이 아니라 그 자체가 서사가 펼쳐지는 중심 공간이라는 것은 여성 서술자의 시점에서 이야기가 전개되는 데서 오는 자연스러운 결과일 것이다. 이렇게 확보된 여성 공간은 여성들의 일상이 전개되는 삶의 공간을 보여준다는 점에서 그 의미가 적지 않다.

> 우리 10명은 모두 동쪽 방으로 물러 나와 촛불을 환하게 밝히고 칠보 책상 위에 『당률』 1권을 올려놓았습니다. 그리고 옛 사람이 지은 궁원시들의 고하를 논했습니다.[17]

이들의 공간은 주생의 눈에 비친 것처럼 아름답게 치장한 여인이 비단 휘장을 드리우고 있는, 보여지기 위해 꾸며진 공간과는 다르다. 운영과 궁녀들은 그곳에서 함께 시를 공부하고 서로가 지은 시의 풍격과 고하를 논평하면서 서로의 자질을 진정으로 높이 평가하고 있다. 그리

16 이상구 역주, 앞의 책, 112면/268면, "其後, 大君頻接進士, 以妾等不相見, 故妾每從門隙而窺之."

17 이상구 역주, 앞의 책, 108~109면/266면, "十人皆退在東房, 函燭高燒, 七寶書案, 置唐律一卷, 論古人宮怨詩高下."

고 자신들의 재능에 대해서도 자부심을 보인다.

이 공간은 궁녀들 스스로 서로를 인격적인 하나의 주체로 이해하고 인정하는 인간적인 유대의 공간이다. 이 공간에서 궁녀들은 곤경에 처한 운영의 상황을 통해 자신들의 처지를 돌이켜보기도 하고, 운영의 문제를 함께 해결하기 위해 토론을 벌여 서로의 의견을 조율하기도 한다. 여성이 서술자가 되면서 여성이 거처하는 공간이 단지 연애의 공간만이 아니라 여성 자신의 삶의 자리로서 형상화되는 것이다. <이생규장전>, <주생전>과 비교해보면 그 차이가 금방 드러난다.

그러나 여기는 어디인가? 바깥과는 철저하게 단절된 공간이며, 운영을 비롯한 10명의 궁녀들이 철저하게 숨겨져 있는 궁중이다. 말할 것도 없이 궁중이라는 이 공간 자체는 이들에게 가해진 가부장적 권력에서 비롯된 억압의 실체를 보여주는 공간이다. 그야말로 엿보기도 불가능한 공간인 것이다. 엿보기도 불가능한 이 공간이 드러나고 여성 인물들의 목소리가 궁중이라는 억압적인 공간을 뚫고 보다 생생하게 전달될 수 있었던 것은 운영을 주도적인 서술자로 등장시킨 결과이다.

급작스럽지 않은 사랑의 시작

전기소설을 읽으면 어떻게 판단해야 할지를 망설이게 하는 몇몇 대목들이 있다. 앞서 살펴보았듯이 <주생전>에서 주생이 선화의 방을 찾아간 장면이고, 두 번째는 <위경천전>에서 위경천이 소숙방의 방에 몰래 들어간 장면이다. 선화는 방문 앞에서 자신의 시에 화답하는 주생의 읊조림을 못 들은 체하면서 촛불을 끄고 잠자리에 들지만 주생은 방안으로 들어가 선화와 동침한다. <위경천전>의 위경천은 노랫소리를 따라 들어간 집에서 우연히 그 집 딸인 소숙방을 보고는 죽음을 각오하고 방 안으로 들어간다. 그는 소숙방이 심하게 거부하자 물러나려다가 문이 닫힌 집 안에서 달아날 길도 없어 소숙방을 위협한다. 그러나 그 말투가 온화한 것을 보고 소숙방의 마음이 누그러지자 함께 밤을 보낸다. 이 두 작품에서의 만남 부분은 다분히 폭력적인 면모를 보인다. 특히 주목할 것은 이에 대한 여성 인물들의 반응이다. 이들은 처음 잠깐 동안은 그러한 폭력적이고 육체적인 요구를 거부하지만, 결국에는 그들의 요구를 순순히 받아들인다. 이들은 결국 주생과 위경천을 받아들일 뿐만 아니라, 그 관계를 기꺼이 즐기는 것으로 그려지고 있다. 선화는 주생에게 다음날에도 찾아오라는 언질을 던지기까지 한다. 소숙방은 위생의 등을 어루만지며 인생의 즐거움을 오늘에야 비로소 알았다고 탄식하고 위생과 평생을 같이할 것을 맹세하다가, 급기야는 위생이 자신을 "천하게 여겨 끝내 돌아보지 않을까 두려워"하기까지 한다. 상황상 오래 고민할 시간도 없고, 방 안으로 들어온 남성을 물리치기도 어려웠다 치더라도, 선화나 소숙방의 이러한 행동에는 납득하기 어려운 측면이 있다. 이 여성들은 마치 기다리고나 있었다는 듯이 자신들에게 폭력적으로 다가온 남성들의 연인이 되는데, 이들이 달리 고민하는 모습은 드러나지 않고 있기 때문이다.[18] 이 작품들이 중국을 배경으로 하고 있다고 할지라도 중국에서도 여성들에게 정절은 중요한 가치 개념이었고, 더구나 이 여성들은 지체 높은 집안의 딸들이라는 점에

18 <이생규장전>에서 이생과 최낭이 편지를 통해 미리 마음을 확인하며, <심생전>에서 무턱대고 따라온 심생이 한 달이나 매일 찾아가서 밤새 문밖에서 기다린 뒤에야 여자가 마음을 허락한다. 이 두 작품의 여성 인물과 비교해보면 선화와 소숙방의 차이가 드러난다. 그러나 궁극적으로 자신을 찾아온 남성을 뿌리치지 않는다는 점에서는 유사하다.

서 이들의 반응을 납득하기는 어려운 점이 있다.

이 여성들의 반응이 의아함을 불러일으킬 소지가 있는 데 비해, 비록 폭력적인 양상으로 나타났다고 해도 남성 주인공들의 행동 양상은 충분히 이해 가능하게 서술되어 있다. 서술자는 주생이나 위경천의 경우에는 그들이 선화와 소숙방을 본 뒤에 마음을 정하지 못하고 혼란에 빠져 방황하고 고민하며 목숨을 걸기로 마음먹는 과정을 자세하게 서술하고 있기 때문이다. 따라서 이들 작품이 철저히 남성의 입장에서 그린 남성이 원하는 연애의 각본이라는 것은 앞 장에서 이미 살펴본 대로다.

이에 비해 <운영전>은 여성이 사랑을 하는 감정의 주체로 나서면서 점진적인 내면의 변화 과정을 겪는 것으로 서술되어 있다. 운영은 김진사를 만난 후 자기만의 고민을 품게 되고 깊은 갈등과 고뇌에 휩싸인다. 운영은 자신이 쓴 시에 쓸쓸히 그리워하는 뜻이 있다는 안평대군의 지적을 받고, 같이 있던 궁녀들에게서도 의심을 받은 뒤에야 비로소 자란에게 자신의 마음을 털어놓는다. 김진사가 처음 찾아왔을 때가 가을이었는데, 운영이 이 이야기를 한 것은 포도가 열릴 때라고 했으니 두 계절이나 지난 뒤의 일이다. 금지가 심했으니 고민의 시간을 길게 설정한 것도 설득력이 있다.

김진사가 수성궁을 처음 찾아왔을 때 안평대군은 여느 때와 달리 궁녀들에게 자리를 피하게 하지 않고, 거문고를 타게 하거나 벼루를 받들게 하여 계속 옆에서 시중을 들게 한다. 나이 어린 유생이라 김진사를 크게 경계하지 않았던 것이다. 운영과 김진사가 자연스럽게 서로를 가까이 하여 감정을 발전시킬 수 있는 계기가 만들어진 것이다. 다음 예문은 두 사람이 처음 만나는 장면이다.

> 이때 내 나이는 17살이었어. 낭군을 한번 뵙고는 정신이 혼미하고 마음이 어지러웠지. 낭군 역시 나를 돌아보더니 웃음을 머금은 채 자주 눈길을 보내곤 하셨지.[19]

운영은 김진사를 한번 보고는 정신이 혼미하고 마음이 어지러웠다고 술회하고 있다. 그러나 운영이 곧바로 사랑에 빠진 것은 아니었다. 이 일을 계기로 김진사를 마음에 두게 된 운영이 김진사에 대해 결정적으로 마음을 굳히는 것은 안평대군이 김진사의 시를 보고 감탄하는 말을 듣고 나서였다.

> 다음날 대군은 진사가 지은 2편의 시를 두세 번 읊조리시더니 경탄하며 말씀하셨어. "마땅히 근보와 더불어 자웅을 다툴 만하다. 그러나 그 청아한 태도는 근보보다 뛰어나다." 나는 이때부터 잠자리에 들어도 잠을 이룰 수가 없고 마음이 심란하여 밥도 먹지 못해서 살이 빠져 허리띠가 느슨해진 것도 알지 못했는데 너는 기억 안 나니?[20]

그 뒤 운영은 문틈으로 김진사를 엿보다가 드디어 시를 써서 전하기로 마음먹는다. 마침 그날 밤 찾아온 김진사의 "얼굴이 비쩍 마르고 기운이 소진되어 예전의 기상과 아주 다른" 것을 본 운영은 이를 통해 김

19 이상구 역주, 앞의 책, 113면/269면, "于時, 妾年十七, 一見郎君, 魂迷意闌. 郎君亦顧妾, 而含笑頻頻送目."

20 이상구 역주, 앞의 책, 119면/271면, "翌日, 大君再三吟其兩詩而歎曰: 當與謹甫爭雄, 而其清雅之態則過之矣. 妾自是, 寢不能寐, 食減心煩, 不覺衣帶之緩, 汝未能識之乎."

진사의 마음을 확인하고, 손님들이 술에 취한 틈을 타서 벽에 구멍을 뚫고 편지를 던진다. 둘의 관계가 본격화되는 것은 이때부터이다. 어찌할 바를 모르던 김진사는 무녀를 찾아가 운영에게 답장을 전하게 한다. 운영은 김진사의 편지를 받아 다 펼치기도 전에 숨이 막히고 절반도 채 못 읽어 눈물이 글자를 적실 지경이 된다. 편지를 다 읽은 뒤 운영은 이때부터 단 한 순간도 김진사를 잊지 못해 바보나 미치광이가 된 것 같았다고 하며 자신이 얼마나 사랑에 빠져들었는지를 이렇게 이야기하고 있다.

> 저는 이 글을 다 읽고 난 뒤에 소리가 끊기고 기가 막혀서, 입으로는 말을 할 수가 없었고 눈에서는 눈물이 다하여 피가 흘렀습니다. 그러나 몸을 병풍 뒤에 숨기고 오로지 남이 알까 두려워했을 뿐입니다. 이때부터 저는 단 한 순간도 낭군을 잊지 못하여 바보나 미치광이가 된 것 같았습니다.[21]

앞서 운영의 편지를 받은 김진사도 마찬가지로 슬픈 마음을 견디기 어려워 차마 편지를 손에서 놓지 못했으며, 그리워하는 정이 전보다 두 배나 더해서 스스로 살아남기 어려울 듯 했다고 했다. 이처럼 사랑의 감정이 증폭되어가는 과정에 대한 묘사는 두 사람이 궁극적으로 만날 수밖에 없었음을 말하기 위해 필요한 것이었을 수도 있다. 그러나 이를 통해 운영이 남성의 구애에 응하여 무턱대고 사랑에 빠져든 인물이 아

---

21 이상구 역주, 앞의 책, 124면/274면, "妾覽罷, 聲斷氣塞, 口不能言, 淚盡繼血, 隱身於屛風之後, 唯畏人知. 自是厥後, 頃刻不得忘, 如癡如狂."

니라 스스로의 깊은 고민과 갈등 끝에 사랑이라는 결론에 도달한 인물이었음을 보게 된다. 이러한 과정의 전개는 운영이 자신의 연애담을 이야기하는 서술자로 설정되어 있기에 가능한 것이다. 즉 운영의 서술을 통해 사랑이 증폭되는 과정이 그녀의 내면에서 서서히 전개된 것임이 드러나며, 이를 통해 애초부터 불가능해 보이는 이들의 연애사건이 비로소 개연성이 있는 것으로 그려지게 되는 것이다.

인격적 주체로서의 여성 인물

앞서 보았듯이 운영은 더 이상 남성 욕망의 대상으로 그려지는 것이 아니라 스스로의 주체적인 의지를 가진 인물로 그려진다. 운영에 비하면 선화나 소숙방 등 <운영전>과 동시대인 17세기에 창작된 다른 전기소설의 여성 인물들은 성적, 정서적, 인격적 주체로 보기가 어렵다. 물론 운영이 성적, 정서적, 인격적 주체가 되는 과정은 결코 순탄하지 않았으며 결국은 죽음으로 모든 것이 끝나게 된다. 운영이 궁녀라는 특수한 처지에 있기 때문에 그 결말도 이처럼 비극적이었을 것으로 생각된다. 그러나 운영은 자신의 처지가 가진 불리함에도 불구하고 상황에 수동적으로 몰리는 것이 아니라 상황에 능동적으로 대응한다. 김진사와의 사랑도 운영이 선택한 결과이다.

> 한번 학문에 종사하게 된 이후부터는 자못 의리를 알고 음률을 살필 수 있게 된 까닭에 궁인들이 모두 저에게 경복했습니다. 서궁으로 옮긴 뒤에는 거문고와 서예만을 오로지 하여 조예가 더욱 깊어졌습니다. 무릇 빈객들이 지은 시들은 하나도 눈에 들지 않았으

> 니, 재주가 성하게 되면서 그러한 것이 아니겠습니까? 그래서 남자가 되어 입신양명하지 못하고 홍안박명의 몸이 되어 깊은 궁궐에 한번 갇힌 뒤 마침내 고목처럼 썩게 된 것을 한스러이 여겼습니다. 어찌 슬프지 않으리오! 사람이 한번 죽으면 누가 다시 알아주겠습니까? 이 때문에 한이 마음속에 맺히고 원망이 가슴의 바다를 메웠습니다. 매번 수를 놓다가 멈추고 등불을 바라보았으며, 비단을 짜다가도 북을 던지고 베틀에서 내려와 비단 휘장을 찢거나 옥비녀를 꺾어버리곤 했습니다. 잠시 술을 마시고 흥이 나면 신발을 벗고 산보를 했으며, 섬돌의 꽃도 떨어뜨리고 뜰의 풀도 꺾으면서 바보나 미치광이처럼 마음을 억제할 수 없었습니다. 그런데 지난해 가을밤에 한번 그대의 용모를 보고는 마음속으로 천상의 신선이 속세에 적강했다고 생각했습니다.[22]

운영이 김진사에게 보낸 편지의 내용이다. 전기소설에서 편지는 시 다음으로 인물의 내면을 토로하는 장치로 많이 쓰인다. 위 편지에서도 운영은 자신이 어떤 사람인지, 자신의 처지에 대해서 어떻게 생각하고 있는지, 또 김진사를 얼마나 사랑하는지 자신의 마음을 밝히고 있다. 자신에 대한 자부심과 현재의 삶에 대한 불만을 강하게 드러내는 이 편지를 보면 운영이 얼마나 자의식이 강한 인물인지를 알 수 있다.

22 이상구 역주, 앞의 책, 134면/279면, "一自從事學問之後, 頗知義理, 能審音律, 故宮人莫不敬服. 及涉西宮之後, 琴書專一, 所造益深. 凡賓客所製之詩, 無一掛眼. 才難不其然乎. 恨不得爲男, 立身揚名, 而爲紅顔薄命之軀, 一閉深宮, 終成枯木而已. 人生一死之後, 誰復知之? 是以恨結心曲, 怨塡胸海. (每)停刺繡, 而付之燈火. 罷織錦, 而投杼下機, 裂破羅幃, 折其玉簪, 暫得酒興, 則脫舃散步, 剝落階花, 手折庭草, 如癡如狂, 情不自抑. 上年秋月之夜, 一見君子之容, 意謂天上神仙. 謫下塵寰."

이 글 앞에서 운영은 처음 궁에 들어와서는 고향으로 돌아가고 싶다는 생각에 매일 흐트러진 머리를 하고 남루한 옷을 입어 사람들이 더럽게 여기게 했다고 한 것으로 보아 궁중 생활에서 느끼는 불만의 강도가 심각한 것이었음을 알 수 있다. 그리고 무엇보다 '남자로 태어나 입신양명하지 못하고 궁궐에 갇힌 신세'를 원망하고 있는 것을 볼 때 운영은 여성으로서의 자신의 처지를 민감하게 의식하고 있음을 알 수 있다. 이 외에도 운영이 다른 애정전기소설의 여성 인물들과 차별성을 갖는 것은 김진사와의 결연이 이루어지기 전에 운영이 먼저 김진사의 애정을 적극적으로 구하고 있다는 점, 그리고 그를 사랑하게 된 자신의 내면적 동기를 분명히 인식하여 표현하고 있다는 점이다.

강한 자의식을 가지고 있었던 운영은 이처럼 남성의 욕망에 따라 움직이는 존재가 아니다. 운영은 스스로 사랑의 감정으로 고뇌하고 갈등하며 사랑을 키워나갈 줄 아는 주체적 인간이다. 따라서 자신이 원하지 않는 대상에 대해서는 그가 거역할 수 없는 권위를 가진 존재라 할지라도 그의 뜻대로 움직이지 않는다. 이는 운영과 안평대군의 관계에서 뚜렷하게 드러난다.

> 일찍이 대군은 저에게 마음 둔 적이 없었으나 궁중 사람들은 모두 대군이 저에게 마음을 두고 있는 것으로 알고 있었습니다.[23]

> (금련이) 즉시 희경을 펼쳐놓고 점을 친 후, 점괘를 얻어 풀이하여

23 이상구 역주, 앞의 책, 108면/266면, "大君未嘗有意於妾, 而宮中之人, 皆知大君之意在於妾也."

> 말했습니다. "……운영의 용모와 행동이 인간 세상의 사람이 아닌 듯해서 주군이 마음을 기울이신 지가 이미 오래되었다. 그러나 운영이 죽기로써 거절한 것은 다름이 아니라 차마 부인의 은혜를 저버릴 수 없었기 때문이다. ……"[24]

위 인용문의 내용을 보면 안평대군이 운영에게 가지고 있었던 특별한 감정은 다른 모든 주변 사람들이 분명하게 알고 있는 사실이었던 것으로 드러난다. 그러나 서술자인 운영은 남들은 모두 알고 있는, 그래서 거의 객관적인 사실에 가까운 안평대군의 감정을 모른 체한다. 그리고 이를 언급할 때면 다른 인물의 말을 빌려서 언급하고 있다.[25] 운영은 안평대군의 사랑을 외면하는 것에 대해 차마 안평대군 부인의 은혜를 저버릴 수 없기 때문이라는 이유를 내세우고 있지만, 운영의 태도에는 스스로를 자신의 행동에 대해 선택권을 행사하는 인물로 말하고 싶어하는 의도가 엿보인다. 이는 운영이 서술자의 위치에서 이야기하고 있기 때문에 가능한 것으로 보인다.

궁녀들에게 있어서 안평대군은 어떠한 존재였을까? 운영에 의해 재현되고 있는 안평대군은 유학을 공부하는 사람으로 자처하여 밤에는

---

24 이상구 역주, 앞의 책, 130면/276면, "…… 卽展義經而占之, 得卦解之曰, …… 雲英容貌擧止, 似非人世間者也. 主君傾心已久, 而雲英以死拒之, 無他. 不忍負夫人之恩也. ……"

25 안평대군에 대한 운영의 태도에는 모호한 면이 있다. 위에 든 운영의 편지 앞부분에서 운영이 "부인이 저를 친자식처럼 사랑하시고, 주군도 저를 심상하게 보지 않으시니, 궁중 사람들 가운데 저를 골육처럼 친애하지 않는 사람이 없었습니다.(夫人愛之, 無異己出. 主君亦不以尋常視之, 宮中人莫不親愛如骨肉.)"라고 말하고 있기 때문이다. 그러나 여기서 심상하게 보지 않았다는 표현은 부인이 친자식처럼 사랑했다는 말에 이어 나오는 것으로 볼 때 소중하게 여겼다는 의미로 보아야 하지 않을까 싶다.

독서하고 낮에는 시를 짓거나 글씨를 쓰며 짧은 시간도 헛되이 보내지 않는 학자, 풍류를 좋아하는 인물, 하늘이 재주를 유독 남자에게만 주었겠느냐며 궁녀들에게 시와 문장을 가르치는 인물, 궁녀들의 시를 인정하는 인물, 또한 궁녀들의 이름이 절대로 담장 밖으로 알려지지 않도록 철저하게 궁녀들을 은폐하는 인물이다. 안평대군은 또 궁녀들에게 종종 시를 짓게 해서 평가하고 상을 주어 격려하는 한편, 시에 드러난 감정을 경계하면서 궁녀들의 감정을 단속한다. 성정(性情)의 반영인 시에 일체의 감정이 묻어 있지 못하게 한다는 것은 성정을 단속하겠다는 것에 다름 아니다. 안평대군은 중세적 이념과 체제를 상징하는[26] 측면도 있지만 궁녀들에게는 시와 학문을 가르쳐주고 그들의 시적 재능을 격려하는 존재이면서 동시에 이들을 억압하는 가부장인 것이다. 운영과 김진사의 일이 발각된 뒤 궁녀들이 항의하면서 하는 말은 안평대군의 이러한 측면을 잘 보여준다.

> 한번 궁궐의 담을 넘으면 인간세상의 즐거움을 알 수 있습니다. 그럼에도 저희가 궁궐의 담을 넘지 않는 것은 어찌 힘이 부족하며 마음이 차마 하지 못해서 그러하겠습니까? 오로지 주군의 위엄이 두려워 이 마음을 굳게 지키다가 궁중에서 말라죽으리라 생각하는 것입니다.[27]

> 주군께서 보살펴주신 은혜는 산보다 높고 바다보다도 깊습니다.

---

26 이상구, 앞의 논문.
27 이상구 역주, 앞의 책, 151면/287면, "一踰宮垣, 可知人間之樂, 而所不爲者, 豈力不能而心不忍哉? 唯畏主君之威, 固守此心, 以爲枯死宮中之計."

> 저희들은 감격스러움과 두려움에 오로지 글짓기와 거문고 연주만을 일삼고 있을 따름입니다.[28]

위의 예문은 궁녀 은섬이 한 말이고, 아래 예문은 궁녀 비취가 한 말로 안평대군의 위엄을 두려워하는 한편 그 은혜에 감격하는 마음이 동시에 드러나 있다. 안평대군이 궁녀들에게 갖는 위상을 생각할 때 운영이 안평대군의 사랑을 모른 체하고 김진사를 사랑한다는 것은 일종의 배신이자 훼절이다. 그런 까닭에 운영은 안평대군이 그를 살려주었음에도 불구하고 목매 죽는 것이다.

운영 자신에게 중요한 것은 '누가 나를 사랑하는가'가 아니라 '내가 누구를 사랑하는가'였다. 그 '누구'가, 즉 자신을 사랑해주는 사람이 비록 안평대군과 같은 주군이었을지라도 말이다. 이것이 바로 다른 애정전기소설의 여주인공들과 운영이 차별화되는 지점이다. 선화, 소숙방 등 애정전기소설의 여주인공들은 자신의 욕망대로 움직이고 있는 것처럼 그려지지만 실은 한 번도 먼저 자신의 욕망을 발화하거나 행동에 옮기지 않는다. 적극적으로 다가서는 그녀들의 행동조차도 남성들의 주도권 안에서 이루어진다. 이 여성 인물들은 욕망을 가진 존재로 그려지지만 진정한 욕망의 주체로서 대등하게 관계를 이끌어가기보다는 남성 문사들의 욕망이 투사된 대상으로서, 남성들이 원하는 방식대로 움직여주는 존재들인 것이다. 이런 면에서 운영의 선택과 거부는 그녀가 진정한 욕망의 주체이며 하나의 독립된 인격체라는 것을

---

28 이상구 역주, 앞의 책, 151면/287면, "主君撫恤之恩, 山不高, 海不深, 妾等憾惧, 惟事文墨絃歌而已."

말해준다.

운영뿐만 아니라 자란을 비롯한 다른 궁녀들도 운영의 처지에 공감하게 되고 이를 통해 자신들의 처지를 보다 명료하게 자각하게 되는데, 이 과정에서 전개되는 궁녀들 간의 대화와 토론을 주목해볼 필요가 있다. 자란은 운영이 김진사와 만날 기회를 만들어주기 위해 궁녀들이 매해 탕춘대 물가에서 하는 완사(浣紗)의 장소를 소격동으로 옮길 계획을 세운다. 이 계획에 대해 운영과 자란이 있는 서궁(西宮)의 궁녀들은 찬성했으나 남궁(南宮)의 다섯 궁녀는 이를 반대한다. 다음은 자란이 반대하는 궁녀들을 설득하기 위해 남궁으로 가서 하는 말이다.

> 무지한 초목과 지극히 미천한 새들도 저마다 음양을 받아서 즐거움을 나누지 않음이 없다. 그런데 우리 열 사람은 유독 무슨 죄를 지었기에 적막한 심궁에 오래도록 갇히어 꽃 피는 봄과 달 뜨는 가을에 등불만 벗하면서 혼을 사르고, 청춘을 헛되이 버리면서 공연히 저승의 한만 남기고 있으니 타고난 운명의 야박함이 어찌 이렇듯 심하리오? 인생은 한번 늙으면 다시 젊어질 수 없는 것이니, 너는 다시 생각해보라. 어찌 슬프지 아니하리오! 내가 소격동으로 가고자 하는 것은, 이제 맑은 냇물에서 목욕하여 몸을 깨끗이 한 뒤에 태을사에 들어가 머리를 조아려 백 번 절하고 또 두 손을 모아 기도하여, 드러나지 않는 가운데 부처의 보살핌에 힘입어 내세에서는 이러한 고통을 면하고자 함이다.[29]

29 이상구 역주, 앞의 책, 128면/276면, "無知草木, 至微禽鳥, 亦稟陰陽, 莫不交歡. 吾儕十人, 獨有何罪, 而寂寞深宮, 長鎖一身, 春花秋月, 伴燈消魂, 虛抛青春之年, 空遺黃壤之恨, 賦命之薄, 何其至此之甚耶. 人生一老, 不可復少, 子更思之. 寧不悲哉. 今可沐浴於

궁녀인 자신에게 가해진 질곡을 한탄하고 내세에서는 이런 고통을 면하려 한다는 자란의 말은 남궁의 궁녀들을 설득하기 위해 하는 말이기는 하나 자신의 처지를 분명하게 인식하고 있음을 보여준다. 운영과 김진사의 일이 발각되자 안평대군은 서궁의 궁녀 다섯 사람을 붙잡아 죽을 때까지 때리라고 한다. 이때 다섯 명의 궁녀는 한마디 말만 하고 죽겠다고 하면서 자신들이 하고 싶은 말을 거침없이 쏟아낸다. 이들은 자신들을 사지로 몰아넣은 운영을 원망하기보다는 궁중의 생활이 얼마나 인간의 본성을 억누르는 것인지를 주장하면서, 운영을 변호한다. 이는 궁녀들의 처지가 얼마나 불합리한 것인지를 주장하는 것으로, 궁녀인 운영을 서술자로 내세웠기에 이들의 목소리가 자연스럽게 들어올 수 있었던 것으로 보인다. 이를 통해 지금까지 억압되어왔던 자신들의 목소리를 되찾고 운영과 더불어 인격적 주체로 변화되어가는 궁녀들의 모습이 부각되게 되는 것이다.

여성 시인으로서의 자부와 이름을 남기고자 하는 열망

운영의 서술에서 주목되는 또 한 측면은 시를 짓는 재능에 대한 자부와 이름을 남기고자 하는 열망이 드러나 있다는 점이다. 다음은 운영이 자신들을 소개하는 부분인데 자신들의 재능에 대한 자부심을 이렇게 표현한다.

> 대군은 궁에 돌아오면 항상 우리를 안전에 앉히고 시를 짓게 하

清川, 以潔其身, 入于太乙祠, 扣頭百拜, 合手祈祝, 冀資冥佑, 欲免來世之此苦也."

> 여 잘못된 곳을 바로잡아주었으며, 시의 고하를 차례대로 매기고 상과 벌을 내려서 우리를 격려하였습니다. 이로 인해 탁월한 기상은 비록 대군에게는 미치지 못했지만 음률의 청아함과 구법의 완숙함은 성당 시인들의 울타리를 엿볼 만했습니다.[30]

운영은 안평대군 밑에서 시를 배워 성당 시인들을 엿볼 만할 정도로 청아한 음률과 완숙한 구법으로 시를 쓰게 되었다고 자부한다. 자신들을 소개하면서 이렇게 시적 재능을 이야기한 것은 그것이 가장 내세울 만하다고 생각했기 때문일 것이다. 이외에도 운영은 안평대군이 문사들과 시를 짓고 즐기다가 시가 마음에 들지 않으면 궁녀들을 불러서 시를 쓰게 하기도 하고 궁녀들이 지은 시들을 문사들에게 보이곤 했는데, 성삼문이 이 시들을 보고 풍격이 맑고 진솔하며 생각과 뜻이 뛰어나서 속세의 기운이 없다고 평가했다고 하며 자신들의 시에 대한 자부심을 드러낸다. 김진사를 남몰래 그리워하다 병이 들어 다 죽게 된 운영이 비경에게 한 말도 시문에 대한 것이다.

> 나 같은 미천한 목숨은 죽어도 아까울 것이 없다. 그러나 너희 아홉 사람은 문장과 재주가 일취월장하여 훗날 아름다운 시문이 온 세상을 떠들썩하게 할 텐데 그것을 보지 못할 것 같아 슬픔을 금할 수가 없구나.[31]

---

30 이상구 역주, 위의 책, 104면/264면, "大君入, 則使妾等不離眼前, 作詩斥正, 第其高下, 用賞罰, 以爲勸奬之地, 其卓犖之氣像, 縱不及於大君, 而音律之淸雅, 句法之婉淑, 亦可以窺盛唐詩人之藩籬也."

31 이상구 역주, 위의 책, 131면/277면, "妾之微命, 死無足惜, 而九人之文章才華, 日就月長, 他日, 佳篇麗什, 聳動一世, 而妾不及見矣. 是以悲不能禁."

운영은 자신이 죽은 뒤 남은 궁녀들의 시문이 세상을 놀라게 할 것을 의심하지 않으며 그것을 못 보는 것이 슬프다고 한다. 운영은 자신과 궁녀들을 시인으로 여기고 있었던 것이다.[32] 운영은 김진사에게 보낸 편지에서도 '평생의 회한'을 털어놓으며 자신의 재능에 대한 자부, 사회적 인정에 대한 열망을 드러낸다.

앞에서 보았듯이 수성궁을 드나드는 빈객들의 시가 눈에 들어오지 않을 정도로 자신의 재능이 뛰어나다고 자부하는 운영은 남자로 태어나 입신양명하지 못하는 여자의 운명을 한탄하고 죽은 뒤에 알아주는 사람이 없을 것을 슬퍼한다. 이 말은 조선시대 재능을 가진 여성들이 자신들의 재능을 펼칠 기회를 갖지 못하고 역사에 이름을 남기지 못하는 것을 안타까워한 것을 연상시킨다.

<운영전>은 운영을 통해 안평대군 시절의 일과 운영과 김진사의 사랑에 대한 이야기를 하면서 여성의 재능에 대해 여러 차례 언급한다. 이는 운영뿐만 아니라 안평대군을 통해서도 여러 차례 언급된다. 작가는 여성의 재능이 남자와 다르지 않다는 것을 표현하고 싶었던 것으로 보이며 여성 서술자가 발화하게 함으로써 그 효과를 더하고 있는 것으로 보인다.

---

32 <운영전>에 등장하는 10명의 궁녀들은 실제로 시인으로 알려지기도 했던 것으로 보인다. 이능화의 『조선여속고』에는 사족의 첩으로 시를 잘 쓴 사람들에 "安平宮姬十人"을 포함시키고 <운영전> 속 궁녀들의 시를 싣고 있다. 여기에 실린 시와 국립중앙도서관본 <운영전>에 실린 시를 비교해보면 글자의 차이는 있으나 내용은 거의 동일하다. <운영전>에 나오는 궁녀들의 시가 따로 전해지면서 실제 안평대군의 궁녀들이 쓴 것으로 알려졌던 것으로 보인다. 이능화, 『조선여속고』, 민속원, 1995, 148~149면.

4. 전기소설에서의 욕망의 주체와 여성 서술자의 의의

지금까지 <운영전>의 여성 서술자인 운영이 들려주는 연애담을 통해 여성이 서술자의 위치를 확보함으로써 얻게 되는 몇 가지 국면을 살펴보았다. <운영전>에서의 여성 서술자의 존재는 여성 공간의 확보, 여성의 내면, 남녀의 정욕에 대한 여성의 욕망, 여성으로서의 자의식 표현 등 여성의 세계가 풍부하게 구현된 작품 세계를 창출해내게 했다. 그런데 여성 서술자의 목소리를 곧바로 작가의 목소리로 생각할 수 있을까? 운영도 김진사도 서술자의 위치에 서 있지만 이들 역시 작가의 조정을 받은 인물들로, 결국은 작가의 의도대로 움직이는 존재들이기 때문이다. 어떤 남성 작가가 여성이나 궁녀와 같은 사회적 약자의 목소리를 차용해서 이들의 이야기를 대변해주고 싶었을 수도 있지만, 궁극적으로는 남성 작가가 자신의 이야기를 하고 싶었던 것일 수도 있다. 따라서 운영이 보여주는 저와 같은 국면들도 사실 작가의 여성의식이 담보해낸 성과가 아닐 수도 있는 것이다.

여기서 다시 작가 안에 포섭된 서술자의 목소리와 작가의 목소리는 어떤 관련이 있는가 하는 문제와 아울러 서사의 결말이 어떻게 봉합되고 있는가를 다시 한번 검토해볼 필요가 있다. 여성의 현실이 구체적으로 재현되고 여성의 사랑에 대한 열정이 재현되었음에도 불구하고 궁극적으로 운영과 김진사의 이야기는 운영과 김진사의 죽음으로 봉합된다. 그리고 이들의 사랑에 감염된 유영도 명산을 두루 돌아다니다 생을 마친 것으로 작품 전체가 종결된다. 안평대군의 궁궐로 상징되는 봉건적이고 가부장적인 세계의 질서를 어기거나 그에 공감한 결과는 죽음밖에 없었던 것이다.

그런데 여기서 놓칠 수 없는 것은 그렇게 죽은 운영이 김진사와 함께 그들이 살던 세계로 돌아와 자신들의 이야기를 하고 그것을 책으로 남긴다는 점이다. 이는 스스로 봉합한 것을 풀고 자신들의 존재와 자신들의 사랑을 세상에 적극적으로 전하겠다는 의지의 표현이다. 그러므로 <운영전>은 죽음으로 봉합된 것이 아니라 봉합된 것을 푼 이야기이고, 이를 몽유록이라는 플롯을 통해 구현하고 있는 것이다.

여성 서술자의 등장은 비록 작가의 여성의식이 이루어낸 결과는 아니라 할지라도, 이전의 전기소설이 갖는 서사 문법의 남성 중심성을 강하게 뒤흔들었다는 점에서 주목하지 않을 수 없다. <강도몽유록>이 여성 인물들을 등장시켜 전형적인 남성 지식인의 장르였던 몽유록의 전통을 변용하여 보여주었듯이,[33] <운영전>도 여성 서술자의 등장을 통해 전기소설의 전통을 변용시켜 새로운 연애 서사를 보여주고 있는 것이다. 이러한 변용은 작가에게 여성, 특히 궁녀들이 처한 삶의 질곡에 대한 일정한 이해와 공감이 없었다면 불가능했을 것으로 생각된다. 설령 작가의 궁극적인 목적이 중세 봉건 제도의 모순을 드러내는 것이었다 해도 그 중심에 중세 질서에 의해 억압되고 있는 궁녀들의 욕망과 그 욕망에 모순되는 현실을 놓고, 그것을 여성의 입을 통해 말하게 했다는 점에서, <운영전>의 작가는 여성의 현실을 누구보다 핍진하게 드러내는 데 성공했기 때문이다.

만약 전적으로 김진사의 입을 통해서 이 이야기가 전달되었다면 운영은 분명 다르게 그려졌을 것이다. 유영이 김진사를 처음 만났을 때 김진사가 자신과 운영을 소개하는 말에서 그것을 짐작할 수 있다.

33 조혜란, 「<강도몽유록> 연구」, 『고소설연구』 11, 2000 참조.

> 제 성은 김가입니다. 10살 때 시문에 능통하여 학당에 이름이 났으며, 14살 때 진사 제2과에 급제하여 당시 사람들이 모두 저를 김진사라 불렀습니다. 저는 젊은 혈기와 호탕한 마음을 억제하지 못하고, 또 이 여자와의 연고 때문에 부모님께서 물려주신 육신으로 마침내 불효의 자식이 되어, 천지간에 한 죄인으로서 이름을 남기게 되었습니다. 그런데 어찌하여 굳이 제 이름을 알려고 하십니까?[34]

김진사는 유교적인 이념에 충실한 사대부로서, 젊은 혈기와 호탕한 마음을 억제하지 못하고 운영과의 연고로 불효자가 되었다는 말을 하면서 유교적인 관점에서 자신들의 사랑을 평가하고 있다. 김진사가 말하는 태도를 보면 운영은 김진사를 천지간의 한 죄인으로 만든 유혹자에 불과한 것으로 보인다. 이는 그 무엇에도 아랑곳하지 않고 처음부터 끝까지 사랑의 진정성을 믿고 후회하지 않는 운영과는 다른 면모이다. 따라서 김진사가 <운영전>의 서술자였다면 운영의 재현 양상이나 사랑의 내용은 지금의 <운영전>과는 달라졌을 것임을 짐작할 수 있다. 아마도 주생의 입장에서 서술된 <주생전>에서 배도나 선화가 재현되고 있는 양상과 크게 다르지 않았을 수도 있다. 따라서 여성 서술자를 내세운 <운영전>의 창작 방향은 여성 독자들의 공감을 얻을 수 있었던 것으로 보인다. <운영전>이 국문으로 번역되고, 많은 이본이 남아 있다는 사실은 <운영전>에서 드러나는 여성 욕망에 대한 여성들의 관심이 반영된 것으로도 볼 수 있다.

---

34 이상구 역주, 앞의 책, 100면/262~263면, "僕姓金, 年十歲能詩文, 有名學堂, 而年十四登進士第二科, 一時皆以金進士稱之. 僕以年少俠氣, 志意浩蕩, 不能自抑. 又以此女之故, 將父母之遺體, 竟作不孝之子, 天地間一罪人之名. 何用强知之."

<운영전>의 이러한 국면은 전기소설의 전개에서 어떤 의미를 갖는가? 기본적으로 전기소설은 남성 주인공의 연애담이다. 불우한 문사로 등장하거나, 이름 없는 집안 출신의 국학생으로 등장하거나 간에 전기소설의 시작은 남성 주인공이 여성 주인공을 만나는 것으로 시작한다. 전기소설에서 연애의 출발은 남성 주인공으로부터 비롯되며, 여성 주인공은 남성 주인공이 다가갔을 때 결코 거부하지 않고 이들을 연인으로 받아들인다. <이생규장전>의 최낭, <주생전>의 배도와 선화, <위경천전>의 소숙방을 보라. 이들은 처음에는 강한 거부의 몸짓을 보이지만 곧 순순히 상대 남성을 받아들인다. 주생이나 위경천이 선화나 소숙방에게 접근하는 방식은 폭력에 가까운 것임에도 결국은 크게 문제되지 않는 것이다.

이들은 언제라도 사랑을 할 태세가 되어 있는 준비된 연인인 셈이다. 그러나 이렇게 여성들의 행동 양상이 적극적으로 드러난다고 해서 이것을 곧 여성 주체의 가능성이나 여성 욕망에 대한 긍정으로 읽는 것에는 문제가 있다. 또 여성 주인공들이 발화하는 내용에 여성들의 자의식이나 여성들의 욕망이나 억압에 대한 불만이 드러나 있다고 해서 이것이 곧 여성 주체의 가능성이나 여성 욕망을 드러내는 것은 아니라는 점도 간과해서는 안 될 것이다.

전기소설의 여성 인물들은 남성 인물들의 필요에 의해 등장했다가 곧 사라져버리거나, 필요하면 귀신의 모습으로 등장하여 남성의 성적 욕구를 채워주는 존재들인 경우가 대부분이다. <쌍녀분>의 두 여성이 그러하고 <만복사저포기>, <주생전>의 여성 인물이 그러하다. 대체로 전기소설에서 남성 주인공과 여성의 만남은 상호 대등한 인격적 주체들의 만남이라고 보기 어려운 점이 많다. 앞서도 지적했듯이 욕망의 주체는 남성 주인공인 것이다. 여성은 필요에 따라 움직이는, 그런 중에 언뜻 자신의 욕망을 한 번씩 내비치기도 하는 타자일 뿐이다. 이때 여성이 내보이는 욕망도 철저히 남성 주인공을 향해 있다. 물론 작품에 따라서 편차는 분명 존재한다. 앞서 예로 든 <주생전>의 경우 배도에 대한 주생의 배신, 선화에 대한 주체할 수 없는 욕망 등은 주생을 중심으로 서술되어 있다. 이는 <주생전>이 주생에게서 들은 이야기를 바탕으로 쓰여졌다는 점과 무관하지 않을 것이다. 이에 비하면 <운영전>은 여성 서술자의 등장을 통해 욕망의 대상으로 존재했던 전기소설 속의 여성 인물을 주체의 모습으로 재현하고 있다. 뿐만 아니라 여성 시인으로서의 재능에 대한 자부와 인정에 대한 열망을 드러내고 있다. 이는 <운영전>이 여성 서술자를 내세워서 얻은 성취의 일단이라 할 수 있다.

5. 여성 서술자가 확보한 서사 공간의 의미

<운영전>이 갖는 의미는 중층적이다. 운영을 비롯한 궁녀들은 현실의 억압을 느끼고 이에 대해 불만을 가지거나, 자신들이 처한 현실에서 벗어날 수 있기를 열망한다. 안평대군의 입장에서 보면 이는 자신이 애지중지하던 궁녀들에게 배신당하는 이야기가 될 것이다. 그러나 작가는 안평대군의 입장이 아니라 운영의 입장에서 이야기하게 한다. 자신을 농락한 특의 말로와 자신의 죽음에 대한 내용이 주를 이루는 김진사의 이야기도 주인인 김진사가 종인 특에게 배반당하는 이야기다. 운영과 특은 동일한 층위에서 다룰 수는 없지만 주인을 거역하거나 배반한 인물들이다. 김진사도 안평대군과의 관계에서 볼 때는 안평대군을

배반한 인물이다. 운영과 김진사가 안평대군을 거역하거나 배반한 것은 사랑 때문이고 특이 김진사를 배반하는 것은 재물 때문이다. 이같은 플롯이 나오게 된 것은 전란 이후의 사회적 동요, 개인의 욕망을 긍정한 명말청초의 사상과 관련이 있을 것으로 보인다.

<운영전>의 작가는 특히 가부장제 사회에서 하위에 있는 여성, 그 중에서도 궁녀를 서술자로 내세워서 여성의 욕망이 안평대군으로 상징되는 가부장적 권위와 충돌하는 것을 섬세하게 그려 그 모순을 드러냈다. 그런데 안평대군은 운영을 비롯한 궁녀들에게 권위 그 자체로 억압적인 존재이기도 하지만 동시에 이들을 가르쳐 자신들의 재능을 확인하고 자신들의 생각을 표현할 수 있는 언어를 준 인물이다. 따라서 단순히 중세적 권력, 봉건 권력을 표상하는 인물로만 볼 수 없다. 하지만 안평대군을 제외한 다른 인물들, 이들의 사랑에 깊이 공감했던 유영까지 모두 죽게 했다는 점에서 기존의 권위는 그대로 유지되는 것처럼 보인다. 그러나 그것이 작가의 의도는 아니었던 것으로 보인다. 비록 죽은 이후지만 운영과 김진사가 나타나 자신들의 이야기를 세상에 전하고 또 이를 책으로 남기는 것으로 플롯이 진행되기 때문이다.

<운영전>의 각별한 의미는 무엇보다도 여성 서술자를 내세워 여성의 입으로 사랑과 욕망을 이야기하게 했다는 점이다. 이로써 <운영전>은 여성의 공간, 여성의 내면, 남녀의 정욕에 대한 여성의 솔직한 태도, 여성으로서의 자의식 표현, 재능에 대한 자부 등 여성의 세계가 풍부하게 구현된 작품 세계를 창출해낸 것으로 보인다. <운영전>에서 여성의 공간은 더 이상 남성들이 엿보는 공간이 아니라 여성들이 주체가 되어 움직이는 공간이며, 여성들의 내면세계도 남성의 욕망에 의해 투사된 것이 아니라 여성 자신들의 욕망이 드러나는 곳으로 묘사된다.

이는 여성 서술자의 존재가 여성을 중심으로 서술하는 시각을 확보해 주었기 때문에 가능했던 것으로 보인다. 이는 동시대의 작품인 <주생전>이나 <위경천전>이 비슷한 연애 주제를 다루고 있지만 남성 중심의 연애 욕망을 드러내고 있는 것과 대조를 이루는 특징적 면모이며, 우리가 <운영전>을 주시해야 하는 이유이기도 하다.

<운영전>의 이 같은 특성이 어디에서 유래한 것인가는 전란 이후 동요하는 사회 속에서 억압된 열망들이 어떻게 형식화되었는가 하는 문제와 17세기의 사상적 변모 및 소설사적 추이와 관련하여 다시 다루어져야 할 문제이다. 그러나 여성 서술자의 등장은 주변적인 목소리였던 궁녀 즉 여성의 목소리만을 빌려온 것만이 아니라, 이를 통해 전기 장르의 관습을 흔들며 사랑에 대한 욕망뿐만 아니라 사회적 인정에 대한 여성의 열망을 전면화해서 보여주고 있다는 점에서 그 의의를 찾을 수 있다. 아울러 여타의 전기소설이 갖는 남성 중심적 성격과 대비되는 지점을 드러내준다는 점에서도 그 의의를 갖는다고 하겠다.

제4장

사랑의 양식화로서의 전기소설의 플롯

1. 사랑의 양식화와 전기소설

사랑은 섹슈얼리티와 감성의 영역이자 인간관계와 사회관계를 반영하는 영역이며 자본과 권력이 작동하는 장이다. 또한 문학과 예술의 가장 중요하고도 오래된 소재 중 하나이다. 사랑은 현대에 이르러 자본주의의 또 다른 표현으로, 또 남녀 불평등이 전개되는 격전지로 이해되면서 탈신비화의 과정을 걷고 있지만 사랑의 이상화는 지금도 계속되고 있다. 전근대 사회의 사랑이라고 해서 물질적 조건과 무관하지 않거나 남녀 불평등의 문제가 없었던 것이 아니다. 전근대 사회에서 양반들의 결혼은 가문 간의 이해관계 속에서 이루어지는 결연 또는 교환에 가까웠다. 자유로운 만남, 사랑을 통한 혼인은 불가능했다. 자유로운 만남이나 사랑을 통한 결혼은 유교적 예속에 상대적으로 자유로운 위치에 있는 하층 신분의 사람들에게 가능했다.[1] 물론 여기에도 이해관계가 개입되지 않는 것은 아니었다. 사랑과 성은 또한 남녀에 따라 다른 규범이 작동했다. 양반 남성들의 경우, 기녀들을 만나거나 첩을 들일 수 있었기 때문에 여성들에 비해 사랑과 성에 있어 자유를 누릴 수 있었다. 그러나 그것은 가문이나 사회의 인정을 받거나 결혼으로 이어질 수는 없는 것이었고, 이런 기회를 갖기 위해서는 일정한 물질적 기반을 갖추어야 했다. 규방 여성들에게는 그러한 기회가 원천적으로 차단되어 있었을 뿐더러 정절이 강요되었다는 점에서 여성들은 더욱 불평등한 조건에 놓여 있었다. 따라서 전기소설에서 발견되는 사랑에 빠진 개인은 가족이나 가문, 국가가 개인보다 앞섰던 전근대 사회에서 종종 가족이나 국가 권력과 대립되는 상황에 놓일 수밖에 없었다.

전근대 사회의 연애 서사는 종종 당대의 성과 결혼의 관습에서 벗어나거나 대립되는 면모를 보이기 때문에 그 자체가 개인의 인권과 자유를 보여주는 지표로 이해되거나 개인을 발견하는 계기를 보여주는 것으로 이해되었다. 또 신분이 다른 남녀 주인공이 사랑에 빠졌을 때 일시적으로 신분 차이를 넘어 평등한 모습도 보이기 때문에 사랑은 평등의 지표로, 당대의 가치를 전복하는 것으로 받아들여지기도 했다. 따라서 고전문학 연구자들은 전근대 사회의 연애 서사를 주목하고 그 의미를 적극적으로 평가해왔다.[2] 물론 전근대 사회의 연애 서사를 대표하

1 그렇다고 해서 양반 가문의 부부 사이에 사랑이 없었다는 것은 아니다. 여기서 말하는 것은 결혼 과정이다. 애정전기소설에서 만남의 과정이 왜 그렇게 중요하게 다루어지는지 생각해 보면 당시 결혼에서 무엇을 가장 문제시했는가를 알 수 있다.

2 강상순은 근대 이전의 남녀 간의 자발적이고 충동적인 사랑이 갖는 전복적인 성격을 인정하면서 동시에 지나친 해석을 경계한다. 그는 「나말여초 전기에 형상화된 사랑의

는 전기소설에 재현된 사랑이 역사적 실제를 반영한 것으로 보기는 어렵다.[3] 그러나 소설 속 인물이 어떤 사랑을 기대하고 실천하는가는 소설이 생산된 사회의 사랑의 관행, 욕망, 욕망의 표현 방식, 규범을 반영한다. 따라서 연애 서사에 재현된 사랑의 양식에 대해 주목하고 분석할 필요가 있다.

사랑은 정염의 일부이고 개인과 개인의 관계라는 점에서 사적인 영역으로 간주되기도 하지만 실은 그 사회의 제도와 규범, 정치와 경제가 첨예하게 연결된 영역이다. 따라서 사랑하는 방식은 그 사람이 누구인가를 보여줄 뿐만 아니라 그 사람이 속한 사회가 어떤 사회인가를 보여준다. 누구를 어떻게 사랑하는가의 문제는 인간 존재뿐만 아니라 사회를 이해하는 핵심이며, 한 개인의 사랑의 방향과 방법, 나아가 그 한계를 제한하는 것은 한 시대를 규정하는 사회적 규범과 긴밀하게 연관되어 있다.[4] 이렇듯 사랑은 인간의 정체성뿐 아니라 한 사회의 정체성을 해명하는 데에도 결정적인 단서를 제공한다. 조선시대의 사랑이 어떻게 실천되고 사랑의 담론이 어떠했는가를 이해하고자 한다면 문학 작품, 그중에서도 서사를 주목할 필요가 있다. 문학 작품은 사랑에 대

형식과 그 역사적 의미」에서 '자발적인 사랑=근대적인 것'이라는 등식은, 모든 문명에 항상적으로 존재했던 사랑의 열정을 근대를 향한 지향처럼 과잉해석하게 만들며, 근대 사회에서조차 진정으로 자발적이고 돌발적인 사랑은 법과 도덕에 의해 억압될 수밖에 없다는 점을 간과하게 만든다고 지적한다. 『한국고전소설과 정신분석학』, 고려대학교 민족문화연구원, 2016, 278면.

3 서지영은 소설 속 사랑의 형상들은 역사적 실제라기보다는 허구적으로 재현된 판타지 형식에 가까운 것으로 당시 현실에서 실현되기 어려운 욕망의 대리충족 서사로 볼 수 있다고 했다. 서지영, 『역사에 사랑을 묻다: 한국문화와 사랑의 계보학』, 이숲, 2011, 45면.

4 이현재, 「포스트모던적 로맨스 주체: 줄타기와 저글링」, 『여/성이론』 28, 여이연, 2013, 10~11면.

한 가장 풍부한 보고서로 사랑에 대한 담론을 이해하는 데 있어서 가장 중요한 분석 대상이다. 특히 그 자체가 사랑 담론이기도 한 사랑의 서사는 조선 사회에서 개인이 어떤 욕망을 가지고 있었으며 어떤 관계를 원했는지, 사랑을 둘러싼 문화는 물론 사회를 해명하는 중요한 단서가 될 것이다.

사랑의 서사를 다룬 연구들은 사랑이 역사성과 사회성을 강하게 드러낸다는 점을 강조해왔다. 애정소설에 나타난 사랑의 문제는 사회적 갈등이 객관적인 형태로 형상화되기 힘들었던 강압적인 중세 사회에 대한 문제 제기적인 성격을 갖는다는 것이다. 그렇기 때문에 사랑을 다룬 소설은 다른 유형의 소설들에 비해 탁월한 소설적 형상성을 얻어낼 수 있었을 뿐만 아니라 사회 문제를 가장 현실적으로 반영할 수 있었으며 조선시대 소설사의 흐름에서 가장 핵심적인 위치에 있는 것[5]으로 평가되었다.

전기소설은 조선 전기 소화나 필기에서 웃음이나 조롱의 대상이던 사랑을 진지하게 다루면서 사랑의 과정과 결말을 양식화했다는 점에서 중요한 의미를 갖는다. 재자가인, 즉 재주 있는 남자와 아름다운 여성을 주인공으로 한 전기소설은 시대와 지역에 따른 편차를 보여주지만 동아시아 한자문화권이 공유한 사랑의 서사였다. 전기소설에서 발견되는 공통된 플롯은 17세기 이후 <구운몽>, <숙향전>을 비롯해서 국문 장편소설에 수용되면서 전기소설이 보여준 사랑의 이상을 재생산했다.

전기소설이 보여준 사랑의 양식화는 서구 중세시대의 궁정식 사랑

---

5 박일용, 『조선시대의 애정소설』, 집문당, 2000, 14면.

과 견줄 만하다. 주지하듯 궁정식 사랑은 12세기 무렵에 서구에서 양식화된 사랑의 형태를 말한다. 흔히 귀부인과 미혼의 기사의 사랑으로 일컬어지는 궁정식 사랑은 음유시인(트루바두르)들이 부른 사랑의 이야기였다. <트리스탄과 이졸데>에서 보듯이 이졸데는 마크 왕과 결혼한 상태로 이졸데와 트리스탄의 사랑은 간통이다. 따라서 궁정식 사랑은 간통이 귀족들 사이에서 가장 고귀한 사랑의 형태로 이상화된 것이라 할 수 있다.[6] 문화사가인 호이징가는 음유시인들이 노래한 궁정식 사랑의 양식을 중세 정신의 중요한 전환점으로 평가했다. 그에 의하면, 음유시인들이 채울 길 없는 갈망을 사랑이라는 시적 개념의 한가운데 놓았을 때 중세 정신은 중요한 한 전환점에 도달했으며, 궁정식 사랑을 통해 관능적 사랑과의 밀접한 관계를 거부하지 않으면서도 윤리적 열망을 흡수할 수 있는 에로틱한 이상이 만들어졌다. 그 관능적 사랑으로부터 여성 숭배가 나오고 사랑은 미학적이면서도 윤리적인 것이 완성되는 장이 되었다. 그리고 궁정식 사랑을 하는 사람은 그 사랑으로 인해 덕스럽고 순결해졌다.[7] 이처럼 사랑에 하나의 양식을 부여하는 것은 그 의례적 표현과 영웅적 표현을 더하면서 아름다운 삶에의 열망을 최고로 구현하는 것이었다.[8] 궁정식 사랑에 대한 호이징가의 논의는 사랑이라는 정염이 양식화되면서 문화의 일부가 되는 과정을 보여준다. 그렇다면 궁정식 사랑은 어떻게 양식화되었는가? 어떤 플롯을 가졌는가?

12세기 유럽의 음유시인들이 노래한 불행한 사랑과 그를 둘러싼 열광은 로맨스로 정형화되었다. 음유시인들이 노래한 사랑은 결혼을 벗

---

6 스테파니 쿤츠, 『진화하는 결혼』, 김승욱 옮김, 작가정신, 2009, 39면.
7 요한 호이징가, 『중세의 가을』, 최홍숙 옮김, 문학과지성사, 1988, 131면.
8 요한 호이징가, 위의 책, 132면.

어나 이루어지는 사랑이지만 동시에 정숙한 사랑이며 신하의 도리를 다하는 사랑(domnei, donnoi)이다. 음유시인은 자신의 아름다운 노래를 바치고 그의 귀부인(dame)을 얻는다. 귀부인은 사랑의 약속으로 시인이기도 한 기사를 일으켜 세우며 이마에 입을 맞춘 뒤 반지를 하사한다. 기사와 귀부인, 이들 연인은 궁정식 사랑의 양식의 주인공들이다. 이 사랑의 규범에서는 남자는 여성을 섬기고, 여성은 거절한다. 따라서 궁정식 사랑은 여성 숭배, 보상에의 희망을 포기한 숭배를 의미하기도 한다. 이로부터 사랑의 이상화, 보상 없는 사랑의 순수함이라는 관념이 만들어졌다. 아랍의 문화와 시와 철학으로부터 영향을 받은 12세기 서구의 궁정식 사랑은 농노 계급이나 중산 계급의 야만성을 떨쳐 버릴 수 있는 품위와 감수성이었으며, 떠오르는 세력이었던 귀족 계급만이 도달할 수 있는 탁월한 미덕이자 열정이었다.[9] 궁정식 사랑에서 볼 수 있는 낭만적 사랑은 귀족들의 관심사였으며 여성 숭배나 여성의 이상화가 당시 여성의 지위가 높았다는 것을 보여주는 것은 아니었다.[10] 기사도는 종속적인 여성에게 어느 정도 체면을 세워주는 유희적 보상이며 여성의 사회적 지위의 부당함을 일시적으로 완화해주지만, 동시에 그 부당함을 위장해주는 기술이었기 때문이다.[11] 따라서 로맨스에서 기인한 낭만적 사랑은 사랑이라는 권력관계에 의해 병적으로 타락한 사랑, 그래서 성적 계급 제도를 강화시키는 사랑[12]이라는 비판에 직면했

---

9 재크린 살스비, 『낭만적 사랑과 사회』, 박찬길 옮김, 민음사, 1985, 43면.

10 재크린 살스비, 위의 책, 58~60면.

11 케이트 밀렛, 앞의 책, 93면. 케이트 밀렛은 궁정식 사랑과 낭만적 사랑이라는 관념으로 인해 서구 가부장제는 어느 정도 약화된 모습으로 나타나지만 그 영향은 지나치게 과대평가된 것으로 보았다.

12 슐라미스 파이어스톤, 『성의 변증법』, 김민예숙/유숙열 옮김, 꾸리에, 2016, 213면.

다.[13] 서구에서 궁정식 사랑의 서사인 로맨스가 유행하던 시대에 동아시아에서는 전기가 유행했다. 전기소설은 중국 당나라 때 문인 지식층에 의해 창작된 사랑의 서사이다. 궁정식 사랑을 노래한 작가층이 음유시인들이었다면 전기의 작가층은 문사들이었다. 그러나 전기는 문사들이 자기만족을 위해 짓고 혼자서 감상하는 서사물이 아니라 여러 사람에게 보이고 공감을 얻기 위해 쓴 서사였다.[14] 이는 전기라는 양식이 만들어지게 된 계기와 관련이 있다. 과거를 준비 중인 문사들은 자신들의 이름과 재능을 알리기 위해 시험관이나 유명인사에게 글을 지어 보냈는데 이를 행권(行卷)이라고 했다. 전기도 문사들이 행권을 위해 쓴 글의 하나였다. 행권이 문사들 사이에서 되풀이 창작되고 여러 사람들이 돌려 읽는 행위가 반복되면서 과거시험을 매개로 한 당대의 기존 권력층과 예비 권력층 사이에서는 일종의 문화적 공동체 의식이 생겨나고 전기에는 이들의 공유된 욕망과 사고의 형태가 반영되었을 가능성이 높다. 따라서 전기는 당대의 권력층 전체의 욕망이 투사된 권력의 서사라고도 할 수 있다.[15] 이처럼 권력층의 욕망이 투사된 서사였기 때문에 전기소설은 당대 사회의 성과 결혼 관념에서 이탈한 위반의 서사

---

13 파이어스톤은 사랑이 복잡해지고 타락하게 된 것은 불평등한 권력 관계에서 비롯된 것으로 본다. "사랑의 파괴적 결과는 불평등한 관계에서만 생긴다. 그러나 성적 불평등은 끊임없이 계속되어 왔기 때문에 -그 정도가 달랐다 하더라도- 타락한 '낭만적' 사랑이 남녀 간의 사랑의 특징이 되었다"고 했다. 파이어스톤은 이러한 불평등한 조건 속에서 사랑에 빠진다는 것은 이상화, 신비화, 찬사를 통해 여성의 계급적 열등감을 무화시키는 남성의 시각이 교차하는 과정이라고 보았다. 슐라미스 파이어스톤, 위의 책, 188~191면. 이에 대해 페미니스트들의 낭만적 사랑에 대한 문제 제기에 동의하는 한편, 이들이 사랑이 갖는 평등주의적 속성에 주목하지 않았다는 비판이 나왔다.

14 최진아, 「傳奇로 읽은 唐代 남성의 욕망: 愛情類 傳奇를 중심으로」, 『중국소설논총』 14, 2001, 21면.

15 최진아, 위의 글, 21면.

이면서도 당대의 통념을 크게 벗어나지 못했던 것으로 보인다.

궁정식 사랑을 다룬 로맨스의 남녀 주인공과 전기소설의 남녀 주인공은 기사와 귀부인, 재자와 가인으로 정형화되어 있지만 사랑을 하는 모습은 다르게 재현되어 있다. 여기서 로맨스와 전기를 일일이 대비하지는 않았다. 그러나 전기에서 여성 주인공은 때때로 귀신의 형상으로 등장하고, 산문 서사지만 시가 중요한 역할을 한다는 점에서 차이가 있으며, 로맨스나 전기나 사랑의 주체가 남성이라는 점에서는 차이가 없다는 것을 알 수 있다.

2. 전기소설이 양식화한 사랑의 플롯

전기소설을 여타의 서사 장르와 비교했을 때 두드러진 차이는 사랑의 재현 방식이라 할 수 있다. 전기소설은 사랑에 빠진 인물이나 사랑을 대하는 태도, 사랑의 결말을 재현하는 데 있어 그 자체의 특징적인 면모를 갖는다. 따라서 전기소설이 사랑을 재현하는 방식은 서사 문법, 사랑의 형식화 등으로 명명되면서 그 특징들이 다루어졌다. 전기소설의 서사 문법은 전기소설이라는 장르를 특징짓는 일반적 관습이나 준칙[16]을 의미하는 말로 사용되었다. 예를 들면 전기소설의 주인공은 고독감, 내면성, 충동성, 소극성, 강한 문예 취향 등을 갖는다는 것이 전기소설의 서사 문법이라 할 수 있다.[17] 사랑의 역사를 정리한 연구에서

---

16 박희병, 『한국전기소설의 미학』, 돌베개, 1997, 46면.
17 박희병, 위의 책, 50~74면.

는 조선 전·중기 소설에 나타난 사랑의 플롯을 군자와 요조숙녀, 혹은 재자가인이 만나 사랑에 빠지고 종국적으로 혼인의 예를 갖추어 부부가 되는 것으로 정리했다. 그리고 전기소설에 재현된 사랑이 남녀의 우연한 만남과 자발적인 성애의 모습으로 나타나는 것은 제도적 규범보다 인간의 자연적 본성과 욕망을 더 우선시하는 것[18]을 보여준다고 했다. 여기서 조선 전·중기 소설은 주로 전기소설을 의미한다. 나말여초의 전기에 형상화된 사랑의 형식을 다룬 연구는 전기소설이 전근대 사회에서 사랑에 대한 관념이나 사랑의 구체적 형식들이 역사적으로 어떻게 변화해나가는지를 추적하는 데 매우 의미 있는 양식이라고 평가하고 사랑의 구체적인 양상, 즉 남녀 간의 사랑이 발생하는 계기, 그것이 발전하는 방식, 그 과정에서 인물들이 보이는 행동 양식들을 검토했다.[19] 이 연구들은 전기소설이 사랑을 어떻게 양식화하고 있는가에 주목했다는 점에서 이 장에서 다루고자 하는 사랑의 양식화와 일부 겹치는 부분이 있다. 이 장에서는 앞서의 논의에서 밝힌 사랑의 서사가 갖는 특징들을 고려하면서 전기소설에서는 사랑을 어떻게 이해하고, 사랑의 플롯을 어떻게 구성하고 있는지, 그리고 그것은 당대 사랑의 담론과 어떤 관계에 있는지 그 역사적 의미를 살피고자 한다.

<김현감호>, <수삽석남>, <지귀> 등은 만남, 장애, 이별 혹은 죽음 등으로 이어지는 플롯을 갖는다. 그러나 만남의 과정에서 감정을 소통하거나 상호적으로 사랑하는 모습이 구체적으로 잘 드러나지 않는다. 이는 조선시대 이전에 창작된 전기소설의 특징으로도 보인다. 이에 비

18 서지영, 『역사에 사랑을 묻다: 한국문화와 사랑의 계보학』, 이숲, 2011, 45면.
19 강상순, 앞의 책, 278~281면.

해 조선 전기에 창작된 전기소설은 만남의 과정에서 편지나 시를 통해 감정을 소통하거나[20] 상호적인 사랑을 추구하는 모습을 드러낸다. 그 대표적인 것이 <이생규장전>이다. 김시습은 <만복사저포기>, <이생규장전>, <취유부벽정기>를 통해 사랑에 일정한 형식을 부여했다. 이 작품들의 공통점은 남녀 주인공의 자발적인 만남, 시문을 통한 감정의 소통, 죽음으로 이어진다는 점이다. 이 가운데 <만복사저포기>, <이생규장전>은 사랑과 성을 연결시키고, <취유부벽정기>는 사랑과 성을 연결하지 않았다. <이생규장전>은 사랑과 성과 결혼을 연결시켰다. 이러한 차이들을 고려하면서 <이생규장전>, <만복사저포기>, <취유부벽정기>에서 사랑의 양식화가 어떻게 이루어졌는가를 보고자 한다.

<이생규장전>을 중심으로 한 전기소설에서 볼 수 있는 사랑의 양식화는 남녀 주인공으로 재능 있는 문인과 아름다운 여성이 등장하며, 이들은 시문의 교환을 통해 상호적인 감정을 소통하고, 만난 뒤에는 성적인 관계를 맺으며 궁극적으로는 결혼을 추구하는 것이다.

전기소설이 양식화한 사랑의 첫 번째 특징은 남녀 주인공이 서로의 마음을 확인하고 술자리를 가지거나 시를 주고받은 뒤에 관계를 맺는다는 것이다. 전기소설은 시를 통해 인물의 내면 심리를 표현하는 경우가 많기 때문에 시는 전기소설에서 중요한 서사적 기능을 갖는다. 뿐만 아니라 시는 인물의 재능을 드러내는 기능을 한다. 그런데 <이생규장전>, <만복저포기>, <취유부벽정기>에는 남성 인물만이 시적 재능이 있는 것이 아니라 여성 인물도 뛰어난 시적 재능을 가진 것으로 설

20 이런 관점에서 보면 <최치원>은 애매한 위치에 놓이게 된다. <최치원>은 <김현감호>, <수삽석남>, <지귀> 등과 비교할 때 시를 통한 감정의 소통 면에서 두드러진 차이를 보이기 때문이다.

정되어 있다. 따라서 남녀 주인공이 시나 문장을 통해 서로의 감정을 소통하는 것이 가능하다. <이생규장전>에서 담장 안을 엿본 이생은 최낭이 읊조리는 시를 듣고는 가만히 있지 못하고 화답하는 시를 세 수나 써서 보낸다. 그리고 밤에 오라는 글귀를 받는다. 이때 두 남녀가 주고받은 시는 만나고 싶다는 강력한 전언, 유혹을 담고 있다. 이생의 시에 들어 있는 양왕과 무산 신녀, 사마상여와 탁문군의 고사는 결혼 제도 밖의 사랑이나 성을 합리화하는 데 늘 동원되는 고사들이다. 이처럼 사랑의 감정은 고사나 시를 통해 간접적으로 표현되는데 최낭은 이 시를 듣고 바로 그 뜻을 이해한다. 이처럼 전기소설의 인물들에게 필요한 것은 자신의 감정을 전달할 시를 쓸 수 있는 능력과 그것을 알아볼 수 있는 교양이다. 이생이 최낭을 따라 방으로 들어갔을 때 이생의 눈에 들어온 것은 문방구와 책상, 벽에 걸려 있는 시들이다. 그리고 누가 지은 시인지 알 수 없는 여섯 편의 시가 소개된다. 이 중 네 편은 그림에 쓴 시들, 제화시(題畫詩)들이다. 최낭이 있는 누각의 한 방은 시문에 둘러싸여 있으며 작가는 시 하나하나를 소개한다. 이러한 설정은 작가의 시적 재능을 발휘하기 위한 것으로 볼 수도 있다. 그러나 작가가 하필 여자의 방을 묘사하면서 벽에 걸린 시들을 보여주는 것은 여성 인물의 문화적 취향과 교양이라는 자질을 부여하기 위한 것으로 보인다.

<만복사저포기>에서도 양생이 만난 여성뿐만 아니라 이웃한 여성들도 시를 잘 짓는 것으로 나온다. "이들은 모두 귀하고 높은 집안의 사람들로 여자와 이웃한 친척이며 결혼을 하지 않은 처녀들"이며 "모두 성품이 온화하고 모습이 빼어났다. 또 총명하여 글자를 알고 시를 지을 줄 알아서 모두 칠언시 한 편을 주어 이별의 정표로 주었다."[21] 양생은 이들이 시를 읊는 것을 듣고 그 시 짓는 법이 맑고 고상하고 읊는

소리 또한 맑게 울리는 것에 감탄을 금치 못한다. 그리고 양생은 시를 지어 찬탄한다.

꽃 같은 얼굴은 어찌 이리 어여쁘며	花顏何婥妁
붉은 입술은 앵두 같은가	絳唇似櫻珠
시 짓는 솜씨는 더욱 절묘하니	風騷又巧妙
이안(易安)은 입도 열지 못하리	易安當含糊[22]

이안은 시문에 뛰어났던 송나라 여성 시인 이청조를 말한다.

<취유부벽정기>는 남녀 주인공이 만나서 한 일이 시를 주고받은 것이 전부라고 할 만한 작품이다. 남자 주인공 홍생이 홀로 시를 지어 읊었더니 이 시를 듣고 감동한 여자가 나타난다. 여자는 홍생에게 다시 한번 시를 들려달라고 한 뒤 화답시를 써준다. 시를 본 홍생이 여자에게 성씨를 묻자 여자는 자신이 은왕의 후예 기씨라고 밝힌다. 홍생은 왕손을 만난 것에 감격하고 여자의 시를 외운 뒤 '가을밤에 강가 정자에서 달을 구경하다'라는 제목으로 다시 시를 써서 가르쳐달라고 한다. 홍생의 부탁을 받은 기씨가 시를 쓰는 장면을 김시습은 "고개를 끄덕이고 붓을 적셔 단번에 써 내려가니 구름과 안개가 부딪쳐 뭉글뭉글 피어나는 것 같았다"[23]고 묘사한다. 시를 다 쓴 뒤 기씨는 붓을 던지고 공중으로 사라진다. 홍생과 기씨는 헤어진 뒤에 자신의 감정을 표현하고 사랑을 느낀다. 여자는 떠난 뒤 여종을 시켜 이야기를 다 못 해서

---

21 김시습, 『금오신화』, 김경미 옮김, 펭귄클래식코리아, 2009, 15면.
22 김시습, 위의 책, 21면.
23 김시습, 위의 책, 62면.

슬프다고 하고 홍생도 정회를 다 펴지 못한 것을 몹시 아쉬워한다. 홍생은 쓸쓸함을 견디지 못하고 계속 여자를 그리워하다 결국 병을 얻어 세상을 떠난다.

전기소설에서 시를 짓는 재능은 여성 주인공의 중요한 자질이다. 남녀 주인공이 감정을 소통하고 사랑을 표현하는 것도 시를 통해서 이루어진다. 이는 문사인 남성 인물에 걸맞게 시문에 대한 교양을 가진 여성 인물을 등장시켜 서로의 감정을 교환하며 사랑의 감정을 발전시켜 나가는 과정을 보여준 것[24]이라 할 수 있다. 김시습은 재자가인의 만남에 중요한 것은 시를 짓고 알아보는 능력이며 이는 상호적인 만남에 중요한 요소라고 본 것이다. 시문을 쓰는 여성 인물은 17세기 전기소설인 <운영전>, <최척전>, <주생전>뿐만 아니라 <구운몽> 같은 규방소설에서도 볼 수 있다.[25] 그러나 <주생전>의 경우, 주생과 선화는 시를 통해 직접 감정을 소통하는 과정이 없이 주생이 일방적으로 선화의 공간으로 들어간다. 주생의 행동이 일방적이고 폭력적인 것은 이러한 과정이 생략된 것을 통해서도 드러난다. <구운몽>의 진채봉과 양소유가 만나는 부분은 <이생규장전>의 남녀 주인공이 시를 계기로 만나는 것과 유사한데, 양소유는 진채봉의 글을 보고 맑고 새로우며 완곡하다고 감탄하며 옛날 시를 잘 쓰던 왕우승이나 최학사보다 낫다고 칭찬한다. 또 다른 인물인 정경패와 난양공주도 태후로부터 여자 이태백과 조자건이라는 칭찬을 듣는다. <사씨남정기>에서도 유연수와 사정옥이 혼인하기 전 사정옥에게 '관음찬'을 짓게 하는데 문장을 쓸 줄 아는 것

24 박희병, 앞의 책.

25 박희병, 「한문소설과 국문소설의 관련 양상」, 『한국한문학연구』 22, 1998, 15~19면; 정길수, 「전기소설의 전통과 「구운몽」」, 『한국한문학연구』 30, 2002.

을 여자의 중요한 자질로 생각했음을 보여준다.

<김현감호>나 <수삽석남>과 달리 <이생규장전>에는 남녀 주인공이 시를 주고받으며 사랑을 확인하는 과정이 확장되어 있다. 일연이 신도징이 여자와 시를 주고받으며 여자의 총명함과 똑똑함에 놀라 청혼하는 대목을 생략한 것과 비교하면 <이생규장전>은 확실히 만남의 과정과 여성 인물의 시적 재능과 교양을 중시했음을 알 수 있다. 물론 술을 마시며 시를 주고받는 이러한 과정이 당시의 현실을 반영한 것이라고 보기는 어렵다. 이는 김시습이 이상화한 사랑의 양식이라 할 수 있다. 즉 사랑이란 시를 주고받으며 감정이나 생각을 소통하는 것이 우선이라 생각한 것이다. 이 관계는 결혼으로 이어지거나, 이어지지 못하더라도 죽을 때까지 의리를 지키는 관계로 재현된다.

전기소설이 양식화한 사랑의 두 번째 특징은 사랑과 성과 결혼의 연결이다. 전기소설의 사랑은 <취유부벽정기>를 제외하면 대부분 사랑과 성이 연결되어 있다. <이생규장전>의 경우, 이생과 최낭의 관계는 결혼으로 이어지며, <주생전>의 주생과 선화도 결혼으로 이어진다. 이 둘과는 다소 다른 설정이지만 <운영전>의 운영과 김진사는 비록 이루지는 못하지만 함께 달아나기로 약속한다. 이처럼 전기소설의 주인공들은 사랑과 결혼이 이어지기를 바라며 사랑이 이루어지지 못할 때는 죽음도 불사한다.

> 제가 버들같이 약한 몸으로 버림받을 것을 생각하지 못하고 길가의 이슬이 옷에 젖듯이 절개를 지키지 못했으니 주위 사람들의 비웃음을 받게 되겠지요. 덤불이 나무에 의탁하듯 창부의 행실을 하였으니 죄가 이미 가득 찼고 집안에도 누를 끼쳤습니다. 그러나 저 고

> 약한 남자는 나와 한 번 사랑을 나눈 뒤로 교동처럼 원망스러운 일만 하고 갔습니다. 보잘것없이 약한 몸으로 근심을 견디며 홀로 지내자니 그리운 마음이 나날이 깊어지고 병은 나날이 심해져서 죽을 지경에 이르러 궁한 귀신이 돼버릴 것 같습니다. 부모님께서 내 소원을 들어주신다면 남아 있는 목숨을 보전하고, 만약 사랑하는 마음을 어기게 하신다면 죽을 뿐 이생과 더불어 황천에서 다시 만나 노닐지언정 맹세코 다른 집에는 가지 않겠습니다.[26]

위 예문은 최낭이 부모에게 이생과의 일을 털어놓는 대목으로 『시경』의 구절들이 많이 인용되고 있다. 여기서 최낭은 절개를 지키지 못해 죄가 크고 집안에도 누를 끼치게 되었다고 하고, 소식도 없이 사라진 이생을 교동(狡童)이라 일컬으며 비난한다. 교동은 못된 남자, 고약한 남자라는 뜻으로 자신을 버린 남자를 가리킨다.[27] 최낭은 이생의 구애에 응했지만 교동처럼 자신을 버렸다고 원망한다. 그럼에도 최낭은 부모에게 이생에 대한 그리움을 호소하며 사랑하는 마음을 어기게 하면 죽을 뿐 이생과는 헤어지지 않겠다고 한다.

<주생전>의 선화 역시 주생에게 보낸 편지에서 부부의 인연을 맺기

---

26 김시습, 앞의 책, 42면, "自將蒲柳之質, 不念桑落之詩, 行露沾衣, 竊被傍人之嗤, 絲蘿托木, 已作娼兒之行, 罪已貫盈, 累及門戶. 然而, 彼狡童兮, 一偸賈香, 千生喬怨, 以眇眇之弱軀, 忍悄悄之獨處, 情念日深, 沉痾日篤, 瀕於死地, 將化窮鬼. 父母如從我願, 終保餘生, 倘違情款, 斃而有已, 當與李生, 重遊黃壤之下, 誓不登他門也." 위 구절 중 "桑落之詩"는 『시경』「위풍」, "行露沾衣"는 『시경』「소남」, "狡童"은 『시경』「정풍」을 인용한 것이다.

27 『시경』「정풍」의 "저 못된 사람 나와 말도 않네. 자기 때문에 나는 밥도 먹히지 않는데(彼狡童兮, 不與我言兮, 維子之故, 使我不能餐兮)"라는 시에 교동(狡童)이 나오는데 자신을 버린 남자를 뜻한다.

로 깊이 맹세했지만 이루지 못해 상심했던 것을 이야기하며 사랑한다고 하면서도 원망하는 마음을 숨기지 않는다. 주생과 결혼하기로 약속한 뒤 선화는 주생에 대한 그리움과 함께 슬픔과 원망을 담은 편지를 보낸다.

> 제 몸이 이렇듯 수척하게 된 것도 모두 낭군 때문입니다. 낮에는 비단 휘장 안이 텅 비어 적막하였고, 밤에는 은초롱에 촛불이 꺼져 어둡기만 했습니다. 단 하루 몸을 그르치고 일평생 그대를 사랑하게 되어, 꽃이 질 때마다 그대 생각은 쌓여가고 조각달을 보면 눈물을 흘렸습니다. …… 일찍이 이리 될 줄 알았다면 차라리 죽는 것이 더 나았을 것입니다.[28]

주생에 대한 선화의 감정은 복잡하다. 자신이 수척하게 된 것은 주생 때문이라는 말이나 단 하루 몸을 그르치고 일평생 사랑하게 되었다는 말은 주생에 대한 그리움과 사랑, 원망이 뒤섞인 복잡한 감정을 드러낸다. 이 복잡한 감정은 당시 여성들이 처한 상황에서 온 것이다. 선화가 주생과 사랑을 나눈 뒤 자신의 처지에 대해 이야기한 것과 연결해보면 의미가 좀 더 분명해진다. 선화는 여자는 사랑하는 사람을 만나기 전에는 만나기를 원하고 만난 뒤에는 헤어질까 두려워한다고 하며 여자는 어디에 있어도 근심이 많다고 말한다. 그리고 자신들의 애정이 사람들에게 들키면 친척들에게 용납되지 못하고 고을 사람들에게

---

28 이상구, 앞의 책, 62~63면/245면, "憔悴因郞. 錦帳空兮, 晝寂寂, 銀缸滅兮, 夜沈沈. 一日誤身, 百年含情, 殘花貯思, 片月凝眸. …… 早知如此, 不如無生."

는 천대를 받게 될 테니 백년해로를 하려고 해도 할 수 없을 것이라고 한다. 최낭과 선화의 말을 종합해보면 남성과 만나 성적인 관계를 맺은 이 두 여성은 바로 두려움과 죄의식을 느끼며 그것을 해소할 수 있는 방법은 결혼하는 것밖에 없다고 생각한다. 이처럼 전기소설의 사랑과 결혼 플롯의 이면에는 자발적인 만남과 자유연애에 대한 갈망과 더불어 여성에게만 요구되는 정절 이데올로기가 자리하고 있다. 남성은 사랑에 전심전력하는 것 같지만 욕망을 성취한 이후에는 자신의 욕망에 대한 책임을 여성만큼 느끼지 않는다. <이생규장전>의 경우, 아버지의 명을 따를 수밖에 없는 입장을 고려한다 해도 이생이 사랑을 대하는 태도는 최낭과 다르다. <주생전>의 경우도 마찬가지다. 따라서 전기소설이 양식화한 사랑은 젠더적이다.[29]

전기소설은 사랑-결혼의 욕망을 재현하지만 행복한 결말로 이어지는 경우는 드물다. 전기소설은 대부분 비극적인 결말을 갖는다. <이생규장전>에서 최낭과 이생은 결혼해서 행복한 생활을 하지만 이것은 전쟁으로 깨어지고 만다. <주생전>에서도 주생과 선화가 결혼을 약속하지만 전쟁으로 다시 헤어져 있는 상태로 끝난다. 이것도 전기소설이 양식화한 사랑의 특징이다.

3. 사랑의 양식화의 역사적 의미

앞서 살펴본 사랑의 양식화를 통해 발견할 수 있는 것은 사랑과 성

29 이에 대해서는 '2장 전기소설의 젠더화된 플롯'에서 자세하게 다루었다.

에 대한 진지한 태도이다. 사랑과 성은 어느 시대에나 존재했지만 그것이 실천되거나 표현되는 방식은 시대마다 다르다. 김시습의 『금오신화』를 비롯한 전기소설은 그 변화의 지점을 보여준다는 점에서 의미를 갖는다. 김시습이 『금오신화』를 쓰던 무렵 사랑과 성은 성소화(性笑話)라는 형식으로도 이야기되었다. 조선 전기 문물이 정비되고 국가가 안정되어가던 시기인 15세기 무렵 편찬된 성소화 모음집은 당시 상층 관료 문인들이 성적으로 노골적인 내용을 담은 성소화를 즐겼던 것을 보여준다. 강희맹(姜希孟, 1424~1483)의 『촌담해이』나 서거정(徐居正, 1420~1488)의 『태평한화골계전』이 그 대표적인 예라 할 수 있다. 여기서 성은 진지하게 다루어지고 있지 않다. 성은 사랑이라는 감정과 관련이 없으며 웃음의 재료로 사용되는 경향이 있다.[30] 물론 전기소설과 성소화를 동일선상에서 비교할 수는 없다. 『촌담해이』는 강희맹이 대부분 관료 문인이었을 동료들과 나누던 우스운 이야기를 벼슬에서 물러난 한가한 틈을 타서 기록한 것[31]으로 그 내용도 강희맹이 시골에 머물면서 들은 이야기들을 정리한 것이기 때문에 『금오신화』를 비롯한 전기소설과는 성격이 다를 수밖에 없다. 『촌담해이』 외에도 『태평한화골계전』 같은 이야기책에도 성과 관련한 이야기들이 실려 있으며, 역시 전기소설에서 볼 수 있는 것과 같은 진지함을 발견하기는 어렵다. 여

30 류정월, 「『촌담해이』에서 오락과 도덕의 상호작용」, 『한국고전연구』 20, 2009, 217~218면, 류정월은 『촌담해이』가 노골적이거나 본능적이라기보다는 지적이고 사회적인 성격을 갖는다고 평가했다. 이들 성소화는 성에 대한 노골적인 내용을 담고 있지만 이를 웃음의 대상으로 다루고 논평을 통해 사회적 위계, 정확하게 말하면 유교적 위계가 다시 강조되기 때문이다. 따라서 『촌담해이』 텍스트 내에서는 음담을 수용할 수 있는 범위를 조정하는 작업이 지속적으로 이루어지는데 이는 음담으로 대표되는 유희가 유교적 틀 속에 위치하게 되는 과정의 흔적이라고 보았다.

31 안장리, 「강희맹의 생애와 문학」, 『열상고전연구』 18, 2003, 122면.

기에도 사대부 남성과 기녀 사이의 성과 사랑을 다룬 이야기가 있지만 이들 이야기들도 남녀 관계에서 발생하는 열정을 인정하되 웃음으로 넘길 수 있을 정도의 풍류로 다루고 있을 뿐이다.[32] 상대가 기녀이기 때문에 더욱 진지함이 결여되었을 수도 있다. 상층 관료 문인들은 성소화를 즐겨 이야기하고 기록으로도 남기면서 성에 대해 거리를 유지할 수 있다는 자신감을 표현한 것으로 보인다. 따라서 이들은 성에 대해 무지하거나 경직된 태도를 보이는 인물이나 사랑에 빠져 헤어나지 못하는 인물을 희화화한다. 만약 사대부 남성이 사랑에 빠져 기녀와 결혼을 감행하려 하거나 사대부가 여성과의 자유로운 결혼을 추구한다면 이는 집안에도 위험을 초래할 가능성이 높다. 따라서 이를 스스로 규제하며 음담으로 해소한 것일 수 있다. 이와 비교할 때 전기소설이 사랑에 빠진 인물을 등장시켜 사랑을 추구하게 하고 이를 결혼이라는 제도와 연결시키려고 했다는 점은 당대의 사랑과 성의 관습에 대한 새로운 차원의 상상력이다. 따라서 이는 역사적으로 중요한 의미를 갖는다.

전기소설이 보여준 사랑의 양식화는 당대 결혼 제도에 대한 문제의식을 담고 있다. 여기서 사랑하는 남녀는 가문 간의 약속이 아니라 자발적이고 상호적인 소통을 통해 구애한다. 전기소설은 남녀 주인공의 시적 재능과 교양을 바탕으로 사랑을 통한 결연, 시를 통한 감정의 소통의 과정을 중시한다. 이는 당대 현실에서의 중매결혼에서는 실현할 수 없는 것이다. 전기소설은 현실에서 불가능한 사랑이 근거 없는 것이 아니라는 것을 밝히기 위해 사랑과 관련한 『시경』의 구절, 양왕과 무산신녀, 사마상여와 탁문군의 고사들을 종종 활용한다. 『시경』은 혼인 제

32 강상순, 「조선전기 패설류 필기에 재현된 사랑과 그 담론화 방식」, 앞의 책, 341면.

도 속에서 부부 간의 조화로운 관계와 행복을 염원하며 이를 위해 성혼의 예를 갖추는 군자와 요조숙녀를 노래한 시와 중매혼의 규범을 따르지 않고 혼전 남녀의 자유로운 사랑과 당사자의 혼인에 대한 열망을 노래한 시를 함께 수록하고 있다.[33] 전기소설은 『시경』에 나타난 사랑과 혼인에 관한 모티브와 시적 비유들을 문학의 관습적 약호로 차용한다. 『금오신화』에도 『시경』의 흔적이 서사 전반에 흩어져 있다.[34]

> 제가 생각하기에 남녀가 서로 좋아하는 것은 인정에 지극히 중한 것입니다. 그래서 여자가 짝을 구하는 마음을 읊은 시가 『시경(詩經)』의 「주남(周南)」에 있고, 여자가 정조를 지키지 못하면 흉하다고 『주역(周易)』에서 경계하고 있습니다.[35]

<이생규장전>에서 이생과의 관계를 들킨 최낭이 부모에게 하는 말로 『시경』의 사랑의 노래를 예로 들어 자신의 행동을 정당화하고 있다. 양왕과 무산신녀 이야기도 빠지지 않고 등장한다. 그럼에도 이들의 사랑은 위험한 것이다. 게다가 전기소설의 여성 주인공들이 상층 가문의 딸들인 경우 그 위험은 더욱 커진다. <이생규장전>에서 이생의 아버지가 밤마다 집에 들어오지 않는 아들을 향해 만약 남의 집 아가씨를 엿보는 일을 하고 다닌다면 자신에게는 잘못 가르친 죄가 돌아오고 상대방이 높은 가문의 딸이라면 그 집안을 더럽히는 것이라고 꾸짖고, 최

---

33 서지영, 앞의 책, 23~29면.

34 서지영, 위의 책, 39면.

35 김시습, 앞의 책, 41~42면, "竊念男女相感, 人情至重, 是以摽梅迨, 吉於周南, 咸腓之凶, 戒於義易."

낭과 선화가 스스로 집안에 누를 끼쳤다고 하거나 고을에서 천대 받을 것이라고 하는 것에서 이들의 사랑이 개인의 문제가 아니라 집안의 문제이며 사회적 문제라는 것을 알 수 있다. 그럼에도 이들의 사랑이 결혼으로 이어지는 것으로 플롯이 진행된다는 점에서 전기소설은 당대 결혼 제도가 사랑과 분리된 것에 대해 문제를 제기한다.

전기소설이 양식화한 사랑은 17세기 소설로도 이어져, <사씨남정기>에서 신붓감을 고르며 글을 지어 보내게 하고, <구운몽>에서도 정경패를 보기 위해 양소유가 여장을 하고 정경패의 집으로 간다. 또 진채봉은 양소유가 '양류사'를 읊는 것을 듣고 바로 글을 써서 보내고, 양소유는 진채봉의 글을 보고 맑고 새로우며 완곡하다고 감탄하며 옛날 시를 잘 쓰던 왕우승이나 최학사보다 낫다고 칭찬한다. 이는 전기소설에서 시를 매개로 남녀 주인공이 만나는 것을 계승한 것이다. 17세기 이후 소설에서는 전기소설의 사랑의 양식이 이어지면서 동시에 사랑이나 성적 욕망에 대해 도덕적인 잣대가 가해지기 시작한다. 남녀의 자유로운 만남을 보여주는 <구운몽>의 경우, 그 모든 것을 꿈으로 돌려버림으로써 도덕적인 잣대에서 벗어난다. 그러나 <사씨남정기>에 이르면 사랑에 대한 욕망은 악인의 표지가 된다. 유연수의 첩으로 유씨 집안에 들어온 교채란은 <예상우의곡>을 연주하고 <앵앵전>에 나오는 앵앵의 시와 당나라 기녀 설도의 시를 읊다가 유연수의 부인 사정옥의 충고를 듣는다. 앵앵의 시는 사랑하는 사람을 기다리는 내용을 담고 있는데 전기소설에서 여성 주인공이 지은 시에서 종종 이런 내용을 볼 수 있다. 전기소설의 여성 주인공은 자신의 감정을 담은 시를 써서 보내는 것이 여자의 행실에 어긋나는 것이라고 말은 하지만 자신의 감정대로 표현하고 이러한 감정은 주위 사람들에게 받아들여진다. 그러나 <사씨남정기>에서는 사랑의 감정을 표현하는 것이 부정적인 평가의 대상이 되고 있다. 17세기 소설사에서 일어난 이러한 변화는 가문의 이해를 우선에 두기 시작하는 사회적 경향과 관련이 있다. 17세기 이후 적장자를 중심으로 가문을 유지하려는 종법주의가 강화되면서 전기소설이 양식화한 사랑의 플롯이 변화를 겪게 된 것이다.[36]

17세기 이후 종법주의 이념이 강화되면서 욕망을 드러낸 여성은 악인의 형상으로 재현되기 시작한다. 특히 양반 여성의 욕망은 원천적으로 차단된다. 국문 장편소설의 여성 인물들은 정절을 지키는 것을 가장 중요한 것으로 생각해서 정절을 의심받으면 극단적인 행동도 서슴지 않는다. 그러나 자신의 욕망에 충실한 남성 인물은 여전히 등장하며 여자를 보기 위해 담장을 넘기도 한다. <완월회맹연>의 장성완은 자신의 정절이 의심받자 자신의 낯가죽을 벗기는 극단적인 행동을 할 정도로 여성의 정절의식이 강화된 형태로 재현된다. 이처럼 사랑과 욕망을 금기시하는 플롯은 유교 가부장제 이데올로기를 재생산하는 성장치로 작동한다. 전기소설의 전통을 잇는 <심생전>에서도 남녀 주인공은 사랑을 이루는 것 같지만 그 안에는 남성의 일방적인 구애와 떠남으로 인해 사랑-죽음의 플롯이 지속된다. 전기소설의 사랑-죽음 플롯에서 사랑-결혼 플롯으로의 전환은 <춘향전>에 와서야 이루어진다. 그런 점에서 <춘향전>은 사랑의 서사에서 중요한 의미를 갖는다.

---

36 조광국, 『한국고전소설의 이념과 사랑』, 태학사, 2019, 11~37면, 종법주의 이념과 남녀 에로스의 결합 양상을 17세기 소설사의 새로운 국면으로 본다. 조광국은 <사씨남정기>, <구운몽>, <창선감의록>은 애정전기소설, 중국의 인정소설과 재자가인소설의 사랑을 수용·변용하고 거기에 새로운 서사의 축으로 종법주의 이념이 더해진 것으로 보았다.

제5장

일상적 사랑에 대한 욕망

<심생전>

1. 집 밖으로 나온 남녀 주인공

이옥(1760~1812)의 <심생전>은 서울 시정을 배경으로 경화사족(京華士族)인 심생과 중인 처녀의 만남과 사랑, 그리고 죽음을 다룬 단편 서사이다. 이 작품은 양반과 중인 간의 만남이라는 점에서 신분 갈등이, 길가에서 우연히 마주친 만남이 사랑으로 발전했다는 점에서 제도 또는 관습과의 갈등이 내재되어 있다. 또한 양식적인 측면에서도 전 양식을 취하면서 전기소설의 흔적을 보이고 있다. 따라서 <심생전>에 대한 연구도 이러한 특성들에 주목하여 다양하게 이루어졌는데, 양식적인 측면과 신분 갈등에 대한 연구가 주를 이루었다. 양식적 특성에 대해서는 전 양식과 애정전기소설, 야담집 소재 작품과의 비교를 통해 이들과 변별되는 단편소설에 접근하는 면모가 있다거나 애정전기소설을 계승한 면모, 또는 오히려 전 양식의 면모를 보인다는 연구가 이루어졌다. 또 제재사적 맥락에서 신분의 차이를 가진 남녀의 만남이라는 맥락을 계승하면서 중국의 애정전기인 <앵앵전>과의 유사성이 논의되기도 했다.[1] 그 한편으로는 작품의 성격이나 주제를 봉건적 신분관계의 비인간적 폭력성, 신분 갈등으로 파악하거나[2] <심생전> 등에 나타난 열정적 사랑의 형태를 중세적 규범에 대한 저항의 의미로 해석하는 것을 유보하면서 남녀 간 서로의 마음을 확인하는 과정이 있다는 점에서 근대적 사랑과 닮아 있는 것으로[3] 평가하기도 했다. 필자도 <심생전>을 성적 욕망에 충실한 인물의 등장으로 보면서 심생의 행동이 일방적이며 남성의 성적 욕망이 허용되는 분위기 속에서 남성 섹슈얼리티가 폭력적인 성격을 띠게 되는 것으로 보았다.[4] 또 작품의 형상화 측면에서 작가의 진정(眞情)보다는 특출한 기교와 가공 능력이 만들어낸 일종의 작품이 아닌 제품, 철저한 계산에 따라 창작한 작품[5]이라는 평가들이 이루어졌다. 그런데 남녀 주인공이 당시 서울의 중심가라 할 수 있는 운종

---

1 전수연, 「<沈生傳>의 樣式的 特性」, 『이화어문논집』 9, 1987, 207~238면; 정하영, 「<沈生傳>의 題材的 脈絡과 敍事方式」, 『고전문학연구』 18, 2000, 293~322면; 김미현, 「<沈生傳>의 서술시각과 작가의식」, 고려대학교 석사학위논문, 2008, 1~67면; 서보현, 「『沈生傳』의 愛情 傳奇小說의 계승과 변모 양상」, 『반교어문연구』 56, 2020, 251~271면.

2 정병호, 「<심생전>에서의 신분의 문제」, 『동방한문학회』 8, 1992, 177~190면; 이상구, 「<심생전(沈生傳)의 인물형상과 작가의식」, 『한국고소설사의 시각』, 국학자료원, 1996.

3 이지영, 「<상사동기>, <옥소선>, <심생전>의 '열정적 사랑'에 대하여」, 『고소설연구』 36, 2013, 223면.

4 김경미, 『19세기 소설사의 새로운 모색: 지식, 이념, 섹슈얼리티를 중심으로』, 보고사, 2011, 206~207면.

5 한의숭, 「18~19세기 傳奇小說의 인물형상 再考: <沈生傳>과 <布衣交集>을 중심으로」, 『대동한문학』 58, 2019, 230면.

가에서 광통교를 거쳐 소공주동에 이르기까지 서로를 응시하면서 걸어가는 장면은 소설사에서 특기할 만한 장면이다. 물론 이 장면은 여성 주인공이 여종에게 업혀 있고 보자기로 몸을 가리고 있었기 때문에 이들은 나란히 걷는다고 하기 어렵고 신분의 불균형만큼이나 남녀의 불균등을 보여주는 장면[6]이기도 하지만 우연히 길에서 만난 남녀의 이야기가 펼쳐진다는 점에서 새로운 플롯이라 할 수 있다.

<심생전>은 길 위의 만남이라는 모티브에서 출발해서 남녀 주인공의 만남에 이르는 과정이 이전 시기에 나온 애정전기소설과 차이를 드러낸다. 이 장에서는 <심생전>의 플롯 분석을 통해 <심생전>에서 남녀 주인공의 만남이 어떻게 재현되고 있으며, 이것이 연애 서사에 어떤 변화를 보여주고 있는지, 그리고 이에 개재된 이옥의 작가의식은 무엇이며 당대 사회의 변화가 어떻게 개입되어 있는지를 살펴보고자 한다. 전기소설을 비롯한 연애 서사에서 만남은 서사 전개에 중요한 의미를 갖는다. 만남이 일방적인지, 상호적인지에 따라 사랑의 성격이 달라지고 평가도 달라지기 때문이다. 남녀 주인공의 만남의 과정이 달라졌다는 것은 플롯이 달라진 것을 의미한다. 소재로 취택된 여러 사건을 안배하여 인과적으로 연결하는 방식을 서사에서의 플롯이라고 할 때 만남의 과정이 달라졌다는 것은 사건이 달리 안배되었다는 것을 말하기 때문이다.

---

6 김경미, 앞의 책, 234~235면.

2. 만남의 과정의 확장

연애 서사는 만남과 이별 혹은 만남과 결혼이 주된 플롯을 이룬다. 만남의 과정은 어렵지 않게 전개된다. <만복사저포기>의 양생은 부처와의 저포놀이에서 이긴 뒤 여자를 만나게 되고, <이생규장전>의 이생은 담장 안을 엿보다 여자가 쓴 시를 듣고 시를 쓴 종이를 던진 뒤에 여자를 만난다. <만복사저포기>의 여자는 인연을 만나 즐거움을 누리게 해달라는 기원을 쓴 글을 올리고, <이생규장전>의 최낭은 '담장 밖의 백면 낭군'을 언급한 시를 읊조린 뒤 바로 남자 주인공과의 만남이 이루어진다. 그러나 이 만남의 과정이 많은 비중을 차지하지는 않는다.

이에 비해 <심생전>은 만남의 과정이 거의 작품의 반을 이룬다. <심생전>의 내용에 대해서는 이미 여러 차례 언급되었지만 간단히 정리하면 다음과 같다.

1. 심생 소개
2. 심생, 운종가에서 여종의 등에 업힌 여자 발견
3. 심생, 그 뒤를 따라 여자의 집 앞까지 감
4. 심생, 이웃 노파에게 물어 여자의 처소를 알게 됨
5. 심생, 매일 밤 여자의 처소 앞으로 감
6. 궐녀,[7] 소설을 읽거나 바느질을 하며 탄식함
7. 궐녀, 심생이 앉아 있는 곳으로 가서 잠시 심생을 봄
8. 궐녀, 심생 앞에서 자물쇠를 채움

---

7 궐녀(厥女)는 '그 여자' 또는 '그녀'라는 뜻으로 여기서는 궐녀를 그대로 사용한다.

9. 심생, 계속해서 감
10. 궐녀, 심생을 방으로 들어오게 함
11. 궐녀, 부모님을 모시고 오게 해서 그간의 자초지종을 이야기함
12. 궐녀와 심생이 날마다 만남
13. 심생, 집안의 압력으로 북한산성에 올라가 글을 읽음
14. 심생, 궐녀의 유서를 받음
15. 심생, 공부를 그만두고 무관이 되었으나 요절함
16. 매화외사의 말

인물 소개를 제외하고 심생과 궐녀는 2에서 처음 마주친 뒤 7에서 잠시 마주쳤다가 10에 이르러서야 정식으로 대면하게 된다. 11에서 부모에게 심생의 존재를 알리고 두 사람은 결연을 하게 된다. 심생이 떠난 뒤 궐녀가 보낸 편지가 인용되고 심생이 죽는 과정은 짧게 후일담처럼 처리되어 있다. 2~10까지 이루어지는 서사는 인물의 외모뿐만 아니라 심리와 행동이 생생하게 묘사되는 데 비해 12~15까지는 사건이 압축적으로 서술된다. 대신 궐녀의 편지가 그간의 일과 궐녀의 생각을 전달한다.

<심생전>은 만남의 과정이 확대되어 있고 서술에서도 많은 비중을 차지한다. 이때 만남의 과정은 길에서 우연히 마주쳤다가 둘이 만나 사랑을 이루기까지의 과정을 말한다. 여자의 처소를 찾아가 곧바로 사랑을 나누는 결연 방식을 보이는 애정전기소설에서 남녀가 결연에 이르는 시간이 짧은 데 반해 <심생전>은 30일이나 걸렸다.[8] 이렇게 오랜 시

8 김미현은 <심생전>에서 만남의 과정이 확대된 것이 17세기 애정전기소설과의 차이

간에 걸친 만남을 재현한 것은 분명 전대 애정전기소설과 차이를 드러낸다.

이옥은 심생에 대해 짧게 서울의 양반이며 젊은 나이에 용모가 매우 준수하고 풍류가 넘치는 청년이라고 소개한다. 그리고 바로 임금의 행차를 구경하러 나간 심생이 여자를 발견하고 따라가는 모습을 박진감 있게 묘사한다.

> 그는 바짝 따라붙었다. 그 뒤꽁무니를 밟다가 더러 소매로 스치고 지나가기도 하면서 계속 눈을 보자기에서 떼어놓지 않았다. 소광통교(小廣通橋)에 이르렀을 때, 갑자기 돌개바람이 앞에서 일어나 휙 자주 보자기를 반쯤 걷어버렸다. 보니 한 처녀가 있었는데 복숭아빛 뺨에 버들잎 눈썹, 초록 처고리에 다홍치마, 연지와 분으로 아주 곱게 화장을 하고 있었다. 얼핏 보아서도 절세가인임을 알 수 있었다. 처녀 역시 보자기 안에서 어렴풋이 미소년이 쪽빛 옷에 초립을 쓰고 왼편이나 오른편에 붙어서 따라오는 것을 보고 보자기 사이로 뚫어지게 보고 있었다.[9]

임금의 행차는 당시 서울의 중요한 구경거리였고 궐녀 역시도 이 구

점으로 지적될 수 있는 부분이라고 보고 만남의 과정에 대해 주목했다. 김미현, 앞의 논문, 33면.

9 이옥, <심생전>, 『이옥전집』 2, 실시학사고전문학연구회 옮기고 엮음, 휴머니스트, 2009, 354~355면의 번역문을 일부 수정하여 가져옴. 이하 번역문도 필요할 경우 수정했음. "遂緊隨之. 或尾之, 或以袖掠以過, 目未嘗不在於袱. 行到小廣通橋, 忽有旋風, 起於前, 吹紫袱, 褫其半. 見有處子, 桃臉柳眉, 綠衣而紅裳, 脂粉甚狼藉. 瞥見猶絶代色也. 處子亦於袱中, 依俙見美少年, 衣藍衣, 戴艸笠, 或左或右而行. 方注秋波, 隔袱視之."

경거리를 놓치지 않았다. 여성들의 경우 길가의 집을 빌려 구경하기도 했으나 궐녀는 여종의 등에 업힌 채 구경하고 돌아가던 길이었던 것으로 보인다. 그런데 소란한 거리를 뒤로하고 명주 보자기를 쓴 채 여종의 등에 업혀 가던 여자가 소개되는 위의 대목은 여자 역시 이 만남을 처음부터 의식하고 있었음을 보여준다. 바짝 뒤를 따르거나 소매로 스치기도 하면서 보자기를 주시하는 심생의 태도는 일방적으로 보일 수도 있지만 이옥은 여자도 보자기 안에서 심생을 주시하고 있다고 하고 보자기가 걷히는 순간 "네 눈이 부딪혔다"[10]고 쓰고 있다. 이는 서로가 비슷한 호기심과 감정을 느끼고 있었음을 표현한 것이다.

> 통금 종이 울리기를 기다렸다가 그 집 담을 넘어 들어갔다. 그때 초승달이 어스름한데 창밖으로 꽃나무가 썩 아담하게 가꾸어졌고, 등불이 창호지에 비치어 아주 환했다. 심생은 처마 밑 바깥벽에 기대앉아서 숨을 죽이고 기다렸다.
>
> 방 안에는 두 여종이 있고 궐녀는 나지막한 소리로 언문소설을 읽는데, 꾀꼬리 소리 같이 낭랑했다.[11]

심생은 그날부터 매일 여자의 집을 찾아가 처마 밑 바깥벽에 앉아 있고, 여자는 방 안에서 소설을 읽거나 바느질을 하고, 잠이 들지 못한다. 6, 7일이 지난 뒤로는 손으로 벽을 치기도 하고 바깥으로 들릴 정

10 이옥, <심생전>, 위의 책, 355면, "四目相擊."

11 이옥, <심생전>, 위의 책, 355~356면, "遂候人定, 往踰墻而入. 則初月淡黃, 見窗外, 花木頗雅整, 燈火炤牕紙甚亮. 靠壁依檐而坐, 屛息以竢. 室中有二梅香, 女則方低聲讀諺稗說, 嚦嚦如雛鶯聲."

도로 한숨을 쉬곤 하며 고민하는 모습을 보이다가 스무날이 되던 날 심생의 앞으로 가서 말한다.

> 도련님은 소광통교에서 만난 분이 아니세요? 저는 도련님이 오신 것이 이미 스무 밤이나 된 줄 알고 있습니다. 저를 붙들지 마세요. 한번 소리를 내면 다시는 여기서 못 나갑니다. 저를 놓아주시면 제가 이 문을 열어 방으로 드시게 할게요. 얼른 놓아주세요.[12]

처음부터 심생의 존재를 알고 있었던 궐녀는 심생에게 방으로 들어오게 하겠다고 하고 오히려 자물쇠를 채운다. 심생은 "속임을 당해 분통이 치밀었지만 한편으로는 그나마 만나본 것이 다행이라 여기고"[13] 밤새 기다리기를 계속한다. 그리고 한 달째 되던 날 궐녀는 심생을 들어오게 한 뒤 부모에게 심생을 소개한다. 부모도 놀라고 심생도 놀라지만 궐녀는 정연하게 심생과 만나게 된 계기, 심생이 매일 찾아온 일, 동네 사람들에게 소문날 일, 중인 딸이 양반 자제를 죽게 할 수 없다는 것, 이 일로 자신의 계획이 어그러지게 되었다는 이야기를 부모에게 한다. 이 말을 통해 궐녀가 만남을 지연시키다가 심생을 받아들이기로 결심한 이유가 드러난다.

그런데 여기서 중요하게 따져봐야 할 점은 궐녀의 결정이 갖는 의미이다. 애정전기소설에서 보듯 남성 주인공의 욕망을 어쩔 수 없이 수용하는 것인지, 아니면 궐녀의 주체적 결정인지를 따져봐야 한다. 궐녀는

---

12 이옥, <심생전>, 위의 책, 356면, "郎莫是小廣通橋邂逅者耶. 妾固知郎之來, 已二十夜矣. 毋持我. 一出聲不復出矣. 若縱我, 我當開此戶以迎之. 速縱我."

13 이옥, <심생전>, 위의 책, 357면, "生痛其見欺, 而亦幸其得一見."

심생이 "양반댁 도령으로 바야흐로 청춘이라 혈기가 아직 진정되지 못하여 다만 벌과 나비가 꽃을 탐낼 줄만 알고, 바람과 이슬에 맞음을 돌보지 않"[14]는 것이라고 본다. 그럼에도 궐녀는 이를 받아들인다. 이것을 <주생전>의 선화가 주생을 받아들이는 것과 동일하게 볼 수 있을까? 궐녀는 심생이 충동적으로 따라왔지만 바람과 이슬에 몸을 돌보지 않아 죽을 지경이 된 것을 보고 받아들인다. 이후 부모에게 하는 말을 보면 상대가 양반집 아들이라는 점도 결정의 중요한 요인으로 작용했다. <포의교집>의 초옥이 끝내 자신을 흠모한 소년을 돌아보지 않아서 소년이 죽은 것에 비하면 타협적이라고 할 수 있지만 궐녀는 지연시킬 수 있는 만큼 지연시킨 것이다. <심생전>에서 만남의 결정은 일방적으로 이루어지지 않는 것처럼 보인다. 심생은 매일 찾아가는 것으로 자신의 의사를 표현하고, 궐녀는 방 안에서 탄식과 고민으로 의사를 표현하는 것처럼 보이기 때문이다. 하지만 그렇다고 해서 심생의 일방적인 욕망이 갖는 폭력성이 무화되는 것은 아니다.

3. 여전히 차이를 드러내는 남녀 주인공의 사랑과 현실에 대한 태도

두 남녀 주인공은 사랑과 현실에 대해 다른 태도를 드러낸다. 심생은 풍류가 넘치는 인물로 그의 행동은 충동적으로 이루어진다. 그의 충

---

14 이옥, <심생전>, 위의 책, 358면, "彼以士夫家郞君, 方靑血氣未定, 只知蜂蝶之貪花, 不顧風露之可憂."

동적인 면모는 궐녀를 본 뒤 따라가서 집을 수소문하고 궐녀의 방 앞에서 무작정 기다리는 모습에서 여지없이 드러난다. 궐녀도 그를 일컬어 양반집 도령으로 혈기가 아직 진정되지 않아 꽃을 탐할 줄만 아는 인물이라고 한다. 심생에 비해 궐녀는 현실적이며 신중하다. 심생이 계속 오는 것을 지켜보다가 나가서 보고는 자물쇠를 굳게 채우는 것으로 자신의 의사를 표현하고, 그래도 계속해서 오자 부모에게 심생을 소개하고 현실적인 부부 관계를 맺는다. 궐녀는 부모에게 심생을 받아들일 수밖에 없는 이유로 다음 세 가지를 든다. 지금처럼 지내면 매일 밤 남자와 만난다는 누명을 쓰게 되는 것, 심생이 병들어 죽으면 음보를 받을지도 모른다는 것, 중인 딸에 불과한 자신에게 보이는 심생의 정성. 어디에도 자신의 사랑이나 감정을 표현한 부분이 없다. 오히려 자신의 처지를 '개에게 물린 꿩', '한낱 중인 집 딸'로 표현한다. 그리고 심생에게 보낸 편지에서는 자신들의 관계를 '뜻밖의 악연의 얽힘'이라고 표현한다. 사실 궐녀는 자신의 인생 계획이 있었다. 무남독녀로 부모를 모실 아들이 없기 때문에 데릴사위를 맞아 부모님을 봉양하고 돌아가시면 제사를 모신다는 계획이다. 하지만 심생을 만남으로 인해서 그 계획은 어그러졌다. 대신 궐녀는 심생과 정식 혼례를 치르지는 못하지만 일상을 함께하고 싶었던 것으로 보인다. 그러나 그것도 뜻대로 되지 않았다.

> 궐녀의 집은 본래 부유하였다. 그로부터 심생을 위해 화려한 의복을 훌륭하게 많이 갖추어주었으나 집에서 이상하게 여길까 봐 감히 입지 못하였다.[15]

궐녀는 죽기 전에 심생에게 보낸 편지에서 여자가 출가하면 기생이 아닌 다음에는 남편이 있고 시부모가 있는데 자신은 시부모는 고사하고 심생 집안의 늙은 여자 하인 하나도 보지 못한 것을 아쉬워한다. 그리고 일상을 함께 누리지 못하는 것을 원망한다.

> 부인이 남편을 섬기매 음식을 장만하여 공궤(供饋)하고 의복을 지어서 입으시도록 하는 일보다 큰 일이 있을까요. 도련님과 상봉한 이후 세월이 오래지 않음도 아니요, 지어드린 의복이 적다고 할 수도 없는데, 한 번도 도련님께서 한 사발 밥도 집에서 자시게 못하였고 한 벌 옷도 입혀 드리지 못하였으며, 도련님을 모시기를 다만 침석(枕席)에서뿐이었습니다. 이것이 세 번째 한이옵니다.[16]

궐녀는 심생과 자신의 관계가 일상을 공유하거나 가족 관계를 공유하는 것이 아니라 오로지 잠자리에 한정되었다고 말한다. 궐녀는 부모에게 심생을 소개하고 그날로부터 심생은 밤마다 궐녀의 집을 찾아오지만 심생의 집에서는 궐녀의 존재를 전혀 모르고 있었다. 이 편지는 둘의 관계가 심생 위주의 관계이며 심생의 욕망을 충족시키는 관계라는 것을 분명하게 보여준다.

사랑의 서사에서 여성은 사랑의 관계를 더 중요하게 여기는 것으로 재현되는 경우가 많다. <이생규장전>의 최낭은 이생이 울주로 떠난 뒤

---

15 이옥, <심생전>, 위의 책, 359면, "女家素富. 於是爲生具華衣服甚盛, 而恐見异於家, 不敢服."

16 이옥, <심생전>, 위의 책, 360~361면, "婦人之所以事君子者, 不過主饋而供之, 治衣服以奉之. 而自相逢以來, 日月不爲不久, 所手製衣服亦不爲不多, 而未嘗使郎喫一盂於家, 披一衣於前, 則是所以侍郎君者, 惟枕席而已. 此三恨也."

병이 들고 부모에게 이생과 더불어 황천에서 노닐지언정 다른 사람에게 시집가지 않겠다고 하고, <주생전>의 선화나 <위경천전>의 소숙방은 남성들의 폭력적인 사랑에도 불구하고 오히려 버려질까 봐 두려워하거나 자신을 천하게 여길까 두려워한다. 가부장제는 여성의 섹슈얼리티를 통제함으로써 유지되기 때문에 성관계에서 여성은 취약한 입장에 놓이게 된다. 그래서 춘향은 이몽룡에게 잊지 않겠다는 약속을 미리 받아놓고 관계를 맺는다. <심생전>의 궐녀도 이러한 현실에서 벗어날 수는 없다. 그래서 궐녀는 만남의 과정을 지연한 뒤에 심생을 받아들이며 그것에 대해 책임을 지기로 결심하는 것이다. 궐녀가 원한 것은 일상을 공유하는 결혼 관계였으나 그것은 이루어지지 못했다.

그러나 이옥은 궐녀의 이러한 결심이 단지 자신의 처지에 대한 계산만으로 이루어진 것으로 재현하지 않는다. 궐녀도 풍류를 아는 인물로 그리기 때문이다. 이옥은 궐녀를 임금의 행차를 구경하러 갈 정도로 바깥에 관심이 있고, 그 모습도 화려하며 뒤따라오는 심생에 대한 관심도 숨기지 않는 것으로 그린다. 밤에 방에서 읽는 것도 소설이다. 규방에서 소설을 많이 읽었지만 부덕을 강조하기 싫을 때는 교훈서를 읽었다고 하는 것이 당시의 관습에서는 일반적일 것이다. 궐녀가 소설을 읽는 것으로 재현되는 것도 궐녀가 풍정에 익숙한 인물임을 의미한다. 궐녀가 가족의 이해와 다른 선택을 한 것은 가족과 분리된 개인의 감정을 더 중시했음을 의미한다. 이에 비해 심생은 풍류가 넘치는 인물이지만 처음에는 가족과의 분리가 이루어지지 못하고 부모가 시키는 대로 궐녀를 떠나 산사로 간다. 심생은 궐녀의 죽음을 접한 뒤 비로소 궐녀의 마음을 이해하고 가족과 분리되는 모습을 보인다. 경화사족의 아들로 문과 급제를 위해 준비하던 심생이 무과를 선택한 것은 가족의 기대와 어긋난 선택이었을 것이다. 여기서 비로소 심생은 궐녀와의 관계에 충실한 모습을 보인다. <심생전>은 만남의 과정을 확대함으로써 여성 인물이 남성 인물의 일방적인 구애를 바로 받아들이지 않는 것으로 그린다. 이러한 면은 새롭지만 결국 죽음으로 끝난다는 점에서 사랑-죽음의 플롯이 그대로 유지된다고 할 수 있다.

4. 젠더화된 플롯의 반복, 그리고 차이

궐녀는 편지의 말미에 창자가 끊어지고 뼈가 녹는 슬픔과 여린 풀이 바람에 쓰러지고 시든 꽃잎이 진흙이 된다 한들 다하지 않을 한을 토로한다. 이 편지를 읽은 심생은 울음과 눈물을 쏟고 "붓을 던지고" 무관이 되었으나 그도 일찍 죽는다. 이옥은 만남의 과정에 서사의 반 이상을 할애하고, 궐녀의 편지도 길게 싣고 있다. 그러나 심생이 죽음에 이르기까지의 과정은 짧게 사실만 전달하는 식으로 처리한다. 심생은 여자의 죽음을 마주하고 자신의 계획이자 부모의 계획이었을 문과 급제라는 꿈을 버린다. 그렇게 함으로써 관계는 일방적인 데서 벗어난다. <심생전>은 사랑이라는 사건이 죽음을 초래하고 삶을 바꾼 이야기다. 하지만 이들의 관계는 상호적 관계로 나아갈 수는 없다. 이미 여자는 죽었기 때문이다.

<심생전>은 궐녀와 심생의 죽음으로 이야기를 끝낸 뒤에 작가의 생각을 이렇게 덧붙인다.

> 매화외사는 말한다.

> 내가 열두 살 때에 시골 서당에서 글을 읽는데 매일 동접들과 더불어 이야기 듣기를 좋아하였다. 어느 날 선생이 심생의 일을 자세히 이야기해주시면서, "심생은 나의 소년 시절 동창이다. 그가 절에서 편지를 받고 통곡할 때에 나도 보았더니라. 그래서 이 이야기를 듣고 지금까지 잊지 않았다." 하시고 "내가 너희들에게 이 풍류 소년(風流少年)을 본받으라는 것이 아니다. 사람이 일을 할 때 진실로 꼭 이루고야 말겠다는 뜻을 세우면 규중의 처자라도 오히려 감동시킬 수 있거늘, 하물며 문장이나 과거야 왜 안 되겠느냐?" 하셨다.
>
> 우리들은 그 당시 매우 새로운 이야기로 느꼈다. 뒤에 『정사(情史)』를 읽어보니, 이와 비슷한 이야기가 많았다. 이에 이를 추기(追記)하여 『정사』의 보유(補遺)로 삼을까 한다.[17]

이 예문은 심생의 이야기가 두 층위에서 의미화되는 것을 보여준다. 이 이야기를 이옥에게 들려준 선생은 심생의 집념이 규중의 처녀를 감동시켰다고 하면서 학생들에게 과거공부도 그렇게 하라는 교훈으로 마무리한다. 선생의 관심은 오로지 심생에게 있으며, 궐녀에게는 관심이 없다. 궐녀는 심생의 정성에 감동한 규방의 여성으로 언급될 뿐이다. 이옥은 이 이야기를 듣고 매우 새로운 이야기[新說]로 느꼈는데 『정사』를 보니 비슷한 이야기가 많았다고 한다. 『정사』는 풍몽룡이 편찬한 책으로 사랑의 이야기들을 수록한 책이다. 이옥이 『정사』를 거론

---

17 이옥, <심생전>, 위의 책, 362~363면, "梅花外史曰, 余十二歲 游於村塾, 日與同學兄, 喜聽談故. 一日, 先生語沈生事甚詳曰, 此吾之少年時窗伴也. 其山寺哭書時, 吾及見之, 故聞其事, 至今不忘也. 又曰, 吾非汝曹欲效此風流浪子耳. 人之於事, 苟以必得爲志, 則閨中之女, 尙可以致, 況文章乎. 況科目乎. 余輩其時聽之, 爲新說也. 後讀情史, 多如此類. 於是追記爲情史補遺."

한 것은 심생과 궐녀의 만남에 사랑의 서사라는 의미를 부여한 것이다.

그런데 <심생전>을 읽으면서 드는 의문은 심생의 목소리를 거의 들을 수 없다는 것이다. 서사가 진행되는 동안 심생이 말하는 것은 두 번이다. 궐녀의 집까지 따라가서 이웃 노파에게 궐녀의 집에 대해 물을 때와 그날 밤 궐녀의 집으로 가기 위해 집안 식구에게 거짓말을 할 때이다. 이웃 노파와의 대화도 물었다고만 되어 있고 심생이 하는 말은 생략되어 있다. <최치원>, <이생규장전>, <주생전>, <운영전> 등의 애정전기소설에서 시를 읊으며 감정을 주고받는 것과는 큰 차이를 드러낸다. 대신 심생은 행동으로 자신의 감정을 표현한다. 길에서 여자를 본 뒤 그대로 집까지 따라가고 그날 밤부터 방문 앞에서 기다리며, 여자가 잠시 나왔을 때는 갑자기 일어나 여자를 붙잡는다. 여자가 방으로 들어오게 했을 때는 생각할 겨를도 없이 자기도 모르게 방에 들어가 있다. 이처럼 행동이 앞서는 심생의 형상은 애정전기소설의 남성 주인공과 거리가 멀다. 한 여자를 향한 욕망에 의해 추동되는 그의 행동은 한 가지 목표를 향해 있다. 여자가 해준 옷을 입거나 밥을 함께 먹거나 하는 일상적인 것들도 거부하고 성적인 것에만 집중해 있다. 여자 집의 담장 안으로 들어가 방문 앞에서 기다리면 소문이 날 것을 모르지 않을 텐데도 그는 멈추지 않는다.

심생의 인물 형상은 성적인 욕망에 거리낌이 없었던 당대 사족 남성들의 반영이었을 가능성이 높다. 이옥과 비슷한 시대를 살았던 심노숭(沈魯崇, 1762~1837)이 자신의 성적 욕망에 대해서 쓴 다음 글은 심생의 인물 형상을 이해하는 데 도움이 될 것 같다.

> 정욕이 남보다 지나친 면이 있었다. 열네다섯 살부터 서른대여섯

살까지 거의 미친 듯 방종해 하마터면 패가망신할 지경이었다. 심지어는 기생들과 놀 때 좁은 골목이나 개구멍도 가리지 않아 남들에게 손가락질과 비웃음을 샀고, 스스로도 혹독하게 반성했지만 끝내 그만두지 못하였다.[18]

심노숭은 정욕이 지나쳐 십대부터 삼십대에 이르기까지 미친 듯이 방종했다고 말한다. 비록 스스로 혹독하게 반성했다고 하지만 사족 남성인 심노숭은 자신의 지나친 정욕에 대해 털어놓을 수 있었다. 이는 성적인 욕망을 인정하고 이를 자유롭게 표현하는 것처럼 보인다. 그러나 이 시기 여성들에게는 정절이 그 어느 때보다 가혹하게 요구되고 있었던 것을 생각하면 이는 주로 남성들에게 허용된 것이었다. 심생의 행동도 사족 남성에게 주어진 성적 자유가 있었기에 가능하지 않았을까? 궐녀는 심생에 비해 신분에서 열세에 있었고 여성으로서 성적인 면에서 취약한 위치에 있었다. 따라서 소문에 대한 두려움과 양반을 병들게 할 수 없다는 염려 때문에 심생을 받아들일 수밖에 없었다.

궐녀는 만남을 지연시키고, 그것이 불가능하게 되자 부모에게 알리고, 자신이 취할 수 있는 방법들을 동원해서 관계를 유지한다. 이 모든 것들은 궐녀의 주체적인 선택에 의해 이루어진다. 그리고 여자의 목소리는 전면화되어 있다. 심생과 부모 앞에서 자신의 결정에 대해 길게 이야기하고 편지를 통해 자신의 처지에 대한 원망을 표현한다. 이는 곧 심생에 대한 원망이기도 하다. 심생의 욕망에 의해 추동되는 <심생전>의 플롯을 따라가보면 결국 발견하게 되는 것은 성에 빠져 있는 심생

18 심노숭, 『자저실기』, 안대회 · 김보성 외 옮김, 휴머니스트, 2014, 61면.

과 그에 대한 궐녀의 원망이다. 서사는 여기서 끝나지 않고 심생의 죽음으로 끝난다. 궐녀의 죽음에 더하여 심생의 죽음은 <심생전>을 비극적 사랑의 서사로 보이게 한다. 그러나 심생의 말없음과 궐녀의 발화, 심생의 성적 욕망과 궐녀의 일상을 공유하고자 하는 욕망의 대비를 통해 발견하게 되는 것은 심생의 무책임과 궐녀의 좌절이다. 여기서 궐녀의 좌절은 단지 사랑이 이루어지지 않은 데서 오는 좌절이 아니다. 자신이 계획한 삶의 좌절을 말한다. 더 나아가 발견하게 되는 것은 경화사족 출신 남성과 중인 여성 사이의 격차이다. 따라서 우리는 <심생전>을 통해 사랑이라는 이름으로 사족 남성의 일방적이고 폭력적인 구애를 미화하는 플롯을 발견하게 되는 것이다.

제6장

재능과 우정, 두 여자의 서사

<매죽당 이씨전>, <한사인처>

1. 여성 재능과 인정

조선시대 여성들에게 재능은 드러내고 싶어도 드러내서는 안 되는 것이었다. 재능 있는 여성들에 대한 기록들 대부분이 이렇게 말하고 있다. 가르치지 않았는데 어깨 너머로 배워서 경전과 역사서를 대강 꿰뚫어 알았고 시를 쓰기도 했으나 시집갈 나이가 되자 여자의 일이 아니라 여겨 그만두고 여공, 즉 여자가 해야 할 일에 힘썼다. 시집가서 시부모를 잘 봉양하고 남편을 잘 섬겼는데 아무도 그녀가 경전과 역사서에 교양이 있고 글을 쓰는 줄 몰랐다. 그것을 드러내지 않았으니 이들은 부덕을 갖춘 부인이었다. 그러나 재능 있는 여성을 바라보는 시선이 동일했던 것은 아니다. 딸이나 누이의 재능을 발견한 남성 문인들 중에는 그 재능을 펼치지 못해 세상에 알려지지 못하는 것을 안타까워하며 착잡한 마음을 드러내는 사람들도 있었다.

<이생규장전>을 비롯한 전기소설에는 시적 재능을 갖추고 시를 통해 자신의 감정을 표현할 줄 아는 여성 인물들이 등장한다. 앞장에서 살펴본 <운영전>의 운영에게서도 시적 재능에 대한 자부와 인정 욕구를 볼 수 있고, <구운몽>에도 시를 보는 안목을 갖추거나, 시나 음악에 뛰어난 여성 인물들이 등장한다. 그러나 이 작품들은 여성 인물의 재능이 중요한 특징으로 형상화되어 있기는 하지만 여성 재능 자체가 서사 전개의 중심에 있지는 않다. 또한 여성 인물들의 시적 재능은 남성 인물들의 인정을 받거나 남성 인물들과의 결연을 맺는 데 주로 이용된다.

<매죽당 이씨전>은 임경주(任敬周, 1718~1745)가 쓴 전으로 매죽당과 조옥잠, 두 재능 있는 여성이 등장해서 서로의 재능을 인정하고 한 사람이 먼저 죽자 남은 사람이 슬픔을 못 이기다 죽는 이야기를 담고 있다. 이 작품은 여성의 재능과 인정에 대한 서사이자, 여성의 지기 관계에 대한 서사지만 그 결말은 두 사람의 죽음으로 끝난다는 점에서 전기소설은 물론 <구운몽> 등과도 다르다. 또한 여성 재능과 인정, 지기 관계를 보여주지만 남장여자와 여자의 관계로 설정을 바꾼 <방한림전>이나 행복한 결말로 마무리되는 <숙녀지기>와도 다르다.[1]

<매죽당 이씨전>은 여성 재능과 여성 지기를 인정하는 것 같지만 재능의 내용이나 매죽당에 대한 평가가 여성이 지켜야 할 부덕과 함

---

1 김혜정, 「서사문학에 나타난 여성의 우정 실현 양상과 의미」, 『동양고전연구』 22, 2005; 김명순, 「<숙녀지기>에 나타난 여성의 삶과 우정」, 『고소설연구』 1, 1998; 조혜란, 「<숙녀지기>에 나타난 여성 지기(知己) 형상화의 의미」, 『한국고전여성문학연구』 24, 2012 참조.

께 이루어진다. 그런 면에서 <매죽당 이씨전>은 유교 가부장제 사회에서 여성에게 주어진 성 역할의 재생산과 위반의 경계에 서 있는 것으로 보인다. 매죽당과 조옥잠의 이야기는 『좌계부담(左溪裒談)』에도 실려 있는데 <매죽당 이씨전>과 흥미로운 차이를 드러낸다. 따라서 이 둘을 비교해보면 당시 여성 재능과 여성 지기에 대한 인식의 스펙트럼이 드러날 것이다.

두 작품에 대해 이야기하기 전에 작가 임경주(任敬周, 1718~45)와 『좌계부담』에 대해 잠시 언급하고자 한다. 임경주는 자가 직중(直中), 호가 청천(青川)으로 조선의 대표적인 여성 성리학자인 임윤지당의 셋째 오빠이다. 임경주는 11살에 아버지를 여의고 그 이듬해 형들을 따라 옥화산에 들어가 살면서 둘째 형 임성주로부터 경서와 문장을 공부하고, 18살에 서울로 가서 황경원(1709~1787), 이인상(1710~1760), 이보행(1718~1787) 등과 교유하며 그 재능을 인정받았다. 그러나 임경주는 28세의 젊은 나이로 요절했다. 문집으로는 『청천자고』가 남아 있다.[2]

임경주는 네 편의 전을 남겼는데 그중 세 편이 여성 인물에 대한 것이다. <굴씨전(屈氏傳)>은 명나라 궁녀였으나 소현세자를 따라 조선에 와서 살다가 죽은 굴씨의 전이고, <하씨녀전(何氏女傳)>은 부모가 일찍 죽고 남동생과 단둘이 남은 하씨녀가 처가 재산을 차지하려고 처남 즉 자신의 남동생을 죽인 남편을 관아에 가서 고발하고 자살한 사건을 다룬 것이다. <매죽당 이씨전>은 이 두 작품과 결을 달리해서 재능 있는 여성 인물을 주인공으로 하고 있다. 나머지 한 편은 <임여지전>으로

2 임경주의 생애와 대해서는 김경미, 『임윤지당 평전』, 한겨레출판사, 2019, 51~53면 참조.

효자 임여지에 대한 전이다.

『좌계부담』은 작가가 신돈복(辛敦復)이라는 설이 있지만 분명하지 않다. 국립중앙도서관에 소장된 『좌계부담』은 상·중·하 3권으로 되어 있는데, 광해조 연간부터 영조 연간까지 약 250여 년 동안의 사대부에 대한 전기, 일화, 시화 등을 수록하고 하권 끝에 '부인사적'을 덧붙여 놓았다. 여기에 <한사인처(韓士人妻)>라는 제목으로 이씨와 조옥잠의 이야기가 실려 있다. <매죽당 이씨전>과의 선후 관계는 분명치 않다. 임경주(任敬周, 1718~1745)도 영조 연간(1724~1776) 중반까지 살았기 때문이다.

2. 여성 재능과 사귐을 다룬 두 여자 이야기, <매죽당 이씨전>과 <한사인처>

<매죽당 이씨전>은 실제 인물을 입전한 것으로 보이는데 매죽당 이씨가 누구인지는 자세히 알려져 있지 않다.

> 매죽당 이씨는 종실 완원군(完原君)의 후예다. 이씨는 어려서부터 꽃을 키우기를 좋아했는데 얼마 후에 탄식하며 말하기를, "이는 부인이 할 일이 아니다." 하고는 꽃을 모두 없애고 매화와 대나무 몇 그루만 남겼다. 그리고 스스로 매죽당이라는 호로 불렀다. 이로부터 날마다 여공을 부지런히 닦았다. 그러나 본래 총명하고 공부하기를 좋아해서 『주역(周易)』에 제법 능통했으며, 또 노래와 시를 잘했다.
>
> 당시 조옥잠이라는 여자가 있었는데 사람됨이 맑고 고상했으며

문장을 알았기 때문에 이씨와 옥잠은 친구가 되어 몹시 친하게 지냈다. 일찍이 조옥잠과 만나 함께 고금의 인물과 도술과 이단에 대해 반복해서 이야기한 것이 많았다. 옥잠이 부처의 설이 어떤 것이냐고 묻자 "천하의 이치를 어찌 속일 수 있겠는가?"라고 했다. 또 도에 대해 묻자 "천리와 인욕은 터럭 사이일 뿐이다. 한 움직임의 마땅함이 천리이고 한 움직임이라도 마땅하지 않음이 인욕이다."라고 했다. 이씨가 옥잠에게 말하기를, "이릉이 스스로 죽어 절의를 밝히지 않았으니 그 역시 (진짜로 항복한) 위율과 한가지일 뿐이다." 라고 했다. 옥잠이 말하기를, "그 뜻이 아닌데 어째서 그러합니까?" 라고 하니 "그렇지 않다. 무릇 절의를 잃은 것은 한가지다."라고 했다. 그리고 더불어 이야기하다가 지금 일에 이르면 왕왕 분개하며 불편해하였다. 옥잠과 더불어 독서한 것을 논하다가 『역』에 이르자 말하기를, "끝내 물속의 그림자 같다."고 하고 그가 지은 시 수삼 편을 읊었는데 소리가 몹시 맑았다. 그리고 다시 읊조리며 탄식했는데 그때 그들의 담론과 기개는 군자의 풍모가 있었다.

그 뒤 옥잠이 죽었다. 이씨가 옥잠을 잃은 뒤 근심을 이기지 못하고 글을 지어 말하기를, "하늘이 쇠한 것은 이미 오래되었다. 안회는 요절하고 도척은 수를 누렸으니 그 외에 또 무슨 말을 하겠는가? 아아, 옥잠이여. 그 천운을 어찌 하겠으며, 그 운명을 어찌 하겠는가?"라고 하였다. 몇 년 뒤에 이씨가 피를 토하고 죽었는데 열아홉 살이었다. 그 시문이 제법 전하나 이씨가 불행히도 일찍 죽어 그 재주와 덕을 이루지 못해서 세상에 남아 있는 것이 또한 많지 않다. 옥잠은 더욱 알려지지 않았다.

이씨의 성품은 지극히 효성스러웠다. 부모가 어린 아들을 잃고 몹시 슬퍼하자 다섯 살이었던 이씨가 울면서 사람들에게 말하기를, "내가 딸로서 어떻게 하면 동생의 죽음을 대신할 수 있을까요?"라고 하였다. 죽을 때까지 부모를 옆에서 모셨는데 조금도 어긋남이 없었고 그 동생들을 보살피기를 우애 있고 바르게 했다. 일찍이 책을 주어 경계하기를, "너희가 조용히 앉아 책을 읽으면 내 마음이 편하고 문밖으로 나가 뛰어다니며 놀고 장난하면 내 걱정이 끝날 때가 없을 것이다."라고 했다. 시집간 뒤에는 어진 아내라 일컬어졌고 죽은 뒤에는 시집에서 슬퍼하지 않음이 없었다고 한다.[3]

<매죽당 이씨전>은 매죽당에 대한 소개, 조옥잠과의 일화, 죽음, 친정에서의 일화, 시집에서의 행실 등으로 구성되어 있고, 인물에 대해 저자가 평하는 논찬 부분이 없다. 따라서 이 작품은 인물의 행적과 인물에 대한 논찬으로 이루어지는 전의 일반적 구성에서 벗어나 있다. 이는 임경주가 쓴 다른 세 편의 전과 비교해도 이례적이다. 나머지 세

---

3 임경주, <매죽당 이씨전(梅竹堂李氏傳)>, 『청천자고』 권 3, 규장각, 5면, "梅竹堂李氏宗室完原君之 後也. 李氏少好畜華卉, 旣而歎曰, 此非婦人之任矣, 悉去之, 只置梅竹數本. 遂自號梅竹堂. 由是日治女工惟勤. 然性聰慧好學, 頗通周易, 又善爲歌詩. 時有女子趙玉簪者, 爲人淸高, 解文辭. 故李氏與玉簪結爲朋友, 甚相得. 嘗與趙玉簪會共論古今人物道術異端, 反復累數百言. 玉簪問佛之說如何. 曰, 天下之理安可誣? 又問道, 曰, 天理人慾毫髮間耳. 一動之宜, 天理也, 一動之不得宜, 人慾也. 李氏謂玉簪曰, 李陵不殺身明節, 是亦衛律而已. 玉簪曰, 非其志如何, 曰, 不然. 夫失節卽一也. 遂與之語, 及今世事, 往往慷慨不平已而. 與玉簪論所讀書, 至易則曰, 終如水中之影矣. 玉簪因誦其所作三數篇, 聲韻淸絶, 復相與詠歎. 當此時, 其談論意氣, 盖有君子之風焉. 其後玉簪死. 李氏旣失玉簪, 悲不自勝, 乃作詞曰, 天之老, 盖已久矣. 顔回夭而盜跖壽, 他又何說. 嗚呼玉簪, 其於天何, 其於命何. 後數年, 李氏又吐血死, 年十九矣. 其詩文頗傳, 然李氏旣不幸短命, 不能成其才德, 而其所存者, 亦未嘗多見於世. 玉簪則益無聞焉. 李氏性至孝. 父母喪幼子甚慟, 李氏時五歲, 泣於人曰, 吾女兒也, 安得以吾代弟死. 事父母左右無違, 撫諸弟友而正. 嘗貽書戒之曰, 汝輩如靜坐讀書者, 我心卽貽, 如其出門奔走, 游挐戱劇, 我憂無已時矣. 及歸人, 以賢婦稱, 旣沒, 其夫黨莫不悲之云."

편은 긴 논찬으로 마무리되고 있기 때문이다. 이에 비해 <매죽당 이씨전>은 매죽당의 성품을 알려주는 일화들로 마무리되고 있다.

임경주는 매죽당이 여공, 즉 부인의 전통적 역할을 충실히 한 것과 학문적, 시적 재능을 갖추고 있었던 면모, 조옥잠과의 지적 교유, 두 사람의 죽음, 매죽당의 효성과 우애, 어짊의 순서로 이야기를 전개하고 있다. 여자로서 지켜야 할 규범을 잘 지킨 것을 앞뒤에 배치하고, 그 사이에는 조옥잠과의 일화를 넣었다. 매죽당의 규범적 모습이 규범을 벗어난 모습을 싸고 있는 구조라 할 수 있겠다. 규범을 벗어난 것은 매죽당과 옥잠이 공부를 하고 시문을 읊조리며 어울린 것이다.

이들이 나눈 대화는 부처, 천리와 인욕, 이릉의 절의 등에 관한 것이며, 이들의 지식은 당대 학문하는 남성들의 지식이다. 천리와 인욕은 성리학의 중요한 개념이고, 이릉과 위율은 흉노에게 항복한 일로 절의를 논할 때면 거론되던 인물들이다. 이릉은 중국 한나라 때의 장수로 흉노와 싸우다 항복하고 선우의 딸과 결혼해서 흉노를 위해 일했고, 위율은 한나라 사신으로 흉노에 갔다가 항복하고 왕이 되었다. 사마천은 이릉의 항복은 중과부적의 상황에서 거짓 항복한 것이지만, 위율은 진짜로 항복한 것이라고 둘의 항복을 다르게 평가했다. 그러나 매죽당은 이릉이 스스로 죽어 절의를 밝히지 않은 것은 위율과 마찬가지로 절의를 잃은 것이라고 평가한다. 이들은 당시의 일을 이야기할 때는 무척 비분강개했으며 이들의 담론과 의기는 군자의 풍모가 있었다는 말로 임경주는 매죽당과 옥잠에게 강개한 선비의 이미지를 부여하고 있다.

<한사인처>에서는 매죽당 이씨의 호가 매헌으로 되어 있고, 매죽당과 조옥잠의 형상화도 다르게 되어 있다. 그 서사를 보자.

사족 한생의 부인 이씨는 홀로 된 어머니 밑에서 자랐다. 오빠들이 글 읽는 소리를 익히 듣고는 기억해서 외우며 잊지 않았다. 그래서 점점 문장을 이루어 하는 말이 사람을 놀라게 하지 않음이 없었다. 결혼한 뒤에도 부귀영화에는 아무런 뜻이 없어 방에서 조용히 지냈으며 길쌈이나 바느질은 좋아하지 않았다.

그때 중인 집 처녀 조소사는 이름이 옥잠이고 호가 현포였는데, 이씨의 명성을 전해 듣고 걸어서 찾아왔다. 한눈에 옛 친구를 만난 듯했다. 그들이 주고받는 말은 사물의 이치를 꿰뚫었고 경전과 역사를 토론하니 말세의 남자들로서는 규수의 세계를 도저히 엿볼 수 없었다. 이씨가 조소사의 시에 화답하기를, "한 쌍의 해오라기 무슨 마음으로 날아가다 다시 앉는가, 조각구름은 자취도 없이 오고 가는데."라고 하니 옥잠이 말하기를, "낭자 시는 그 뜻이 맑고 아름답긴 하나 멀리 뒷날을 생각하는 기상이 없으니 그것이 염려됩니다."라고 했는데 얼마 지나지 않아 이씨가 낙태하여 죽었다.

조소사가 영전에 통곡하며 글로 제를 올리고 돌아오는 길에 시를 읊었다. ……

옥잠은 그 이후로 세상에 뜻이 없어 꽃 피는 아침 달 뜨는 저녁이면 눈물을 흘리고 한숨을 쉬기도 하며, "이 매헌의 아리따운 용모와 슬기로운 언어를 다시는 보고 들을 길이 없으니 슬플 뿐이다." 하고 곡기를 끊고 먹지 않아 병이 깊어져서 죽었다. 이씨는 호가 매헌이다. 매헌의 유고 수백 편은 모두 볼 만한 것이었으나 시집에서 한사코 피하며 말하지 않았고 친정에서도 깊이 감추어 전하지 않았다. 그래서 매헌의 명성이 사라지고 말았으니 아깝다![4]

<한사인처>에서는 이씨를 사족(士族) 한생의 부인으로 소개하고, 마지막에 그 호도 매헌이라고 밝힌다. 그리고 매헌이 문장을 이루게 된 과정, 결혼 후 영화로운 삶이나 여공에 관심이 없었던 것, 중인 처녀 조옥잠과의 만남과 대화, 화답한 시, 매헌의 죽음, 조옥잠의 슬픔, 곡기를 끊고 죽음, 매헌의 시문이 전해지지 않고 명성이 사라진 것에 대한 안타까움이 서술되어 있다. <한사인처>는 <매죽당 이씨전>과 야담과 전이라는 문장 형식 외에도, 각 인물의 성격, 죽음, 평가 등에서 차이를 보인다.

<매죽당 이씨전>에는 매죽당이 종실의 후예로 총명하고 공부하기를 좋아했다고만 되어 있으나 <한사인처>에는 매헌의 남편이 한씨이고 홀어머니 밑에서 오빠들과 자라며 어깨너머로 공부해서 문장을 이룬 것으로 설명이 부가되어 있다. 또 <매죽당 이씨전>에는 매죽당이 여공을 부지런히 했다고 했으나 <한사인처>에는 매헌이 결혼한 뒤 방에 조용히 있기를 좋아하고 방적이나 바느질 같은 여공을 싫어했다고 되어 있다. <매죽당 이씨전>는 조옥잠을 어떻게 만났는지에 대한 언급이 없이 문장을 잘해 친구가 되었다고 했는데 <한사인처>는 옥잠이 소문을 듣고 찾아와서 친구가 되었다고 했다. <매죽당 이씨전>에는

---

4 <한사인처(韓士人妻)>, 『좌계부담』 하, 국립중앙도서관소장본, "士人韓生之妻李氏, 生長於寡婦之家, 慣聞諸兄讀書之聲, 記誦不忘, 故文辭漸成就, 無不爲驚人語. 既笄之後, 全無榮華意思, 靜處一方, 紡績鍼線等事, 視若楚越矣. 伊時, 中路處女趙召史, 名玉簪, 號玄圃. 傳聞李氏之名, 徒步來訪, 一見如舊. 其所問答之言, 貫通物理, 論隲經史, 末世男子輩, 有不可以闖窺於閨秀之閫閾也, 明矣. 李氏和趙召史詩曰, 雙鷺何心飛復坐, 片雲無迹去還來云. 玉簪曰, 娘子詩意清麗, 而無經遠氣像, 心窃慮憂. 未幾, 李氏落胎而卒. 趙召史慟哭於靈筵, 以文祭之. …… 玉簪其後無意於世, 花朝月夕, 或泣或歎曰, 李梅軒之婉貌慧語, 不復觀聽, 吾以爲悲. 絶穀不食, 病痼而死. 李氏號曰梅軒. 梅軒私藁數百篇可把翫, 而夫家固諱不言, 本家深藏不傳. 故梅軒聲名湮沒而止, 昔哉."

이들의 대화 내용이 구체적으로 언급되어 있는 데 비해 <한사인처>에는 시가 인용되어 있다. 무엇보다고 크게 다른 점은 <매죽당 이씨전>에는 조옥잠이 먼저 죽고 몇 년 뒤에 매죽당이 죽은 것으로 되어 있으나 <한사인처>에는 매헌이 먼저 죽은 뒤에 음식을 전폐하고 병이 들어 죽은 것으로 되어 있다. 그리고 <매죽당 이씨전>은 효성과 우애가 있으며 어진 아내였다는 것으로 마무리되지만 <한사인처>는 매헌의 유고와 명성에 대한 것으로 마무리하고 있다.

그런데 <한사인처>의 끝에 작은 글씨로 "이씨의 유고를 보니 옥잠을 애도하고 옥잠을 장례 지낸다는 것을 듣고 쓴 시가 있다. 반드시 조옥잠이 이씨보다 앞서 죽었을 것이다."[5]라고 되어 있다. 이로 미루어 보면 조옥잠이 먼저 죽고 그다음 매헌이 죽은 것으로 보인다.

이 두 서사를 비교해보면 임경주는 이씨의 재능을 인정하지만 부인의 덕을 벗어나지 않는 것으로 그리려 했음을 알 수 있다. 그것은 여공에 힘썼다는 것을 먼저 밝힌 뒤 그녀의 총명함을 이야기하고 유교적 덕목을 지킨 면모를 부각시키면서 마무리하는 서사 전개에서도 드러난다. 그러나 인물의 성격이나 일화를 배치한 것을 보면 서사의 중심이 이씨와 조옥잠의 재능을 드러내는 데 있음을 알 수 있다. 그럼에도 <매죽당 이씨전>이나 <한사인처>가 모두 죽음으로 끝나는 것은 여성 재능과 여성 지기 관계에 대한 인식이 긍정적이지 않았음을 의미한다.

앞서 언급했듯이 임경주는 다른 전들에서는 논찬을 통해 인물들에

---

5 <한사인처>, 위의 책, "見李氏遺稿, 有悼玉簪及聞葬玉簪詩. 趙必先李矣." 만약 조옥잠이 먼저 죽었다면 본문에도 이를 반영했어야 할 것으로 보이는데 서사는 그대로 두고 뒤에 이 말을 덧붙인 것을 보면 지금 남아 있는 <한사인처>를 그대로 가져온 뒤 사실과 다른 부분을 밝힌 것으로 보인다.

대해 적극적으로 논평한 것과 달리 <매죽당 이씨전>에서는 논찬을 생략했다. 이유가 무엇일까? 그것은 여성의 재능과 여성들의 지기 관계에 대한 인정과 여성 규범의 위배라는 인식 사이에서 어느 것도 버릴 수 없었기 때문이 아닐까?

3. 여성 재능-불운, 여성 지기(知己)-죽음의 플롯

매죽당 이씨와 조옥잠의 이야기는 재능 있는 여자들이 행복한 삶을 살지 못했음을 이야기하는 한편 두 여자의 깊은 우정과 의리에 대해 이야기하고 있다. 여기서는 여성의 재능이 어떻게 이야기되고 있는가, 또 여성들의 사귐이 어떻게 이야기되고 있는가를 중심으로 작가의 의도를 읽어보기로 한다.

먼저 여성의 재능에 대한 것이다. <매죽당 이씨전>의 이씨는 임경주의 누이 임윤지당을 떠올리게 하는데 임윤지당이 모델은 아닐 것이다. 임윤지당은 어려서 성리학이라는 학문이 있다는 것을 안 뒤로 평생 심취하여 공부했지만 부덕에 어긋나지 않으려고 낮에는 집안일을 하고 밤에 비로소 책을 펼치고 공부했다. 그래서 시집 식구들은 임윤지당이 학문이 깊다는 것을 알지 못했다. 나중에는 알려졌지만 임윤지당 형제와 가까웠던 지인들도 임윤지당의 학문을 알지 못했다. 그러나 임윤지당의 학문이 뛰어났기 때문에 임윤지당의 문집을 본 당시의 학자들은 그 학문을 인정하고 칭찬하며 규방 안의 일이라고 해서 감추어서는 안 된다고 했다.[6]

여성이 재능을 발휘해서 시문을 쓰거나 학문을 하는 것은 부덕을 넘어서는 것이었다. 그러나 조선 후기로 갈수록 임윤지당을 비롯해서 강정일당, 이빙허각 등 사대부가의 부인들이 시문은 물론 학문 분야에서도 저서를 남기기 시작하면서 남성 문인들의 평가도 달라졌다. 식견이 뛰어나고 문장을 잘한 부인들의 이야기가 야담집에 실리고 여성을 대상으로 한 행장이나 제문, 묘지명에서도 여성의 재능이 중요한 항목으로 기술되었다.

『좌계부담』의 '부인사적'에는 <백화당 주인>이라는 제목의 글이 실려 있는데 이는 결혼 상대로 재능이 있는 여자를 아내로 맞고 싶어하는 백화당 주인과 그 부인의 이야기다.

> 백화당 주인의 아내는 누구인지 모른다. 주인의 성품이 본래 우아하고 깨끗하며 시 읊기를 좋아했다. 그래서 부모에게 청하기를 "저의 혼사는 문벌의 높고 낮음을 보지 말고 재산의 많고 적음에 매이지 말고 오직 규수의 재예와 문장을 보았으면 합니다."라고 했다. 그래서 서른이 되도록 장가를 들지 못했는데 먼 지역에 한 재녀(才女)가 있는데 가난한 집에서 자랐다는 것을 전해 듣고 백방으로 통혼하여 다행히 부부가 되었다. 처녀의 맑고 아름다운 문장은 듣던 것과 똑같았다. 주인은 집 뒤 그윽한 곳에 따로 한 정사를 짓고 온갖 꽃들을 심고 이름을 백화당이라 했다. 주인이 불행히도 겨우 마흔 살에 죽으니 그 아내가 통곡하고 남편을 따르고자 자결하려 했으나 그렇게 하지 못했다. 시에 이르기를, "삼종의 하나가 없어 그 뒤를 따르려 하나, 이 죽음 더디어 이 몸을 원망하네. 슬피 백

---

6 김경미, 앞의 책, 230~243면.

화당에서 홀로 있는데 꾀꼬리 울고 누에 잠드니 또 늦봄이구나."라 고 했다.[7]

이 이야기는 여성의 시 짓는 능력이 중요한 자질이 되었음을 보여준다. 이것이 당시의 일반적인 사례는 아니겠지만 부부 사이에 지적 소통을 중요하게 여겼던 사례를 보여준다. 아내의 자격으로 재능과 문장만 보겠다는 것은 여성의 재능에 대한 인정이라고 볼 수 있을 뿐만 아니라 결혼과 부부 관계에 대한 태도가 달라진 것이라고 볼 수 있다.

이상에서 볼 수 있는 재능 있는 여성들의 지식은 남성들의 지식이고 시작 능력이다. 이는 당시 재능 있는 여성들이 갖고자 했던 것들이고, 남성들이 인정했던 것들이다. <매죽당 이씨전>과 <한사인처>는 여성의 재능에 대해 부덕을 벗어나는 일로 보거나 재능을 하찮게 여기는 태도를 보이지 않는다. <한사인처>에서는 여공을 싫어했다고 하면서도 그에 대해 비판적인 태도를 보이지 않는다. 그러나 재능 있는 이 여성들의 결말이 죽음이라는 것은 여성 재능-불운의 통념을 재생산한 것으로 볼 수 있다.

다음은 이들의 우정이 기록되는 방식에 주목하고자 한다. <매죽당 이씨전>에 의하면 매죽당은 부덕에 충실한 한편 총명하고 공부하기를 좋아하고 노래와 시에 뛰어난 인물이다. 조옥잠 역시 문장을 잘하는 인

---

7 <백화당주인>, 『좌계부담』 하권, "百花堂主人妻, 不知何氏. 而主人性本雅潔, 好吟哈, 故請於父母曰, 子之婚事, 不看門閥之高低, 不拘財産之豊瘠, 取閨中之才藝詞翰云云. 故年迫而立, 而尙不得娶, 傳聞遠地有一才女, 長成於貧素之家, 百方通婚, 幸爲夫婦. 處女之淸詞綺語, 一如所聞. 主人別構一精舍於家後幽僻處, 列植百花, 扁曰百花堂. 主人不幸年纔四十而亡. 其妻慟哭靡逮, 將欲自裁, 不可得也. 有詩曰, 三從無一可從人, 此死遲遲恨此身, 怊悵百花堂獨在, 鶯啼蠶睡又殘春."

물로 두 사람은 붕우 관계를 맺고 몹시 친하게 지낸다. 조옥잠이 먼저 죽자 매죽당은 슬픔을 이기지 못하고, 몇 년 뒤에 피를 토하고 죽는다. <한사인처>에 의하면 매헌은 길쌈이나 바느질에 처음부터 관심이 없었으며, 문장이 뛰어난 인물이다. 중인집 처녀인 조옥잠이 매헌의 명성을 듣고 찾아온 뒤 둘은 옛 친구를 만난 듯 속세의 남자들이 엿볼 수 없는 관계를 맺고 몹시 친하게 지낸다. 얼마 지나지 않아 매헌이 죽자 조옥잠은 세상에 뜻이 없어지고 눈물로 지내며 음식을 전폐하다가 병이 깊어서 죽는다.

이처럼 서로를 알아보고 인정해주는 지기 관계는 매죽당과 조옥잠에게 절대적인 의미를 지녔던 것으로 보인다. 친인척이 아닌 다른 신분의 젊은 여성들이 교유하면서 지기 관계를 맺는 것은 좀처럼 찾기 어려운 기회였고 더욱이 재능과 교양을 갖춘 두 여성이 만나 지적으로 교류하는 것은 더욱 쉽지 않은 일이었기 때문이다. 임경주의 누이이자 성리학자였던 임윤지당은 평생 당대 최고의 성리학자였던 둘째 오빠 임성주를 스승으로 삼아 공부했다. 그럼에도 규방 안에 가르쳐주고 바로잡아주는 사람이 없는 것[8]을 아쉬워했던 것을 보면 여성들 안에서의 지적 교류가 절실했음을 알 수 있다.

지기에 대한 여성들의 갈망은 국문소설에서도 종종 나타난다. <숙녀지기>는 여성들끼리의 우정이 어떻게 이루어지고 그 우정을 어떻게 지탱해가는가를 다룬 작품이다.[9] 창기로 팔려 나가지 않으려고 미친 척하던 여진주는 13세의 재주와 덕이 출중한 일대 가인을 만나 서로 시

8 김경미, 앞의 책, 55면.
9 김명순, 앞의 논문, 160면.

를 창화하고 지기가 되고,[10] 상투적이지만 행복한 결말을 맞는다.[11] <문장풍류삼대록>은 송대의 문장가인 소순 3부자와 그 자손을 주인공으로 한 가문소설로 여성의 문식(文識)에 대해 긍정적 인식을 드러낸다. 여기서 여성 인물 이씨와 두씨는 시사로 재능을 겨루고 마음이 맞아 지기 관계를 맺는다.[12]

여성의 재능에 대한 인정은 조선 후기 사회에서 서서히 이루어지고 있었고, 그러한 변화는 조선 후기 여성 대상 기록들을 비롯해서 소설에 나타나기 시작한다. 그러나 여성은 남성들처럼 사회적으로 재능을 인정받고 그것을 발휘할 공간을 갖지 못했다. 또 시문이나 학문을 통해 사회적 인정을 받기는 했지만 그것은 소수에 해당하는 것이었다. 따라서 조선시대 여성의 재능에 대한 강조는 자칫 재능을 발견할 기회조차 갖지 못했던 여성들을 다시 소외시키고 타자화할 우려가 있다. 그럼에도 <매죽당 이씨전>과 <한사인처>가 재능 있는 여성과 서로의 재능을 알아본 여성들의 지기 관계를 전면화시켜 다룬 작품이라는 점은 주목할 만하다. 그리고 신분을 넘어 재능에 대한 인정 하나로 깊은 우정을 맺는다는 점에서 이전의 여성 재현 플롯과는 차이를 드러낸다. 하지만 이 두 서사는 결국 여성 재능-불운, 여성 지기-죽음의 플롯으로 귀결된다는 점에서 재능 있는 여성과 불운을 연결시키는 성장치라 하지 않을 수 없다.

---

10 조혜란, 앞의 논문, 303면.

11 조혜란, 앞의 논문, 317면.

12 홍현성, 「「문장풍류삼대록」에 나타난 여성 인식과 의미」, 『장서각』 21, 2009, 240면.

4. 여성 지기-죽음 플롯의 전복성

두 작품 모두 빠트리지 않고 있는 것이 두 사람의 절친한 우정과 한 사람이 죽자 따라죽었다는 것이다. <매죽당 이씨전>에서는 매죽당이 옥잠을 잃은 뒤 근심을 이기지 못하고 몇 년 뒤에 피를 토하고 죽었는데 열아홉 살이었다고 했다. 두 문장 사이에는 옥잠을 잃고 그래서 피를 토하고 죽었다는 직접적인 인과 관계가 드러나지 않는다. 그럼에도 매죽당의 죽음은 조옥잠의 죽음과 연관이 있는 것으로 받아들여진다. 이에 비해 <한사인처>에서는 매헌과 조옥잠의 죽음의 순서는 바뀌었지만 둘의 죽음을 직접 연관시키고 있다. 옥잠은 매헌이 죽은 뒤로 세상에 뜻이 없고 꽃 피는 아침 달 뜨는 저녁이면 눈물을 흘리고 탄식하며 매헌의 아리따운 용모와 슬기로운 언어를 다시는 보고 들을 길이 없으니 슬플 뿐이라고 하며 곡기를 끊고 병이 깊어져서 죽었다.

<매죽당 이씨전>은 여성 재능과 여성 지기를 인정하는 것 같지만 온전히 그것을 인정하는 것은 아니다. 재능의 내용이나 매죽당에 대한 평가는 부덕의 범주를 벗어나지 못한다. 임경주가 논찬을 쓰지 않은 것은 여성 재능과 여성 지기 관계를 인식하면서도 그것을 드러내놓고 인정할 수 없었던 딜레마를 보여준다. 그런 점에서 <매죽당 이씨전>은 유교 가부장제 사회에서 여성에게 주어진 성 역할의 재생산과 위반의 경계에 서 있는 것으로 보인다.

<한사인처>에서 매헌이 길쌈과 바느질을 좋아하지 않고, 옥잠이 명성을 듣고 매헌을 찾아오고 매헌이 죽은 뒤 세상사에 관심을 잃는 것은 모두 주어진 여성의 삶을 위반하는 것이다. 그리고 이 두 여자 이야기는 비록 둘의 죽음으로 끝나지만 남편이나 정절을 지켜야 할 남성을

위해 죽는 것이 아니라는 점에서 새로운 플롯이다. 목숨을 바치는 대상이 남성이 아니라 자신을 알아주는 벗이었다는 점은 열녀전의 플롯에서 볼 수 있었던 죽음과는 다른 전복적인 의미를 갖는다.

제7장

성체계의 위반에 대한 새로운 상상

<방한림전>

1. 성체계의 위반이라는 새로운 플롯

<방한림전>은 19세기 말에 창작된 것으로 보이는 여성영웅소설의 하나이다. 여성영웅소설은 여성이 남장을 하고 공적 공간에 나가서 공을 세운 뒤 다시 여성으로 돌아와서 남성과 결혼을 한다는 줄거리로 이루어져 있다. 여성이 남장을 하고 공적 공간으로 나가는 것이 중요한 플롯을 이루는 여성영웅소설의 존재는 내외법이 엄격하게 지켜졌던 조선 사회의 젠더 체계에 대해 문제 제기를 했다는 점에서 의미를 갖는다. 그러나 이 유형에 속하는 대부분의 작품들은 여성 주인공이 공을

* 이 장은 「젠더 위반에 대한 조선사회의 새로운 상상: <방한림전>」(『한국고전연구』 17, 2008)을 수정, 보충한 것이다.

세운 뒤에 다시 남성과 결혼하여 부인으로 살아가는 것으로 끝난다. 여성영웅소설에 대한 연구자들의 평가가 엇갈리는 것도 이처럼 남장을 한 여성을 등장시켜 여성의 능력을 입증하는 한편 다시 가정으로 돌아가게 한다는 설정이 갖는 이중적인 면모 때문이다. 즉 젠더 위반을 감행하는 인물을 등장시켰다가 이전의 젠더 체계로 고스란히 다시 편입되게 하기 때문이다.

<방한림전>은 여성영웅소설의 자장에서 창작되었지만, 젠더 위반을 끝까지 밀고 나간다는 점에서 문제적이다. 그리고 젠더 위반의 끝에 동성 결혼을 설정하고 주인공이 죽을 때까지 그 결혼을 유지하게 한다는 점에서 더욱 문제적이다. 이런 이유로 그간의 여성영웅소설 연구에서 <방한림전>은 특별한 지위를 점하는 것으로 평가되었다. 그럼에도 이 작품에 대한 평가는 상이하다. 첫째는 두 여성 주인공인 방관주와 영혜빙이 당대 여성의 삶을 모순된 현실로 인식하고 그 모순을 뛰어넘는 새로운 가능성을 추구한 작품으로 보는 입장이고,[1] 둘째는 지기(知己) 관계로 명명된 동성 결혼을 하는 설정은 충격적이지만 이는 가부장제에 도전한다기보다는 통속적 흥미소의 역할을 할 뿐이라고 보는 입장이다. 이 입장에서는 영혜빙이 여성적 자각을 강하게 드러내는 인물로 방관주와 지기 관계를 구현하려 하는 인물인 반면, 방관주는 남성 콤플렉스에서 벗어나지 못한 인물로서 남성성을 체현하며 가부장적인 질서를 구현하는 인물로 평가된다.[2] 셋째는 조선의 가부장제 질서에 대해

---

1 강진옥, 「이형경전연구」, 『고소설연구』 2, 1996, 119면; 차옥덕, 「<방한림전>의 구조와 의미: 페미니즘적 시각을 중심으로」, 『고소설연구』 4, 1998, 134면; 양혜란, 「고소설에 나타난 조선조 후기 사회의 性차별의식 고찰: <방한림전>을 중심으로」, 『한국고전연구』 4, 1998, 141면.

2 장시광, 「<방한림전>에 나타난 동성결혼의 의미」, 『국문학연구』 6, 2001, 254~276면;

비판적인 작품으로 보는 입장이다. 이 입장에서 볼 때 방한림은 평등의 페미니즘을, 영혜빙은 차이의 페미니즘을 보여주며, 이들의 결혼 생활은 이 둘의 연대를 상징적으로 보여주는 문학적 장치이다.[3] 또 방관주에게는 남성으로서의 삶을 지속하게 하고, 영혜빙에게는 지기와의 한평생을 갈등 없이 이어가도록 한다는 점에서 비판적 문제의식을 끝까지 유지한 작품이다.[4] 특히 <방한림전>을 비롯한 여타의 여성영웅소설이 중세의 젠더 이분법과 관련된 고정관념들을 해체하면서 국가와 제도가 그들에게 부여한 역할과 규범에 도전한다는 점에서 고정된 성정체성에 의문을 제기하고 있다[5]는 평가는 <방한림전>을 이해하는 데 관건이 될 것으로 생각된다.

다른 고소설 작품들과 비교할 때는 물론이고 여성영웅소설과 비교할 때도 <방한림전>은 고정된 성정체성에 의문을 제기하는 데서 나아가, 성별 체계를 위반한 새로운 성정체성을 가진 인물을 등장시켜 이성애에 기반을 둔 가부장적 결혼 제도에 도전한 급진적인 플롯을 보여준다. 여성영웅소설 유형에 속하는 작품들이 결국은 여성의 위치로 돌아가는 반면, 방관주는 끝까지 남성으로 남으며 영혜빙이라는 여성과 결혼해서 40년간 결혼 생활을 유지한다. 이는 <방한림전>이 여성영웅소설의 유형에 속하면서 동시에 벗어나는 특징적인 면모이자 급진적

김하라, 「<방한림전>에 나타난 지기관계의 변모」, 『관악어문연구』 27, 2002, 225~244면.

3 박혜숙, 「여성영웅소설과 평등·차이·정체성의 문제」, 『민족문학사연구』 31, 2006, 184면.

4 김정녀, 「<방한림전>의 두 여성이 선택한 삶과 작품의 지향」, 『반교어문연구』 21, 2006, 223~248면.

5 박혜숙, 앞의 논문, 188~189면.

인 면모이다. 남성 중심의 플롯을 재생산하는 영웅소설의 플롯을 여성 영웅소설의 플롯으로 전환하고 있기 때문이다. 여기서 문제가 되는 것은 주인공 방관주가 스스로의 성정체성을 어떻게 인식하고 있는가 하는 점이다. 스스로를 여성으로 인식하고 있는가, 아니면 남성으로 인식하고 있는가에 따라 방관주와 또 다른 여성 주인공 영혜빙의 결혼은 단순히 동성 결혼으로만 볼 수 없는 국면이 존재하기 때문이다. 이 장에서는 방관주와 영혜빙의 결혼이 갖는 이런 문제를 염두에 두면서 방관주가 보여주는 새로운 성정체성과 방관주와 영혜빙의 결혼이 보여주는 동성애적 면모에 주목하고자 한다. 그리고 <방한림전>이 보여주는 젠더 위반에 대한 새로운 상상이 실상은 조선 후기 사회에 은폐되어 있던 동성애의 소설적 표현이었음을 조선 사회의 동성애에 대한 태도나 현상과 관련하여 살피고자 한다.

<방한림전>(단국대 천안캠퍼스 소장)의 이본으로는 <낙성전>(한국학중앙연구원 소장), <쌍완기봉>(정학성 가내 소장) 등이 존재하며, 이 세 이본은 모두 필사본이다. 작가는 미상이며 창작 연대는 19세기경으로 추정되고 있으며, 필사 기록이 20세기 가까운 시기까지 있는 것[6]으로 미루어 19세기 후반에서 20세기까지 읽혔을 것으로 보인다. 제목상으로는 각기 다른 지향을 보여주는 것으로 보이지만 서사 전개가 같으며 이본 간의 큰 차이는 없다.[7] 이 글에서는 <방한림전>을 기본 텍스트로 하고 <낙성전>, <쌍완기봉>을 참고하여 교감한 현대역 <방한림전>을 텍스트로 택했다.

6 장시광, 『조선시대 동성혼 이야기 방한림전』, 한국학술정보, 2006, 242면.

7 장시광, 위의 책, 249면. 세세한 차이에 대해서는 이 책 244~250면 참조.

2. <방한림전>에 재현된 젠더 위반의 표지들

<방한림전>의 줄거리를 정리해보면 작품 전체에 걸쳐 있는 갈등과 해결이 방관주의 젠더 위반과 관련되어 있는 것으로 나타난다. 어려서부터 여자옷 입기를 거부하고 남자옷을 입고 자란 방관주는 부모를 잃은 뒤 혼자 집안을 지키며 여자의 도리에는 전혀 관심이 없고, 과거에 급제한 뒤 영혜빙과 결혼한다. 다른 사람의 제재를 받아야 하는 결혼을 싫어하는 영혜빙과 남자 옷을 입고 남자 행세를 하는 방관주(방한림)는 부부를 가장한 지기(知己)로 함께 산다. 방관주의 관직은 계속 높아지고 둘은 영화로운 삶을 산다. 이때 형주가 어지러워 방한림이 안찰사로 나가게 되고 여기서 낙성을 얻어 아들로 삼는다. 오랑캐가 침입하자 방관주는 자원해서 전쟁에 나가 승리하여 공을 세운다. 낙성은 혼인하여 과거에 급제하고 방관주·영혜빙 부부는 지기로 결혼 생활을 유지하며, 방관주·낙성 부자의 명망은 높아간다. 어느 날 도사가 방문해 음양을 속인 죄를 꾸짖고 죽음을 예고하자 방관주는 임금에게 자신의 정체를 밝히고 죽으니 얼마 있다 영혜빙도 따라 죽는다.

이상의 줄거리에서 보듯 <방한림전>에는 영웅소설이 흔히 갖고 있는 가문의 몰락과 회복 모티브가 없으며, 혼사에 따른 장애 모티브도 없다. 다시 말해 작가는 방관주가 가문이나 혼사를 둘러싼 문제로 세계와 심각한 갈등에 빠지고 그것을 해결하는 과정에서 영웅으로 성장하는 데 큰 관심이 없다. 작가의 관심은 생물학적 여자인 방관주가 남자로 살아가면서 부딪힐 문제들, 예컨대 결혼, 수염이 나지 않는 것, 자식이 없는 것, 음양을 바꾸어 산 데 대한 세상의 평가 같은 것에 집중되어 있다. <방한림전>과 보통 '여화위남(女化爲男)' 모티브가 나오는 소

설들이 구분되는 것이 바로 이 지점이다. 이는 <방한림전>이 젠더 체계의 위반을 서사 전개의 한 모티브로 활용한 것이 아니라 작품의 주제로 삼고 있음을 의미한다.

새로운 성정체성의 등장: 방관주

<방한림전>의 주인공인 방관주는 생물학적으로는 여성으로 태어났으나 여성으로서의 삶, 즉 사회적으로 구성된 여성의 삶, 젠더로서의 여성의 삶을 거부하는 인물이다. 옥으로 새긴 듯한 꽃 같은 딸로 태어난 방관주는 "비록 딸이었으나 산천의 정기를 모아 태어난 듯 광채가 찬란"[8]하더니 서너 살이 되면서부터 여성의 면모가 없고 날로 늠름해진다.

> 딸(방관주)이 서너 살이 되니 용모가 시원스럽게 생겼고 기상이 빼어나 규방 여자의 행동이 없었다. 몸은 날로 늠름해지고 흰 연꽃 같은 얼굴색이며 가을 하늘과 같은 높은 기운에 진주와 같은 눈빛이 있었다.[9]

이러한 용모에다 재주가 뛰어나 방관주의 부모는 아들이 없는 것을 한으로 여기지 않는다. 방관주가 자신에게 주어진 성별 역할을 거부하

---

8 장시광, 위의 책, 13면/90면, 필요한 경우 부분적으로 현대 역 부분을 수정하면서 인용하였음. "비록 여아나 산쳔 경긔를 모도아 난 듯 광치 찰난ᄒᆞ야."

9 장시광, 위의 책, 14면/91~92면, "여아 슈삼 셰의 풍용지식이 쇄락ᄒᆞ고 긔상이 쥰슈ᄒᆞ야 규리옥녀의 거동이 업고 신장이 날노 늠〃ᄒᆞ야 빅년 갓튼 안식과 츄쳔 갓튼 긔운이며 진쥬 갓튼 안광이며"

는 것은 여자옷을 입지 않고 남자옷을 입는 것에서 시작된다.

> 방공 부부가 붉은 비단옷과 색깔 있는 옷을 입히려고 하였으나 소저는 천성이 소탈하고 검소하여 삼베로 얽은 옷을 입으려고 하였다. 그래서 딸의 뜻에 맞추어 소원대로 남자옷을 지어 입히고 아직은 어렸으므로 여공을 가르치지는 않았다. 오직 시 짓는 법과 글 쓰는 법을 가르치니 …… 온갖 책을 알지 못하는 것이 없어 이백(李白)과 두보(杜甫)를 우습게 알 정도였다.[10]

방관주가 남자옷을 입게 되는 것은 부모의 뜻이 아니라 방관주의 뜻이다. 방공 부부가 여자옷을 의미하는 것으로 보이는 붉은 비단옷과 색깔 있는 옷을 입히려 하자 방관주는 삼베로 지은 옷을 입으려 한다. 여기서 작가는 스스로 교란되고 있는 것으로 보인다. 소저의 천성이 소탈하고 검소해서 삼베옷을 입으려 한다는 진술과 딸의 뜻에 맞추어 소원대로 '남자옷'을 지어 입혔다는 진술 사이에는 건너뜀이 있기 때문이다. 천성이 소탈하고 검소해서 삼베옷을 입는 것과 남자옷을 입는 것은 사실 아무런 연관이 없다. 붉은 비단옷과 색깔 있는 옷과 삼베옷의 대비는 작가도 "천성이 소탈하고 검소해서"라는 말을 덧붙이고 있듯이 화려한 옷과 검소한 옷의 대비이지, 남자옷과 여자옷의 대비는 아니다. 그런데 그다음에 바로 오는 것이 "딸의 뜻에 맞추어 소원대로" 남자옷

10 장시광, 위의 책, 14면/92면, "홍금ᄎᆡ의로 입피되 문ᄇᆡᆨ 쇼졔 텬셩이 쇼탈ᄒᆞ고 금소ᄒᆞ야 취삼으로 쳬긘 옷슬 입고ᄌᆞ ᄒᆞᄂᆞᆫ지라 방공 ᄂᆡ외 여아의 뜻슬 맛쵸아 쇼원ᄃᆡ로 남복을 지여 입피고 아직 어린 고로 여공을 가라치지 안코 오직 시셔를 가라친이 …… 시셔ᄇᆡᆨ가어를 무불통지ᄒᆞ야 니두를 모시하니."

을 지어 입혔다는 것이다. 그렇다면 작가는 여자옷은 붉은 비단옷, 색깔 있는 옷, 즉 화려한 옷이고, 남자옷은 삼베로 얽은 옷, 즉 검소한 옷으로 구분하고 있는 것인가? 그런 것 같지는 않다. 작가는 남자옷을 입으려 하는 방관주를 설명할 언어를 찾지 못한 것으로 보인다. 즉 요즘 말로 하면 '복장전환'이라 할 수 있는 방관주의 선택을 설명할 언어를 찾지 못하고, 소탈하고 검소하다는 것으로 설명하려 한 것이다. 따라서 이를 남자에 대한 선망으로 쉽게 이야기할 수는 없을 것 같다.

방관주의 복장전환은 여성의 사회적 역할에 대한 거부로 이어진다. 방관주는 길쌈과 바느질을 거부하고 부모도 이를 승인한다. 부모가 보기에도 딸의 재주와 외모가 보통 사람이 아니었으므로 여자옷을 입히지 않고 친척에게는 아들이라고 하여 아들로 키우는 것이다.

> 방관주에게 길쌈과 바느질을 권하면 스스로 하지 않으니, 부모 또한 딸의 재주와 외모가 보통 사람이 아니었으므로 싫어하는 것을 구태여 권하지 않았다. 여자옷을 입히지 않고서 친척에게는 아들이라고 하였다.[11]

위 인용문에서 보듯 방관주가 길쌈과 바느질을 스스로 하지 않자 부모는 딸의 재주와 외모가 보통 사람이 아님을 알아채고 싫어하는 것을 구태여 권하지 않는다. 그리고 여자옷을 입히지 않고 친척에게 아들이라고 한다. 여기서도 작가는 방관주가 길쌈과 바느질을 싫어하는 것과

11 장시광, 위의 책, 15면/93~94면, "방젹슈션을 권ᄒᆞᆫ즉 스ᄉᆞ로 폐ᄒᆞ니 부모 ᄯᅩᄒᆞᆫ 여ᄋᆞ의 ᄌᆡ모 범인이 안이라 ᄯᅩᄒᆞᆫ 슬히 역이믈 굿틔여 권치 안코 여복을 나오지 안이ᄒᆞ고 친쳑으로 ᄒᆞ야금 아달이 ᄒᆞ던이."

여자옷을 입히지 않는 것, 아들이라 한 것을 바로 연결시키고 있다. 길쌈과 바느질을 싫어한다는 것과 여자옷을 입지 않는 것 사이에는 직접적인 연관이 없다. 그럼에도 이렇게 이야기한 것은 여자옷을 입지 않으려하고 남자옷을 입고 싶어하는 다른 성정체성을 가진 방관주를 규정할 언어를 찾지 못한 데서 비롯된 것으로 보인다.

이렇게 딸의 남다른 성정체성을 인정하던 부모가 죽은 뒤 방관주는 여자로서의 삶에 더욱 관심이 없어지며 주위에서도 여자임을 알지 못한다.

> 부지런히 책을 읽고 여도(女道)에 대해서는 뜻이 더욱 없어져 한결같이 남자로 처신하고 비복(婢僕)을 위엄으로 다스리니 그의 정체를 친척도 알지 못하였다.[12]

그러나 방관주의 비밀을 아는 유모는 계속해서 그만둘 것을 종용한다. 세상의 눈을 대변하는 유모에게 방관주의 행동은 “우스운 행동”일 뿐이다. 그러나 방관주는 유모의 이런 말에 화를 내며, 입신양명하여 부모의 후사를 빛낼 것이니 자신의 정체를 밝히지 말 것을 당부한다. 이후 시 짓기와 글쓰기로 세월을 보내는 방관주는 “위엄이 있고 매서워 조금도 여자의 부드러운 모습이 없”[13]게 되며 “내가 비록 여자지만 남자로 처신했으니 세상 여자의 남편 섬기는 도리를 어찌 하겠는

---

12 장시광, 위의 책, 15면/94~95면, “독셔를 부즈런이 ᄒᆞ고 더옥 의ᄉᆡ 여도의 다〃라난니낙ᄒᆞ야 일양 남ᄌᆞ로 쳐사ᄒᆞ고 비복을 위영ᄒᆞ야 ᄌᆞ가 본젹을 친쳑도 아지 못ᄒᆞ던이.”

13 장시광, 위의 책, 17면/100면, “그 엄위 강열ᄒᆞ야 죠금도 여ᄌᆞ의 연〃ᄌᆞ약ᄒᆞᆫ 틔도 읍셔.”

가?"[14]라고 하며 여자의 삶을 거부하고 과거시험에 응시하기로 한다. 그리고 과거에 급제한 뒤 공직에 나가고 여자와 결혼까지 감행한다.

방관주는 여자로 태어났으되 남자임을 한눈에 드러내주는 남자옷을 입고, 남자의 일로 규정된 것들을 수행한다. 그런 방관주 역시 스스로에 대해 설명할 정확한 언어를 찾지 못하고 자신의 행동을 어리석은 일로 규정한다.

> 나는 근본이 그대의 의심과 같도다. 하늘로부터 큰 벌을 얻어 부모님을 여의고 고독한 몸이 되었네. 외딴 시골 마을에 친척이 드물어 사방을 둘러봐도 의탁할 사람이 없어 어찌할 방법이 없었네. 할 수 없이 이런 모습으로 지내며 속절없이 세월을 보냈도다. 이미 열 살이 되어 어리석은 기운이 더욱 그칠 줄을 몰라 이 지경에 이르렀더니 오늘 그대가 분명히 알아보았구려.[15]

그러나 영혜빙 이외에 방관주가 여자임을 알아보는 사람은 없다. 그리고 결혼한 이후에는 영혜빙의 도움으로 더욱더 완벽하게 남자의 역할을 수행한다. 작품 내에서는 방관주가 이러한 성정체성을 의지적으로 선택한 것이 아니라 타고난 것으로 묘사된다. 그러나 방관주의 이

---

14 장시광, 위의 책, 19면/102면, "ᄂᆡ 비록 녀ᄌᆞ나 그 쳐신을 남ᄌᆞ로 ᄒᆞ여슨이 시쇽 여ᄌᆞ의 가부 셤기난 도를 뉘 ᄒᆞ리요."

15 장시광, 위의 책, 34~35면/134면, "복은 근본 ᄌᆞ의 〃심과 갓튼지라. 상쳔의 지즁ᄒᆞᆫ 죄벌을 으더 팔 셰의 양친을 ᄉᆞᆼ망ᄒᆞ고 혈〃ᄒᆞᆫ 일신이 벽향궁촌의 일ᄀᆡ 희쇼ᄒᆞᆫ이 ᄉᆞ고무탁ᄒᆞᆫ지라 계교 궁진ᄒᆞ야 스ᄉᆞ로 이런 거죠을 ᄂᆡ여 쇽절읍시 셰월을 쳔연ᄒᆞ야 임의 십셰 되ᄆᆡ 어린 긔운이 더옥 긋칠 쥬를 몰나 이 지경의 일으러던니 금일 ᄌᆞ의 쾌히 알물당ᄒᆞ야."

러한 성정체성은 고정되어 있지 않다. 방관주는 작품 말미에서 자신을 "일개 아녀자"로 묘사하기도 하기 때문이다. 이상에서 보듯 방관주는 남자와 여자라는 고정된 젠더 체계를 교란시키는 인물이다.[16]

가부장적 결혼 거부를 통한 성체계 위반: 영혜빙

방관주가 어려서부터 "보통사람이 아니어서" 남자옷을 입고 남성의 삶이라고 규정된 삶을 선택함으로써 젠더를 위반한다면, 영혜빙은 여자의 삶이라고 규정된 삶에 문제를 제기하고 결혼을 거부함으로써 젠더를 위반한다. 영의정의 막내딸인 영혜빙은 용모와 재주가 형제 중에 뛰어나고 아름다운 인물이다. 그러나 그녀는 외모가 여느 여성과 같이 묘사되고, 여성이 해야 하는 역할을 수행한다. 그런 그녀가 다른 여성과 다른 점은 결혼에 대해서 매우 부정적이라는 점이다.

> 문득 세상 부부의 영욕(榮辱)을 초월(楚越) 같이 배척하여 말끝마다 다음과 같이 말하였다. "여자는 죄인이다. 온갖 일에 이미 마음대로 못하여 남의 규제를 받으니 남아가 못 된다면 인륜을 끊는 것이 옳다." 그러면서 언니들의 구차함을 비웃었다. 형제들은 활발하다고 조롱하고 부모는 그 마음을 괴이하게 여겼다.[17]

16 이러한 방관주의 행동이나 성정체성을 분명하게 이야기하기는 어렵다. 오늘날의 관점에서 볼 때 남자옷을 입는다는 점에서 복장전환자(크로스드레서)에 해당한다고도 볼 수 있고. 남성적인 복장, 남성적인 성격을 갖는다는 점에서 부치에 해당한다고도 볼 수 있다. 퀴어이론문화연구모임 WIG, 『젠더의 채널을 돌려라』, 사람생각, 2008, 16~22면 참조.

17 장시광, 앞의 책, 26면/116~117면, "문득 셰상 부〃의 영욕을 쵸월 갓치 빅쳑ᄒᆞ야 언

영혜빙의 이런 뜻에도 불구하고 그녀의 아버지는 딸을 방관주와 혼인시키려고 정성껏 구혼하고, 방관주를 집으로 초대한다. 그리고 방관주가 있는 자리에 딸을 나오게 해서 선을 보인다. 이 자리에서 방관주를 본 영혜빙은 내당으로 돌아가 "예로부터 남자가 참으로 고운 사람도 많다고 하나 여자와는 차이가 많으니 어찌 이런 남자가 있겠는가"[18] 하고 이상하게 여기면서 방관주가 본래는 여자임을 알아본다. 그리고 남자옷을 입은 데 대해 어려서 부질없이 남자옷을 입다가 부모가 일찍 죽고 여자의 도리를 권하고 가르칠 사람이 없어서 그렇게 된 것이라 짐작하고 이를 차라리 잘된 일이라 여긴다.

> 내가 보니 방씨의 얼굴이 시원스럽고 행동거지가 단엄하여 일대의 기남자(奇男子)다. 이런 영웅 같은 여자를 만나 일생 지기가 되어 부부의 의리와 형제의 정을 맺어 한평생을 마치는 것이 나의 소원이다. 내 본디 남자의 사랑하는 아내가 되어 그의 절제(節制)를 받으며 눈썹을 그려 아첨하는 것을 괴롭게 여기고 있었다. 금슬우지(琴瑟友之)와 종고지락(鐘鼓之樂)을 내가 원하지 않더니 우연히 이런 일이 있으니 어찌 우연하다 하리오? 반드시 하늘이 생각해주신 것이다. 수건과 빗을 맡는 구구한 일보다 이것이 낫지 않으리오?[19]

〃의 왈 녀ᄌᆞ난 죄인이라 ᄇᆡᆨᄉᆞ의 임의 님의치 못ᄒᆞ야 그 사람의 절제을 밧나이 남아 못될지되 인윤을 긋치미 올흐이라 ᄒᆞ며 모든 제형들의 구차ᄒᆞ물 우ᄉᆞ이 제형덜이 활발타 죠롱ᄒᆞ니 부모 다 그 심정을 고히 역이던이."

18 장시광, 위의 책, 30면/124~125면, "자고로 남자 호탕 고흔 ᄉᆡᆨ도 잇다 ᄒᆞᆫ아 여자의계 ᄂᆡ 도ᄒᆞᆫ이 엇지 이런 남ᄌᆞ 잇스리오."

19 장시광, 위의 책, 30~31면/125~126면, "ᄂᆡ 보건ᄃᆡ 방씨 용안이 쇄락ᄒᆞ고 거지 단엄ᄒᆞ야 일세 긔남ᄌᆞ라 이런 영웅의 여ᄌᆞ을 만나 일ᄉᆡᆼ 지긔 되어 부〃의 〃와 형제의 졍을 ᄆᆡᄌᆞ 일ᄉᆡᆼ을 맛ᄎᆞ미 ᄂᆡ의 원이라 ᄂᆡ 본대 남ᄌᆞ의 총실이 되어 그 절제을 밧으며 눈셥

“규방의 여자 가운데 세상 이치를 꿰뚫어 아는 여자”[20]인 영혜빙은 남자의 제재를 받는 가부장적 결혼에 대해 깊은 문제의식을 갖고 있는 인물이다. 따라서 방한림이 여자인 것을 알아보고도 결혼을 감행하며, 일생토록 처자의 도리를 잃지 않겠다고 한다. 영혜빙이 말하는 처자의 도리는 다른 연구에서 지적하듯 방관주와 가부장적 위계에 따른 처자의 도리가 아니다. 결혼 이후 두 사람의 관계는 영혜빙이 원하는 동등한 지기(知己) 관계로 유지된다.

<방한림전>이 가부장적 질서를 보여주는 작품이라고 보는 입장에서는 방관주가 뒤로 갈수록 가부장적인 면모를 띠게 된다고 지적한다. 그러나 설령 방관주가 그런 태도를 드러낸다 해도 영혜빙에 의해 비판받거나 거부된다. 두 사람의 결혼을 반대하고 결혼이 유지되는 내내 근심어린 충고를 하는 유모에게 방한림이 화를 내며 꾸짖는 장면을 본 영혜빙은 방관주의 자를 부르며 유모 편을 들어준다. 이에 대해 방한림이 “여자의 도리를 알 때”인데도 가장의 자를 부르느냐고 질책한다. 그런 방관주의 태도에 대해 영혜빙은 웃어 넘긴다. 영혜빙의 웃음은 방관주의 태도를 사소하게 만들어버리는데, 방관주가 가부장적인 태도를 견지한다면 이 장면이 이렇게 마무리되지는 않았을 것이다. 또 방관주가 임금에게서 상으로 받은 통천관은 자신이 갖고 서진과 책은 아들인 낙성에게만 주자 영혜빙이 웃으며 자기 것은 없느냐고 묻는다. 이에 대해 방관주가 “부인에게는 당치 않는 것”이라고 하며 부인이 가진 것이

을 그려 아당ᄒᆞ물 괴로이 역여 금실우지와 죵고지낙을 ᄂᆡ 원치 안턴이 우연이 이런 일이 잇슨이 웃지 우연타 ᄒᆞ리요 반다시 쳔도 유의ᄒᆞ시미라 슈건과 빗슬 가음아난 구〃ᄒᆞᆫ ᄃᆡ 이예셔 낫지 안니리요.”

20 장시광, 위의 책, 34면/133면, “영 쇼져난 규각 가온ᄃᆡ ᄒᆞᆫ갓 통개명달ᄒᆞᆫ 여ᄌᆞ라.”

다 자신에게서 비롯된 것인데 만족하지 않고 투정하니 욕심이 많다고 하자, 영혜빙은 빙그레 웃으며 "나에게 맞지 않는 것이 그대에게 홀로 맞는 것이 있느냐"고 받아친다. 이 말을 들은 방관주가 눈썹을 찌푸리며 그런 말을 하지 말라고 하지만 영혜빙은 여유롭게 웃어 넘긴다. 이러한 장면들에서 볼 수 있듯이 영혜빙은 방관주의 위세나 능력에 기죽거나 열등감을 느끼지 않는다. 그녀가 원했던 대로 구속받지 않고 동등한 관계를 만들어가는 것이다.

영혜빙은 가부장적 결혼의 문제점을 깨닫고 이를 거부한다. 그런데 그 거부의 방식이 동성 결혼이라는 점에서 문제적이다. 영혜빙은 방관주라는 새로운 성정체성을 가진 인물을 받아들일 뿐만 아니라, 그녀 자신도 당대의 젠더 규범을 벗어난 결혼 생활을 기꺼이 선택한다. 이런 점에서 영혜빙 역시 젠더 위반을 수행한 인물로 볼 수 있다.

3. '동성 결혼' 설정을 통한 성체계 흔들기와 '동성애'의 자리 만들기

앞서 보았듯이 방관주와 영혜빙의 젠더 위반은 결국 동성 결혼이라는 형태로 귀결된다. 여성이 남자옷을 입고 공적 공간에 나가 공을 세우는 내용의 작품들은 많이 창작되었지만 <방한림전>처럼 동성 결혼을 설정해서 끝까지 남성의 역할을 수행하게 하는 작품은 드물다. 이런 점에서 <방한림전>의 주제의식은 젠더 위반의 결과 이르게 된 '동성 결혼'이 어떤 모습이 될 것인가에 모아진다고 할 수 있다.

방관주와 영혜빙이 결혼을 할 수 있었던 것은 주변 사람들의 의심을 막고자 하는 방관주의 목표[21]와 앞서 보았듯이 남자의 제재를 받지 않겠다는 영혜빙의 이해가 맞아떨어졌기 때문이다. 이 둘은 결혼이라는 형식 속에서 지기(知己) 관계로 살기로 한다. 이 둘이 결혼이라는 형식을 택할 수밖에 없었던 것은 결혼 이외의 다른 관계나 독신이 허용되지 않았기 때문이다. 따라서 이들은 부부 관계를 가장한 친구 관계로 40년을 함께 사는 것이다.

지금은 어느 정도 달라졌지만 동성 결혼이 허용되지 않는 현대 한국 사회에서도 이러한 설정은 파격적으로 여겨진다. 그런데 조선시대에 어떻게 이런 설정이 허용될 수 있었을까? 그것은 지기(知己)라는 오래전부터 있어온 이상적 인간관계의 한 전형을 차용함으로써 가능했다. 이는 동성 결혼에 따르는 성애적인 요소를 소거한다는 뜻이다. 사실 <방한림전>에서 방관주와 영혜빙의 결혼이 허용될 수 있었던 것은 어떤 성애적 요소도 드러내지 않기 때문이다. 방관주가 자신의 실체를 밝힌 뒤 앵혈을 보이는 대목은 그녀가 여자임을 확인시키는 행위이기도 하면서 그간 성애와는 상관없는 삶을 살아왔다는 것을 확인시키기 위한 것으로도 해석된다.[22]

작가는 방관주와 영혜빙의 결혼을 성애적 요소가 없는 '지기' 관계라는 설정을 통해 독자를 설득시킨다. 그리고 그것이 설득력을 얻는 것

---

21 장시광, 위의 책, 26~27면, "영공이 방 한림을 크게 사랑하여 구혼을 정성껏 하였다. 한림이 매우 괴로웠으나 또한 이미 남자로 행세하여 몸을 마치려고 하면서 처자를 두지 않으면 주변 사람들이 의심할 것이니 차라리 아름다운 숙녀를 얻어 평생의 지기로 삼는 것이 마땅하다고 생각하였다."

22 방관주가 자신이 실은 여자임을 밝힌 뒤 임금에게 규방의 여자로 몸을 세상에 드러내 예법을 어겼다고 하면서 자신의 팔뚝에 있는 앵혈을 보이며 임금을 속인 잘못을 빌자 임금은 경의 절개 있는 행동은 주표(앵혈)를 보지 않아도 안다고 하며 방관주에게 "만고의 영웅이요, 열녀절부"라고 칭찬한다.

은 방관주가 "사사로운 이익을 탐하여 부부의 즐거움을 긴요치 않게"[23] 여기며, 영혜빙은 "지극히 맑아 부부의 도를 괴롭게 여기는"[24] 사람이라는 설정 때문이다. 그러나 표면적으로 방관주와 영혜빙이 지기 관계를 맺고 있는 것으로 나타나지만, 그 이면에는 지기 관계 이상의 감정선이 형성된 것으로 보인다. 방관주가 형주 안찰사로 나가게 되어 이별하게 된 두 사람이 "몇 년간 떨어질 것을 생각하니 매우 슬프다"고 하거나 "이별하는 것이 가장 괴로우니 관포의 지기가 데면데면하지 않음을 알겠다"[25]며 연연해하는 대목이나, 이후 오랫동안 타향에 머물게 된 방관주가 "규방 홍안이 외롭게 지내는 것을 그리워하"는 대목에서 지기 관계 이상의 감정선을 보인다. 그러나 작가는 이러한 감정적인 부분을 결코 온전히 드러내지 않는다. 이별의 슬픔을 제사를 정성껏 받들라는 당부로 마무리하거나 영혜빙에 대한 그리움을 임금에 대한 그리움으로 마무리하기 때문이다. 물론 이러한 감정에 대해 단순히 친밀한 지기 관계를 표현한 것으로 볼 수도 있다. 하지만 그렇게만 볼 수 없는 이유는 이 작품 속에 동성애적인 요소가 잠복되어 있기 때문이다.

방관주와 영혜빙의 결혼이 가능했던 것은 서로에 대한 이끌림이 있었기 때문이다. 억지로 영공의 집에 따라간 방관주는 영혜빙을 보고 "속으로 경탄하고 사모하며 칭찬하여 저렇듯 예쁘고 재기 있는 여자는 온 세상을 통틀어도 다시 얻지 못할 것"[26]이라 찬탄하며, 영혜빙 역시 "일대의 기남자(奇男子)"라 하고 "이런 영웅 같은 여자를 만나 일생

23 장시광, 앞의 책, 35면.
24 장시광, 위의 책, 75면.
25 장시광, 위의 책, 39면.
26 장시광, 위의 책, 28면.

지기"[27]가 되어 부부의 의리와 형제의 정을 맺어 한평생을 마치는 것이 소원이라고 생각한다. 이처럼 이들의 결혼은 남자의 삶을 살기로 한 방관주와 가부장적 결혼을 거부하는 영혜빙의 이해가 정확하게 일치하는 것이지만, 그 이면에는 서로에 대한 강한 이끌림이 있다. 이때 결혼 상대가 동성이라는 것이 본인들에게는 전혀 장애가 되지 않는다. 유모의 제지가 있지만 방관주는 이를 무시하며, 영혜빙은 "그가 여자인 것을 몰래 기뻐하"며 두 사람 모두 "다행히 지기(知己)를 얻어 서로 인생이 없어지지 않는 것을 기뻐하였다."[28]

이 두 사람의 결혼 생활은 낙성이라는 아들까지 얻어 다른 사람들의 의심을 막으며 겉으로는 아무런 문제가 없는 것처럼 유지된다. 방관주에게 "우스운 행동"을 그만두라고 충고했던 유모가 옆에서 계속 문제를 제기하는 것[29] 이외에는 아무런 장애도 없어 보인다. 그러나 실제로 이 둘의 관계는 고립되어 있으며, 이 관계를 바라보는 방관주, 영혜빙 두 사람의 시선은 때로 우울하고도 냉소적이다. 이 고립된 감정과 우울하고 냉소적인 시선의 정체는 무엇이며, 어디에서 비롯되는 것인가?

처음 결혼한 뒤 두 사람은 잠시도 떨어지지 않고 사이좋게 둘만의 생활을 유지한다.

> 이후에 두 사람이 화락(和樂)하여 한림이 조정에 갔다가 오면 내당에서 종일토록 보내고 외당에 손님을 모으지 않았다. 사람들이 고

27 장시광, 위의 책, 30면.

28 장시광, 위의 책, 36면.

29 장시광, 위의 책, 49면, 유모는 수시로 방관주와 영혜빙에게 근심어린 충고를 한다. "매사에 부인과 낭군은 즐기시기만 합니다. 바로 기둥에 불이 붙는데 제비와 참새가 오히려 즐긴다 하더니 흡사합니다."

요하고 단정함을 더욱 칭찬하였다.[30]

위 예에서 보듯이 방한림의 생활은 관직에 나가는 것과 집안에서 영혜빙과 지내는 것으로 이루어져 있을 뿐이다. 생일잔치를 베풀기도 하고, 방한림이 외직을 나가기도 하지만 이 둘의 생활 공간은 거의 내당에 국한된다. 이는 둘 사이가 좋다는 표시이기도 하지만, 방관주와 같은 성정체성을 가진 인물이나, 이 둘의 결혼 관계가 허용될 수 있는 공간이 두 사람만 있는 내당에 국한될 수밖에 없다는 것을 의미한다. 따라서 이들의 화락하고 영예로운 삶에는 우울과 냉소가 스며들어 있다. 이러한 조짐은 방관주와의 결혼을 선택한 영혜빙에게서부터 나타난다.

> 평생 지녀온 굳센 마음으로 이와 같이 생각을 정하니 세상일이 뜬구름 같았다. 생각을 단단히 먹으니 기괴한 일이었다. 옛날 도원결의(桃園結義)와 유백아, 종자기의 지음(知音)이 있었으나 지금에는 이 두 사람뿐이었다.[31]

비록 방관주에게 이끌리고 남자와의 결혼에 거부감을 갖고 있기는 해도 막상 생각을 정하니 세상일이 뜬구름 같고, 기괴하게 다가온다. 그리고 도원결의, 백아와 종자기 같이 서로를 알아주는 관계가 지금에는 자신들 두 사람뿐인 것으로 여겨진다. 세상일이 뜬구름 같고 기괴한

---

30 장시광, 위의 책, 36면/137면, "ᄎᆞ후 양인이 화락ᄒᆞ야 할임이 됴당의 갓다 오면 ᄂᆡ당의셔 둉일ᄒᆞ고 외당의 숀을 모흐지 아니〃 인〃이 고요ᄒᆞ고 단졍ᄒᆞ믈 더욱 칭찬ᄒᆞ더라."

31 장시광, 위의 책, 31면/126~127면, "일싱 철옥 갓튼 빙심이 이럿틋 쥬의를 졍ᄒᆞ며 셰ᄉᆞ 더옥 부운 갓고 십분 쥬의도 잇스니 긔괴미ᄉᆞ로다 셕의 안산결의와 유죵의 지으미 일어시나 당금ᄎᆞ시의난 두 ᄉᆞ람이로다."

일로 느껴지며 둘만 있는 것 같은 느낌이 드는 것은 아마도 이제 세상 사람들과는 다른 삶을 살게 되었다는 느낌, 그리고 다른 사람과는 자신의 삶에 대한 이야기를 나눌 수 없게 되었다는 느낌에서 비롯된 것으로 보인다. 성공적인 관직 생활을 하는 방관주에게도 결혼을 하면서부터 내내 근심이 따라다닌다. 결혼하는 날 서평후가 종이 등을 내어 신부에게 옷 입기를 재촉하는 시를 지으라 하자 방한림은 그윽이 실소하고, 신방에 들어가서도 방한림의 수려한 눈썹 사이에 근심이 조용히 어린다. 방관주의 이런 근심은 영혜빙의 인륜을 끊었다는 자책에서 비롯되며 살아가는 동안 내내 이런 감정에서 벗어나지 못하는 것으로 보인다. 인륜을 끊는다는 말은 영혜빙이 남녀 관계를 통해 출산을 하고 후사를 잇는 삶을 살지 못한다는 것을 의미하는 것으로 보인다. 그리고 구체적으로는 둘 사이의 성애적인 관계가 불가능하다는 것을 암시한다. 따라서 이런 부분에 대해 방관주는 민감하게 반응하며 때로는 냉소적인 태도를 취하기도 한다.

> 임금이 영 소저에게 봉관화리(鳳冠花履)와 명부(命婦)의 옷을 주니 영광이 더욱 성했으며 한편으로 영 소저의 풍채를 도왔다. 시랑이 눈을 들어 소저를 보고는 차게 웃으며 말하였다. "부인이 학생 같은 남편을 만나 열셋 청춘에 나의 아내가 되어 봉관화리를 얻으니 일찍 출세함을 축하하노라." 영 소저가 화관을 숙이고 붉은 입술에 흰 이를 드러내어 말하였다. "이것이 다 현후의 은덕이니 큰 덕이 산악과 같습니다. 여자가 남편의 은총을 입는 것이 사리에 옳으니 어찌 도리어 아끼십니까?" 시랑이 크게 웃고 또한 자신이 남자 아님을 슬퍼하였다.[32]

임금이 하사한 명부의 옷을 입은 영 소저를 본 방관주가 차게 웃었다고 했다. 원문에는 '냉소'했다고 되어 있다.[33] 그렇다면 이 웃음은 무엇을 향한 것인가? 아름다운 영 소저의 풍채를 보고 그 인륜을 끊은 것에 대한 웃음인지, 자신 덕분에 일찍 출세한 것에 대한 웃음인지 분명하지 않다. 이 웃음의 정체가 분명해지는 것은 영 소저와 말을 주고받은 뒤 크게 웃으며 자신이 남자가 아님을 슬퍼한다는 대목에서이다. 이때 그가 남자가 아님을 슬퍼하는 것은 공적인 세계에 나가지 못해서도 다른 여성영웅소설에서와 같이 다시 여자로 돌아가야 해서가 아니다. 지금 방관주에게는 이 문제들과 관련한 제약도 요구도 없기 때문이다. 그렇다면 방관주가 남자가 아님을 슬퍼하는 이유는 무엇인가? 작가는 여기서 분명한 설명을 생략하고 있다. 이 생략된 부분은 아마도 성애적인 부분과 관계가 있을 것으로 짐작되나 더 이상 추론하기는 어렵다. 그러나 자신의 공으로 봉관화리를 쓴 영 소저를 바라보는 방관주의 웃음이 자신의 남장과 관련이 있음은 틀림없다.

32 장시광, 위의 책, 38면/140면, "상이 영쇼져긔 봉관화리로 명부의 복ᄉᆡᆨ을 쥬신이 영광이 더옥 호셩ᄒᆞ고 영 쇼져 풍ᄎᆡ를 도으니 시랑이 눈을 드러 소져를 보고 ᄂᆡᆼ소 왈 부인이 학ᄉᆡᆼ 갓튼 가부를 만나실ᄉᆡ 십삼 청츈의 ᄂᆡ의 원비 되야 봉관화리로 도으니 죠달ᄒᆞ시물 ᄒᆞ려ᄒᆞ나이다 영 쇼져 화관을 기우리고 단슌호치 현츌ᄒᆞ야 왈 이 다 현후의 은덕이라 셩덕이 산악 갓건이와 여ᄌᆞ 가부의 은춍 이부미 살이의 올흘지라 웃지 도로혀 앗기시난요 시랑이 ᄃᆡ소ᄒᆞ고 ᄯᅩᄒᆞᆫ 남아 안이믈 슬어ᄒᆞ더라."

33 서신혜는 장시광의 교감본에서 냉소(冷笑)를 낭소(朗笑)로 푼 경우를 들어 이 부분에서도 낭소일 가능성이 높다는 의견을 제시했다. 낭소는 밝게 웃는다는 뜻이니 냉소와는 반대로 해석할 수 있다. 위 예문에서 방한림이 처음 한 말의 내용은 축하하는 말이고, 뒤에 또 대소하는 장면이 나오므로 낭소로 볼 수도 있겠다. 그러나 대화 끝에 시랑이 대소하고 남자 아님을 슬퍼했다고 한 것과 연결시켜 보면 이 장면의 분위기를 밝고 즐거운 것으로 보기는 어렵다. 따라서 낭소보다는 냉소로 보는 것이 이 장면의 분위기에 좀 더 적절하지 않을까 생각한다. 서신혜, 「개인의 아픔으로 읽는 <방한림전>」, 『한국고전여성문학연구』 20, 2010, 8면.

이상에서 보았듯이 <방한림전>은 방관주와 영혜빙이라는 새로운 인물을 설정하고 이들이 수행하는 젠더 위반을 끝까지 밀고 나가서 동성 결혼 속의 지기 관계라는 새로운 관계를 제시한다. 이 결혼이 소설 속에서 허용되고, 또 당시 사회에서도 허용되었던 것은 성애적인 요소를 제거한 지기 관계임을 표방했기 때문이다. 그러나 이 둘의 관계에는 동성애적인 요소가 잠복해 있다. <방한림전>의 지기 관계는 유교 사회에서 남자들의 우정 관계를 지칭하던 '지기'를 전유한 것으로 동성애적인 요소가 포함되어 있는 말이다. 앞서 확인했듯이 작가는 성애적인 부분에 대해 극도로 서술을 절제하거나 생략하고 있다.

<방한림전>에 설정된 동성 결혼은 젠더 체계를 흔들고 이성애에 기반한 가부장적 체제를 벗어난 새로운 상상을 보여준다. 물론 현실적으로 이것이 당대 사회에서 허용되기 어렵다는 것을 동시에 인식하고 있었기에 우울과 냉소가 작품 전반에 깔려 있다. 그러나 <방한림전>은 우울과 냉소, 고립된 생활을 가져온 젠더 위반과 동성 결혼이 사회적으로도 허용받는 것으로 끝난다.[34] 젠더 위반과 동성 결혼이 임금의 용서를 받았다는 것은 사회적으로 허용되었다는 것이다. 이런 점에서 <방한림전>의 성의식은 급진적인 면모를 갖는다.

<방한림전>은 젠더 위반을 통해 젠더 체계를 흔들었을 뿐만 아니라 지기의 전유를 통해 동성애가 놓일 자리를 만들었다는 점에서 성

34 천상의 존재라 할 수 있는 현산 도사의 방문을 통해 받은 방관주는 "일개 아녀자로 남자로 행세한 것이 이미 오래되었으니 어찌 천벌이 없으리오?"라고 하며 임금에게 자신의 정체를 드러낸다. 이에 대해 임금은 "만고의 영웅, 열녀의 절부"라고 칭송하며 용서한다. 그 뒤 방관주가 죽고 이이서 영혜빙도 죽어 이 둘은 "사생을 함께한 지기로 같은 무덤에 안장"된다. 이 일이 드러난 뒤에 곧 죽는다는 설정은 정체가 드러난 뒤에는 더 이상 유지하기 어렵다는 것을 의미할 수도 있다.

담론의 새로운 장을 연 작품이라 할 수 있다. 위국공(낙성)의 꿈을 통해 방관주와 영혜빙의 젠더 위반과 동성 결혼이 천상에서의 벌로 인한 것이라고 설명하는 데 대해 대중적, 통속적 설정이라고 평가한 기존 논의에 대해서도 필자는 의견을 달리한다. 동성 결혼도 천정에 의한 것이었다는 것을 보여줌으로써 오히려 동성 결혼, 동성애가 놓일 자리를 만들어주고 있는 것으로 생각되기 때문이다. 이처럼 <방한림전>은 조선시대에도 존재했을 것이나 적절히 호명되지 못하고 부재의 영역으로 남아 있었던 다른 성정체성을 가진 인물들이나 동성애를 존재의 영역으로 만들고 있다는 점에서 문화사적 의의를 갖는다. 그리고 이러한 설정이 여성의 위치에 대한 깊은 문제의식에서 비롯되었다는 점에서 여성주의적 인식사에 중요한 의미를 갖는다. 그러나 동시에 성애적인 부분에 대해 극도로 절제된 태도를 취함으로써 실상은 동성애에 대한 억압을 가하고 있는 것으로 보인다. 이는 동성애에 대한 조선 사회의 태도와 관련시켜 보면 더욱 확연하게 드러난다.

4. 동성애에 대한 조선 사회의 태도와 <방한림전>

<방한림전>이 중요한 의미를 갖는 것은 조선 사회에 깊숙이 가라앉아 있던 젠더 위반이나 동성애의 영역을 전면적으로 이끌어내기 때문이다. 한국에서 '동성연애'라는 용어가 처음 등장한 것은 1920년, '동성애'라는 용어가 처음 등장한 것은 1923년이다.[35] 일본을 거쳐 한국에

35 신지연, 「1920-30년대 '동성(연)애' 관련 기사의 수사적 맥락」, 『민족문화연구』 45,

서 성욕에 대한 논의가 활발하게 일어난 1920년 이후 동성애라는 용어가 등장하고 하나의 문화적인 현상으로 다루어지기 시작했다. 20세기 이전 조선 사회에 동성애는 남자의 경우 계간(鷄姦), 남색(男色), 남총(男寵), 외색(外色), 용양(龍陽)으로, 여자의 경우 대식 등으로 지칭되었고, 그 대상이 되는 사람은 미남자, 미동, 비역(屁役), 완동(翫童) 등으로 지칭되었으며, 공식 문헌에서는 다루어지지 않았다. 이미 잘 알려져 있듯이 세종의 며느리 봉씨가 궁녀와 동성애적 관계를 맺어 쫓겨났는데 그 내용이 실록에 자세하게 소개되어 있다. 그런데 세종은 이 일이 너무 추잡하다고 하여 교지에 기록하지 못하게 했다.[36] 동성애에 관한 기록은 세종조에 한 건 더 보이는데 그것은 태조의 손자뻘에 해당하는 왕족 이선(李宣)과 관련한 기록이다. 세종은 이선의 동성애에 대해서는 제재를 가하지 않았을 뿐만 아니라 병조판서 벼슬까지 내린다. 결국 이선은 권력을 전횡하여 파직되지만 남녀에 따라 동성애를 대하는 태도가 다른 것을 보여준다.

> 평상시 집에 있을 때는 방 하나를 따로 두어 예쁜 사내종 하나와 함께 자기를 처나 첩 같이 하니 동네에서 그 종을 가리켜 '이정승의 첩'이라고 부른다. 그 종은 안방에도 거침없이 출입하고 그의 처와 동침까지 하게 되어 추잡한 소리가 밖에까지 들렸으나 선은 그것을

2006, 266면.

36 『세종실록』 18년, 1436년, 10월 26일, 한국고전번역원 DB, "봉씨가 궁궐의 여종과 동숙한 일은 매우 추잡하므로 교지에 기록할 수 없다. 우선 성질이 질투하며 아들이 없고, 또 노래를 부른 네다섯 가지 일의 잘못을 들어, 세 대신과 함께 의논하여 속히 교지를 지어 바치게 하라(奉氏與宮婢同宿之事極醜, 不可載於教旨. 姑以性妬無子, 又唱歌等四五事數之, 與三大臣同議, 速製教旨以進.)."

> 금하지 않고 또 거리끼지도 않았다.[37]

위 기록은 이선이 사내종과 동성애적 관계를 맺고, 사내종은 다시 이선의 처와 관계를 맺었는데 이선은 여기에 대해 전혀 거리낌이 없었다고 전한다. 세자빈 봉씨의 동성애에 대한 기록의 자세함에 비하면 이 기록은 매우 간략한 편인데, 이후에는 공식 기록에서 동성애에 관한 기록을 찾아보기 어렵다. 아마도 세종의 지시대로 추잡하다고 여겨 제외했을 가능성이 높다. 그러나 일본에 간 통신사 일행이 일본의 풍습을 논하면서 '남색' 풍습에 대해 기록한 것이나,[38] 이규경이 『오주연문장전산고』에 중국의 '남색' 풍습에 관한 내용을 기록한 것들이 남아 있어 동성애에 관한 관심이 계속 있었음을 알 수 있다.

남성 동성애에 대해서는 기록이 있는 데 비해 여성 동성애에 대해서는 봉씨 이후 거의 기록이 남아 있지 않다. 그러나 매죽당 이씨와 조소사에 대한 이야기는 동성애적인 요소가 들어 있는 여성의 지기 관계의 한 예를 보여주며, 조선 사회가 동성애에 대해 어떤 태도를 취했는지를 짐작할 수 있게 해준다. 이 예는 <방한림전>이 여성영웅소설의 서사 전개를 공유하면서 조선 사회의 저변에 흐르던 동성애적 흐름을 소설화한 것임을 확인할 수 있게 해준다는 점에서 주목할 만하다.

<매죽당 이씨전>과 <한사인처>는 두 여성의 관계를 지적인 교유, 우정으로 형상화한다. 이는 조선 후기에 활발하게 일어난 우정 담론의

---

37 『세종실록』 29년, 1447년, 4월 18일, 한국고전번역원 DB, "常居家, 別置一室, 與一貌美奴寢處, 若妻妾然. 閭里指其奴曰, 李相之妾. 其奴出入壼內無防, 至有薦枕於其妻, 而醜聲頗聞於外, 宣不之禁, 亦不憚也."

38 『해사록』, 정축년(1637) 1월 27일.

한 형태로 볼 수도 있다. 그러나 앞서 <방한림전>에서도 보았듯이 우정, 지기라는 말은 동성애적인 요소를 포함한 관계를 지칭하는 데도 곧잘 쓰일 수 있는 언어이다. 따라서 위 두 여성의 관계도 우정이라는 전제 하에 맑고 고상한 관계로 재현되며, <방한림전>에 등장하는 두 여성 인물의 관계도 지기나 우정으로 환원된다. 이때 우정, 지기라는 언어는 동성애적인 관계를 은폐하는 언어로 동성애를 탈성화하는 태도를 드러낸다. 이는 여성 동성애의 경우 더욱 우정이나 지기로 받아들이려는 경향이 강한 것과 관련이 있을 것으로 생각된다.[39]

우정이나 지기로 지칭된다 할지라도 <방한림전>이나 매죽당과 조옥잠의 관계 같은 여성 간의 깊은 우정 관계 혹은 동성애적인 관계가 기록되고 어느 정도 거부감 없이 수용된 것은 성애적인 요소, 짙은 감정적인 요소나 육체적인 관계가 배제되어 있기 때문인 것으로 보인다. 이는 앞서 세종이 보여준 바 감정적이고 육체적인 요소를 '추잡한 것'으로 배제하는 원리가 조선 사회 내내 지속되고 있었던 것과 관련이 있는 것으로 보인다. 이로써 동성애는 다시 한번 억압되고 타자화된다. <방한림전>도 이러한 배제의 원리를 공유하고 있다. 그러나 <방한림전>은 지기 관계를 전유하여 두 여성 인물을 결혼에까지 이르게 한 설정을 통해 동성애적인 요소를 다룬 작품으로 새롭게 평가될 만하다. 이러한 작품이 창작되고 향유될 수 있었던 것은 19세기 이후 조선 사회의 성담론이 여성의 달라진 의식을 바탕으로 큰 진폭으로 흔들리고 있었음을 의미한다.

---

39 신지연, 앞의 논문, 279면, 1920~1930년대 동성(연)애 관련 기사의 수사적 맥락을 살핀 신지연의 연구에 의하면 여성 동성애의 경우 낭만적 수사학의 지배를 받으며 감정과 정신의 영역에 존재하는 것으로 탈성화된 이미지로 고착되는 경향이 있다고 한다.

5. 성체계에 대한 도전의 의미

앞서 살펴보았듯이 <방한림전>은 방관주와 영혜빙이라는 두 여성 인물을 등장시켜 고정된 젠더 체계와 이성애에 기반한 가부장적 결혼 제도에 문제를 제기한 작품이다. <방한림전>의 주제의식은 여기에 그치지 않고 동성 결혼을 통해 젠더 위반에 대한 급진적 상상을 보여준다. 이 작품은 동성애적 면모를 매우 절제된 형태로 제시하고 있지만 조선 사회에 은폐되어 있던 동성애를 소설적으로 표현했다는 점에서 중요한 의미를 갖는다.

<방한림전>이 보여주는 젠더 위반의 표지는 다른 성정체성을 가진 방관주와 가부장적 결혼을 거부하는 영혜빙에게서 분명하게 볼 수 있다. 이처럼 <방한림전>은 방관주와 영혜빙이라는 새로운 인물을 설정하고 이들이 수행하는 젠더 위반을 끝까지 밀고 나가서 동성 결혼 속의 지기 관계라는 새로운 관계를 제시한다. 그러나 이 결혼은 유교 사회에서 남자들의 우정 관계를 지칭하던 '지기'를 전유한 것으로 동성애적인 요소가 포함되어 있는 말이다. 따라서 <방한림전>에 설정된 동성 결혼은 젠더 체계를 흔들고 이성애에 기반한 가부장적 체제를 벗어난 새로운 상상을 보여준다. 동시에 현실적으로 이것이 당대 사회에서 허용되기 어렵다는 것을 인식하고 있었기에 우울과 냉소가 작품 전반에 깔려 있다. 그러나 <방한림전>은 우울과 냉소, 고립된 생활을 가져온 젠더 위반과 동성 결혼이 사회적으로도 허용받는 것으로 끝난다. 이런 점에서 <방한림전>의 성의식은 급진적인 면모를 갖는다.

<방한림전>은 젠더 위반을 통해 젠더 체계를 흔들었을 뿐만 아니라 지기 관계의 전유를 통해 동성애가 놓일 자리를 만들었다는 점에서 성

담론의 새로운 장을 연 작품이라 할 수 있다. 이처럼 <방한림전>은 조선시대에도 존재했을 것이나 적절히 호명되지 못하고 부재의 영역으로 남아 있던 다른 성정체성을 가진 인물들이나 동성애를 가시화하는 플롯을 제시한다는 점에서 이성애 중심적인 가부장적 성장치를 전환한다. 그리고 이러한 플롯이 여성의 위치에 대한 깊은 문제의식에서 비롯되었다는 점에서 남성 중심적인 가부장적 성장치를 전환한다. 그러나 동시에 성애적인 부분에 대해 극도로 절제된 태도를 취함으로써 동성애를 탈성화시키고 있다.

소설사의 흐름에서 볼 때 <방한림전>은 여성영웅소설의 서사 전개를 공유하면서 조선 사회의 저변에 흐르던 동성애적 흐름을 소설화한 작품이라는 점에서 중요한 의미를 갖는다. 역사적으로 볼 때 동성애에 대한 담론은 1920~1930년대 일본으로부터 동성애라는 용어가 들어오면서 활발하게 이루어지기 시작했다. <방한림전>은 이런 흐름에 앞서 동성애, 동성 결혼을 문제 삼았다는 점에서 중요한 의미를 갖는다. 동성애, 동성 결혼 문제가 단순한 흥미 요소로 들어간 것이 아니라 젠더 체계나 성정체성의 고정성에 대한 문제 제기를 통해 들어갔다는 점에서 더욱 중요한 의미를 갖는다. <방한림전>이 보여주는 이 같은 면모는 조선 후기 소설이 통속성을 띠는 한편, 사회 저변을 흐르는 새로운 기류에 민감했음을 보여주는 징표라 하겠다.

제 2 부

가족, 국가, 인간 중심 플롯의 재생산과 전환

제8장

국가 이데올로기에 포섭되지 않는 가족 서사

<최척전>, <김영철전>

1. <최척전>과 <김영철전> 다시 읽기

임진왜란과 병자호란이라는 두 차례의 전쟁은 서사에도 변화를 가져왔다. 전쟁의 경험을 직접 다룬 작품의 창작은 물론이고 서사 공간이 동아시아로 확장되고 국가 경계를 넘어서서 움직이는 인물이 등장했다. 한문소설인 <최척전>, <김영철전>, <조완벽전>, <검승전>은 조선이라는 국가 경계를 넘어서서 혹은 그 경계에서 고민하고 행동하는 인물들을 보여주고, 국가 경계를 넘어 동아시아 공간에서 서사가 전개된다. 이 장에서는 전쟁으로 인한 이산, 이주, 포로, 귀환의 경험이 고스

---

* 이 장은 「동아시아적 시각에서 다시 읽는 <최척전>·<김영철전>」(『고전문학연구』 43, 2013)에서 일부를 가져오고 논지나 내용을 전면 수정, 보완한 것이다.

란히 녹아 있는 조위한(趙緯韓, 1567~1649)의 <최척전>과 홍세태(洪世泰, 1653~1725)의 <김영철전>을 중심으로 국가 이데올로기에 맞서는 개인의 서사와 국가 이데올로기에 포섭되지 않는 플롯을 통해 당연하게 여겨졌을 국가 이데올로기에 대한 비판이 드러나는 양상을 보고자 한다.

<최척전>과 <김영철전>은 주인공의 행동반경이 조선이라는 국가 경계를 넘어 중국, 일본, 베트남 등 동아시아로 확장되어 있고, 인물들은 국가 경계를 넘어 관계를 맺으면서 국가와 가족, 국가와 개인에 대한 질문을 던진다. 이런 특징으로 인해 <최척전>과 <김영철전>은 초국성(超國性), 디아스포라, 변경인의 관점에서 해석되고, 연대, 희망, 이웃, 동아시아 공동체의 싹, 보편적 인간애 같은 가치들을 보여주는 작품이라는 평가를 받았다.[1] 이 두 작품에 이러한 요소들이 내재되어 있는 것처럼 보이는 게 사실이지만 과연 이 두 작품이 변경인의, 혹은 상층이 아닌 민인들의 소통과 연대를 보여주는 서사인가에 대해서는 좀 더 세심하게 살펴볼 필요가 있다. 여기서는 <최척전>과 <김영철전>[2]에 대한 기존의 평가를 유념하면서 개인과 국가 이데올로기, 가족과 국가 사이에서 국가 이데올로기에 포섭되지 않는 개인, 가족의 플롯을 살

1 박희병, 「최척전」, 『한국고전소설작품론』, 김진세 편, 집문당, 1990; 김현양, 「최척전, '희망'과 '연대'의 서사」, 『열상고전연구』 24, 열상고전연구회, 2006; 최원오, 「17세기 서사문학에 나타난 越境의 양상과 초국적 공간의 출현」, 『고전문학연구』 36, 한국고전문학회, 2009; 정환국, 「전근대동아시아와 전란, 그리고 변경인」, 『민족문학사연구』 44, 2010; 진재교,「越境과 敍事, 동아시아의 서사 체험과 '이웃'의 기억: 최척전 독법의 한 사례」, 『한국한문학연구』 46, 한국한문학회, 2010 등.

2 <최척전>의 이본은 한문본 6종, 국문본 4종, 기타 축약본 4종으로 알려졌으나 최근 광산 김씨 유일재 종택 소장 한문본 1종이 새롭게 보고되었다. 자세한 것은 한의숭, 「光山 金氏 惟一齋 宗宅 소장 고전소설의 유전 양상과 성격」, 『동양한문학연구』 58, 2021 참조. <김영철전>의 한문 이본은 물론 국문 이본도 계속 발견되고 있다. 여기서는 홍세태의 작품을 중심으로 보기로 한다.

펴보고자 한다.

정유재란과 병자호란이라는 전쟁을 배경으로 창작된 <최척전>과 <김영철전>에는 전쟁 서사에서 흔히 볼 수 있는 충성이나 적에 대한 적개심 같은 것이 잘 보이지 않는다. 이는 국문소설인 <임진록>과 <박씨전>이 전쟁을 직접 다루면서 현실의 패배를 승리로 바꾸어 허구를 통해서나마 복수하는 플롯을 제시하는 것과는 전혀 다른 면모라 할 수 있다. <최척전>과 <김영철전>은 전쟁 자체의 폭력성을 직접 고발하거나 충성심을 고취하는 작품이 아니다. 이 두 작품은 애국, 충군과 같은 국가 이데올로기를 강조하기보다는 오히려 그런 이데올로기에 포섭되지 않고 살아남은 개인 또는 국가를 위해 군대에 나갔으나 국가로부터 어떤 보상도 받지 못하는 개인을 전면화시키고 있다. 서사 전개를 통해 전쟁의 폭력성이 드러나는 것은 사실이지만 작가는 폭력성에 대한 고발보다는 폭력적인 전쟁에서 살아남아 귀환하는 인간의 이야기를 들려주는 데 주력하고 있다.

여기서 말하는 국가 이데올로기는 국가에 대한 관념을 포함해서 국가가 유지되는 방식, 국가 안에서 개인은 어떤 위치에 있으며 어떤 태도를 취해야 하는가를 파악하게 해주는 관념 체계를 말한다. 영웅소설이나 가문소설의 플롯은 국가 이데올로기를 재생산하는 장치로 기능한다. 국가가 위기에 처했을 때 영웅소설이나 가문소설의 주인공은 출정해서 위기에 빠진 가문과 나라를 구함으로써 행복한 결말을 보장받는다. 그런데 <최척전>이나 <김영철전>은 전쟁에서 포로가 되거나 전쟁에 참여한 인물들이 등장하지만 국가의 존재가 드러나지 않는다. 국가는 기댈 대상도 충성을 바칠 대상도 아니다. 최척은 국가에 의지하거나 국가에 충성을 표하기보다는 얽매이지 않고 떠도는 삶을 선택하고,

옥영은 만복사의 부처 즉 종교에 의지해서 고난을 이겨낸다. 김영철의 거듭된 탈출과 귀환의 이면에는 살아 돌아와서 대를 이으라는 할아버지의 당부가 있었다. 이제 이 두 작품의 플롯을 통해 국가 이데올로기가 어떤 전환을 보이는지 살펴보기로 하자.

2. 가족과 국가 사이에서 가족 서사 다시 쓰기, <최척전>

조위한의 <최척전>은 전쟁이라는 국가적 재난 앞에서 스스로 자신의 문제를 해결하거나 가혹한 정치를 피해 국가를 떠나는 인물들이 등장한다. 이야기는 남원에 살던 최척과 피난으로 남원에 와 있던 서울 출신 옥영의 사랑과 결혼으로 시작한다. 애정전기소설이 이별이나 죽음으로 끝나는 것과 달리 최척과 옥영은 결혼해서 아들 몽석을 낳고 서로를 지음(知音)으로 여기며 단 하루도 떨어지지 않고 행복하게 산다. 그러나 정유재란(1597)으로 남원이 왜적에게 함락되면서 산속으로 피신했던 옥영은 포로로 끌려가고 아들과도 헤어진다. 절망한 최척은 명나라 장수 여유문을 따라 명나라로 간다. 남장을 한 채 포로로 끌려간 옥영은 왜적 돈우의 집안일을 돌보고 돈우가 장사하러 갈 때 배를 타고 함께 중국 일대를 다닌다. 여유문이 죽은 뒤 최척은 신선술을 배우려 했으나 송우의 권유로 배를 타고 비단과 차를 사고파는 일을 한다. 배를 타고 장사를 하러 다니던 최척과 옥영은 우연히 베트남에서 재회하고 이들의 감격적인 재회를 지켜본 돈우는 옥영을 풀어준다. 중국에서 함께 살게 된 최척과 옥영은 아들 몽선을 낳고 몽선은 자라 진위경의 딸 홍도와 결혼한다. 1619년 누르하치가 요양으로 쳐들어가 명나라 군사들을 대거 살상하자 명나라 황제가 군대를 일으켜 토벌하는 데 최척도 서기로 군대에 참여한다. 명나라 군대의 패배로 포로가 된 최척은 마침 조선 군대를 따라온 아들 몽석과 만나고 오랑캐 노인의 도움으로 달아나 조선으로 돌아온다. 항주에 있던 옥영도 배를 빌려 아들 몽선 부부와 함께 조선으로 돌아와 최척과 옥영, 두 아들, 홍도와 진위경이 모두 만난다.

위의 간단한 줄거리에서 보았듯이 <최척전>은 무엇보다 국경을 넘나드는 사람들의 이야기를 담고 있다는 점이 새롭다. 최척은 남원을 떠나 중국 절강 지역, 안남, 중국 항주, 요양, 은진을 거쳐 남원으로 귀환하며, 옥영은 구례에서 붙잡혀 일본 나고야, 안남, 중국 항주, 무인도, 순천을 거쳐 남원으로 귀환한다. 이 과정에서 잃었던 아들을 찾고, 중국인 며느리를 맞으며, 전쟁 전에 헤어졌던 부모도 만나고, 중국인 며느리는 조선에 간 아버지를 만난다. 1597년에 헤어져 1620년에 남원의 집에서 재회했으니 이들은 20년이 넘게 국경을 넘나들며 만남과 헤어짐을 반복한 것이다. 이처럼 헤어짐과 만남이 거듭되는 <최척전>은 최척과 옥영의 연애와 결혼, 포로로 잡혀간 여성의 무사 귀환, 국가 이데올로기에 포섭되지 않는 개인과 가족을 보여준다는 점에서 새로운 플롯을 제시한다.

여러 나라로 흩어진 가족이 기적처럼 재회하는 최척 가족의 이야기는 실제 사건을 바탕으로 한 것이다. 유몽인의 『어우야담』에 실린 홍도 이야기는 주인공 이름, 서사 전개, 분량에 차이가 있기는 하지만 <최척전>과 같은 소재를 다룬 작품이다.[3] 홍도 이야기는 남자 주인공 이름이 최척이 아니라 정생이고 정생의 아내 이름이 홍도이며, 남녀 주인공이 만나는 과정이 없다. 이러한 차이와 더불어 <최척전>과 홍도 이야기의 큰 차이점은 국가 이데올로기에 대한 태도이다. 다음 최척과 옥영의 서사를 통해 그 구체적인 예를 볼 수 있다.

최척의 서사

최척의 플롯은 옥영과의 만남, 의병으로의 차출, 결혼, 왜적의 침입, 가족과의 헤어짐, 중국 군대를 따라 중국으로 가서 장사, 가족과 재회, 명나라 군대 입대, 귀향으로 이어지며 행복한 결말로 마무리된다. 이 과정에서 최척은 국가와 민족의 문제에 큰 관심이 없는 것으로 재현된다. 최척의 아버지 최숙도 마찬가지다. 그는 아들에게 공부는 하지 않고 사냥이나 하고 있다고 꾸짖으며 과거를 준비하게 한다. 급제는 못해도 전쟁터에 끌려가는 것을 면할 수 있다는 이유에서였다.

> 네가 배우지 않은 무뢰한으로 장차 어떤 사람이 되려 하느냐? 하물며 지금은 나라에 전쟁이 일어나 고을마다 무사를 징집하려고 한다. 활이나 쏘며 사냥하기를 일삼아 늙은 아비 근심을 더하지 말고 머리 숙여 책을 읽어 과거 공부를 하면 비록 급제해서 벼슬길에 못 나가더라도 화살을 지고 군대에 나가는 것은 면할 수 있을 것이다.[4]

아버지의 꾸짖음을 들은 최척은 아버지의 어릴 적 친구인 정생의 집

3 <최척전>과 <홍도>의 관계에 대한 그간의 논의 및 선후관계에 대해서는 엄태식, 『한국전기소설연구』, 월인, 2015, 368~405면 참조.

4 박희병, 『한국한문소설교합구해』, 소명출판, 2005, 421면, "汝不學無賴, 畢竟做何等人乎? 況今國家興戎, 州縣方徵武士, 汝無以射獵爲事, 以貽老父憂, 屈首受書, 從事於擧子業, 雖未得策名登第, 亦可免負羽從軍."

으로 공부하러 가는데 이는 최척과 옥영이 만나게 되는 중요한 계기가 된다. 최척은 정생의 집에 와 있던 옥영과 편지를 주고받으며 사랑에 빠진다. 최척과 옥영은 사랑에 적극적이지만 충동에 휩쓸리지 않고 중매를 통해 결혼에 성공한다. 그러나 결혼을 앞둔 최척은 변사정이 일으킨 의병에 뽑혀 간다. 최척이 혼례를 위해 휴가를 요청하는 글을 올리자 의병장은 "지금이 어느 때라고 감히 혼인을 하려 하는가? 임금께서 난리를 피해 수풀 사이에 계시니 신하라면 창검을 베고 잠들 겨를도 없다. 하물며 너는 아직 장가들 나이가 되지 않았으니 적을 모두 물리친 뒤에 장가가도 늦지 않다."[5]라고 하며 허락하지 않는다. 먹지도 자지도 못하고 근심에 빠진 최척은 부자인 양씨 집안에서 옥영과의 혼사를 추진한다는 소식을 듣고는 위독한 지경이 된다. 이를 본 의병장이 집으로 돌려보내자 병이 나은 최척은 옥영과 혼인을 한다.

최척은 자발적으로 의병에 참여한 것이 아니라 활쏘기와 말타기에 능하다는 이유로 차출되었다. 게다가 결혼을 앞둔 터라 최척은 군대에서도 옥영과의 결혼이 이루어지지 않을까 봐 노심초사하다 병이 들 지경이 되며 군대 일에는 별로 관심을 보이지 않는다. <최척전>은 개인의 애정과 혼인의 문제에 온통 집중해 있는 최척과 임금의 몽진을 언급하며 적을 물리친 뒤 혼인해도 늦지 않다고 하며 국가를 우위에 두고 있는 의병장을 대비해서 보여준다. <홍도>는 이와 다르게 서술되어 있다. 정생은 홍도와 결혼한 뒤 아들을 낳고 나서 임진년에 군인이 되어 왜적을 막았고, 정유년에 군대에 갈 때는 홍도가 남장을 하고 따

5 박희병, 위의 책, 310면, "此何等時, 而敢求於婚娶乎? 君父蒙塵, 越在草莽, 臣子當枕戈之不暇, 而況汝未及有室之年, 滅賊而圖婚, 亦未晚也."

라간 것으로 되어 있다. 정생은 전쟁이 일어나자 당연히 군인이 되어 왜적을 막은 것으로 그려진다. 그가 중국으로 간 것은 성이 함락되어 홍도와 헤어진 뒤 홍도를 찾기 위해서였다. 이에 비해 최척은 군대에 가서 싸우는 것을 당연한 것으로 받아들이지 않는다. 최척은 충성이라는 국가 이데올로기가 아니라 개인의 삶에 더 집중하는 인물로 그려진다.

최척이 만난 인물들도 국가 이데올로기에 얽매이지 않는다. 최척은 왜적의 침입으로 가족을 잃고 나서는 굳이 조선에 머물고자 하지 않는다. 가족을 잃고 자살하려다 주위의 만류로 살아난 최척은 명나라 장수 여유문을 만나 중국으로 가서 "목숨이나 부지"하고자 한다. 그러자 여유문은 사람이 사는 데 소중한 것은 서로 마음을 알아주는 것이라고 하면서 데리고 간다. 최척은 여유문을 따라 중국으로 가면서도 아무런 망설임이 없다. 여유문이 병으로 죽자 속세를 떠나 신선술을 배우려 하던 최척은 경전과 역사에 해박한 송우라는 인물을 만난다. 송우는 최척이 신선술을 익히려는 것을 만류하며 비단이나 차를 팔면서 남은 생을 즐기자고 한다. 최척은 송우의 말을 듣고 함께 장사를 떠난다. 최척이 베트남에서 옥영을 만난 것은 바로 송우와의 장삿길에서였다.

최척이 명나라 군대의 서기로 출전했다가 후금 군대에 사로잡혔을 때 만난 오랑캐 노인도 조선에서 달아난 인물로 국가를 절대적인 존재로 생각하지 않는다. 평안도 삭주 출신의 오랑캐 노인은 자신도 삭주부사의 가렴주구를 피해 오랑캐 땅으로 왔다고 털어놓는다.

> 나 또한 삭주의 토병이었소. 부사의 포악한 다스림이 그치질 않아 그 괴로움을 이기지 못하고 온 가족이 오랑캐 땅으로 들어온 지

벌써 10년이 넘었소. 오랑캐 사람들은 솔직하고 또 가혹한 다스림도 없소. 인생은 아침 이슬과 같거늘 매질이나 당하는 고향에 매여 있을 필요가 뭐가 있겠소?[6]

조선이든 오랑캐든 상관없이 고통 없는 삶을 사는 게 낫다는 노인의 말은 국가에 대한 관념이 없는 것으로 비춰질 수 있다. 그러나 노인은 국가에 대한 관념이 없어서가 아니라 가렴주구를 하는 관리를 피해 달아난 것이다. 작가는 이 노인의 말을 통해 조선 관리의 가렴주구에 대한 비판, 백성을 괴롭히는 국가에 매여 있을 필요가 없다는 생각을 표현한 것으로 볼 수 있다. 뿐만 아니라 오랑캐 사람들은 솔직하고 가혹한 다스림도 없다는 말을 통해 오랑캐에 대한 편견도 없음을 드러낸다.

옥영의 서사

<최척전>을 가로지르는 또 하나의 플롯은 옥영의 플롯이다. 옥영의 서사는 옥영의 주체적인 결정으로 진행된다는 점에서 최척의 서사와 차이를 보인다. 옥영은 서울 출신으로 글을 잘하는 언니 득영 옆에서 글을 익혀 시를 쓸 수 있는 여성으로 작품 전반에 걸쳐 주체적이며 적극적인 인물로 그려진다. 옥영은 전쟁으로 강화도로 피난 갔다가 나주를 거쳐 남원에 와서 머물던 중 최척과 만나 결혼을 주도한다.

---

6 박희병, 위의 책, 440면, "我亦朔州土兵也. 以府使侵虐無厭, 不勝其苦, 擧家入胡, 已經十年. 胡人性直, 且無苛政. 人生如朝露, 何必局束於捶楚鄕乎?"

> 시집갈 나이가 되었으나 아직 결혼할 사람을 만나지 못했는데 하루아침에 전쟁이 일어나 도적들이 횡행하면 옥이 깨지는 것을 지키지 못해 사나운 무리에게 더럽혀질까 봐 늘 두려워하고 있습니다. …… 근래에 그대를 보니 말하는 것이 부드럽고 행동이 조용하며 성실하고 미더운 빛이 얼굴에 가득하더군요. 만약 어진 남편을 구한다면 당신이 아니고 그 누구겠어요?[7]

정생의 집에 공부하러 온 최척을 본 뒤 아내가 되고 싶다는 뜻을 전하는 편지의 대목이다. 옥영의 편지는 자신의 감정을 솔직하게 드러내고 행동에 옮기는 애정전기소설의 여성 주인공들처럼 적극적인 면모를 드러낸다. 그러나 옥영은 여기서 그치지 않고 최척에게 이후로는 중매를 통해 일을 진행해서 자신이 함부로 남자를 만났다는 비난을 면하게 해달라고 할 정도로 현실적이기도 하다. 이후 옥영은 어머니를 설득해서 결혼 승낙을 받고 의병에 나간 최척이 돌아오지 않는 것을 보고 어머니가 양씨 집안의 청혼을 받아들이자 자살을 기도해서 결국 양씨와의 혼약을 취소하게 한다. 왜적의 포로가 된 뒤에는 몇 번이나 물에 빠져 죽으려고 했으나 번번이 들켜 죽지 못하고 결국 돈우 밑에서 일을 하게 된다. 옥영은 최척과 재회해서 함께 지내다 최척이 군대를 따라 떠난 뒤 최척의 군대가 패했다는 소식을 듣고 죽으려다가 만약 최척이 살았다면 반드시 조선으로 돌아갔을 거라 생각하고 아들과 며느리를 데리고 귀향할 준비를 한다. 아들이 조선행을 말리자 옥영은 자신

---

7 박희병, 위의 책, 424면, "年垂及笄, 尙未移天, 常恐一朝兵戈搶攘, 盜賊橫行, 則難保珠玉之沈碎, 不無强暴之所汚. …… 近觀郎君, 辭氣雍容, 擧止閑雅, 誠信之色, 藹然於面目, 若求賢夫, 捨子伊誰?"

의 항해 경험을 이야기하며 강한 자신감을 보인다.

> 물길이 험난하겠지만 내가 두루 많이 경험해보았다. 옛날 일본에 있을 때 배를 집 삼아 봄에는 복건성, 광동성에서 장사를 하고 가을에는 유구에서 물건을 파느라 큰 파도와 거친 물결 사이를 출몰하며 별점을 치고 조수의 흐름을 살핀 경험이 있어 이미 익숙하다. 험하고 거친 파도도 내가 감당하고 배의 안전도 내가 맡으마.[8]

이렇게 아들을 설득한 옥영은 조선과 일본의 옷을 준비하고 아들 부부에게 조선어와 일본어를 가르친다. 배를 마련해서 드디어 조선으로 출발한 옥영은 명군 경비선을 만나면 중국어로 말하고 일본 배를 만나면 일본어로 답하며 항해하던 중 해적선을 만나 배를 빼앗기지만 통제사의 무역선을 만나 집으로 돌아온다.

옥영은 당시 조선 여성들과는 다른 삶을 살았다. 옥영은 국경을 넘는 경험을 하고 장삿배를 타고 다니고 항해술은 물론 외국어도 능숙하게 한 것으로 그려진다. 전쟁이라는 특수한 상황이었다 해도 이는 조선의 양반 여성이 지켜야 할 규범을 많이 넘어선다. 이처럼 새로운 경험을 한 옥영이 긍정적인 시선으로 재현되는 것은 옥영이 정절을 지켰기 때문이다. 이는 옥영의 경험이 긍정적으로 받아들여질 수 있는 조건이기도 하다. 그러나 조위한은 남장이라는 설정을 통해 옥영이 정절을 지켰음을 암시하지만 그것을 특별히 강조하지는 않는다.

---

8 박희병, 위의 책, 444면, "水路艱難, 我多備嘗. 昔在日本, 以舟爲家, 春商閩.廣, 秋販琉球, 出沒於鯨波駭浪之中, 占星候潮, 涉歷已慣. 風濤險易, 我自當之, 舟楫安危, 我自御之."

옥영처럼 국경을 넘는 경험을 한 여성의 이야기는 유몽인의 『어우야담』에도 실려 있다. 강남덕(江南德)의 어머니 이야기가 그것이다. 이야기의 주인공인 강남덕의 어머니는 서울 서강에서 뱃사공을 하는 황봉의 아내였다. 그녀는 바다에서 태풍을 만나 죽은 줄 알았던 남편이 중국에서 보낸 편지를 받고 혼자 몰래 국경을 넘어가서 구걸을 하며 남편을 찾아가 함께 돌아왔다. 유몽인은 중국이나 조선이나 전란 이전에는 안과 밖이 단절되고 엄격하게 막혀 있었는데 한 부녀자가 중국에 혼자 들어가 돌아오기를 이웃 마을 가듯 가서 남편을 데려왔으니 기이하다고 하며 그 용감함과 절개를 칭찬했다. 유몽인은 홍도가 전쟁 중에 남편을 잃고 세 나라에 들어갔으나 남자옷으로 변장하고 몸을 보존했다고 홍도가 정절을 지킨 것을 중시한다. 마찬가지로 강남덕 이야기에서도 정절을 높이 평가한다. 여기에 비하면 조위한은 직접 정절을 강조하지는 않는다. 그러나 돈우의 집에 있을 때 집안에 다른 남자가 없었다고 하거나 옥영이 여자인 줄 전혀 몰랐다는 설정을 통해 옥영의 남자 행세가 성공했음을, 즉 옥영의 정절이 훼손되지 않았음을 간접적으로 드러낸다.

플롯은 선택의 과정이다. 옥영이 돈우에게 잡혀갔을 때 옥영이 어떻게 했는가도 작가 또는 화자에 의해 선택된 것이다. 서사에서는 무엇을 이야기했는가도 중요하지만 무엇을 이야기하지 않았는가도 중요하다. 옥영은 돈우에게 잡힌 뒤 물에 빠져 죽으려고 하다가 구출된 뒤 꿈에 부처가 나타나 기쁜 일이 있을 테니 죽지 말라는 말을 듣고 희망을 갖는다. 여기서 이야기되지 않는 것이 있다. 작가는 돈우에 대해 이야기하면서 적국의 사람이기 때문에 야기될 수 있는 문제를 이야기하지 않는다. 오히려 그가 불교 신자라는 것, 장사를 한다는 것을 더 중요하게 이야기한다. 이는 작가가 국가 정체성 하나로 인간을 판단하지 않고 있음을 보여준다.

국경을 넘나드는 <최척전>의 플롯이 남긴 것

최척과 옥영은 국경을 넘나들며 많은 인물들과 만나 관계를 맺는다. 명의 여유문과 송우, 일본의 돈우, 삭주 출신의 오랑캐 노인 등은 최척, 옥영과 우호적인 관계를 맺는다. 중국, 베트남 등 각지에서 만난 사람들의 도움으로 최척 가족은 남원에 다시 모이게 된다. 이들의 우호적인 관계가 가능했던 것은 국가를 중심에 놓는 삶보다는 가족이나 개인의 삶을 중시하는 가치관을 공유했기 때문으로 보인다. 여기에 대해 그간의 연구에서는 작품의 공간이 동아시아로 확장된 것에 주목하면서 가족적 인간애,[9] '희망'과 '연대'의 서사,[10] 타자들의 연대,[11] 보편적인 인간애, 인간애를 통한 새로운 동아시아의 연대,[12] 동아시아 인민의 선한 심성에 내재한 이웃에 대한 시선[13] 등으로 해석해왔다. 실제로 이 작품에는 국가 정체성보다는 개인의 정체성이 더 강하게 드러나며, 최척과 옥영이 만나는 인물들은 보편적 인간애에 가까운 호의를 보이는 것처럼 생각된다. 그러나 이것을 두고 타자들의 연대, 인간애를 통한 새로

---

9 최원오, 앞의 논문, 가족적 인간애의 관점에 기초한 작품으로 보았다.

10 김현양, 앞의 논문, 불교적 요소와 인간애를 중심으로 해석했다.

11 조현설, 「17세기 전기.몽유록에 나타난 타자 연대와 서로주체성의 의미」, 『국문학연구』 19, 2009, 23면, <최척전>, <강도몽유록>, <운영전>과 함께 타자 연대를 보여주는 작품이라 보고 이를 타자를 배제하는 서구의 주류적 전통과는 다른 동아시아적 주체 개념의 본질이라고 보았다.

12 정환국, 앞의 논문, 42~43면.

13 진재교, 앞의 논문, 160면.

운 동아시아의 연대라고 하거나, 동아시아 인민의 선한 심성에 내재한 이웃에 대한 시선 등으로 확장해서 볼 수 있을까? 여기에 대해 답하기 위해서 이들의 관계를 통해 좀 더 살펴볼 필요가 있다.

최척이 만난 여유문은 명(明)의 장교이고, 송우는 경전과 역사서에 해박한 명의 상인이다. 최척은 여유문과 지기의 관계가 되며, 송우와도 뜻을 함께해 장사를 한다. 조선 출신의 오랑캐 노인은 최척과 몽석의 사연에 마음이 움직여 그들을 놓아준다. 조선을 떠나 중국, 베트남을 거쳐 다시 조선으로 귀환한 최척이 만난 인물들은 조선과 우호적인 관계에 있는 명나라 사람이거나 아니면 조선 출신의 오랑캐다. 옥영이 만난 돈우는 무역을 하는 일본의 상인이다. 오랑캐 노인을 제외한 여유문, 송우, 돈우를 타자라고 보기는 어렵다. 또 이들 사이에는 신분과 국가에 따른 차별의식이 없는 것도 아니다. 돈우는 옥영에게 호의적이긴 했으나 옥영과 돈우의 관계는 주노(主奴) 관계이다. 돈우가 최척과 재회한 옥영의 몸값을 받지 않고 은 10냥을 주는 것은 인간애의 표현으로 해석될 수 있지만 이는 주인으로서 종을 풀어주고 은혜를 베푸는 것에 가깝다. 최척이 누르하치의 군대를 '보잘것없는 오랑캐 두목[蕞爾小酋]'이라 하고 옥영도 '누르하치의 소굴[奴酋窟穴]'이라고 비하해서 부르는 것도 이들이 명나라 편에 서 있음을 보여준다. 그럼에도 최척과 옥영이 만난 사람들은 국가 이데올로기에 크게 견인되지 않는 인물들이라는 점에서 공통점이 있다.

3. 가족과 국가의 경계에서 흔들리는 가족 서사, <김영철전>

홍세태의 <김영철전>은 1618년 강홍립 부대를 따라 출정한 평안도 영유의 무인 집안 출신 김영철의 이야기다. 김영철은 군대에 나가 죽을 위기에 오랑캐 장수 아라나의 동생과 닮았다는 이유로 살아나 아라나의 집에 머물게 된다. 그는 두 번이나 탈주하다 발꿈치를 베이는 형벌을 받지만 결국 투항한 명나라 사람들과 탈출에 성공한다. 고향으로 돌아오기 전 김영철은 두 번 결혼을 해서 자식들을 낳았으나 고향으로 돌아오기 위해 이들을 버린다. 김영철은 결국 고향으로 돌아와 가족과 만나고 결혼하지만 그를 기다리는 것은 가난한 삶이었다. 고향에 돌아온 뒤에도 김영철은 중국어와 만주어에 능통하고 명나라와 청나라의 사정을 잘 안다는 이유로 임경업의 군대에 차출되고, 이후 유림의 군대를 따라서 또 종군하는 등 출전하기를 거듭하다가 마침내 고향으로 돌아온다. 김영철은 자식들이 전쟁에 끌려가지 않게 하기 위해 아들들을 데리고 자모산성에 들어가서 일생을 마친다.

김영철을 가장 강력하게 견인한 것은 가족이며, 대를 잇는 일이었던 것으로 보인다. 김영철이 군대에 나갈 때 그의 할아버지가 "네가 돌아오지 않으면 우리 집안의 대가 끊긴다."[14]고 한 말은 고향으로 돌아오기까지 내내 김영철을 지배했다. 아라나의 집에 있을 때 영철은 전유년에게 떠나오던 날 할아버지가 한 말을 할 때마다 눈물을 흘렸으며 이후 두 번이나 탈출을 시도했다. 영철은 결국 고향으로 돌아가지만 두

---

14 박희병, 앞의 책, 541면, "汝不歸, 則吾世絶矣."

부인과 아들 넷을 버려야 했다. 그런 점에서 <김영철전>은 가족에게 돌아가기 위해 가족을 버리는 서사라 할 수 있다.

김영철은 집을 떠난 뒤 다양한 인간관계를 맺으며 결혼도 두 번이나 한다. 김영철은 오랑캐 장수 아라나의 동생과 닮았다는 이유로 죽을 위기에서 살아남고, 아라나의 제수와 결혼해서 두 아들을 둔다. 그러나 김영철은 명나라 사람 전유년과 함께 목숨을 걸고 탈주한 뒤 전유년의 권유로 그의 여동생과 결혼해서 다시 두 아들을 둔다. 김영철이 집을 떠나 맺는 관계는 최척에 비해 더 복잡한 면을 갖는다. 김영철은 오랑캐 장수인 아라나, 명나라 사람 전유년을 만나 두 사람의 집안과 혼인으로 긴밀한 관계를 맺기 때문이다.

아라나는 그의 목숨을 구해주고, 자신의 제수와 김영철을 결혼시켜 자기 집에 묶어두고자 했지만, 영철은 결국 그에게서 말을 훔쳐 달아난다. 유림의 군대를 따라온 김영철을 본 아라나는 김영철을 죽이려 한다. 아라나는 김영철에게 세 가지 죄를 추궁하면서 그중에서도 천리마를 잃은 것이 너무도 아쉽다고 하면서 반드시 목을 베겠다고 하고 김영철을 묶게 했다. 그러자 다급해진 김영철이 말을 훔쳐 달아난 죄는 자신에게 있지 않다고 하며 만자(蠻子), 즉 전유년을 포함한 명나라 사람들이 한 짓이라고 외친다. 그리고 만약 자기가 그 계획에 동의하지 않았다면 나머지 아홉 명이 자신을 죽였을 것이라고 한다. 전유년이 누구인가? 아라나의 집에서 함께 잡일을 하다가 김영철과 함께 탈주에 성공하고, 김영철을 자신의 집에 데려가서 머물게 하고 그 여동생과의 혼인을 주선했던 인물이다. 김영철이 결국 부인과 자식들을 버리고 조선으로 돌아갔을 때도 그 뜻을 이루었으니 '영철은 대장부'라고 하면서 김영철의 뜻을 존중하는 태도를 보였던 인물이다.

그렇다면 김영철의 이러한 태도를 어떻게 이해해야 하는가? 죽을 위기에서 살아남기 위해 어쩔 수 없이 한 말로 이해할 수도 있다. '만자'라고 표현한 것도 아라나가 애초에 김영철에게 전유년 등 명나라 사람들을 감시하라고 하면서 이들을 '만자'라고 불렀기 때문에 자신들 사이에서 부르던 대로 쓴 것으로 이해할 수 있다. 그러나 김영철의 이 태도는 김영철과 전유년의 관계를 과연 소통과 연대로 부를 수 있을 것인지를 질문하게 한다. 전유년의 입장에서 보면 김영철은 자신과 자신의 누이를 버리고, 나중에는 자신을 배반하기까지 한 인물일 수도 있다. 물론 김영철이 그런 자신에 대해 아무런 가책이 없는 건 아니다. 훗날 두 부인과 네 아들을 버리고 온 데 대한 회한을 토로하기 때문이다. 그럼에도 그가 위로를 삼는 것은 끝내 부모의 나라로 돌아왔다는 것이다.

김영철의 서사는 국가 이데올로기를 재생산하는 것으로 마무리되지 않는다. 김영철의 서사는 어려서부터 말타기와 활쏘기를 좋아한 19살의 활달한 무인 김영철이 몇 차례의 종군에도 불구하고 국가로부터 어떤 보상도 받지 못한 채 성을 지키는 늙은 병사로 가난과 우울 속에서 죽는 것으로 마무리된다.

> 영철은 의상, 득상, 득발, 기발 네 아들을 두었다. 영철은 전쟁에서 겪은 모진 고생을 생각할 때마다 아들들도 그런 것을 겪을까 두려웠다. 무술년(1658)에 조정에서 자모산성을 수리하게 하고 수비병사를 뽑아 병역을 면제해주게 했다. 영철은 바로 네 아들과 함께 성에 들어가 살았는데 영철의 나이는 이미 예순이 넘었을 때였다.[15]

15 박희병, 앞의 책, 548~549면, "英哲有子四人宜尙得尙得發起發. 英哲每念從軍苦甚, 恐

김영철은 아들들이 전쟁에 나가지 않게 하기 위해 아들들과 함께 자모산성을 수비하는 군사가 된다. 김영철의 삶을 통해 홍세태는 국가 이데올로기에 대한 깊은 회의를 드러낸다. 홍세태는 김영철의 삶을 기록한 뒤 그 공적은 기릴 만한 것인데도 국가로부터 작은 보상도 받지 못한 것을 안타깝게 여긴다.

> 가도를 공격할 때에 사지를 넘나들며 부지런히 일하기를 지극히 했으니 그 공을 기록할 만하다. 그러나 일찍이 자그마한 상도 받지 못하고 현령은 말값을 요구하고 호조는 담뱃값을 독촉했다. 그리하여 그로 하여금 늙어서도 성을 지키는 병사로 곤궁하고 우울하게 죽게 했으니 그 무엇으로 천하의 충성스런 선비를 격려하겠는가?[16]

홍세태는 김영철에 대한 국가의 태도가 온당하지 못했다고 보며, 이런 태도로는 충성스러운 선비를 격려할 수 없다고 말한다. 다시 말해 김영철 같은 충성스러운 선비를 제대로 알아주지 못했다는 것이다. 그래서 후세에 김영철이라는 인물을 알리기 위해 이 전을 기록한다고 밝힌다. <김영철전>에서 볼 수 있는 김영철의 태도, 그리고 홍세태의 평가는 국가 이데올로기에 대한 회의를 드러낸다. 이는 가문소설이나 영웅소설에서 볼 수 있는 것과는 다른 양상이다. 그 한 예로 가문소설을 대표하는 <완월회맹연>의 한 대목을 보자.

其子亦然. 戊戌, 朝廷命修慈母山城, 募守卒免役. 英哲卽與四子者, 入居城中, 年已六十餘矣."

16 박희병, 위의 책, 549면, "及椵島之役, 出入死地, 勤勞至甚, 其功可紀, 曾無尺寸之賞, 而縣令索馬價, 戶曹又督南草銀, 使之老爲守城卒, 困窮抑鬱而死, 此何以勸天下忠志之士也?"

> 너희가 이제 늙은 어미를 모시고 자면서 편안한 시절에는 벼슬에 나가고 어지러운 때에는 물러나 사직의 위태로움과 종사의 위급함을 돌아보지 않고 스스로 살기를 탐하고 평안키를 위하여 모자와 형제가 한 집에서 웃고 즐기며 단란하게 날을 보내지 못함을 아쉬워하려는 것이냐? 네 비록 황제를 받들어 북쪽으로 돌아오지 못한다 해도 마침내 충렬을 세워 돌아가신 아버지의 충의를 지킨 큰 도를 이으면 늙은 어미 비록 변곤의 어머니와 같은 의리를 따르지는 못하나 널 믿고 중히 여기기를 내 곁에 있는 것보다 더할 것이다. 하물며 너는 온전한 수명과 복은 변곤이 진중에서 전사한 것과 다르고 지극한 정성과 한결같은 효도는 온교가 소매를 자르고 전쟁에 나가 걸어서 돌아오지 못함과 같지 않을 것이다.[17]

이는 <완월회맹연>의 중심 가문인 정한 가문의 아들 정잠이 전장에 나갈 때 그 어머니가 하는 말이다. 그 요지는 나라가 위급할 때는 개인이나 가족의 안락함을 생각해서는 안 되며 다시 돌아오지 못한다 해도 충렬을 세우는 것이 중요하다는 것이다. 충렬은 유교 가부장제 사회였던 조선이 중요하게 내세운 이데올로기로 국가에 대한 충은 당연한 것이었다. 여기에 비하면 <김영철전>에서 보여주는 국가 이데올로기에

---

17 <완월회맹연>, 장서각 소장본, 권 11, 31~32면, "여등이 이에 노모를 시침ᄒᆞ여 평안ᄒᆞᆫ 시졀의 샤환ᄒᆞ고 위란ᄒᆞᆫ ᄣᆡ의 믈너나 샤딕의 경위ᄒᆞᆷ과 종샤의 위망ᄒᆞ믈 도라보디 아냐 스ᄉᆞ로 살기를 탐ᄒᆞ며 평안키를 위ᄒᆞ여 모ᄌᆞ형뎨 ᄒᆞᆫ 당의셔 희소달난으로 날을 보ᄂᆡ디 못ᄒᆞ믈 한ᄒᆞ리오? 네 비록 뇽거를 밧드러 북으로 도라오디 못ᄒᆞ미 이셔도 맛ᄎᆞᆷᄂᆡ 튱녈을 셰워 션군의 튱의대도를 니으미 이신즉 노뫼 비록 변곤디모의 의리를 ᄯᆞ로디 못ᄒᆞ나 ᄡᅧ금 밋고 듕히 넉이믈 겻틔 잇ᄂᆞᆫ 바의 더으리니 ᄒᆞ믈며 오ᄋᆡ 완젼ᄒᆞᆫ 슈복이 변곤의 딘듕의셔 젼망ᄒᆞᆷ과 ᄂᆡ도ᄒᆞ고 디셩달회 온교의 졀디거ᄒᆞ여 보불환복ᄒᆞ므로 ᄀᆞᆺ디 아닐디라"

대한 회의는 주목할 만하다.

한편 귀환하는 것이 목표였던 김영철이 아내와 아들을 버리고 집으로 돌아가는 결말은 다시 생각해볼 거리를 남긴다. 김영철에게 가족은 할아버지, 아버지로 이어지는 부계 혈통의 가족을 의미하는 것으로 보인다. 홍세태는 김영철이 가족을 돌아보지 않고 고국으로 돌아온 것을 두고 그 뜻이 장렬하고, 그 일은 기이하다고 했다. 김영철의 행동은 월남전에 파병된 군인들이 월남에서 결혼한 아내와 자식들을 버리고 고국의 가족에게 귀환하는 것, 외국의 노동자로 나가서 그곳에서 결혼한 아내와 자식들을 버리고 귀환하는 것과의 상동성을 보여준다.

4. 국가 이데올로기로 환원되지 않는 서사 공간의 창출

<최척전>과 <김영철전>은 동아시아 공간을 인물들이 직접 경험하는 현실적 배경으로 설정하고 있는 보기 드문 작품이다. 그리고 이 두 작품의 주인공들이 전란의 와중에 포로 혹은 이주민이 되어 이웃나라 사람들과 국경을 초월한 관계를 맺는 점에서도 특이한 작품으로 인식되어 왔다. 최척, 옥영, 김영철은 포로로 잡혀가서 이산가족이 되었으나 가족과 다시 만나고 고향으로 귀환한 인물들이다. 16세기 말~17세기 중반에 이르는 채 50년도 되지 않는 기간 동안 조선 사회는 임진왜란, 정유재란, 정묘호란, 병자호란 등 4차례의 전쟁을 치르면서 많은 사람들이 포로로 잡혀가서 첩이나 종이 되기도 하고, 노예로 팔려가기도 하는 등 이주와 이산의 고통을 겪어야 했다. '사람 사냥 전쟁'으로 불린 임진왜란 당시 왜군은 진중에서 앞을 다투어 조선인 '포획'에 열

중했을 뿐만 아니라, 하인을 얻기 위해 전쟁이 재개되기를 열망하는 무장(武將)들이 있었을 정도였다.[18] 정묘호란, 병자호란 당시 후금군이나 몽골병들도 포로 획득에 대한 집착이 강했다.[19] 임진왜란 당시 잡혀간 포로들의 수는 2~10만에 이르고,[20] 병자호란 당시 청군에게 사로잡혀 심양으로 압송된 포로들은 최소 수만에서 50만에 이르는 것으로 추정된다.[21] 이처럼 많은 수의 포로들은 가족 이산, 도망자 처리, 쇄환, 속환가, 환향녀 등의 문제로 조선 사회에 많은 영향을 미쳤다. 국가가 나서서 포로를 귀환시키기도 하고, 개인적으로 귀환하기도 했지만, 귀환한 사람보다는 돌아오지 못한 사람들이 훨씬 더 많았다.

일본에 포로로 간 강항(姜沆, 1567~1618)은 포로로 잡힌 조선의 남녀가 천 명이 넘는데 절반 이상이 귀화하고 나머지 사람들에게 몰래 고국으로 돌아가자고 해도 별로 호응하는 사람이 없었다고 전하고 있다.[22] 1607년 통신부사로 국서를 전달하고 포로를 쇄환하는 임무를 띠고 일본으로 간 경섬(慶暹, 1562~1620)은 <해사록>에서 포로로 잡힌 자가 몇 만 명인지 모르며, 돌아가기를 원하는 자는 돌아가라는 관백의 명령이 있기는 했으나 주인이 숨기고 마음대로 하지 못하는 사람도 있

18 요네타니 히토시, 「사로잡힌 조선인들」, 『임진왜란 동아시아 삼국전쟁』, 정두희 · 이경순 엮음, 휴머니스트, 2007, 87면.

19 한명기, 『정묘 · 병자호란과 동아시아』, 푸른역사, 2009, 405~412면.

20 임진왜란 당시 포로로 잡혀간 사람들의 숫자에 대해서는 일본과 한국의 견해 차가 크다. 일본은 처음에는 5~6만 정도로 파악했다가 나중에 2~3만으로 축소했다. 이에 비해 한국은 일반적으로 10만으로 추산한다. 김문자, 「임진왜란과 포로」, 『임진왜란 조선인 포로의 기억』, 국립진주박물관, 2010, 126면.

21 한명기, 앞의 책, 401면.

22 강항, 「간양록」, 『수은집』, 『한국문집총간』 73, 90면, "既至則我國男女前後被擄來者無慮千餘人. 新來者晨夜巷陌嘯哭成群, 曾來者半化爲倭, 歸計已絶. 臣暗以挺身西奔一事開諭, 莫有應者."

고, 머물러 사는 것을 편하게 여겨 돌아오려고 하는 자가 적었다고 하면서, 귀환하는 자가 구우일모에 가깝다고 기록하고 있다.[23] 『심양장계』를 보면 귀화와 귀환의 문제가 심양에서 내내 문제가 되었음을 알 수 있다. 이는 조선에 잔류한 포로의 경우도 마찬가지이다. <조선왕조실록>에 따르면 임진왜란 때 조선에 투항한 일본군의 숫자가 1만 명이 넘었다고 한다.[24]

이렇게 볼 때 고향으로 돌아와 가족과 재회한 최척이나 김영철의 경우는 희귀한 경우였을 것이다. 최척과 옥영이 만난 뒤 이웃의 뱃사람들이 이들을 구경하러 오고 어떤 사람들은 선물을 주기도 하는 것은 이들의 만남이 얼마나 드문 사례인지를 보여주는 것이다.

이 두 작품은 동아시아로 열린 시선을 보여준다기보다 오히려 강한 귀국, 또는 귀향에의 의지를 보여주는 것으로 보인다. 그리고 그 의지의 중심에는 가족의 복원이나 혈통의 지속이 놓여 있다. <김영철전>은 가족을 중심에 놓고 있지만, 그때 가족은 자신의 고향에 두고 온 부계가족을 의미한다. 이방에서 맺은 관계는 온전한 가족이 아니다. <최척전>과 <김영철전>은 전쟁을 일으킨 국가 이데올로기로 환원되지 않는 영역을 보여준다는 점에서 새로운 공간을 창출했다. 이를 주변부에서 생성된 새로운 공간 혹은 네트워크 정도로 볼 수 있을 것 같다. 그러나

---

23 경섬, 『해사록』, 『국역해행총재』 2, 정봉화 옮김, 1974, 한국고전종합 DB, "點籍俘還男婦, 僅一千四百十八名, 仍放十日粮. 大概被擄之人, 散在日本內地者, 不知其幾萬. 關白雖有願歸者許歸之令, 而其主等爭相隱匿, 使不得自由, 且被擄之人, 亦安於土着, 思歸者少. 今玆刷還之數, 不啻九牛之拔一毛, 可勝痛哉."

24 임진왜란 당시 잡힌 일본군 포로는 현장에서 처형되는 일이 많았으며, 일본군에 잡힌 포로도 현장에서 처형되는 것이 상례였고 특수한 경우에는 일본으로 끌려갔다고 한다. 정하영, 「전쟁포로의 소설적 형상화」, 『탈경계인문학』 10, 이화여자대학교 이화인문과학원, 2011, 7면.

<김영철전>이 가족을 찾기 위해 가족을 버리는 부분은 비록 김영철이 이 문제를 몹시 슬퍼하고, 말년의 쓸쓸함이 여기서 비롯되었다고 생각할 정도로 가책을 느끼지만, 가족의 경계가 곧 민족의 경계임을 보여준다.

최척은 애초부터 국가의 운명보다 자신의 운명에 더 비중을 두는 인물이었으며, 명나라 군대에 들어가서 중국인들과 지냈다. 최척이 교유한 사람들도 명나라 사람들이었다. 그에게는 가족이 삶의 근거였다. 가족을 잃은 뒤에 삶에 대한 의지가 꺾이는 모습을 보여주는 것에서 그것을 볼 수 있다. 김영철 역시 대를 이으라는 조부의 말씀을 평생의 지침으로 삼은 것으로 보이며, 그런 그에게서 국가 정체성에 대한 인식을 찾아보기는 어렵다. 바로 이 점이 최척, 옥영, 김영철이 국가 경계를 오가면서 살아남을 수 있었던 중요한 요인이었던 것으로 보인다. 옥영이 아들 부부와 배를 타고 돌아올 때 아들 부부에게 중국어와 일본어를 가르치고, 중국 옷과 일본 옷을 준비해서 출발했다가 필요할 때마다 조선인으로, 중국인으로, 일본인으로 행세하는 것은 국가 정체성을 옷처럼 갈아입을 수 있다는 의식을 상징적으로 보여준다. 이는 청나라 황제가 김영철에게 "본래는 조선 사람이었으나, 8년은 우리 백성, 6년은 등주 백성이었다가 이제 다시 조선 백성이 되었다."고 한 말과도 부분적으로 통하는 면이 있다. 전란으로 한 국가가 무너지고, 새로운 국가가 일어나는 와중에 포로가 되었다가, 귀화했다가, 고국으로 귀환하기도 하는 역정 속에서 국가 정체성이란 그처럼 유동적인 것으로 인식되었을 가능성이 있는 것이다.

<최척전>과 <김영철전>은 동아시아라는 확장된 공간에서 오히려 강한 지역성이 부각되는 예를 보여주는 텍스트이기도 하다. <최척전>

에 등장하는 부처는 일반 부처가 아니라 남원의 만복사에 있던 장육불이라는 점은 강한 지역성을 드러낸다. 최척과 옥영은 고향으로 돌아간 뒤 자신들의 무사 귀환이 부처 덕분이라고 하며 만복사에 가서 불공을 드린다. 만복사의 부처는 불심을 드러내는 것이면서 동시에 고향이라는 정서를 환기하는 것이었다고 볼 수 있다. 김영철이 전유년의 여동생과 결혼해서 살 때 이웃에 잔치가 열리면 영철은 조선의 노래를 부르고 춤을 추어 비단을 선물로 받곤 했다. 이것 역시 김영철이 조선이라는 지역의 문화를 대변하는 존재였음을 보여준다.

<최척전>과 <김영철전>은 따라서 국가 정체성이 강하게 드러나지 않을 때 동아시아라는 공간 내에서 지역성을 바탕으로 새로운 인적 교류가 열릴 수 있는 가능성을 보여주는 작품이라고 할 수 있다. 최척이 보여준 인적 교류는 앞서 언급했듯 제한적이었기 때문이다. <김영철전>이 보여준 부계 혈통 지향성, 그것이 야기하는 유교 가부장제의 문제는 그러한 새로운 교류의 가능성을 스스로 제한했음을 보여준다. 그러나 이들 작품에서 드러내고 있는 국가와 가족, 혈통과 가족, 고향과 타향, 가족과 이방인, 개인과 국가의 관계가 어떻게 말끔하게 정리될 수 있는 문제이겠는가?

최척과 옥영과 김영철은 국가 정체성이 가장 중요해지는 전란에서 국가를 떠나 동아시아 각지를 떠돌며 갖은 위기에 처했지만 살아남았다. 이들은 어떻게 살아남을 수 있었을까? 이들은 남달리 명민하고 매력적인 인물이었으며, 중국어나 일본어에도 능통했고, 김영철을 살려준 아라나의 예에서도 보듯 운도 좋았다. 최척이 명나라 군대에 갔다가 여유문이 죽은 뒤 송우와 장사를 다니고, 옥영이 돈우와 함께 장사를 다닌 것도 이들이 살아남는 데 도움이 되었을 것이다. 여유문, 송우,

전유년 등 이들을 진심으로 돕는 사람들을 만난 것도 이들이 살아남을 수 있었던 중요한 요인이었다. 이들이 살아남을 수 있었던 것은 무엇보다 이들이 국가 정체성을 스스로 강하게 주장하지 않았기 때문으로 보인다. 이들의 삶의 중심에는 가족이 놓여 있었고, 국가의 운명보다는 개인의 운명이나 가족의 운명이 더욱 절박했던 것으로 보인다. 그러나 <김영철전>에서 보듯 가족의 경계는 곧 국가나 민족의 경계처럼 보이기도 한다. 그런 점에서 이들 작품은 국가와 가족, 혈통과 가족, 고향과 타향, 가족과 이방인, 개인과 국가의 관계가 빚어내는 착종 지점을 반영한 텍스트라 할 수 있다.

제9장 전쟁이 낳은 경계인의 서사 <강세작전>

1. 명 유민(遺民)과 강세작

<최척전>에는 명나라 장수 유정의 군대에서 잘못을 저질러 군법에 따라 처벌받게 되자 도망해서 대구에 머물며 침술을 배운 진위경, 조선으로 출병한 뒤 소식을 알 수 없는 아버지를 찾아 조선으로 온 홍도라는 인물이 등장한다. 이들은 전쟁을 계기로 조선에 들어온 명나라 사람들이다. 이들의 존재는 이규상(1727~1799)이 편찬한 인물지 『병세재언록』의 다음 기록을 통해서도 확인된다.

---

* 이 장은 「이민자에 대한 조선사회의 태도와 그 반응: 명 유민(遺民)을 중심으로」(『한국고전연구』 49, 2020)를 <강세작전> 분석 위주로 전면 수정, 보완한 것이다.

> 우리나라는 팔도에 귀화한 사람이 많이 있는데, 생각건대 건국 직후에 야인(野人)으로 우리나라에 들어와 사는 사람들과 임·병 양란에 들어와 잔류한 병사의 후손일 것이다. 결성(지금의 충청남도 홍성군에 속한 고을)의 바닷가의 한 면은 전부가 귀화촌으로 여진 종족이다.[1]

임진왜란과 병자호란, 명의 멸망, 청의 건국으로 이어지는 국제 정세의 변화 속에서 많은 명나라 사람들이 유입되었다. 이들은 대부분 임진왜란 때 명나라 원군으로 조선에 온 장병의 후손이거나 청을 물리치고 명을 회복하기[反淸復明] 위해 조선으로 온 사람들, 혹은 명의 멸망 이후 요동 지역 등으로부터 유입된 유민들이었다.[2] 명나라 멸망 전후로 만 명 이상의 명나라 유민이 조선에 들어온 것으로 추정되는데[3] 특히 요동 난민들은 조선 조정의 골칫거리기도 했다. 이들이 청천강 이북 평안도 지역에 밀집해 있으면서 소란을 피웠던 탓이다. 광해군은 평안도 수령들에게 이들을 받아들이지 못하게 했으나 인조반정으로 광해군이 물러나자 그 유입을 막지 않고 방임했다.[4]

많은 수의 유민이 왔지만 얼마나 왔는지도 알 수 없고, 그 구체적인 삶에 대한 기록도 많지 않아서 그 실상을 잘 알기는 어렵지만 명 유민

---

1 이규상, 『병세재언록』, 민족문학사연구소 한문분과, 창작과비평사, 1997, 186면, "我國八道, 多向化子孫, 意初葉後野人內附者, 及壬丙亂留兵之後也. 結城瀕海一面, 都是向化村, 是女眞種.", 296면.

2 노혜경, 「영조대 황조인에 대한 인식」, 『동양고전연구』 37, 동양고전학회, 2009, 129면.

3 서신혜, 「李奎象이 『幷世才彦錄』에 쓴 明人 기록의 등장 底邊: 「寓裔錄」, 「風泉錄」의 意義와 관련하여」, 『어문연구』 38권 2호, 2010, 430면.

4 윤세순, 「17C 중국인 피난민 강세작에 대한 문학적 형상화와 그 태도: <강세작전>과 <강군세작묘지명>을 중심으로」, 『고소설연구』 30, 2010, 216~217면.

이 조선에 정착한 것은 두 단계로 이루어진 것으로 알려져 있다. 임진왜란 당시 군대를 따라왔다가 정착한 경우, 명청 교체기에 이주한 경우이다.[5] 그러나 명이 망한 뒤 귀화 한인들을 돌려보내라는 청의 압력에 응하지 않을 수 없었기 때문에 명 유민에 대해 공개적으로 언급하기 어려웠다.[6] 이들은 관직에 나아간 경우도 있지만 고기를 낚아 생계를 잇거나, 무예를 교습하고, 염초 굽는 방법을 전수하기도 하고, 역관에게 중국어를 가르치기도 했다. 당시에 창작된 문학 작품은 이러한 명 유민의 자취를 담고 있어 명 유민의 삶을 이해하는 데 도움이 된다.

중국, 일본, 베트남을 배경으로 가족의 이산과 재회를 거듭하는 과정을 그린 <최척전>에는 명군으로 와서 주둔하고 있던 여유문, 명나라 장수 유정의 군대에서 잘못을 저질러 군법에 따라 처벌받게 되자 도망해서 대구에 머물며 침술을 배운 진위경이 등장한다. 이들의 등장은 우연한 것이 아니라 당시 조선에 명인들이 많이 들어와 있던 현실을 반영한 것이다. 조선으로 출병한 뒤 소식을 알 수 없는 아버지를 찾아 조선으로 따라가겠다고 하면서 "요사이 길에 떠도는 말을 듣자니, 패잔병 중에 혹 목숨을 건져 조선에 남아 떠도는 사람들이 아직 많다고들 합니다."[7]라고 한 홍도의 말은 당시 조선에 명군의 잔류병들이 많았음을 시사한다. <최척전>은 당시 명 유민의 실상을 부분적으로 전해주고 있지만 서사의 중심에는 어디까지나 최척의 삶이 놓여 있다. 이에 반해 <강세작전>은 명 유민 강세작을 주인공으로 명 유민의 삶을 다룬 본격적인 명 유민 서사라 할 수 있다.

---

5 최승현, 「한국의 명대유민 연구」, 『중국인문과학』 47, 2011, 351~366면.

6 우경섭, 「조선후기 귀화한인과 황조유민의식」, 『한국학연구』 27, 2012, 335면.

7 박희병 · 정길수 편역, 『전란이 소용돌이 속에서』, 돌베개, 58면.

강세작은 중국 회남 출신으로 열여덟 살에 전쟁에 나간 아버지를 따라 요양으로 갔다가 아버지가 죽은 뒤 탈출하여 조선으로 들어온 인물이다. 그는 1625년 압록강을 건너 조선으로 들어와 관서지방을 떠돌다가 함경도로 들어가 1680년대까지 살았다. 강세작에 대해서는 박세당(1629~1703), 남구만(1629~1711), 최창대(1669~1720), 황경원(1709~1787), 박지원(1737~1805), 이규상, 성해응(1760~1839) 등의 기록과 시가 남아 있다.[8]

2. 명 유민에 대한 기록과 <강세작전>

영조 이후에는 명 유민을 우대하는 정책을 펴고 명 유민에 대한 기록들이 정리되기 시작했다. 그러나 명 유민에 대한 처우가 크게 나아지지는 않았다. 이에 앞서 1603년 예조 전객사(典客司)에서 향화인들에 대한 기록인 『향화인등록』을 편찬했다. 이는 국가 차원에서 진행한 것이다. 명 유민들에 대한 본격적인 기록은 더 이상 명 유민이 유입되지 않게 된 18세기에 이루어졌는데 이때 이루어진 명 유민 기록은 국가 차원에서뿐만 아니라 개인 차원에서도 진행되었다. 개인이 편찬한 기록으로는 이서구(1754~1825)의 <정미전신록(丁未傳信錄)>과 이를 보충해 편찬한 성해응의 <정미전신록>, 이규상의 『병세재언록』 중 '우예록(寓裔錄)', '풍천록(風泉錄)' 항목, 명 유민에 대한 본격적인 기록인 이덕

8 윤세순, 위의 글, 주영아, 「디아스포라에 대한 조선 지식인의 문학적 수용 태도: 明나라 遺民 康世爵의 실상을 중심으로」, 『동방학』 37, 2017에서 강세작에 대한 기록들을 전반적으로 검토하고 있다.

무(1741~1793)의 <뇌뢰낙락서>, 성해응의 <황명유민전>이 대표적이다.

<정미전신록(丁未傳信錄)>은 1775년 이서구가 제주 목사 이인의 기록과 황공이 쓴 문답을 얻어 기록한 것인데, 1798년 성해응이 남중 인사들이 필담한 것과 기타 책에서 본 것들을 보충해서 2권으로 편찬했다.[9] 이는 1667년 제주도에 표류한 임인관 등 95인의 압송 사건 때 기록된 문답, 시문 등을 모은 것이다. 임인관 사건은 명 유민의 후예인 왕덕구가 편찬한 『황조유민록』에도 자세히 기록되어 있는데 사건의 전말은 이러하다. 1667년 복건성에서 나가사키로 항해하던 4척의 배 가운데 임인관, 진득 등이 탄 배가 풍랑을 만나 제주도에 표류했다. 이 배에는 95명이 타고 있었는데 제주 목사의 심문을 통해 이들이 복건성 출신으로 대만에 웅거하면서 남명(南明)과 연계하던 관상(官商)임이 밝혀지고, 무엇보다 중국 남부에 남명이 건재하다는 것이 알려졌다. 임인관은 영력제가 광서 일대 4개 성을 점거하고 청에 대한 항쟁을 지속하고 있다고 전하고 자신들도 단순한 상인들이 아니라 명의 회복을 도모하는 임무를 지녔다고 주장했다. 그러나 청의 눈치를 보지 않을 수 없었던 조정은 이들을 북경으로 압송하기로 결정했다. 이들은 청으로 가기를 완강히 거부했으나 결국 압송되었다.[10] 당시 이들을 북경으로 압송하는 데 반대하는 상소들이 이어졌고 반계 유형원은 이들이 서울로 압

9 성해응, '정미전신록서', 「풍천록」, 『연경재전집』 31, "始薑山尙書得濟洲牧使李公㙊所記及黃功所著問答, 爲丁未傳信錄, 余又得南中人士以筆談相酬者及散見他書籍者, 補爲二編."

10 임인관의 표류와 압송 및 이에 대한 조선인의 반응에 대해서는 김문식, 「成海應이 증보한 『丁未傳信錄』」, 『진단학보』 115, 2012; 손혜리, 위의 글, 2017; 우경섭, 「명청교체기 조선에 표류한 漢人들: 1667년 林寅觀 사건을 중심으로」, 『조선시대사학보』 88, 조선시대사학회, 2019 등이 다루었음.

송되어 가는 길에 정읍참에 도착했을 때 직접 가서 만난 뒤 이 일을 시로 남겼다. <정미전신록>을 편찬한 이서구와 성해응은 임진왜란 때 조선을 구해준 명나라의 은혜를 강조하고 남명의 유민인 임인관 일행을 북경으로 압송하려는 조정을 비판했다. 이서구는 조선인의 의리에 심각한 의문을 제기했다. 임진왜란 당시 명과 일본이 원수지간이었을 때 임인관 일행이 일본으로 간다고 하고, 황공이 군대를 끌고 왔다면 모두 대인이라 부르며 무릎을 꿇었을 것인데 명이 망하고 나니 조선에서 노예보다 못한 대접을 받는다고 비판했다.[11]

이규상의 『병세재언록』은 18세기 인물들의 행적과 일화를 모은 것으로 이규상은 180여 명의 인물을 18개 항목으로 분류하고 학자, 시인, 화가, 역관, 규수 등과 더불어 '우예록(寓裔錄)', '풍천록(風泉錄)'이라는 항목에 귀화인들을 포함시켰다. 우예(寓裔)에 대해 이규상은 "다른 나라 사람으로 우리나라에 와서 산 사람의 자손을 말한다. 우(寓)자는 『춘추(春秋)』에 나오는 우공(寓公)의 의미이다."라고 하고, 풍천에 대해서는 "풍천(風泉)이란 명나라 조정의 옛 일에 감동한 것이다."라고 하여 명 유민에 대한 기록임을 분명히 밝혔다. 이규상은 여기에 장춘이라는 장수를 제외하면 최회저, 유저, 긴저, 굴저 등 여성들을 포함시키고 있다. 이 기록들은 이전 사회와 달리 당대 사회에서 명 유민들의 존재가 새롭게 부각되었으며, 사회에서 의미 있는 한 집단이 되었음을 보여준다[12]는 점에서 중요한 의미를 갖는다.

이덕무와 성해응은 명 유민에 대한 본격적인 기록인 <뇌뢰낙락서>

11 김문식, 위의 글, 117면.
12 서신혜, 위의 글, 427면.

와 <황명유민전>을 남겼다. <뇌뢰낙락서>에는 명말청초의 유민 720명의 사적이 수록되어 있고, <황명유민전>은 <뇌뢰낙락서>의 지나친 부분은 덜어내고 빠진 부분은 보충해서 574명으로 정리했는데 그중 조선에 귀화한 유민은 일부에 불과하다.[13] 성해응은 <황명유민전>을 편찬한 동기를 밝힌 글에서 "오직 동방의 선비만이 만력과 숭정의 은혜를 마음에 품고 오히려 존주양이가 사모할 만한 것임을 알고 있다. 나의 집이 또 대대로 이 의리를 지켜왔다. 그러므로 기쁘게 유민을 위해 전을 지어 황하가 맑아지는 날 천하에 드러나기를 기다릴 것이니 우리 집안의 의리는 이로 인해 인멸되지 않을 것이다."[14]라고 했다. 자신의 집안이 존주양이에 기반한 의리를 지켰음을 천명한 것이다. 성해응은 <풍천록>에도 대명의리에 관한 글들을 다수 남기고 있다. 이 두 저작은 조선뿐만 아니라 중국에서도 전례가 없을 만큼 분량이 방대한 것으로[15] 평가된다.

이 저작들의 편찬은 조선 사회에서 대명의리론이 강화되면서 국왕의 주도로 창덕궁 후원에 황단을 건설하여 명 황제의 제사를 지내고, 조선인의 의리를 드러내는 <존주휘편>이 편찬된 것과 맞물려 있다. <정미전신록>은 임인관 일행을 청으로 보내 죽게 한 데 대해 비판하면서 대명의리를 제고하는 역할을 했다. 1798년 정조는 의주 현충사

---

13 성해응, '황명유민전서', 「풍천록」, 『연경재전집』 권31, "李青莊德懋薈萃遺民若干人, 顧義例未立, 余乃汰其濫而補其闕, 又從乘史子集與夫偏部短記, 復得幾人." 손혜리, 위의 글, 2014, 354면.

14 성해응, '황명유민전서', 「풍천록」, 『연경재전집』 권31, "獨吾東之士, 常懷萬曆之恩崇禎之惠, 尙能知尊攘之爲可慕. 余家又世守此義. 故喜爲遺民作傳, 以待河淸之日, 得章顯于天下, 而余家之義因之不泯乎."

15 손혜리, 앞의 글, 354~355면.

에 임인관 일행을 위한 별단을 설치하고 정기적으로 제사를 지내게 했고 이는 성해응이 증보본을 편찬하는 계기가 됐다. <뇌뢰낙락서>와 <황명유민전> 등 명 유민을 기록한 책들은 조선 사회에 명 유민들을 가시화할 필요성에서 편찬된 것으로 보이며 그 기저에는 존주양이에 기반하여 대명의리를 지킨다는 조선중화주의의 흐름이 깔려 있는 것으로 보인다. 따라서 이 기록들은 절의와 의리를 지킨 인물들이 중심이 되어 있다. 다시 말하면 명 유민들은 18세기 조선이 조선중화주의를 표방하면서 다시 소환된 것이라 할 수 있다.

<강세작전(康世爵傳)>은 이들 기록에 앞서 입전된 것으로 박세당이나 남구만 모두 존주양이의 이데올로기를 강하게 드러내지 않는다. <강세작전>에 재현된 강세작도 충효 이데올로기를 견지하지만 명에 대해 절대적 충성을 보이지 않는다. <강세작전>은 여러 가지 면에서 <김영철전>을 떠올리게 하는데 강세작도 김영철과 마찬가지로 심하 전투에 참가했다가 극적으로 살아남아 탈출했기 때문이다. 강세작이 탈출하는 대목은 김영철의 탈출을 연상시킨다.[16] 여기서는 박세당의 <강세작전>과 남구만의 <강세작전>을 중심으로 경계인 강세작의 국가 이데올로기에 대해 살펴보고자 한다.

---

16 윤세순, 앞의 논문, 219~220면에서 <강군 세작 묘지명>을 쓴 최창대가 <김영철전>을 지은 홍세태와 친분이 두터웠던 것을 들어 둘 사이에 영향이 있었을 것으로 추정했다. 최창대는 소론계 인물로 박세당, 남구만의 전을 참조해서 <강세작 묘지명>을 썼다.

3. 경계인 강세작의 국가에 대한 태도

<강세작전>을 남긴 박세당과 남구만은 소론계 인물로 동년배이며 처남 매부 관계이다. 박세당과 남구만은 직접 강세작을 만나보고 그에 대한 전을 썼는데 박세당의 전에 비해 남구만의 전이 보다 풍부하게 서술되어 있다.

박세당의 <강세작전>은 강세작에 대한 소개와 일생을 간략하게 서술한 부분과 강세작의 사람됨을 드러내는 몇 가지 일화, 그리고 강세작을 만나 나눈 이야기로 구성되어 있다. 그의 일생은 아버지를 따라 요양으로 다시 간 일, 요양성이 함락되자 탈출해서 압록강을 건넌 일, 관서 지역을 떠돌다 경원과 종성에 이르렀으나 일정한 거처 없이 지낸 일 등이 별다른 설명 없이 사건 위주로 서술되어 있다. 그에 비해 술을 좋아한 것, 사람을 알아보는 눈이 있는 것, 이리 꼬리를 세금으로 거두는 것을 비판한 것, 천렵꾼들을 방해하면서 물고기를 잡은 일 등 강세작의 성품이나 그와 관련된 일화는 비교적 자세히 서술되어 있다.

박세당은 강세작이 언어로 인해 겪은 곤경에 대해서도 쓰고 있어 이주민의 삶을 구체적으로 짐작하게 한다. 박세당은 강세작의 나이 60세 무렵에 만났는데 그의 말을 잘 알아들을 수가 없었던 것 같다. 그래서 사투리라 잘 알아들을 수가 없다고 하자 강세작이 웃으며 어려서 중국을 떠난 지 40년이나 되어 중국어도 잊어버리고 조선어도 제대로 다 배우지 못했다고 하며 스스로를 '한단학보', 즉 이도 저도 제대로 못하는 사람이라고 자조했다고 한다. 그리고 바로 이어서 박세당은 강세작이 명나라의 멸망에 대해서 한 말과 불효불충한 인물이 된 것을 탄식하는 말을 인용하고, 우리나라 여자와 결혼해서 두 아들을 낳았으며 손자도 있다는 말로 전을 마무리한다. 박세당은 행적과 논찬으로 이루어지는 전의 일반적 플롯을 따르지 않았다. 그는 인물에 대해 저자가 평가하는 논찬을 쓰는 대신 다음과 같이 강세작의 말로 마무리하고 있다.

> 또 말하기를, "나는 명나라가 망하고 주씨가 부흥하지 못할 거라 생각하오. 한나라가 400년 만에 망했는데 소열제의 현명함으로도 부흥시키지 못했고 당나라와 송나라는 모두 300년 만에 망했소. 명나라는 홍무로부터 숭정까지가 또한 300년이니 하늘의 대운을 누가 어길 수 있겠소? 오랑캐가 끝내 천하를 차지할 것이오. 이제 오랑캐는 바야흐로 강성하고 중국 사람들은 극도로 곤궁하고 피폐하여 부자와 형제가 목숨을 부지하기에 급급하니 영웅호걸이 있다 해도 오랑캐를 막지 못할 것이오. 5, 7십 년 혹은 100년 정도 기다리면 오랑캐의 세력이 조금 쇠퇴하고 중국 사람들도 안정을 찾을 것이오. ……" 또 탄식하기를 "나는 열서너 살 때부터 집에서는 효도하고 나라에서는 충성하려는 뜻을 세웠는데, 그것을 이룰 수 있는 듯했소. 그러나 지금 나는 나라에서 충성하지 못하고 집안에서 효도를 이루지 못해 불효불충한 사람이 되고 말았소."라고 하였다.[17]

강세작은 명나라가 망하고 오랑캐가 천하를 차지할 것이라고 하며

---

17 박세당, <강세작전>, 『서계집』 권 8, "又曰, 吾知明之亡, 朱氏不能復興也. 漢四百年而亡, 雖以昭烈之賢, 不能復, 唐與宋, 皆三百年而亡. 明自洪武至崇禎, 亦三百年, 天之大數, 誰能違之? 虜其終有天下乎. 夫虜方強, 而中國之人, 困敝已極, 父子兄弟, 救死不給. 雖有英雄豪傑, 莫能抗也. 竢五七十年或百年, 虜勢少衰, 中國之人, 且得休逸. …… 又嘆曰, 自吾年十三四時, 已有志在家爲孝, 在國而忠, 如有所樹立. 今吾忠不成於國, 孝不成於家, 爲不孝不忠之人."

명나라는 극도로 곤궁하고 피폐해져 영웅호걸도 구할 수 없다고 한다. 그는 불효불충을 탄식하지만 자신의 조국인 명나라에 대해 비판적인 태도를 숨기지 않는다. 한편에서는 대명의리를 주장하고 절의를 지켜 목숨을 버리는 서사가 재생산되던 당시 조선 사회에서 강세작의 위와 같은 발언을 서사의 마지막에 배치한 것은 박세당의 <강세작전>이 충신전과는 다른 플롯임을 보여준다.

남구만의 <강세작전>은 강세작의 가계를 비롯해서 아버지를 따라 전쟁에 나갔다가 아버지가 전사한 뒤 겪은 일을 자세하게 서술한 부분과 그에 관한 일화들, 작가의 말로 이루어져 있다. 남구만은 가계를 소개하고 전쟁이 나자 아버지 국태를 따라 군대에 나갔다가 아버지가 전사하자 아버지를 묻은 자리를 표시하고 조선 군대 진영으로 간 일, 강홍립이 항복한 뒤 조선 사람들 속에 있는 명군을 색출해서 목을 베게 하자 강세작도 잡혀 죽을 차례를 기다리고 있었으나 일을 담당한 자가 잊어버리고 그대로 떠난 일, 강세작이 조선군에게 묶인 것을 풀어달라고 했으나 아무도 풀어주지 않자 스스로 푼 뒤 조선 군인의 옷으로 갈아입고 요양으로 도망한 일, 웅정필이 군대에 와서 원수를 갚으라고 하여 종군했으나 심양 전투에서 다시 요양으로 도망한 일, 봉황성으로 도망가서 유광한과 함께 성을 지키다 사로잡힌 일, 조선으로 가면 변발하고 오랑캐 옷을 입는 것은 면할 수 있다고 생각하고 도주하여 양가죽 옷을 칼로 베어 물에 삶아서 삼키고, 13일 동안 새와 짐승처럼 숨고 달려 1625년 8월에 드디어 압록강을 건넌 일을 자세히 서술한다. 그리고 조선에 정착한 강세작이 역(驛)의 여종과 결혼해서 두 아들을 낳았는데 관찰사가 상국(上國)의 사대부의 후예로 천인의 호적에 떨어지는 것이 가엾다고 조정에 보고해서 속량을 허락받은 일, 점술과 관상을 보고 운명을 점치는 방법을 알았으나 한 번도 기술을 판 적이 없고 농사에 힘써 가축을 기르고 곡식을 생산해서 먹고 살았으며, 남은 것으로는 가난한 자들을 구제한 일을 서술한다.

> 강세작은 죽을 무렵에 그 선조의 계통, 종족, 난리를 만나 떠돌게 된 전말을 자세히 기술하여 아들에게 물려주며 말했다. "나는 아버지가 돌아가셨는데도 유골을 제대로 수습하지 못했고 나라가 멸망했는데도 원수를 갚지 못했다. 실낱같은 목숨을 스스로 아껴서 잠시 동안 구차히 연명하여 딴 나라에 몸을 의탁하고 종을 배우자로 삼았다. 그리하여 살아서는 치욕스러운 사람이 되고 죽어서는 부끄러운 귀신이 될 것이니 너희는 나를 낮추어 장례를 간단히 지내 나로 하여금 군주와 부모에 대한 애통함을 표시하고 평생의 죄를 속죄하게 하라. 이것이 너희가 효도하는 길이다."[18]

그는 자신의 삶을 회한에 찬 죄인의 삶으로 표현하고 죽어도 부끄러운 귀신이 될 것이라고 했다. 그리고 아들들에게 재산을 나누지 말고 분가해서 따로 살지 말도록 했는데 아들들이 그 가르침대로 살고 있다는 말로 그의 생애에 대한 기록은 마무리된다. 박세당과 달리 남구만은 논찬을 덧붙이고 있는데 그 주요 내용은 조선에 온 명나라 장수들에 대한 강세작의 평가이다.

---

18 남구만, <강세작전>, 『약천집』 권28, 31면, "世爵將死, 敍其祖系宗族及喪亂流離之首尾以遺其子, 且曰吾父死而未收其骨, 國滅而未復其讎. 自惜縷命, 苟延晷刻, 託身他邦, 耦於隷徒, 生爲辱人, 死爲羞鬼, 汝曹貶我以薄葬, 俾得表君父之痛, 贖平生之罪, 是汝曹之孝也."

내가 신해년(1671)에 함경도 관찰사가 되어 순행차 회령에 이르렀는데 그때 강세작은 아직도 건강했다. 그가 찾아와 함께 이야기했는데 겨우 글자를 아는 정도였지만 청나라 사람들이 요동을 건너온 일을 어제 일처럼 또렷하게 말했다. 또 우리나라로 정벌 나온 장수들의 장단점을 논하여 말하기를 "양호는 마음이 너그럽고 후덕해서 군사들의 마음을 얻었으나 적의 정세를 헤아리는 데 어두워 청나라 사람들을 쉬운 상대로 여기다가 패했다. 유정과 두송은 용맹했으나 계책이 없었다. 척후병을 두지 않고 험지로 깊숙이 들어가다가 갑자기 적을 만나 전몰했다. 웅정필은 청백하고 법을 잘 지켜서 위엄과 명망이 있었으나 사람 죽이기를 좋아해 그칠 줄을 모르다가 병졸들의 원망을 많이 샀으며 또한 이로 인해 공을 이루지 못했다. 비록 그러하나 이기고 지는 것은 하늘의 운수니 어찌 사람에게만 달렸겠는가?" 하였다. 내가 우리나라에 온 중국 사람들을 보면 대부분 헛되이 과장하고 이익을 좋아하여 사람들에게 구걸하기를 그치지 않았다. 강세작만은 헛되이 과장하지 않고 함부로 취하지 않았으며 말을 바꾸지 않고 의심스러운 행동을 하지 않아서 고을에서 신임을 받았고 아들들에게 가르침을 행하였으니 이는 모두 기록할 만한 것이다.[19]

19 남구만, 앞의 책, "余於辛亥歲, 按節北路, 巡到會寧, 時世爵尙無恙. 來謁, 與之言, 僅能識字, 而言淸人度遼事, 歷歷如昨. 且論東征諸將長短曰, 楊鎬寬厚得士心, 而昧於料敵, 以淸人爲易與而敗. 劉綎杜松勇而無謀, 深入險地, 不設斥候, 猝遇敵而沒. 熊廷弼淸白守法, 有威望而喜殺不已, 士卒多怨, 亦以此不能成功. 雖然勝敗天也, 豈專在人乎. 余見中國人來東者, 類多浮誕好利, 求丐人不厭, 世爵獨能不虛誇不妄取, 無二言無疑行, 信孚於鄕里, 敎行於諸子, 此皆可書者也."

강세작은 명나라 장수 양호, 유정, 두송, 웅정필의 장단점을 논하고 명나라가 망한 것은 하늘의 운수라고 말한다. 이 말을 인용한 뒤 남구만은 강세작이 헛되이 과장하지 않고 말을 바꾸거나 의심스러운 행동을 하지 않아 사람들로부터 신뢰를 받았다고 쓰고 있다. 이 말을 덧붙인 것은 명나라 장수들에 대한 강세작의 평가가 과장이나 거짓이 아니라는 것을 말하기 위한 것으로 보인다. 남구만의 <강세작전> 역시 불효불충의 회한에 찬 강세작의 삶을 이야기하는 듯하다가 마지막에 다시 강세작의 말을 가져와서 명나라 장수를 비판하고 명나라가 망한 것을 하늘의 운수라고 이야기한다. 절의와 충성을 이야기하는 듯하지만 남구만의 <강세작전> 역시 충신전과는 다른 플롯임을 보여준다.

박세당과 남구만의 <강세작전>은 경계인으로서의 강세작의 모습을 재현하면서 명나라를 비판하고 명나라가 망할 수밖에 없는 것을 받아들이는 것으로 그려 충이나 절의 같은 국가 이데올로기를 강조하는 작품들과 다른 면을 드러낸다. 동시에 대명의리, 존주양이의 이데올로기와도 다른 면을 드러낸다.

강세작에 대한 재현은 시간이 지나면서 영웅시되거나 충성과 절의가 강조되는 방향으로 바뀌었다. 최창대가 쓴 <강군 세작 묘지명>은 박세당과 남구만의 전을 바탕으로 지어졌는데 강세작을 오왕 부차의 참모였던 오자서에 비유하면서 강인하고 인내심이 있으며 지혜로운 열사(烈士)로 과대평가하고 영웅시했다.[20] 강세작 사후 30년 뒤에 태어난 김몽화는 전쟁에서 강세작이 청군과 맞서 싸운 활약상과 절의를 강조하고 영웅으로서의 면모를 부각시켰다.

---

20 윤세순, 앞의 논문, 238면.

황경원의 <초관당기>는 앞서 본 <강세작전>과 또 다른 측면에서 차이를 드러낸다. <초관당기>에 의하면 평소에도 초관(楚冠)[22]을 쓰고 지낼 정도로 고향을 그리워한 강세작이 죽은 뒤 회령 사람들이 그를 불쌍히 여겨 그의 집을 초관이라 하고 황경원에게 그 서문을 써달라고 했다고 한다. 황경원은 그 부탁을 듣고 <초관당기>를 써주었는데 조선이 명 유민을 받아준 것을 강조하고 있어 앞서의 글들과 차이를 드러낸다.

> 명나라가 남쪽으로 옮겨간 뒤로부터 공대부들이 미얀마로 달아났으나 모두 죽임을 당했고, 친왕의 아들 팔십 명이 태국으로 들어가 머리를 자르고 문신을 하지 않은 자가 드물었다. 그러나 오직 강씨는 회령부에 살면서 시골에서 천수를 마쳤으며 초관을 여전히 바꾸지 않았다. 내가 일찍이 예로부터 속국으로 중국 조정과 친근했던 경우는 오직 우리나라와 명나라가 그렇다고 생각했다. 우리나라 선비가 명나라로 도망가면 선제가 반드시 받아주었고 명나라의 선비가 우리나라에 도망 오면 선왕도 반드시 받아주었다. 그래서 강씨가 봉황성에서 우리나라로 오면서 그 몸을 받아주지 않을 것을 걱정하지 않았던 것이다. …… 명나라의 선비로서 남쪽 오랑캐 땅에 살면서 능히 그 몸을 보전한 자는 참으로 드물다. 강씨로 말하면 우리나라에 거주하며 향리에서 육십 년을 한가로이 지내다 끝내 천수를

---

21 윤세순, 앞의 논문, 245면.

22 초관은 초나라의 관으로 본국의 의관을 말한다. 춘추시대 초나라의 악관 종의(鍾儀)가 진나라에 포로로 잡혀갔을 때 초나라의 관을 쓰고 있었고, 진의 경공이 음악을 연주하라고 하자 초나라의 음악을 연주했다.

다했으니 천하에서 누가 우리나라가 명나라 선비를 받아주지 않는다고 하는가?[23]

황경원은 미얀마로 달아난 사람들과 조선으로 달아난 사람들을 비교하고, 남쪽으로 달아난 사람들은 목숨을 보전하기 어려웠으나 강세작은 조선에 와서 본국에서 쓰던 초관을 그대로 쓰고 한가로이 지내며 천수를 누렸다고 쓰고 있다. 황경원은 강세작을 조선이 받아주고 살게 해준 것을 강조하고 그의 곤경에 대해서는 언급하지 않는다. 또 속국 조선과 명의 관계가 친근해서 어려울 때 서로 도와주는 각별한 관계였음을 강조하고 있을 뿐이다. 글 마지막에 황경원이 누가 명나라 선비를 받아주지 않는다고 하는가라고 반문하는 것으로 미루어 당시 조선이 명나라 선비를 제대로 받아주지 않는다는 비판이 있었던 것으로 보인다. 강세작은 그런 비판을 반박할 수 있는 사례였을 것이다. 더욱이 초관을 고수한 것은 그가 조선에 와서도 명나라 사람으로서의 정체성을 유지할 수 있었던 것으로 보였을 것이다.

강세작은 조선인과 언어를 제대로 소통하지 못했다. 그는 모국어인 중국어도 잊어버리고 조선어는 제대로 배우지 못했다. 한문은 구사할 수 있었지만 이전의 모국어와 새로운 언어 사이에서 말을 잃어버린 강세작은 두 언어의 경계에 위치해 있었으나, 그 경계는 소통이 원활한

23 황경원, <초관당기>, 『강한집』 권10, 21~22면, "自明南徙, 公大夫出奔緬中, 皆見殺, 而親王子八十人入暹羅國, 不斷髮而文身者幾希矣. 獨康氏家會寧府, 以天年終于田里, 而楚冠尙不改也. 余嘗謂自古屬國親近於中朝者, 惟吾邦與明爲然. 吾邦之士如奔明, 則先帝必相容也, 明之士如奔吾邦, 則先王必相容也. 故康氏自鳳凰城來吾邦, 不憂其身之不見容也. …… 夫明之士居南夷, 能全其身者誠寡矣. 若康氏者, 居吾邦, 優游田里六十年, 竟以壽終, 則天下孰謂吾邦不能容明之士也."

경계가 아니라 양쪽 모두 소통이 되지 않는 경계였다. 이 경계에서 강세작은 주체로서의 삶을 살았다고 하기 어렵다.

강세작만큼 기록이 많이 남아 있지 않은 나머지 명 유민들의 삶은 이들보다 더 곤핍했던 것으로 보인다. 효종이 청나라에 인질로 있다가 돌아올 때 따라온 구의사(九義士)에 관한 기록에서도 모욕적인 일을 당한 경험들이 종종 기록되어 있다. 효종을 따라온 명 유민 중 고기를 잘 잡는 사람이 있어 그물로 고기를 잡아 임금에게 올리곤 하자 나중에 한인아병(漢人牙兵)이라는 이름으로 훈련도감에 소속되어 "고기잡이 노역을 했는데 그 고초를 감내할 수 없었고, 진법을 훈련할 때면 배척하여 왜군 초병 역할을 맡게 하니 천대하고 업신여기는 것이 너무 심했다."[24] 그들을 위해 별도로 한려군관을 설치하고 훈련도감에 소속시키지 않은 뒤에야 그들은 고기잡이 노역에서 벗어날 수 있었다. 정조도 이 일을 언급하며 사람들이 그들을 업신여기는 것이 그야말로 극도에 이르렀다고 하며, 중국 사대부들의 후예인데 이런 천하고 비루한 일을 시키는 것을 애석해했다.[25] 청의 눈치를 볼 수밖에 없었던 조선은 구의사를 비롯한 명나라의 후예들을 드러내놓고 대우할 수 없었을 것이고, 자연스럽게 이들은 권력에서 멀어졌다.[26]

---

24 성대중, 『청성잡기』 권5, 「성언(醒言)」, "役以漁丁, 不堪其苦, 習陳則斥爲倭哨, 卑末之已甚."

25 『정조실록』, 정조 14년(1790) 3월 19일.

26 사경화, 앞의 논문, 239면.

4. 조선의 명 유민 서사에 대한 명 유민의 대항 서사, 안과 밖의 경계 변환

대명의리를 강조하는 조선 사회에서 명 유민은 특별한 대우를 받았을 것 같지만 실제로는 그렇지 않았다. 성해응은 사대부들이 동류로 어울리려고 하지 않고 명 유민들도 적극적으로 어울리려고 도모하지 않았다고 하면서도 유독 명의 유민들이 배척당한 것을 의아해했다.[27] 차별 속에서 명 유민들은 서서히 비주류 하위 계층으로 자리 잡아갔다.[28] 조선중화주의는 당시 조선이 정체성을 바꾸는 기획이었다. 북방 민족이나 왜에 비해서는 문명국이지만 명에 비하면 주변적이었던 조선은 명이 망한 뒤 명분을 내세워 청을 인정하지 않고 조선이 명을 계승한 것으로 자처했다. 황조인 우대는 이러한 흐름 속에서 나온 정책이고 이는 고종 때까지 계속되었다. 향화인이든 황조인이든 조선인의 입장에서 보면 밖에서 경계를 넘어온 자, 이주민, 타자임이 분명하다. 화와 이의 구분은 안과 밖, 문명과 야만, 중심과 주변, 주체와 타자의 구분으로 이어진다. 명 유민은 국가 경계를 넘어 밖에서 왔으니 안과 밖의 축에서는 밖인데, 문명과 야만의 축에서는 문명에 속하고, 중심과 주변의 축에서는 중심에 속하고 주체와 타자의 구분에서는 타자에 속한다. 명 유민은 화와 이, 안과 밖, 중심과 주변, 주체와 타자의 경계를 애매하게 하는 존재였다. 그래서 이들은 타자이지만 타자가 아닌, 애매한 타자라

27 성해응, 「팔성전(八姓傳)」, 『연경재전집속집』 15책, "雖無行伍之役, 士大夫多不以輩流相齒. 八姓者, 亦苟免鄽裘之陋, 唯以保性命爲幸, 不他較計. 然中國人流落東土, 鼎貴奕赫者, 在三國及高麗時, 可歷數也. 獨皇朝遺黎之見擯斥者, 誠可異也."

28 박영한, 앞의 글, 97면.

할 수 있다. 명 유민이 당한 곤경의 일부는 이들의 정체성 왜곡에서 오는 것으로 보인다. 자신들은 스스로를 명의 유민, 대국의 백성, 문명국의 문명인으로 생각하는데 조선 사회는 명분상 이를 인정해주는 것 같지만 실상은 그렇지 않았기 때문이다. 이런 곤경을 벗어나기 위해 명 유민들 일부는 중화를 강조하면서 자신들의 정체성을 강화해나갔다.

19세기 전반기에 와서 명 유민들 사이에서는 조선 사회의 관행을 비판하면서 진정한 중화 문화 구현자로서 구별짓기를 시도하고 유민 정체성을 강화해가는 경향이 나타났다. 이러한 경향이 나타나게 된 것은 명 유민들이 처한 상황이 그다지 이상적이지 않았기 때문이다. 그들은 조선 사회에서 중인으로 인식되고 있었고 많은 경우 경제적으로도 곤궁했다. 1790년 한려 및 대보단 수직관의 창설로 명 유민의 관직 진출이 늘기는 했으나 명 유민의 전반적 상황을 개선해주지는 못했다.[29] 그 후 30여 년이 지난 뒤에도 상황이 나아지지 않아서 한려청에 모인 명 유민 후예들의 모습은 궁핍하고 초라했다. 구의사의 후예인 왕덕일(王德一, 1779~1854)은 그 원인을 중화의 회복을 희구해온 것이 너무 오래된 결과 조선 사람들의 인정이 박절해졌으며 하늘의 뜻도 막연해진 것이라고 보았다. 그럼에도 명 유민들이 장차 흥기하고 청이 패망할 것이라고 믿었다. 왕덕구(王德九, 1788~1863)는 자신들을 중화 문화의 정수를 보존하는 존재로 놓고 이를 명 유민들에게 각인시키려 했고 이를 위해 친족 조직을 강화하고자 했다.[30]

이들은 조선의 풍속과 예제를 비판하고 중국의 예제에 더 부합하는

---

29 한승현, 앞의 글, 328~329면.
30 한승현, 위의 글, 335면.

일상생활을 하기 위해 여자들에게도 성인이 되면 이름과 자를 지어주고 조선의 머리장식인 가체를 비판하고 중국식을 그 대안으로 제시했다. 이런 비판과 대안 제시는 명 유민이 중화 전통의 가장 정통적인 계승자임을 은연중에 주장하려는 의도였다.[31] 명 유민의 후예인 왕덕구는 순조 18년(1818) 구의사(九義士)의 행적을 담은 『황조유민록』을 저술했다. 왕덕구는 효종이 봉림대군 시절 심양에 있을 때 구의사의 절의를 기특하게 여겨 함께 조선으로 돌아와서는 후하게 대접하고 때로 불러서 청에 대한 복수를 함께 다짐했으나 효종이 죽은 뒤에 대의를 펴지 못하게 되어 구의사가 안타까워했다는 것을 강조했다. 이덕무, 성해응도 『뇌뢰낙락서』, 『황명유민전』에 구의사를 중요하게 기록했지만 왕덕구의 『황조유민록』은 이들에 비해 훨씬 풍부하고 자세하게 기록했다. 왕덕구는 각 인물의 특성, 명이 망하기 전의 행적, 심양으로 가서 봉림대군을 만나 함께 조선으로 오게 된 일, 서울에 와서의 삶에 대해 자세히 기록하고 이들이 남긴 시, 관련된 일화를 아울러 기록했다. 제주도에 표류한 임인관을 만난 황공의 기록에는 임인관을 만나 나눈 대화 내용과 주고받은 시가 모두 수록되어 있어 나머지 8명의 전에 비해 길이가 압도적으로 길다. 뿐만 아니라 임인관과 함께 표류한 사람들 가운데 이름을 알 수 없는 7명을 제외한 나머지 사람들의 나이와 이름을 모두 기록했다.

『황조유민록』의 발문을 쓴 황기천(1760~1821)은 기자(箕子)와 은나라 유민으로부터 유민의 역사가 시작되었다는 말로 명 유민을 기자의 뒤를 잇는 존재로 계보화했다. 명 유민의 서사를 다시 구성한 것이

31 한승현, 위의 글, 345~347면.

다. 『황조유민록』은 조선 지식인의 입장에서 쓴 기존의 구의사의 기록과 달리 명 유민의 입장에서 기록한 것으로, 조선 지식인이 쓴 명 유민의 서사에 대항하는 명 유민의 서사라 할 수 있다.[32] 왕덕일과 왕덕구의 정체성 확립을 위한 시도는 조선이 내세운 조선중화주의에 맞서는 서사를 만드는 것이었다. 당시 중화 문화의 계승자로 자처하던 조선 사회 내에서 그들의 지위를 확보하기 위해 명 유민이 내세울 수 있는 것은 오직 문화적 자산이었기 때문이다.

조선 사회는 조선중화주의를 강조하면서 향화인과 황조인을 구별하고, 대명의리를 강조하며 새로운 정체성을 만들어나갔다. 이에 맞서 왕덕일과 왕덕구 등 명 유민들은 자신들이야말로 중화 전통의 가장 정통적 계승자라는 것을 강조했다. 보다 선명한 정체성을 확인하기 위해서는 보다 선명한 경계가 필요했다. 그 결과 왕덕일과 왕덕구는 중화와 오랑캐를 엄격하게 구분하고 청을 철저히 배척해야 한다고 주장했다. 이들의 시도는 조선중화주의에 대한 자극은 될 수 있었을지 모르지만 시대를 역행하는 흐름이었다. 정체성 강화와 문화의 정통성 주장을 통한 경계 만들기는 자칫 고립적 공동체로 만들 우려가 있다. 소수 집단일수록 스스로를 동질적이며 통일된 하나의 문화적 목소리로 말하는 존재로 구성하려는 경향이 있기 때문이다. 뿐만 아니라 왕덕일과 왕덕구를 중심으로 한 명 유민들의 정체성 확립은 명 유민 전체를 대변하는 것이 아니라 사족들을 중심으로 한 것이었다.

---

32 호미 바바는 대항 서사가 국가의 주변에서, 즉 이민이나 추방 때문에 하나 이상의 문화를 살았던 국가 또는 문화의 혼종들에서 등장한다고 하고, 이러한 혼종들은 자신을 채택한 국가가 총체화하는 경계들을 환기시키기도 하고 삭제시키기도 한다고 했다. 니라 유발-데이비스, 『젠더와 민족』, 박혜란 옮김, 그린비, 2012, 112면.

그러나 더 중요한 것이 있다. 명 유민의 이러한 대항 서사가 갈수록 주변화되고 곤궁해지는 상황에서 나온 것이었다는 점이다. 명 유민은 중화주의에 근거하여 청에 대한 복수에 공감하고 우대를 받기도 했지만 주류 사회에 끼지 못하고 주변적 존재로 남았으며 현실적으로 곤궁했다. 강세작의 경우에서 보듯 언어 소통이 제대로 이루어지지 않았던 명 유민들은 혈연 공동체를 통해 정체성을 유지하고자 했다. 강세작은 아들들에게 함께 모여 살라는 유언을 남겼다.

조선의 지식인은 명 유민의 존재를 인식하고 이들에 대한 기록을 남기기도 했지만 이들의 삶의 문제에 눈을 돌리기보다는 충이나 절의를 강조하는 방향으로 나아갔다. 또한 차별적인 대우를 했다. 안이면서 밖이고, 중화의 위치에 있으면서 타자의 위치에 존재한 이 애매한 타자인 명 유민의 존재는 조선중화주의의 명분과 실상을 고스란히 비쳐주는 거울이다. 뿐만 아니라 조선 사회 내 이민자의 삶이 어떻게 이루어졌는가를 보여준다. <강세작전>은 충이나 절의 같은 국가 이데올로기를 강조하는 것과 다른 플롯을 보여준다는 점에서도 중요한 의미를 갖는다.

제10장

'버려진 딸'에 대한 기억의 장

<숙향전>

1. 전쟁고아, 숙향

<숙향전>은 17세기에 창작된 이래 국문본, 한문본을 포함해서 60종에 가까운 이본을 파생시키면서 많은 독자를 확보해온 작품이다.[1] 추재 조수삼(1762~1849)의 기록이 전하는 바 전기수의 주요 레퍼토리였고, <배비장전>, <춘향전> 등 다른 소설 속에서도 언급될 정도로 조선 후

* 이 장은 「<숙향전>: '버려진 딸'에 대한 기억의 장」(『고전문학연구』 39, 2011)을 수정, 보충한 것이다.

1 <숙향전>의 형성 연대에 대해서는 조희웅·松原孝俊에 의해 17세기임이 다시 확인되었다. 조희웅·松原孝俊, 「『숙향전』 형성연대 재고: 일본측 자료를 중심으로」, 『고전문학연구』 12, 1997, 115~151면.

기에 널리 읽혔던 작품 중 하나였다.[2] <숙향전>은 선계의 인물이 지상에서 태어나 부모에게 버림받은 전쟁고아가 되어 예정되어 있는 다섯 번의 고난을 겪으면서 마고할미, 화덕진군, 용왕 등 신적인 존재들 및 청삽사리, 까치 등 동물의 도움을 받아 상층가의 자제와 결혼하고, 부모와 재회하는 내용으로 이루어져 있다. 숙향의 고난은 매우 구체적으로 제시되지만 그 고난은 예정된 것이며, 고난 또한 초월적 힘을 빌려 해결된다. 즉 <숙향전>은 전쟁고아의 성장, 신분이 현격하게 다른 남녀 주인공의 결연과 같은 사회적인 문제를 다루면서도, 천상계의 결정이 지상의 삶을 결정한다는 숙명론적인 인식을 전반에 깔고 있으며, 신적인 존재들의 개입을 통해 환상적인 분위기를 자아내는 지극히 현실적이면서 환상적인 작품이다.

지금까지 <숙향전> 연구는 형성 시기,[3] 이본 연구,[4] 서사 구조와 세계관을 중심으로 상당한 성과를 축적했다. <숙향전>의 세계관에 대한 연구는 천정론(天定論)과 숙명론[5]으로 보는 견해와 당대 사회 현실을 반영한 현실주의적 성격을 띤 것으로 보는 견해[6]로 대별되며, 그 사이에 조명론(照命論),[7] 무속적 세계관[8] 등의 견해가 자리한다. 서사 구조의 측

---

2 지연숙은 <숙향전>이 조선 후기에 이미 고전이었으나 현대에 와서 그 위상이 추락한 작품으로 평가했다. 「<숙향전>의 세계 형상과 작동 원리 연구」, 『고소설연구』 24, 2007, 192면.

3 조희웅·松原孝俊, 위의 논문, 1997, 115~151면.

4 이상구, 「숙향전의 문헌적 계보와 현실적 성격」, 고려대 박사논문, 1994, 고려대학교, 차충환, 『숙향전 연구』, 월인, 1999.

5 이상택, 「고대소설의 세속화과정 시론」, 『고전문학연구』 1, 1971, 57~73면; 차충환, 「숙향전의 구조와 세계관」, 『고전문학연구』 15, 1999, 173~209면.

6 이상구, 「<숙향전>의 현실적 성격」, 『고전문학연구』 6, 1991, 64~101면.

7 윤경희, 「이대본 숙향전에 나타난 照命論的 세계관」, 『한국고전연구』 창간호, 1995, 219~244면; 지연숙, 「<숙향전> 한문본 연구」, 『고소설연구』 20, 2005, 91~94면.

면에서는 <숙향전>의 초월적 모티브[9]나 천상계와 지상계의 넘나듦,[10] 환상성 창출 방식[11] 등에 대한 연구가 이어졌으며 많은 부분이 해명되었다.

<숙향전>은 피란 중 버려진 전쟁고아가 '남의 집 하녀'로, '남의 집 하녀'에서 다시 '술집 기녀'로 전락하는 과정을 여실히 보여주고 있으며, 이는 이상구가 지적한 대로 임·병 양란이라는 역사적 사건을 경험한 것과 무관하지 않을 것이라는 점에서 강한 현실성을 담지한다.[12] <숙향전>은 이처럼 강한 현실성을 담지한 모티브로 시작하지만 이러한 현실성은 도선적 성격이 강한 초월적 요소에 견인되어 환상적인 색채를 농후하게 띠게 된다. 숙향은 초월적 요소의 개입으로 계속 고난을 극복해가지만 그것으로 인해 영웅적 면모를 띠는 게 아니라 이미 정해진 운명을 따르는 수동적인 인물로 재현된다. <숙향전>은 '버려진 딸'의 영웅적 삶이 아니라 한없이 주변으로 내몰리는 삶에 주목하고 있다는 점에서 영웅소설과 차이를 드러낸다.

숙향의 고난은 전쟁에서 비롯되지만 전쟁의 횡포만으로 해석할 수 없는 차원이 존재한다. 그것은 바로 버려지는 경험이다. 그것이 왜 중요한가? 전쟁은 외부에서 비롯된 문제지만, 버려지는 것은 내부라고 생각한 가족, 그것도 부모에 의한 것이기 때문이다. 버려진 아이뿐만

---

8 조용호, 「<숙향전>의 구조와 의미」, 『고전문학연구』 7, 1992, 242~278면; 신재홍, 「<숙향전>의 미적 특질」, 『다곡 이수봉 박사 정년 기념 고소설연구논총』, 경인문화사, 1994, 511~545면.

9 정한기, 「숙향전의 구조와 초월적 모티프의 작품내적 기능에 대한 연구」, 『관악어문연구』 20, 1995, 469면.

10 심치열, 「숙향전 연구」,『한국언어문학』 38, 1997, 268면,

11 김문희, 「<숙향전>의 환상성의 창출양상과 의미」,『한민족어문학』 47, 2005, 5면.

12 이상구, 앞의 글, 1991, 84면.

아니라 버린 부모는 이 경험을 어떻게 기억하고 해석하고 있는가? <숙향전>은 이처럼 버려진 딸의 이야기를 정면으로 다룬 작품이다. 이것은 작품 속에서도 거듭 확인할 수 있다. 숙향은 홍길동이 자신을 소개할 때 '천비 소생'임을 계속 이야기하듯이 "5세에 부모를 잃고"를 반복한다. <숙향전>이 제시하는 답은 버려진 아이, 자식을 버린 부모의 기억 방식 가운데 하나이다. 그러나 <숙향전>에 제시된 것이 조선 후기 사회가 공감한 기억의 방식이었다는 것은 <숙향전>의 많은 이본들이 증명해준다.

이 장에서는 경판본 <숙향전>을 중심으로 논의를 진행하면서 필요에 따라 한문본, 한국학중앙연구원본 등 다른 이본을 함께 참고했다. 이 분석을 조선 사회의 기억으로 확대해보기 위해서는 보다 많은 독자를 확보한 경판본이 적절하다고 보기 때문이다.

2. 버림받은 딸의 플롯에서 부모 잃은 딸의 플롯으로

경판본 <숙향전>은 숙향의 아버지 김전이 친구를 전송하러 갔다가 거북을 구해준 뒤 보은을 받는 일화로 시작된다. 그 뒤로 김전이 장씨와 결혼하고, 그 사이에 자식이 없어 기도한 끝에 숙향을 낳는 이야기가 간략하게 전개된 뒤 바로 전쟁 장면으로 이어진다.

숙향이 다섯 살 되던 해 전쟁이 일어난다. 김전은 식구들을 데리고 피난을 가다가 도적을 만나 짐과 종들을 다 잃고 부인과 함께 숙향을 업고 가는데, 빨리 달리지 못하자 부인 장씨에게 숙향을 바위틈에 감추고 갔다가 도적이 간 후에 데려가자고 제안한다. 장씨가 이를 거부하며 혼자 가라고 하자 김전은 차라리 셋이 함께 죽자며 가지 않는다. 이 말을 들은 장씨는 장부가 어찌 아녀자를 위해 죽느냐고 하면서 빨리 가라고 재촉하지만 김전이 듣지 않자 할 수 없이 숙향을 두고 가기로 한다. 다음 예문은 숙향의 부모가 숙향을 버리고 달아나는 장면이다.

> 김생이 끝내 응하지 않자 장씨가 어쩔 수 없어 숙향을 반야산 바위틈에 앉히고 꼈던 옥가락지 한 짝을 숙향의 옷 안 고름에 채우고 찬 밥을 표주박에 담아주며 "이것을 먹고 있으면 내일 데려갈 것이니 울지 말고 기다려라." 하니 숙향이 발을 구르며 울면서 "어머니는 나를 버리고 어디로 가시나요?" 하며 따라갔다. 김생이 무수히 달래다가 돌아보니 도적이 멀지 않아 숙향을 할 수 없이 그 바위틈에 버리고 장씨를 이끌어 산골로 달아났다.[13]

위 예문에서 보듯 김전은 울며 따라가려고 하는 숙향을 달래다가 도적이 가까이 오자 바위틈에 '버리고' 달아난다. 다른 선택은 생각하기 어려울 정도로 급박한 상황이었기 때문이다. 도적 중의 한 사람이 혼자 울고 있는 숙향을 보고 훗날 귀하게 될 것이니 죽이지 말라 하고 업어다가 마을 근처에 놓고 간다. 길가 가시덤불 밑에 앉아 부모를 부르면서 울고 있는 숙향을 본 행인들은 밥도 주고 물도 주면서, 데려가고 싶

13 <숙향전> 상, 4a, "ᄉᆡᆼ이 죵ᄂᆡ 응치 아니ᄒᆞ거ᄂᆞᆯ 댱시 ᄒᆞᆯ 일 업셔 슉향을 반야산 ᄇᆡ회 틈의 안치고 쪗던 옥지환 ᄒᆞᆫ 쪽을 슉향의 옷 안고롬의 ᄎᆡ오고 찬밥을 표ᄌᆞ의 담아쥬며 니로ᄃᆡ, "이거ᄉᆞᆯ 먹고 이스면 ᄂᆡ일 ᄃᆞ려갈 거시니 울지 말고 기ᄃᆞ리라." ᄒᆞ니 슉향이 발을 구르며 울어 ᄀᆞᆯ오ᄃᆡ, "모친은 날을 ᄇᆞ리고 어ᄃᆡ로 가시ᄂᆞ뇨?" ᄒᆞ며 ᄯᆞ로거ᄂᆞᆯ 김ᄉᆡᆼ이 무슈이 ᄃᆞᆯᄂᆡᆯ 즈음의 도라보니 도젹이 머지 아니ᄒᆞ거ᄂᆞᆯ 슉향을 ᄒᆞᆯ 일 업시 그 ᄇᆡ회 틈의 ᄇᆞ리고 댱시ᄅᆞᆯ 잇쓸어 묏골노 ᄃᆞ라낫더니."

지만 우리 자식도 괴로우니 불쌍은 하지만 어쩔 수 없다고 하며 누구도 거두어주지 않는다. 다음날 까치가 이끄는 대로 산을 넘어 큰 마을에 도착한 숙향이 울면서 다니자 마을 사람이 어떤 아이인데 울고 다니느냐고 묻는다. 이에 대해 숙향이 내일 와 데려간다는 부모가 오지 않아서 운다고 하자 마을 사람은 '이는 반드시 난중에 잃은 아이'라고 하면서 먹을 것을 주고 간다. 부모에게 버려진 숙향이 울면서 혼자 돌아다니지만 누구도 선뜻 거두어주지 못한다. 경판본 <숙향전>은 이대본이나 한국학중앙연구원본에 비해 이 대목이 간략하게 서술되어 있다. 이대본이나 한국학중앙연구원본은 김전 부부가 숙향을 버리고 가는 대목이 더 자세하게 장면화되어 있고, 지나가던 사람들이 부모를 잃고 울고 다니는 숙향을 보며 불쌍해하는 장면이 확대되어 있다. 그리고 도적들이 물러난 뒤 숙향을 찾으러 온 김전 부부가 숙향을 못 찾고 슬퍼하는 대목이 자세하게 묘사되어 있다.

숙향은 처음에는 부모가 자신을 버리고 갔다는 것을 분명하게 인지한다. 부모가 자신을 바위틈에 두고 갈 때도 나를 버리고 어디로 가느냐고 물었고, 부모를 잃은 직후 후토 부인을 만난 자리에서도 "저의 인간 부모가 나를 버리고 갔습니다. 만일 돌아가셨으면 분명 십왕전에 계실 것이니 찾아보고자 합니다."[14]라고 하며 인간 부모가 버리고 갔다고 발화한다. 그런데 그 뒤로 숙향은 '부모가 버리고' 대신 '부모를 잃고'로 바꾸어 이야기한다. 장승상이 자신의 집 후원에서 숙향을 발견하고 누구냐고 물었을 때 숙향은 부모를 난중에 잃고 여기저기 떠돌아다닌

14 <숙향전> 상, 6a, "쳡의 인간 부뫼 날을 ᄇᆞ리고 갓ᄉᆞ오니 만일 죽어 계시면 분명 십왕젼의 계실 거시니 ᄎᆞᄌᆞ보고져 ᄒᆞᄂᆞ이다."

다고 대답한다. 그 뒤로 숙향은 자신을 소개해야 할 상황이 되면 부모를 잃은 것으로 이야기한다.

> 소녀 다섯 살에 난리 중에 부모를 잃고 동서로 다니며 구걸하다가 할미 집에 의지하고 있었습니다. 이랑이 혼인의 예로 구혼하기에 상하 체면을 거스르지 못해 혼인한 것이니 저의 죄는 아닙니다.[15]

> 다섯 살에 부모를 잃고 이리저리 떠돌아다녀 거주와 부모 성명은 모르고 이름은 숙향이고 나이는 열여섯입니다.[16]

> 숙향의 팔자가 기구해서 다섯 살에 부모를 잃고 동서로 떠돌아다니다가 천정연분으로 이랑을 만났으나 원앙금이 완전치 못해 이별이 무슨 일인고? 간장이 끊어지고 만날 길이 없는데 할미마저 없어지니 누구를 의지하란 말인가? 알 수 없구나. 나의 궁박함을 누가 알리오?[17]

처음 예문은 이선과의 혼약을 이상서에게 들켜 낙양태수 김전에게

---

15 <숙향전> 상, 8b, "쇼녜 오 셰의 난즁의 부모를 일ᄉᆞᆸ고 동셔지걸ᄒᆞ다가 한미 집의 〃지ᄒᆞ엿더니 〃랑이 빙녜로 구혼ᄒᆞ오ᄆᆡ 샹하 쳬면의 거ᄉᆞ지 못ᄒᆞ여 셩혼ᄒᆞ엿ᄉᆞ오니 쳡의 죄ᄂᆞᆫ 아니로소이다."

16 <숙향전> 상, 10b, "오 셰의 부모ᄅᆞᆯ 일코 뉴리표박ᄒᆞ오니 거쥬와 부모 셩명은 모로옵고 일홈은 슉향이오 나흔 십뉵이니이다."

17 <숙향전> 상, 12b, "슉향의 팔ᄌᆡ 긔험ᄒᆞᆯᄉᆞ 오 셰의 부모ᄅᆞᆯ 일코 동셔뉴리ᄒᆞ다가 텬정연분으로 니랑을 만나 원앙금이 완젼치 못ᄒᆞ여 니별이 무ᄉᆞᆷ 닐고 간장은 슷쳐 상봉이 무로ᄒᆞ도다 한미마ᄌᆞ 업셔지니 누ᄅᆞᆯ 의지ᄒᆞᄌᆞᆺ 말고 아지못게라 나의 궁박ᄒᆞᆷ을 뉘 알니오."

잡혀가 매를 맞고 하소연하는 말이고, 두 번째 예문은 거주와 부모 성명을 묻는 김전에게 숙향이 대답하는 말이다. 세 번째 예문은 자신이 의지하던 마고할미가 사라진 뒤에 한탄하며 하는 말이다. 고소설의 형성 과정이나 이본의 파생 과정으로 미루어볼 때 이러한 작은 차이에서 의미를 찾는 것은 지나치게 섬세한 접근일 수 있으며, 여기서 어떤 의미를 찾아내는 것이 무리한 것으로 보일 수도 있다. 그러나 이 차이는 <숙향전> 서사를 이해하는 데 중요한 부분이다. 숙향이 자신의 처지를 어떻게 이야기하는가에 따라 서사의 성격이 달라지기 때문이다. 부모를 잃었다고 함으로써 '버림받은 딸'인 숙향은 '부모을 잃은' 숙향이 된다. 숙향이 자신의 기억을 바꾸어 자기 서사를 이렇게 정리하게 함으로써 작가는 숙향이 버려진 딸이라는 사실을 약화시키는 것으로 보인다. 여기서 필자가 주목하는 것은 김전 부부가 딸을 버리고 달아났다는 사실이 아니다. <이생규장전>의 이생이 사랑하는 아내를 두고 달아날 수밖에 없었던 것처럼, 전쟁이라는 극한 상황에서는 이런 일들이 일어날 수 있다. 필자가 주목하는 것은 그것을 어떻게 재현하고 있는가의 문제이다.

숙향을 바리데기와 연관시켜 본 조용호는 도적이 숙향에게 부모가 있는 곳을 대지 않으면 죽이겠다고 말할 때 "부모가 나를 버리고 달아났으니 어디로 갔는지 어찌 알겠느냐"고 반문하는 숙향의 발화에 주목하고 있다. 그리고 숙향이 부모로부터 버림받은 데 대한 배신감은 숙향이 살아가면서 지속적으로 곱씹을 수밖에 없는 한스러운 감정일 수 있으며, 사실 지상의 인간 숙향이 겪은 다섯 번의 죽을 액은 모두 부모의 버림에서 비롯된 것이라고 보았다.[18] 그럼에도 숙향은 이후 자신을 소개할 때마다 "어려서 부모를 잃고 남의 집에서 고생스럽게 지내다가……"라거나 또는 "본디 부모를 잃고 동서로 떠돌아다니는 걸인"이라고 하며 전쟁고아로서 자신을 정체화하지만, 부모가 버리고 갔다는 말을 하거나 원망하지 않는다.

숙향의 경험은 임·병 양란이라는 참혹한 전쟁, 자연재해로 인한 기근을 겪었던 17세기 조선 사회와 무관하지 않다. 숙종 때의 '유기아수양법(遺棄兒收養法)'은 조선 후기에 숙향과 같이 버려진 존재가 많았음을 보여주는 근거라 할 수 있으며, 조선 후기 영웅소설에 많이 나타나는 '기아 모티브' 역시 이러한 역사적 현실과 관련이 있을 것으로 보인다.[19]

전란뿐만이 아니라 17세기 조선 사회에는 이상저온 현상인 소빙기 현상으로 자연재해가 많이 일어났다.[20] 역사상 최악의 경신대기근(1670~1671), 을병대기근(1695~1696)이 오랫동안 심각한 해를 끼쳤고, 전염병과 가축병이 유행했다. 먹을 것이 부족한 흉년에 산 사람이라도 살려면 입을 줄이는 것이 급선무다. 그래서 기근이 들면 사람들은 입을 줄이기 위해 자녀를 팔거나 죽이고 거리에 버리곤 했다. 어린아이들을 거리에 버리는 사례가 눈에 띄게 증가했으며, 버려진 아이들이 대량으로 길거리에 쏟아져 나왔다. 실록에는 이런 보고들이 남아 있다. 떠돌이 거지들이 살 곳을 잃고 방황하다가 아사 직전인 극한 상황에서, 행인들이 어린 자식들을 쉽게 발견해 데려다 키울 수 있도록 어쩔 수 없이 길거리에 버렸기 때문이다. 그 바람에 많은 어린이들이 거리로 쏟아

18 조용호, 「<숙향전>의 구조와 의미」, 『고전문학연구』 7, 1992, 253~255면.
19 이상구, 「<숙향전>의 현실적 성격」, 『고전문학연구』 6, 1991, 73~74면.
20 이태진, 「소빙기(1500~1750) 천변재이 연구와 <조선왕조실록>」, 『역사학보』 149, 1996, 203~236면.

져 나왔다. 죽소(粥所)에 모인 굶주린 사람들 가운데 상당수는 의지할 곳 없는 이런 어린이들이었다.

> 서울과 외방이 모두 텅 비어서 시체가 즐비하게 쌓이게 되었습니다. 쪽박을 든 채 아직 숨이 끊어지지 않은 사람들이 실어내는 수레 안에서 죽어가고, 옷깃을 잡고 종종걸음으로 따라가던 아이가 길가에 버려져서, 보는 자들이 탄식을 하며 얼굴을 가리고 눈물을 흘리지 않는 사람이 없습니다.[21]

> 갓난아이를 도랑에 버리고 강물에 던지는 일이 없는 곳이 없습니다. 죄가 있는 자는 흉년이라 하여 용서해주지 않는데 한번 옥에 들어가면 죄가 크건 작건 잇따라 얼어 죽고 있습니다.[22]

> 떠돌며 빌어먹는 백성들이 아이를 버리는 경우가 이루 셀 수 없이 많습니다. 옷자락을 잡고 따라가는 예닐곱 살 된 아이를 나무에 묶어두고 가기도 하며, 부모 형제가 눈앞에서 죽어도 슬퍼할 줄 모르고 묻어주려고도 하지 않습니다. 사람의 도리가 끊어진 것이 이러한 지경에까지 이르렀습니다.[23]

길에 버려진 아이들, 즉 유기아(遺棄兒)가 대량으로 발생한 '대기근 고아'는 큰 사회적 문제였다. 이대로 두면 분명 모두 죽을 것이고, 혹

---

21 『현종개수실록』 24, 현종 12년 5월 1일.
22 『현종실록』 19, 현종 12년 1월 11일.
23 『현종개수실록』 24, 현종 12년 4월 3일.

살아난다고 해도 어린 그들이 받을 심리적 상실감도 클 것이었기 때문이다. 아동 보호 문제는 조선이 풀어야 할 또 다른 과제였다.[24] 숙향은 전쟁고아지만 사회적 보호망이 없이 떠돌아다니는 존재라는 점에서 17세기에 연속된 기근이나 자연재해로 계속 생겨난 버려진 아이들의 삶과 멀리 떨어져 있지 않다. 부모에게 버려진 채 사회적 보호망도 없이 떠돌아다니는 이들에게, 그리고 이들을 바라보는 사람들에게 <숙향전>이 보여주는 숙명과 보은은 한편으로는 위로가 되면서도 다른 한편으로는 몰래 죄책감을 덜어주는 이데올로기였을 수 있다. 이제 숙향에게 주어진 숙명과 보은이 어떤 이데올로기로 작동했는지 살펴보자.

3. 숙명이라는 플롯

<숙향전>은 17세기라는 변란의 시대를 배경으로 버려진 아이 문제라는 현실적인 문제에서 출발하고 있지만, 초현실적 요소가 많은 부분을 차지한다. 천상계의 인물이 지상으로 내려왔다가 다시 천상으로 돌아간다는 설정, 혹은 천상계의 인물이 지상으로 내려와 천상계의 예정된 삶을 살고 죽는다는 설정은 고소설에서 흔히 볼 수 있는 것이다. 그러나 <숙향전>만큼 주인공의 삶이 다섯 번의 고난이라는 방식으로 구체적으로 예정되어 있으면서도 천상계의 개입이 뚜렷한 작품은 드물다. 그리고 <숙향전>처럼 여주인공의 고난이 심각한 작품도 드물다. 앞서도 보았듯이 숙향은 전쟁 중에 버려지고, 장승상 집의 여종으로 있

24 김덕진, 『대기근, 조선을 뒤덮다』, 푸른역사, 2008, 203~204면.

다가 쫓겨나고, 갈대밭에서 화재를 만나 벌거벗은 채 마고할미를 만나 술집으로 가고, 이선과 결혼한다는 이유로 매를 맞아 죽을 위기에 처하게 되는 등 극단의 고난을 경험한다. <숙향전>에서 천상계와 지상계는 서로 넘나들며, 천상계가 현실의 삶을 압도하는 것처럼 보인다. <숙향전>의 플롯은 숙향과 이선이 숙명대로 사는 것으로 진행되기 때문이다. 숙향이 겪어야 하는 것으로 제시되는 다섯 가지 액이 이미 예정되어 있던 것이기에 숙향은 이를 수행하면 된다. 이선 역시 숙향, 매향 두 여자와 천정인연을 맺어야 하는 운명을 수행하면 된다. 마고선녀를 비롯해서 화덕진인, 용왕에서부터 청삽사리, 까치, 사슴도 모두 천상에서 부여한 역할을 수행하는 자들이다. 여기에는 우연도 없으며, 인간이 개입할 여지도 없는 것처럼 보인다.

> "월궁에 계실 때 규성이라 하는 선녀가 옥황께 여쭈어 부인을 구하려 하다가 죄를 얻어 인간 세계에 내려왔으니 부인이 장승상 집에 가서 전생 은혜를 갚은 뒤에 태을을 만나야 부모 계신 곳을 알 것인데 그러면 자연 십오 년이 되리이다." 숙향이 탄식하며 말하기를, "인간 세계의 고행이 일각이 여삼추인데 이제 십오 년을 어찌 지내리요?" 하니 부인이 위로하며 말했다. "그대 아무리 바쁘나 이미 하늘이 정하신 운수이니 이제 다섯 번 죽을 액을 지낸 뒤에야 자연히 예전처럼 될 것이니 바삐 가소서."[25]

25 <숙향전> 상, 6a, "월궁의 계실 제 규셩이라 ᄒᆞ는 션녀 옥황씌 엿ᄌᆞ와 부인을 구ᄒᆞ랴 ᄒᆞ다가 죄ᄅᆞᆯ 엇어 인간의 나려왓시니 부인이 댱승샹 집의 가 젼ᄉᆡᆼ 은혜ᄅᆞᆯ 갑흔 후의 ᄐᆡ을〃 만나야 부모 거쳐ᄅᆞᆯ 알 거시니 그러ᄒᆞ면 ᄌᆞ연 십오 년이 되리이다 슉향이 탄왈 인간 고힝이 일각이 여삼츄여ᄂᆞᆯ 이졔 십오 년을 어이 지ᄂᆡ리오 부인이 위로 왈 그ᄃᆡ 아모리 밧부나 이믜 하날이 졍ᄒᆞ신 쉬니 이졔 ᄃᆞ셧 번 쥭을 ᄋᆡᆨ을 지ᄂᆡᆫ 후야 ᄌᆞ연

부모와 헤어진 뒤 후토 부인을 만나 전생의 일을 기억해낸 숙향이 부모를 다시 만날 수 있느냐고 묻자 후토 부인이 대답하는 말이다. 하늘이 정한 운명이니 다섯 번 죽을 액을 겪어야 한다는 것이다. 숙향의 삶은 이 말대로 진행된다. 그러나 숙향은 그러한 자신의 삶을 선뜻 받아들이지 못한다. 고난을 당할 때마다 무엇 때문이냐고 묻고 피할 수 있다면 피하고 싶어한다. 장승상 집에서 쫓겨난 뒤 숙향은 "내 전생의 죄 중해서 부모를 잃고 고생은 하지만 장승상 집 악명은 무슨 일이냐"고 질문한다. 선녀는 이 모든 것이 다 하늘에서 정해진 일이라고 대답한다. 그리고 장승상 집 인연은 십 년인데 이제 장승상 집에서의 악명이 씻어졌다고 하며, 앞으로 두 횡액이 남아 있다고 한다. 이 말을 들은 숙향은 지난 일도 어려웠는데 두 액을 어떻게 하겠느냐고 하며 장승상 집으로 돌아가서 액을 면하고자 한다. 선녀는 "이 모두가 다 하늘에서 정해진 것이니 마음대로 못할 것"이라고 하며, 장승상 집이 이미 삼천 삼백 리나 떨어진 곳에 있으며, 태을이 아니면 부모도 만나지 못할 것이라고 한다. 이때 숙향은 태을이 낙양의 위공 아들로 태어나서 부귀를 누리고 있다는 이야기를 듣고는 동시에 귀양 왔는데 어째서 누구는 영화롭게 지내고 누구는 고생하느냐고 질문한다. 여기에 대해 선녀는 숙향이 먼저 죄를 지었기 때문이라고 답한다.[26] 또 자신을 돌보아주던 할미가 실은 마고선녀였다고 스스로 밝히면서 연분이 다해 떠난다고 하자 숙향은 함께 가고 싶어한다. 그러나 할미는 하늘이 정한 것으로 머물 수 없다고 하고 떠난다. 숙향이나 이선의 삶뿐만 아니라 다른 인물

지히 되리니 밧비 가소셔."

26 <숙향전> 상, 12b, 465면.

들의 삶이 전개되는 것에는 모두 분명한 이유가 있으며, 이들은 자신들의 정해진 삶의 진행을 어길 수가 없는 것이다.

이처럼 지상에서의 삶이 천상에서 이미 정해져 있다는 인식은 숙명론적 세계관에 기반한 것이며, 삶에 대한 소극적인 태도를 보여준다. <숙향전>이 보여주는 이러한 숙명론적 세계관은 작품 이해와 평가에 관건이 된다. 윤경희는 등장인물들은 자신들의 삶에서 천상계에서 인정된 원리가 절대적이라는 믿음을 드러내고 있지만, 이러한 믿음은 인물이 원하지 않는데도 어쩔 수 없이 그렇게 될 수밖에 없는 단순한 숙명론과 다르다고 보았다. 오히려 천상계의 도움으로 숙향은 현실의 삶의 의미를 파악하고 그 방향성을 제시받는 삶을 선택했다는 것이다.[27] 차충환은 숙명론적 세계관의 입장에서 <숙향전>의 세계를 해명했다. 그는 천정원리(天定原理), 즉 하늘이 운명을 결정한다는 원리가 지상에서 실현되는 것을 다음과 같이 설명한다. 지상에서 등장했던 주요 인물들이 이미 천상에서 관계를 가졌던 사람들이라는 점, 천상에서의 관계가 천정원리에 의해 재편되어 실현된 삶이 지상에서의 삶이라는 점, 지상에서의 인간관계 및 삶은 이미 천명에 의해 주어지는 것이라는 점 등을 확고히 인식케 하기 위한 지표라는 것이다. 따라서 수용자들은 <숙향전>을 통해 천명의 권능성과 그 천명이 지상적 삶의 모든 관계를 규정한다는 인식을 체득했을 것이라고 주장한다. 즉 인간의 지상적 삶과 모든 인간관계는 하늘에 의해 결정된다는 사실을 수용자들이 받아들이지 않을 수 없다는 것이다. 그는 이 점이 <숙향전>을 향유한

27 윤경희, 「이대본 숙향전에 나타난 照命論的 세계관」, 『한국고전연구』 창간호, 1995, 242면.

수용자들의 인식지평이자 세계관이라고 하면서, 이를 숙명론적 세계관이라 부를 수 있지만 여기서의 숙명을 '어찌할 수 없이 받아들여야 하는 운명' 정도로 보는 것은 다소 피상적이고 소극적인 시각이라고 했다. <숙향전>의 숙명은 '받아들여야만 하는 어찌할 수 없는 운명'이 아니라, 삶의 원리 혹은 순리로 기능한다는 적극적인 의미 부여가 필요하다[28]는 것이다. 그러나 앞서 보았듯이 숙향의 태도는 수동적이며, 예정된 고난을 삶의 원리나 의미로 받아들이기보다는 피할 수 있다면 피하고 싶어한다. 따라서 위기 상황에 처한 숙향이 보이는 태도는 '눈물'과 '통곡'과 '자살 기도'이다.[29]

> 낭자가 개를 마저 잃고 홀로 있으니 사면이 쓸쓸하여 슬픔을 금치 못해 자결하려고 비단 수건을 손에 쥐고 하늘을 의지하여 부모를 부르짖으며 통곡하다가[30]

> 낭자가 사면을 돌아보니 별빛과 달빛은 밝고 풍경은 처량했다. 깊은 산골짜기에 인적 없이 홀로 앉아 있으니 슬픔 마음만 일어나 할미의 무덤을 두드리며 한바탕 통곡했다. …… "이제 내가 있는 줄 상서가 알면 반드시 죽이려 할 것이니 내 차라리 먼저 스스로 죽으리라" 하고 수건을 들어 목을 매려 하니 삽살이가 수건을 물

28 차충환, 「숙향전의 구조와 세계관」, 『고전문학연구』 15, 1999, 193~198면.
29 최기숙, 「17세기 고소설에 나타난 여성인물의 유랑과 축출, 그리고 귀환의 서사」, 『고전문학연구』 38, 2010, 49면.
30 <숙향전> 중, 12b~13a, "낭ᄌᆡ ᄀᆡᄅᆞᆯ 마ᄌᆞ 일코 홀노 이셔 ᄉᆞ면이 젹뇨ᄒᆞᄆᆡ 슬푸물 금치 못ᄒᆞ여 ᄌᆞ결코져 ᄒᆞ여 깁슈건을 손의 쥐고 창쳔을 의지ᄒᆞ여 부모ᄅᆞᆯ 부르지져 통곡ᄒᆞ다가."

어뜯었다.[31]

첫 번째 예문은 숙향이 잠시 청삽사리를 잃고 슬픔을 금치 못해 자결하기로 마음먹은 뒤 통곡하는 장면이고, 두 번째 예문은 집에 도적이 든다는 말을 듣고 달아나 할미 무덤 있는 곳으로 가서 통곡하다가 이상서 집에서 울음소리를 듣고 연유를 알기 위해 유모를 보내자 자초지종을 이야기한 뒤 두려워하며 자살을 시도하는 장면이다. 그런 점에서 숙향과 이선은 '운명'을 반드시 받아들여야 할 필연적인 것으로 수용하는 태도를 일관되게 보여주었으며, 독자들에게 운명을 감내하는 것이 자연스러운 것임을 받아들이도록 했다는[32] 최기숙의 견해가 오히려 설득력이 있다.

이상구는 전체 구성에서부터 개별적인 사건의 전개에 이르기까지 철저하게 숙명론적 세계관이 <숙향전>을 관통하고 있다는 점을 인정한다. 그리고 숙명론적 세계관이 부녀나 서민들의 인간적 굴욕, 사회적 속박, 노동의 괴로움 등 온갖 생활적 고통에 대한 인종의 미덕을 기르고, 양반 자신들의 지위를 견고히 해주는 이데올로기를 수호한 방편의 하나로 이해된 측면이 있다고 보았다. 그는 또한 조선 후기의 지배계층들이 숙명론적이고 신비주의적인 천명 사상을 적극 표방함으로써, 붕괴되어가는 봉건 통치 체제를 회복, 고수하려고 했다는 점을 지

31 <숙향전> 중, 13b~14b, "낭ᄌᆡ ᄉᆞ면 돌아보니 셩월은 요량ᄒᆞ고 풍경은 쳐양ᄒᆞᆫ지라 심ᄉᆞᆫ궁곡의 인젹 업지 호올노 안져 나는니 슬픈 ᄆᆞ음뿐 나ᄂᆞᆫ지라 한미의 분묘를 두ᄃᆞ리고 일장통곡ᄒᆞ더라……ᄂᆡ 이제 잇ᄂᆞᆫ 쥴을 샹세 알면 필경 죽이려 ᄒᆞᆯ 거시니 ᄂᆡ ᄎᆞ라리 ᄂᆡ 몬져 스ᄉᆞ로 쥭으리라" ᄒᆞ고 슈건을 들어 목을 ᄆᆡ려 ᄒᆞ니 ᄉᆞᆸ술이 슈건을 물어 뜻ᄂᆞᆫ지라."

32 최기숙, 앞의 글, 50면.

적하고 있다. 그러나 그는 <숙향전>의 기저를 이루는 숙명론적 세계관의 핵심 내용은 '천정연분'이며, 이는 반봉건적 성격을 갖는다고 주장한다. 그 이유는 <숙향전>의 천정연분이 성리학적 윤리 규범이나 예교, 그리고 봉건적 신분 관계에 정면으로 배치되는 청춘 남녀의 자유로운 만남과 이러한 만남을 통해 형성된 애정을 실현하기 위한 명분으로 작용한다고 보기 때문이다. 따라서 이는 봉건적 지배 체제를 회복, 고수하기 위한 방편으로서 활용된 것과는 다르며, 도리어 반유교적 행위를 합리화하거나 극복하기 위한 민중 지향적, 반봉건적 세계관이라는 것이다.[33] <숙향전>에서는 천정연분이 역설적으로 신분이 현저히 다른 숙향과 이선이 혼인할 수 있는 명분으로 작용하고 있는 것도 사실이다. 그러나 전체를 놓고 볼 때 <숙향전>에는 인간의 삶은 이미 정해져 있으며 정해진 운명에서 도망할 수 없다는 관점이 강하게 들어 있다. 따라서 숙향으로 하여금 자기 앞에 닥친 삶을 받아들이게 한다. 이때 유보되는 것은 자신을 버리고 간 부모에 대한 원망이나 감정이다. 왜냐하면 자신이 버림받은 것도 하늘이 정한 것이기 때문이다.

숙향은 자신을 버리고 간 부모에 대해 직접 원망하지 않는다. 그러나 <숙향전>의 작가는 이 문제를 그냥 넘기지는 않는다. 노옹으로 변한 용왕이 양양 태수가 되어 길을 떠난 김전 행차를 가로막고 사위인 형주 자사 덕분에 벼슬이 높아졌다고 하자 김전은 자녀가 없다고 대답한다. 이 말을 들은 용왕은 "숙향은 하늘에서 떨어졌느냐 땅에서 솟았느냐"고 하며 화를 낸다. 다음은 용왕과 김전의 대화이다.

---

33 이상구, 『숙향전·숙영낭자전』 해설, 「조선 후기 애정소설의 환상성과 현실성」, 2010, 문학동네, 276~277면.

노옹이 말하기를, "네 사위 형주 자사의 덕으로 벼슬이 높아졌노라." 하고 "어른을 대하여 당돌히 나와서 무슨 말을 하려 하는가?" 하니 김전이 말했다. "나는 본래 자녀가 없는데 사위 덕에 벼슬이라는 말씀은 도리어 욕된 말입니다." 노옹이 화를 내며 말했다. "네 만일 자녀가 없을진대 네 딸 숙향은 하늘에서 떨어졌느냐 땅에서 솟았느냐?" 김전이 숙향 두 글자를 듣고 놀라 다시 절하며 말하기를, "제가 딸을 잃었사오니 죄를 용서하십시오." 하니 노옹이 화난 빛을 풀었다. 김전이 말했다. "전생의 죄가 중하여 늦게야 비로소 숙향을 낳았는데 전란 중에 잃은 뒤 죽었는지 살았는지 모릅니다. 어르신께서 숙향의 자취를 아시는가 싶으니 이 무지한 자를 책망하지 마시고 자세히 가르쳐주시기 바랍니다."[34]

위 예문에서 보듯 김전은 숙향을 잊고 있다가 숙향의 이름을 듣고서야 그 거처를 묻는다. 용왕은 스무고개를 하는 것처럼 시간을 끌면서 숙향이 있는 곳을 알려준다. 김전이 빨리 알려달라고 안달하자 용왕은 "저렇게 바쁘면서 어떻게 낙양 지옥에서 죽게 했느냐"고 말하고 "아득해서 깨닫지 못했다"는 김전의 말에 "그대의 죄가 아니라 하늘이 정한 운수"라고 한다. 한문본에서는 보다 직접적으로 숙향을 버리고 간 것

34 <숙향전> 하, 6a, "노옹왈 네 사회 형쥬ᄌᆞᄉᆞ의 덕으로 벼ᄉᆞᆯ을 도〃앗노라 ᄒᆞ고 어룬을 만난ᄒᆞ여 당돌이 나와 무ᄉᆞᆫ 말을 뭇고져 ᄒᆞᄂᆞ요 김젼이 왈 ᄂᆡ 본ᄃᆡ ᄌᆞ녜 업거ᄂᆞᆯ ᄉᆞ회 덕의 벼ᄉᆞᆯ이랏 말ᄉᆞᆷ이 도로혀 욕되ᄂᆞᆫ 말이로소이다 노옹이 노왈 네 만일 ᄌᆞ녜 업슬진ᄃᆡ 네 ᄯᆞᆯ 슉향은 죵텬강ᄒᆞ엿노냐 죵디츌ᄒᆞ엿ᄂᆞ냐" 김젼이 슉향 두 ᄌᆞᄅᆞᆯ 듯고 놀나 ᄃᆞ시 절ᄒᆞ여 ᄀᆞᆯ오ᄃᆡ 소지 실녜ᄒᆞ엿ᄉᆞ오니 죄를 샤ᄒᆞ소셔 ᄒᆞ니 노옹이 노식을 푸ᄂᆞᆫ지라 김젼 왈 젼싱의 죄 즁ᄒᆞ여 늣게야 비로소 슉향을 나핫더니 난즁의 닐흔 후 ᄉᆞ싱을 모로ᄂᆞᆫ지라 노장은 슉향의 거쳐ᄅᆞᆯ 알으시나보오니 이 무지ᄒᆞᆫ 이 ᄌᆞᄅᆞᆯ 칙망치 말으시고 ᄌᆞ셰이 가르치시믈 ᄇᆞ라ᄂᆞ이다"

을 꾸짖는다. 용왕이 숙향을 보고 싶어하는 것이 어떤 마음이냐고 묻자, 김전이 자식을 사랑하는 마음은 금수에게도 있는 것인데 하물며 사람은 어떠하겠느냐고 대답한다. 그러자 용왕은 그렇다면 산골짜기에 버리는 것도 사랑이라 할 수 있느냐고 한다. 김전이 이에 대해 너무나 부끄럽고 후회스럽다고 하자 노인은 그대의 잘못이 아니라 하늘의 운수라고 한다.[35] 여기서 <숙향전>을 지배하는 강력한 숙명론적 세계관이 결국은 숙향을 버린 부모(또는 아버지), 숙향과 같은 버려진 아이를 돌보지 못하는 마을 사람들, 보호망을 제대로 갖추지 못한 사회가 자신을 변명할 수 있는 기제로 쓰이고 있음을 볼 수 있다. <숙향전>은 자식을 버린 부모에게 그 책임을 묻는 것을 잊지 않으면서 동시에 그것마저 운수로 돌린다. 그리고 작품 전면에 보은 모티브를 배치해서 숙향이 실제적인 도움을 받게 하고 있다.

4. 보은이라는 플롯

<숙향전>이 김전이 거북을 살려주는 이야기로부터 시작하는 것은 의미심장하다. <숙향전>은 두 가지 대비적 사건으로 시작한다. 하나는 김전이 젊은 시절 반하수를 지나다가 어부들에게 잡혀서 먹히게 된 거북을 구해주는 사건이다. 거북을 구해준 뒤 친구를 만나고 돌아오는 길

35 장효현 외,『애정세태소설』, 고려대학교 민족문화연구원, 보고사, 2007, 230~231면, "老人曰: "夫欲見淑香者, 何心?" 太守曰: "愛子之情, 禽獸尙有, 況於人乎?" 老人曰: "然則, 棄之山谷, 可謂愛乎? 陷之殺獄, 可謂情乎? 由於己而不爲, 反求視諸路邊之人, 言之者苦, 聽之者笑." 太守曰: "實由不明, 而耻切搖尾, 悔甚噬臍." 老人曰: "此非獨君之過, 亦天之數也.……"

에 물이 넘쳐 다리가 무너져 죽게 되었을 때 김전은 그 거북의 도움으로 살아나고 구슬까지 얻게 된다. 다른 하나는 김전이 피난 가다가 숙향을 버리고 가는 사건이다. 이 두 사건 사이에 김전이 장가들어 숙향을 낳는 내용이 들어가 있다. 전쟁이 일어나서 피난 가던 김전 가족이 도적들이 가까이 오자 숙향을 바위틈에 두고 가는데, 숙향을 발견한 도적은 숙향을 죽이지 않고 오히려 마을 근처에 두고 간다. 거북을 불쌍하게 여겨 비싼 값에 사서 거북을 구해주는 김전과 피난 가다 도저히 빨리 달릴 수 없어 할 수 없이 딸을 내려놓고 가야 하는 김전의 모습은 극적인 대비를 이룬다.

김전이 거북을 구해주고 보은을 받는 것과 도적이 숙향을 구해주고 나중에 보은을 받는 것도 대비를 이룬다. 김전은 거북의 이마에 '天'자가 있고 배에는 '王'자가 뚜렷이 있는데다가 거북이 눈물을 머금고 바라보는 것을 보고 가엾이 여겨 살려준다. 숙향을 살려준 늙은 도적은 숙향이 울고 있는 것을 보고 아이의 상이 훗날 귀하게 될 것이니 죽이지 말라고 하고 업어다가 마을 근처에 두고 간다. 김전이 어부들에게 잡힌 거북을 구해주고 은혜를 보답받는 것과 늙은 도적이 숙향을 살려주고 나중에 은혜를 보답받는 것은 유사성이 있다.

위 두 가지 사건은 서로 깊이 연관되면서 작품이 진행된다. 김전은 비록 딸을 버리고 갔지만 이전에 거북, 즉 용왕의 딸을 살려준 은혜로 숙향이 위기를 모면하게 해준다. 사향의 모함으로 쫓겨난 숙향이 의지할 데가 없어 통곡하다가 물에 뛰어들자 검은 소반 같은 것이 물 밑에서 나와 숙향을 태우고 가서 목숨을 살려준다. 그리고 자신은 동해 용왕의 딸로 전날 '부인 부친', 즉 김전의 은덕으로 살아남았기 때문에 구해주고 가는 것이라고 밝힌다. 또 용왕은[36] 양양 태수가 되어 가는 김전 앞에 나타나 김전을 시험한 뒤에 옛날에 김전이 반하수에서 거북을 구해주었기 때문에 자신도 자식을 위해 상제에게 고하고 숙향을 만날 길을 가르쳐준다고 한다.[37] 용왕은 숙향이나 김전뿐만 아니라 이선이 약을 구하러 가는 길에도 나타나서 도움을 준다. 이는 숙향이 비록 부모를 잃고 혼자 돌아다니게 되지만 아버지 덕분에 살아남게 된다는 것을 암시한다. 숙향이 비록 아버지로부터 버림받긴 했지만 아버지의 음덕으로 살아남을 수 있었다는 뜻이다. 이 역시 딸을 버린 아버지에 대한 직접적인 원망을 약화시키는 역할을 하는 것으로 보인다.

<숙향전>의 보은 모티브가 갖는 의미가 여기서 그치는 것이 아니다. 버린 딸에 대해 아버지의 힘이 보이지 않게 미친다는 것을 보여줌으로써 아버지의 권위가 살아 있게 하는 한편, 가족도, 사회적인 보호망도 없이 버려진 이들에게 은혜를 베풀고 그것에 보답하는 관계의 형성은 실제적인 힘이 된다는 것을 보여주기도 한다. 그리고 그 관계의 형성은 인간과 인간 사이에서만 이루어지는 것이 아니라 동물과 인간 사이, 천상계와 지상계 사이에서도 이루어지는 것을 보여줌으로써 버려진 존재들이 이런 힘들에 의해 살아남을 것이라는 낙관적인 인식을 보여준다. 이 낙관적인 전망은 심지어 '선량한' 도적에 의한 구원으로까지 이어지며, 그 역시 보은으로 마무리된다.

36 <숙향전> 상, 12a.
37 <숙향전> 하, 7b.

5. 버려진 딸에 대한 죄의식과 무마의 장

지금까지 <숙향전>이 '버려진 딸'의 영웅적 삶이 아니라 한없이 주변으로 내몰리는 삶에 주목하고 있다는 점에서 전쟁 경험을 다룬 여타의 소설들과 차이를 드러낸다고 보고 조선 사회가 이처럼 버려진 딸, 혹은 유기아에 대해 어떤 기억을 만들고 있었는지를 살펴보았다. 숙향의 삶에는 전쟁의 횡포만으로 해석할 수 없는 차원, 즉 바로 버려지는 경험이 존재한다고 보고 그것에 대해 어떤 <숙향전> 서사가 어떻게 응답하는지를 숙명과 보은의 관점에서 분석했다. 그 결과 <숙향전>에서는 버려진 딸의 고난을 숙명론적 관점에서 풀어나가면서 버린 아버지의 책임을 약화시키고 있으며, 보은 모티브를 통해 아버지의 음덕이 숙향의 삶을 유지시켜주는 힘으로 작용하고 있음을 보았다. 동시에 신적인 존재들이나 까치, 황새, 잔납이, 청삽사리 같은 존재들이 어느 때나 도와주게 함으로써 가족도, 사회적인 보호망도 없이 버려진 이들이 살아남을 것이라는 낙관적 전망도 읽을 수 있었다.

그러나 이것은 누구의 전망인가? 필자가 보기에 이는 숙향 같은 존재를 책임지지 못하고 심지어 김전처럼 딸의 존재를 잊어버린 아버지, 유리걸식하는 것을 보고도 거두어주지 못하고 안타까워하기만 한 마을 사람들, 그리고 지배 계층의 전망에 더 가까운 것으로 보인다. <숙향전> 전편에 걸쳐 숙향은 자기 서사를 갖지 못한 채 다섯 살에 버려져 유리걸식하고, 화재를 만난 이야기를 반복한다. 심지어 혼례에 대해서도 이랑이 구혼하기에 상하 체면을 거스르지 못해 혼례를 한 것이지 자신의 죄는 아니라고 해명한다. 이 말은 숙향의 입을 통해 발화되는 것이기는 하지만, 그 내용은 예정되어 있던 삶의 결과이며 숙향이 자발적으로 선택한 것은 없다는 뜻이다. 심지어 자신을 버린 아버지 김전이나, 매몰차게 자신을 쫓아낸 장승상에 대해서도 일말의 원망을 표하지 않는다. 앞서 보았듯이 김전에게 딸을 버린 책임을 묻는 것은 용왕이다.

숙향의 발화는 늘 울음에 젖어 있으며, 자신의 이야기를 제대로 꺼내지 못한다. 숙향에게는 통곡이 가장 효과적인 소통이기도 하다. 숙향의 통곡소리가 전해져서 이상서 집으로 가게 되는 것이 그 예이다. 그럼에도 <숙향전>이 그토록 강력한 공감을 자아낸 것은 숙향의 삶이 갖는 고통의 힘에 있다고 할 것이다. 그런 점에서 <숙향전>은 버려진 딸의 기억이라기보다는 버려진 딸에 대한 아버지, 공동체, 조선 사회가 갖는 일련의 죄의식과 그것을 숙명과 보은으로 무마하고자 하는 기억의 장이라 할 수 있다.

제11장

타자의 서사, 타자화의 서사

<홍길동전>

1. 타자의 관점으로 읽는 홍길동

<홍길동전>이 한국의 대표적인 고전소설이라는 것에는 누구도 이의를 제기하지 않을 것이다. 조선 사회가 안고 있는 적서차별의 문제에 대해 이 작품처럼 전면적으로 문제를 제기하고, 그 문제를 가정에서 사회로 확대하고, 새로운 공간을 제시하여 조선의 외부를 상상하게 한 작품은 찾기 어렵기 때문이다. 지금까지의 연구도 이러한 측면들에 주목하여 서사 구조상의 불통일성이 드러나기는 하지만 <홍길동전>이 조선 사회가 안고 있던 신분 문제를 가정에서 사회로까지 확대했다는 점

* 이 장은 「타자의 서사, 타자화의 서사, <홍길동전>」(『고소설연구』 30, 2010)을 수정, 보충한 것이다.

에서 그 의미를 중요하게 평가했다. <홍길동전>에는 분명히 이런 문제의식이 깊이 내장되어 있다. 작품 서두에서부터 홍길동이라는 서자가 태어나는 과정이 서술되고, 종의 몸에서 태어난 '근본 천생' 길동은 어려서부터 자신의 위치에 대해 계속 고민하고 질문한다. 그 고민의 강도는 심각한 것이어서 '심장이 터질' 지경이고 '밤이면 잠을 이루지 못할' 정도이다. 길동의 문제는 서자인 길동 개인 차원에서 그치는 것이 아니라 가정 내 문제로 늘 잠복되어 있어서 결국은 가정 내 살인사건으로 이어진다. 그 결과 집을 나간 길동은 적서차별의 문제를 사회 문제로 확대시켜 임금, 국가로부터 판서를 제수받기에 이른다. 이처럼 적서차별 문제에 대한 <홍길동전>의 문제 제기는 병조판서를 제수받기까지 일관되게 이루어진다.

그런데 이러한 문제 해결은 홍씨 가문의 가부장적 구조나 사회 구조를 근본적으로 바꾸면서 이루어진 것이 아니라 홍길동이라는 한 탁월한 인물을 인정하는 것에 그치고 있다. 그런 점에서 <홍길동전>은 홍길동이라는 타자의 인정투쟁의 서사라 할 수 있다. <홍길동전>은 적서차별에 대해 문제를 제기하면서도 그 원인을 제공하는 가부장 권력을 유지하는 중심이라 할 수 있는 아버지나 임금의 절대적인 권위는 손상시키지 않기 때문이다. <홍길동전>은 체제 내부에서 해결될 수 없는 문제를 체제 내부로 수렴시킨다는[1] 점에서 타협적인 텍스트라 할 수

---

1 박일용은 <홍길동전>이 현실에 내재하는 모순에 대한 객관적 인식을 확대해나가는 성격의 구체화라는 측면보다는 영웅적 인물 홍길동의 특권적 삶에 대한 욕구의 실현이라는 일대기적 질서의 구현이라는 측면을 보다 강하게 드러낸다고 보았다. 그래서 <홍길동전>의 각 구성 단계들은 홍길동의 욕구 실현이라는 일대기적 질서 속에서는 정연히 통합되면서도, 그 각각이 반영하는 이념적 지향이라는 측면에서 볼 때는 총체적인 문제 제기 형태로 구체화되었다고 보기에는 미흡함을 느끼게 한다는 것이다. 그리고

있다. 그런 점에서 현전 <홍길동전>에서는 이러한 직접적 대결 형태가 우회적인 모습으로 변형되어 나타난다고 지적하고, 가부장제적 질서 안에서 길동의 욕구를 미봉적으로 해소시키려는 시각을 취하기 때문에 길동의 현실 인식의 깊이도 제한적이라는 지적[2]은 설득력이 있다. 그러나 놓쳐서는 안 될 것은 <홍길동전>이 가정 내 타자이자 사회의 타자인 홍길동을 주인공으로 설정해서 타자의 목소리를 적극적으로 드러냈다는 점, 즉 홍길동이라는 서얼의 인정투쟁 플롯을 제시했다는 점이다.

지금까지 <홍길동전>에 대한 연구는 일일이 거론하기 어려울 정도 많이 이루어졌다. 관련 논문만 해도 150편이 넘는다. 이본에 관한 논의를 비롯해서 허균 창작설과 관련한 논의, <수호전>과의 비교문학적 논의, 구조의 불통일성에 대한 논의, 주제의식과 관련한 논의, 제도나 율도국의 성격에 관한 논의 등 다양한 측면에서 충분한 논의가 이루어졌다. 이러한 논의의 결과에도 불구하고 필자는 <홍길동전>을 읽을 때마다 율도국에서의 홍길동의 행적이 석연치 않았다. 읽을수록 오히려 불편함이 더해졌다. 급기야 그것이 가정 천대로 서러움에 잠을 이루지 못하던 소년 길동과 율도국을 정벌하는 길동 사이의 거리 때문이라는 것을 발견했다. 그리고 그것은 중심과 주변, 주체와 타자의 자리가 역전되면서 일어나는 문제가 아닐까 생각하게 되었다.

그래서 이 장에서는 타자의 관점에서 <홍길동전>을 읽는다. 양반

이는 반중세적 이념을 반영하고 있는 제재들을 가부장제적 질서 및 중세적 질서 안에서 그려내려는 서술 시각 때문이라고 보았다. 박일용, 「<홍길동전>의 문학적 의미 재론」, 『고전문학연구』 9, 1994.

2 박일용, 위의 글, 『고전문학연구』, 276면.

가정의 타자로 태어난 홍길동이 자신의 주변성, 타자성을 극복하는 과정과 그 이후의 과정 사이에는 단절이 존재한다. 이 글은 타자였던 홍길동이 제도나 율도국에 살고 있는 존재들을 타자화시키면서 정복을 정당화하는 것을 문제삼는다. 그리고 <홍길동전>에서 볼 수 있는 타자에 대한 인식이 어디서 연유하는지, 다른 작품에서는 어떻게 드러나고 있는지를 보고자 한다. 즉 타자의 대항 서사에서 정복의 서사(타자화의 서사)로의 전환이 왜 일어났는지, 서사에서 궁극적으로 이야기하고 있는 것은 무엇이며, 거기에는 어떤 인식이 개재해 있는지를 밝히고자 한다.

자료는 경판 24장본을 중심으로 하되, 완판 36장본을 보완적으로 사용한다. 여기서는 <홍길동전>과 허균의 관계 문제에 대해서는 다루지 않는다. 이미 많은 논의들이 이루어졌고, 현전 <홍길동전>이 허균이 창작한 것과는 다른 이본이라는 것에 대부분 동의하고 있는 것으로 보인다.[3] 필자 역시 이 입장에 있으며 <홍길동전>에 대한 현재적 이해는 현전 <홍길동전>이 어떤 이념적 자장에서 형성되었으며, 그것이 조선 후기인들의 어떤 이념이나 욕망을 대변하고 있는가를 들여다보는 것이 중요하다고 생각한다. 허균이라는 천재적이고 문제적인 작가의 후광이 <홍길동전> 해석에 한계를 가져왔을 수도 있기 때문이다.

---

3 장효현, 「홍길동전의 생성과 형성」, 『고전소설사의 제문제』, 고려대학교출판부, 2002, 장효현에 의하면, 황윤석(1729~1791)의 『해동이적』에 나오는 '海中書生'에 근거하여 허균이 연산군대의 도적 홍길동을 바탕으로 하여 창작한 <홍길동전>은 후대에 일정하게 부연, 윤색되어 현전 <홍길동전>으로 이어진다. 한편 <홍길동전> 이야기는 세간에 구전으로 유포되면서 전라도 장성의 인물인 세종대 홍상직의 얼자 홍길동으로 민간에서 부회되어 오히려 실사로 인식되고, 홍길동이 건설한 바다 밖 왕국은 유구 혹은 안남으로 간주되어, 유구의 민중 영웅에 다시 부회되는 전파 경로를 갖게 된다.

2. 타자의 서사에서 (불완전한) 대항의 서사로

<홍길동전>은 가정-사회-율도국으로 공간의 확장이 이루어진다. 가정 공간이나 사회 공간에서 길동은 서자라는 타자의 형상에서 벗어나지 못한다. 아버지로부터 호부호형을 허락받고, 임금으로부터 병조판서를 제수받기는 하지만 길동이 호부호형을 하거나 관직의 꿈을 실현할 수 있는 공간은 주어지지 않기 때문이다. 따라서 길동에게 허용된 것은 매우 제한적인 것이라 할 수 있고, 길동은 다른 곳으로 떠날 수밖에 없다. 아버지나 임금으로 대변되는 기존 질서는 변함없이 존재하기 때문이다. 길동의 형상은 타자의 형상을 벗어나지 못하기는 하나 대항의 서사를 구축해가는 인물이라는 점에서 일관성을 갖는다.

<홍길동전>의 서사 전개에서 주인공의 문제 제기가 가장 절실하게 이루어지는 공간은 가정이다. 그러나 그 문제 제기가 근본적으로 이루어지지는 않는다. <홍길동전>의 서술 시각은 길동에게 맞추어져 있는 것 같지만 그 아래에는 아버지와 임금의 시각이 깔려 있다. 길동의 억울함이나 비판은 아버지나 임금을 향하지 않는다. 또한 이들에게 문제의 원인을 따지지도 않는다. 그러나 사실 따지고 보면 홍씨 집안의 문제는 홍판서로부터 비롯된 것이다.

홍판서는 부인 유씨와의 사이에 아들을 두고 있고, 곡산 기생이었던 초란을 첩으로 둔 상태에서 다시 여종인 춘섬을 가까이하여 길동을 낳는다. 적자가 있는 상태에서 태어난 길동은 눈에 띌 일이 없는 인물이지만 하나를 들으면 백을 통하는 총명함으로 홍판서에게는 아쉬움을, 부인 유씨에게는 미안함을, 초란에게는 경쟁심을 유발한다.

<홍길동전>에는 홍판서의 집안에 대한 간단한 소개 뒤에 태몽이 등

장한다. 영웅의 일대기 관점에서 보면 태몽은 한 구성 요소로서 주인공의 영웅성을 드러내주는 지표가 된다. <홍길동전>의 태몽 역시 일대기 구조의 구성 요소로 들어갔다는 점을 무시할 수는 없다. 그러나 <홍길동전>의 태몽은 그보다는 대낮에 부인에게 동침을 요구하는 홍판서의 욕망을 합리화하기 위해 들어간 설정으로 보인다. 천둥 번개가 치면서 푸른 용이 달려드는 꿈을 꾼 홍판서가 대낮에 안방에 들어와 동침을 요구하자 부인 유씨는 정색을 하고 어린 경박자 같은 비루한 행동을 하니 받들지 못하겠다고 거부하며 손을 떨치고 나간다. 무안해진 홍판서는 화를 참지 못하고 외당에 나가 마침 차를 올리던 춘섬을 데리고 협실로 들어가 관계를 가지고 길동을 낳는다. 자신을 거부한 부인에 대해 홍판서는 무지하다고 안타까워한다. 홍판서의 아쉬움과 부인의 미안함은 여기에서 연유한다.[4]

홍판서와 여종의 동침 장면은 이를 합리화하는 태몽 장면이 들어가 있다 하더라도 조선시대 양반 남성들이 성적 욕망을 발현하는 한 방식을 보여준다. 여기서 여종은 홍판서의 성적 욕망의 대상 또는 태몽을 현실화해주는 몸으로서의 대상일 뿐이다. 여종에게서 난 자식이 특출하더라도 한계가 있다는 것을 모를 리 없을 텐데 태몽 때문에 춘섬과 관계를 갖는 것은 설득력이 떨어지는 설정이다. 완판 36장본에서 홍판서가 임금에게 한 말을 보면 태몽이 홍판서의 욕망을 합리화해주기 위한 것이었음을 확인할 수 있다. 홍길동이 초인을 만들어 나라를 어지럽히자 조정의 신하들이 자식을 알아보는 것은 아비만 한 이가 없다고

4 부인 유씨가 미안해하는 것은 완판에 더 잘 드러난다. 홍판서가 길동을 데리고 내당에 들어가 탄식하며 천생인 것을 아쉬워하고 부인의 고집을 원망하자 부인이 풀이 죽어 운명이니 인력으로 할 수 없다고 말하는 대목이 나온다.

하면서 홍판서를 불러 연고를 묻는다. 여기에 대해 홍판서가 "행실을 바로 하지 못해 천한 첩을 가까이한 죄로 천한 자식을 두어 임금의 근심이 되게 하고 조정을 어지럽힌 죄 죽어 마땅하다"고 고하는 것을 보면 홍판서 스스로도 얼자를 낳는다는 것을 알고 있었다.

이렇게 해서 근본이 천하게 태어난 길동은 열 살이 넘도록 호부호형을 못 하고 집안의 종들로부터도 천대를 받자 뼈에 사무치게 한탄하고 마음 둘 바를 몰라 한다. 군더더기 없이 서사가 진행되는 경판 24장본에서도 이 문제는 반복적으로 제시된다.

> 길동이 열 살이 넘도록 감히 부형을 부르지 못하고 종들이 천대하는 것이 뼈에 사무치게 서러워 마음을 정하지 못했는데[5]

> 나는 어찌하여 일신이 적막하고 부형이 있어도 호부호형을 못 하니 심장이 터지는지라 어찌 서럽지 않으리요?[6]

> 하늘이 만물을 내시매 오직 사람이 귀하오나 소인에게 이르러는 귀함이 없으니 어찌 사람이라 하오리까?[7]

> 아버지 낳으시고 어머니 길러주신 은혜가 깊은데 그 아버지를

5 <홍길동전>, 4a, "길동이 십세 넘도록 감히 부형을 부르지 못ᄒᆞ고 비복 등이 쳔대ᄒᆞ믈 각골통한ᄒᆞ여 심ᄉᆞ를 정치 못ᄒᆞ더니"

6 <홍길동전>, 5a, "나ᄂᆞᆫ 엇지ᄒᆞ여 일신이 젹막ᄒᆞ고 부형이 이시대 호부호형을 못ᄒᆞ니 심쟝이 터질지라 엇지 통한치 아니리오."

7 <홍길동전>, 5a, "하늘이 만물을 내시매 오직 사ᄅᆞᆷ이 귀ᄒᆞ오나 쇼인의게 니르러ᄂᆞᆫ 귀ᄒᆞ오미 업ᄉᆞ오니 엇지 사ᄅᆞᆷ이라 ᄒᆞ오리잇가."

아버지라 못 하고 그 형을 형이라 못 하니 어찌 사람이라 하겠습니까?[8]

소자의 팔자가 기박하여 천한 몸이 되오니 품은 한이 깊사온지라[9]

길동은 이처럼 자신의 타자성을 절감하고 이에 대해 거듭 이야기하는데 이에 대해 홍판서는 비록 측은하게 생각하지만 "재상가 천비 소생이 비단 너뿐이 아닌데 네 어찌 방자함이 이 같으냐, 이후로 다시 이런 말을 하면 눈앞에 용납지 못하리라"고 하며 틈을 주지 않는다. 길동의 생모인 춘섬도 깜짝 놀라며 "재상가의 천한 자식이 너뿐이 아닌데 어찌 마음을 좁게 먹어 어미 간장을 태우느냐"고 말할 뿐이다. 나중에 홍판서는 길동에게 호부호형을 허락하지만 그때는 이미 길동이 집을 나간다고 말하고 난 뒤이다.

천비 소생인 길동은 그 재주가 아무리 출중해도 호부호형을 못 하는, 즉 가족의 범주에 들지 못하는 타자일 뿐이다. 초란의 길동 살해 모의에 대해 부인과 길동의 형이자 홍판서의 적자인 인형은 눈물을 흘리면서 첫째는 나라를 위해, 둘째는 상공을 위해, 셋째는 홍씨 가문을 보존하기 위해서라는 명분을 내세우며 허락한다. 길동 살해 모의가 실패로 돌아간 뒤 홍판서는 이 일을 알게 된다. 그러나 그는 초란을 내쫓고 무녀와 특재의 시체를 몰래 치운 뒤에 종들을 불러 함구할 것을 당부하는 정도로 사건을 봉합한다.

---

8 <홍길동전>, 6a, "부생모휵지은이 깁숩거ᄂᆞᆯ 그 부친을 부친이라 못 ᄒᆞ옵고 그 형을 형이라 못 ᄒᆞ오니 엇지 사ᄅᆞᆷ ᄒᆞ오리잇가."

9 <홍길동전>, 6a, "소자의 팔ᄌᆞ 긔박ᄒᆞ여 쳔ᄒᆞᆫ 몸이 되오니 품은 한이 깁ᄉᆞ온지라."

가정 공간에서 길동은 타자로서의 자신의 위치를 확인하고 호부호형을 통해 가족의 범주 속으로 들어가고자 한다. 그러나 이것은 번번이 거절당하며 길동은 결국 집을 나가게 된다. 집을 나간 길동은 도적들의 소굴로 간다. 그리고 자기를 서울 홍판서의 서자 길동으로 소개하고 집에서 천대받기가 싫어서 아무 데나 정처 없이 다니다가 우연히 이곳에 들어왔다고 밝힌다. 사회로 나간 길동은 도적의 무리에 들어감으로써 더욱 주변화되는 존재가 되지만, 활빈당을 만들어 전국을 한바탕 뒤흔든다. 활빈의 명분을 내세우긴 하지만 길동이 계속해서 제기하는 것은 호부호형하지 못하는 한이다.

> 대감께서 처음에 천한 길동을 위하여 부친을 부친이라 하고 형을 형이라 하게 했다면 어찌 이에 이르렀겠습니까?[10]

> 신의 아비가 국은을 많이 입었사오니 신이 어찌 감히 불측한 일을 하겠습니까마는 신은 본대 천비 소생이라 그 아비를 아비라 못 하옵고 그 형을 형이라 못 하오니 평생 한이 맺혀서 집을 버리고 도적 무리에 참여했으나 백성은 조금도 범하지 않고 각 읍 수령이 백성들로부터 착취한 재물을 탈취하였으나[11]

---

10 <홍길동전>, 17a, "대감계셔 당쵸의 쳔ᄒᆞᆫ 길동을 위ᄒᆞ여 부친을 부친이라 ᄒᆞ고 형을 형이라 ᄒᆞ엿던들 엇지 이의 니르리잇고."

11 <홍길동전>, 18a, "신의 아비 국은을 만히 닙어ᄉᆞ오니 신이 엇지 감히 불측ᄒᆞᆫ 행ᄉᆞᄅᆞᆯ ᄒᆞ올잇가마ᄂᆞᆫ 신은 본대 쳔비 소생이라 그 아비ᄅᆞᆯ 아비라 못 ᄒᆞ옵고 그 형을 형이라 못 ᄒᆞ오니 평생 한이 맷쳐ᄉᆞᆸ기로 집을 바리고 젹당의 쳠네ᄒᆞ오나 백셩은 츄호 불범ᄒᆞ옵고 각 읍 슈령의 쥰민고택ᄒᆞᄂᆞᆫ 재물을 탈취ᄒᆞ여ᄉᆞ오나."

길동의 신기한 재주는 고금에 드문 것이로다. 저가 지금 조선을 떠난다 했으니 다시는 폐단을 일으킬 길이 없을 것이오 비록 수상하나 일단 장부의 호쾌한 마음이 있으니 족히 염려 없을 것이다.[12]

신이 전하를 받들어 만세를 이을까 하였으나 천비 소생이라 문으로 옥당에 막히고 무로 선천에 막힙니다. 이런 까닭에 사방을 떠돌며 관부에 폐단을 일으키고 조정에 죄를 지은 것은 전하께서 아시게 하려는 것이니[13]

길동은 적서차별을 당할 뿐만 아니라 홍씨 가문 내부의 갈등으로 살해의 위험에까지 처한다. 결국 집을 나간 길동은 활빈당의 영수가 되어 해인사 습격을 시작으로 각 읍 수령의 불의한 재물을 탈취하는 것과 같은 행동으로 조정에까지 알려진다. 여기서부터 길동의 대항의 서사가 시작된다. 이는 적서차별에 대한 대항 서사의 형태가 될 수도 있다. 그러나 홍길동이 주체가 되는 대항의 서사는 불완전하다. 그 이유는 아버지와 임금을 문제 삼지 않음으로써 모순의 핵심을 비껴가기 때문이다. 즉 <홍길동전>은 모순된 현실과의 첨예한 갈등을 피하고 대리 갈등의 형태를 취한다. 그래서 결국은 길동만이 특별한 존재가 되는 것이다. 도적들이 등장하지만 그들은 길동의 말을 듣는 수동적 존재 즉 배경으

12 <홍길동전>, 19b~20a, “길동의 신긔ᄒᆞᆫ 재죠ᄂᆞᆫ 고금의 희한ᄒᆞ도다. 졔 지금 됴션을 떠나노라 ᄒᆞ여시니 다시ᄂᆞᆫ 작폐ᄒᆞᆯ 길 업슬 거시오 비록 슈상ᄒᆞ나 일단 쟝부의 쾌ᄒᆞᆫ ᄆᆞ음이 잇ᄂᆞᆫ지라 죡히 념녀업슬ᄂᆞᆺ다.”

13 <홍길동전>, 21a, “신이 젼하ᄅᆞᆯ 밧드러 만셰ᄅᆞᆯ 뫼읍가 ᄒᆞ오나 쳔비 쇼생이라 문으로 옥당의 막히옵고 무로 션쳔의 막힐지라 이러므로 ᄉᆞ방의 오유ᄒᆞ와 관부의 작폐ᄒᆞ고 됴졍의 득죄ᄒᆞ오믄 젼ᄒᆞ ᄋᆞ르시게 ᄒᆞ오미니.”

로만 존재한다. 좀 더 심하게 말하면 길동의 꿈을 완수하기 위한 도구적 역할을 하는 데 불과하다. 의적 행위의 결과 길동은 병조판서를 제수받지만 이는 현실적 실행이 불가능한 것, 즉 조선 안에서 이루어지기 어려운 것이다. 따라서 다른 공간으로 가는 것이 불가피했다. 즉 새로운 타자가 필요했다. 그것이 율도국이다. 이처럼 길동의 저항은 근본적인 것을 건드리지 않고, 아버지나 임금과 동일한 주체가 되고 싶은 욕망을 드러내고 있다. 이는 아버지가 죽었을 때 길동이 묘지를 정하고 아버지의 묘지를 자신이 있는 곳에 두는 것을 통해서도 잘 드러난다. 제사를 모신다는 것은 집안의 중심이 되었다는 것을 의미하기 때문이다.

3. 타자의 서사에서 타자화의 서사, 정복의 서사로

<홍길동전>이 문제적으로 받아들여지는 것은 적서차별 문제뿐만 아니라 조선을 벗어난 율도국이라는 새로운 공간을 제시하고 있기 때문이다. 율도국으로 떠나기까지 홍길동이 문제 삼은 것은 적서차별의 문제였으며, 저항을 통해 길동은 제한적이지만 자신이 원하는 것을 얻게 된다. 그러면 율도국에서 길동이 원한 것은 무엇이며, 왜 율도국을 선택했을까?

> 몸을 솟구쳐 남경으로 향해 가다가 한 곳에 다다르니 이는 이른바 율도국이라 사면을 살펴보니 산천이 맑고 깨끗하며 인물이 번성하여 가히 몸을 편안히 할 곳이라 하고 남경에 들어가 구경했다. 또 제도라 하는 섬 중에 들어가 두루 다니며 산천도 구경하고 인심도

살피며 다녔다. 오봉산에 이르니 참으로 가장 뛰어난 강산으로 둘레가 칠백 리에 비옥한 밭이 가득하여 살기에 좋았다. 속으로 생각하기를 내 이미 조선을 하직하였으니 이곳에 와서 잠깐 은거하였다가 큰일을 도모하리라 하고 표연히 본래 있던 곳에 돌아와[14]

길동은 율도국이 "산천이 맑고 깨끗하며 인물이 번성하여 가히 몸을 편안히 할 곳"이고, 제도라는 섬의 오봉산은 "가장 뛰어난 강산으로 둘레가 칠백 리에 비옥한 밭이 가득하여 살기에 좋은 곳"임을 보고 제도에 은거했다가 큰일을 도모하리라 마음먹고 자신이 있던 곳으로 돌아온다. 여기서 큰일이 무엇인지는 드러나지 않지만, 자신의 무리들을 데리고 남경 땅 제도로 들어가 수천 호 집을 짓고 농업을 힘쓰고 재주를 배워 무기창고를 짓고 군법을 연습했다는 것을 통해 군사적인 것과 관련이 있음을 암시한다. 길동이 율도국으로 간 뒤 이어지는 서사는 망당산에서의 요괴 퇴치, 율도국 정벌이다. 요괴 퇴치를 통해 길동은 두 부인을 얻고, 율도국 정벌을 통해 나라를 얻는다. 그런데 이 두 사건은 율도국으로 가기 전까지의 사건과 서사적 연관을 찾기 어렵다. 망당산의 요괴 퇴치는 '지하국대적제치 설화'의 수용으로 이해되어왔다. 그런데 이러한 이해는 이 사건이 갖는 의미를 축소시켜버린다. 길동은 약을 캐기 위해 망당산으로 갔다가 그곳에 살고 있는 존재들을 보게 되고

14 <홍길동전>, 20a, "몸을 소소와 남경으로 향ᄒᆞ여 가다가 ᄒᆞᆫ 곳의 다다르니 이ᄂᆞᆫ 소위 률도국이라 사면을 살펴보니 산쳔이 청슈ᄒᆞ고 인물이 번셩ᄒᆞ여 가히 안신ᄒᆞᆯ 곳이라 ᄒᆞ고 남경의 드러가 구경ᄒᆞ며 또 제도라 ᄒᆞᄂᆞᆫ 셤 즁의 드러가 두로 단니며 산쳔도 구경ᄒᆞ고 인심도 살피며 단니더니 오봉산의 니ᄅᆞ러ᄂᆞᆫ 진짓 제일강산이라 쥬회 칠백 니오 옥야답이 가득ᄒᆞ여 살기의 합ᄒᆞᆫ지라 내심의 혜오되 내 임의 됴션을 하직ᄒᆞ여시니 이곳의 와 아직 은거ᄒᆞ여다가 대ᄉᆞᄅᆞᆯ 도모ᄒᆞ리라 ᄒᆞ고 표연이 본 곳의 도라와."

숨어서 활을 쏘아 괴물을 맞춘다.

> 망당산에 가서 약을 캐며 들어갔는데 날이 저물어 주저하고 있으니 문득 사람의 소리가 나며 등불이 환하게 밝아서 그곳을 찾아가니 사람은 아니요 괴물이 앉아 지저귀고 있었다. 원래 이 짐승은 울동이라는 짐승으로 여러 해를 묵어 변화가 무궁했다. 길동이 몸을 감추고 활로 쏘니 그중 괴수가 맞았다. 모두 소리 지르고 달아나니[15]

> 우리 왕이 부인을 새로 정하고 간밤에 잔치를 했는데 하늘에서 쏜 살을 맞아 위중하니 …… 눈부신 누각이 크고 화려한 가운데 흉악한 것이 누워 신음하다가 길동을 보고 몸을 거동하며 말했다.[16]

우리는 위 예문을 주목할 필요가 있다. 길동이 발견한 존재는 울동이라는 짐승이고, 길동은 의심 없이 활을 쏘아 괴수를 맞춘다. 경판 <홍길동전>은 사람의 소리가 나고 등불이 밝아서 찾아가니, 사람이 아니고 괴물이 지저귀고 있었는데, 이는 울동이라는 짐승으로 여러 해를 묵어 변화가 무궁하다고 묘사하고 있다. 완판 36장본에는 이 장면이 보다 길게 서술되어 있다. 길동이 망당산에 들어가 약을 캐다가 날

---

15 <홍길동전>, 21b, "망당산의 가 냑을 쾨며 드러ᄀᆞ더니 날이 져믄지라 쥬져ᄒᆞ더니 믄득 ᄉᆞᄅᆞᆷ의 쇼래 ᄂᆞ며 등촉이 됴요ᄒᆞ거늘 그 곳을 ᄎᆞᄌᆞᄀᆞ니 ᄉᆞᄅᆞᆷ은 안니요 괴물이 안져 지져괴거늘 원래 이 즘생은 울동이라는 즘생이라 여러 해를 묵어 변홰 무궁ᄒᆞ더라 길동이 몸을 ᄀᆞᆷ쵸고 활노 쏘니 그 즁 괴쉬 마즌지라 모ᄃᆞ 쇼래지르고 ᄃᆞ라ᄂᆞ거늘."

16 <홍길동전>, 21b~22a, "우리 왕이 부인을 새로 경ᄒᆞ고 작야의 잔최ᄒᆞ더니 쳔살을 ᄆᆞᄌᆞ 위즁ᄒᆞᆫ지라……화각이 광녀ᄒᆞᆫ ᄀᆞ온데 흉악ᄒᆞᆫ 것시 누어 신음ᄒᆞᄃᆞ가 길동을 보고 몸을 거동ᄒᆞ며 왈."

이 저문 후에 방황하며 갈 곳을 알지 못하고 있는데 문득 한 곳을 바라보니 "불빛이 비치며 여러 사람의 두런거리는 소리"가 들려온다. 길동이 반가워하며 그곳으로 찾아가니 수백 무리가 모여 뛰놀며 즐기고 있었는데 자세히 보니 사람이 아니고, 짐승인데 모양은 사람 같았다. 길동이 마음속으로 의아하게 생각하여 몸을 숨기고 그 거동을 살피니 이 짐승은 울동이라 하는 것이었다. 그래서 가만히 활을 잡아 그 윗자리에 앉은 장수를 쏘니 가슴에 맞았다. 울동이 놀라 크게 소리를 지르고 달아나자 길동이 뒤쫓아 잡으려 하다가 밤이 깊어서 소나무를 의지하여 밤을 보낸다. 이튿날 길동은 짐승이 흘린 피 흔적을 따라 몇 리를 들어가서 웅장한 큰 집을 발견한다. 이어서 울동이 백룡의 두 딸을 납치했던 것으로 밝혀진다.

울동은 짐승으로 묘사되어 있지만, 위 예문이나 완판의 서술을 보면 사람의 소리를 내며 불을 밝히고 있고, 웅장한 큰 집에서 살고 있다. 제도에 인간의 존재가 있다는 것은 백룡 부부의 존재를 통해 알 수 있다. 그렇다면 이 울동의 정체는 무엇인가? 이들 존재는 다른 삶의 형태로 살아가는 제도 안의 다른 종족은 아니었을까? 백룡 부부 같은 사람들과 달리 망당산에서 살아가는 선주민 같은 존재는 아니었을까? 이러한 생각을 뒷받침하기 위해 조선인들이 이들 낯선 존재들을 어떻게 이해했는지 그 한 예를 『심양장계』에서 들어본다. 심양으로 끌려간 소현세자 일행은 심양에서 한족이나 만주족 외에 포로로 끌려온 다양한 인종을 접하게 된다. 다음은 지금의 태국인 섬라국 사람과 만난 뒤에 써서 보낸 보고서 내용이다. 이 글에 묘사된 것을 보면 당시 조선인에게 이들의 모습이 얼마나 괴상하게 비쳤는지, 또 그 나라가 얼마나 낯선 곳으로 여겨지고 있는지를 알 수 있다.

> 섬라국(태국)의 공물 바치는 사람으로 온몸이 칠흑 같고 머리칼은 붉으며 모습이 괴상한 세 사람이 또한 대정 내에 있었는데 그중 한 사람이 중국말을 안다고 하기에 역관 박경생(朴庚生)이 편리한 대로 서로 말을 하여 그 포로로 잡힌 이유를 물었습니다. 그 사람이 말하기를, "섬라국은 남쪽 끝 큰 바다 중에 있는데, 조공하는 때에 배를 타고 나와, 해안을 떠나 8개월을 걸려서야 비로소 남경(南京)에 도착합니다. 이런 이유로 한 번 조공을 하는데 자칫하면 3년이 걸려서야 비로소 일을 끝내고 돌아갑니다. …… 청나라 장수가 공작과 앵무새를 잘 보살피라고 시켜서 들것을 만들어 메고서 왔습니다."라고 하였습니다. …… 그 나라는 일본으로부터 서쪽으로 한 달 남짓 걸리는 거리로 우리나라와도 또한 가깝다고 합니다. 그 나라에서 바치는 토산물은 물소 뿔, 상아, 호초, 소목(蘇木), 진주, 토주(土紬) 등의 물건이라 하였습니다. (1643년 6월 22일 장계)[17]

온몸이 칠흑같이 검고 머리칼은 붉고 모습이 괴상한 세 사람은 이 보고서를 쓴 당시의 조선인이 보기에 낯선 존재들이다. 울동도 이같은 존재였을 가능성은 없을까?

길동이 이튿날 무리를 만났을 때 이들은 '이곳에 산 지 오래되었다'고 밝힌 것을 보면 무리한 추론은 아닐 것으로 생각된다. 길동이 이들

17 『심양장계: 심양에서 온 편지』, 소현세자 시강원 지음, 정하영 외 역주, 창비, 2008, 904면, "暹羅國進貢之人, 渾身如柒, 髮紫貌怪者三人, 亦在庭內, 而其中一人, 稍解漢語爲白去乙, 譯官朴庚生, 從便相語, 問其被擄緣由. 則其人曰, 暹羅國在南極大海中, 於朝貢之時, 乘船出來, 則下岸之後, 消了八箇月, 始達南京, 以故一番朝貢, 動經三年, 始得竣事而還. …… 淸將仍使看護孔雀鸚鵡, 作扛擔來云. …… 其國距日本西一月程, 而與我國亦近. 本國所貢方物, 則犀角象牙胡椒蘇木海珠土紬等物云云."

을 괴물로 인식한 것은 이들에 대한 선이해가 없었기 때문이다. 따라서 이들은 길동에게 괴물, 흉악한 것, 요괴, 즉 절대적 타자로 인식될 뿐이며, 아무런 고민 없이 독약을 타서 죽일 수 있는 존재이다.[18] 이는 울동이 길동을 전혀 경계하지 않는 것과 대조를 이룬다. 울동은 백룡의 두 딸을 납치하는 악행을 저지르기는 했지만, 홍길동이 그 사실을 알게 되는 것은 왕을 죽이고 요괴들을 물리친 뒤이다. 타자에 대한 이러한 인식은 명분 없는 정벌을 정당화한다.

> 남쪽에 율도국이란 나라가 있으니 기름진 평야가 수천 리가 되는 참으로 하늘에서 내린 나라였다. 길동이 늘 마음에 두던 곳이라 사람들을 불러 말하기를, "내가 이제 율도국을 치려고 하니 그대들은 마음을 다하라." 하고 그날로 군대가 나아가니 …… 태수 김현충이 난데없는 군사가 이른 것을 보고 크게 놀라 한편으로 왕에게 보고하고 한 무리 군대를 거느리고 내달아 싸우니[19]

길동이 율도국을 정벌하는 이유는 기름진 땅이 수천 리인 천부지국이라는 것이다. 따라서 율도국의 입장에서 보면 난데없는 군사의 침입이지만, 길동은 자신을 의병장이라 부르며 격서를 보낸다.

---

18 <홍길동전>, 22a, "길동 냑낭의 독냑을 내여 급히 온슈의 화ᄒᆞ여 먹이니 식경은 ᄒᆞ여 ᄒᆞᆫ 소래 지르고 쥭는지라."

19 <홍길동전>, 23b, "남즁의 율도국이란 나라이 잇스니 옥냐 슈쳔 니의 진짓 쳔부지국이라 길동이 매양 유의ᄒᆞ든 뵈라 졔인을 불러 왈 내 이졔 율도국을 치고져 ᄒᆞ는니 그대등은 진심하라 ᄒᆞ고 즉일 진군ᄒᆞᆯ새 …… 태슈 김현츙이 난데업는 군ᄉᆞ 이르믈 보고 대경ᄒᆞ여 일변 왕의게 보고ᄒᆞ고 일지군을 거ᄂᆞ려 내다라 ᄊᆞ호거늘."

의병장 홍길동은 율도왕에게 글을 부치노라. 무릇 임금은 한 사람의 임금이 아니요 천하 사람의 임금이라 내 천명을 받아 군대를 일으켜 먼저 철봉을 무너뜨리고 물 밀 듯 들어오니 왕은 싸우고자 하거든 싸우고 그렇지 않으면 일찍 항복해서 살기를 도모하라.[20]

길동의 명분은 임금은 한 사람의 임금이 아니라 천하 사람의 임금으로 천명을 받아 기병한다는 것이다.

(왕이) 신하들을 거느리고 항복하니 길동이 성 안으로 들어가 백성을 어루만져 위로하고 왕위에 오른 뒤 율도왕에게 의령군을 봉하고 …… 왕이 나라를 다스린 지 삼 년에 산에는 도적이 없고 길에는 떨어진 물건을 가져가는 사람이 없으니 태평 세계라 할 만했다.[21]

갑자기 길동 군대의 침입을 당한 율도국 왕은 신하들을 거느리고 항복해서 의령군이 된다. 길동이 다스린 지 삼 년 만에 산에는 도적이 없고 길에는 남의 물건을 가져가지 않는 태평한 시대를 맞게 된다.

완판 역시 경판과 크게 다를 바 없다. 길동이 형과 이별한 뒤에 군사들을 권하여 농업에 힘쓰게 하고 군대를 훈련하니 양식이 넉넉하고 수만 군졸의 무예와 말 타고 달리는 재주가 천하에 최강이었다. 근처에

20 <홍길동전>, 24a, "의병쟝 홍길동은 글월을 율도왕의게 부치ᄂᆞ니 대져 님군은 ᄒᆞᆫ ᄉᆞ룸의 님군이 아니요, 쳔하 ᄉᆞ룸의 님군이라 내 쳔명을 밧ᄃᆞ 긔병하매 몬져 쳘봉을 파ᄒᆞ고 물미듯 드러오니 왕은 ᄊᆞ호고져 ᄒᆞ거든 ᄊᆞ호고 불연즉 일즉 항ᄒᆞ여 살기를 도모ᄒᆞ라."

21 <홍길동전>, 24a, "(왕이) 졔신을 거ᄂᆞ려 항복ᄒᆞ니 길동이 셩즁의 드러ᄀᆞ 백셩을 안무ᄒᆞ고 왕위의 즉ᄒᆞᆫ 후 율도왕으로 의령군을 봉ᄒᆞ고 …… 왕이 치국 삼년의 산무도적ᄒᆞ고 도불습유ᄒᆞ니 가위 태평세계러라."

한 나라가 있었는데 그 이름은 율도국이었다. 율도국은 중국을 섬기지 않고 수십 대를 이어오면서 덕화를 베푸니 나라가 태평하고 백성이 넉넉했다. 길동이 군사들에게 "우리 어찌 이 섬나라만 지켜 세월을 보내겠는가? 이제 율도국을 치고자 하니 각자의 소견에 어떠한가?" 하니 모든 사람이 즐겨 원하지 않는 사람이 없었다. 그리하여 즉시 날을 정하여 출병하고 군사를 재촉해서 율도국으로 향하니 율도국이 당할 수가 없어 몰려나와 문을 열고 항복한다. 몇 달 사이에 칠십여 성을 정복하니 위엄이 온 나라에 진동한다.

그러나 완판에는 율도국의 입장이 좀 더 자세하게 묘사된다. 완판에서 길동의 군대는 '이름 없는 도적'으로 명명되며 70여 고을의 항복을 받고 도성을 침범해오는 침략자로 묘사된다. 율도왕은 사면에 따르는 군사가 하나도 없어 스스로 벗어나지 못할 줄 알고 분함을 이기지 못해 자결하고, 율도왕의 맏아들은 이 소식을 듣고 하늘을 우러러 탄식하며 자결한다. 이를 본 여러 신하들이 어쩔 수 없어 율도국 옥새를 가져다 항복하니 길동이 대군을 거느리고 도성에 들어가 백성을 안심시키고 율도왕의 아들도 왕의 예로 장사를 지내준다. 그리고 각 고을에 사면령을 내리고 죄인을 다 풀어주며 창고를 열어 백성을 구제하니 온 나라에 그 덕을 치하하지 않는 이가 없었다고 한다.

경판과 완판은 홍길동의 율도국 정벌의 이유를 기름진 땅을 차지하기 위한 것으로 제시한다. 그런데도 온 나라 백성들이 그 덕을 치하했다고 했다. 이러한 설정은 길동이 도적들의 괴수가 되어 절을 습격하거나 관을 습격할 때 그 이유를 제시한 것과는 대조를 이룬다. 이런 문제를 의식한 몇몇 이본은 율도국 정벌의 명분을 율도국 왕의 무도함에 두고 있다. 그 대표적인 이본이 동양문고본 <홍길동전>이다. 이윤석에 의하면 동양문고본은 세책본으로 1927년 서울의 한남서림을 통해 구입한 것이며 세책은 대부분 1900년 무렵 필사되었다.[22] 이윤석은 동양문고본 <홍길동전>을 경판 계열로 분류했는데, 동양문고본의 가장 큰 특징은 어떤 이본보다 율도국 대목이 확장되어 있다는 점이다. 동양문고본은 율도국에 대한 아무 설명 없이 바로 율도왕에 대한 묘사로 들어간다.

> 한편 이때는 율도국 왕이 무도하여 정사를 다스리지 않고 술과 여자에 빠져 백성이 도탄에 빠져 있었다. 하루는 길동이 사람들에게 말하기를, "우리 이제 군사는 훈련이 잘돼 있고 양식이 넉넉하니 무도한 율도국을 치는 것이 어떠한가?" 하니 사람들이 동시에 응하여 율도왕 치기를 자원하니[23]

대부분의 이본에서 길동이 율도국을 치는 데 별다른 명분이 없는 것과 달리 동양문고본은 율도국을 치는 도덕적 명분을 보여주고 있다. 이를 위해 다른 이본에는 없는 내용들이 삽입되어 있으며 전쟁 부분이 경판 30장본의 7배 정도로 확대되어 있다. 길동이 율도국을 치기 전에 먼저 허만달과 굴돌통 두 장수를 율도국에 보내 정탐하도록 하는데 어떤 관청의 관문 앞에 두 소년이 엎드려 통곡하는 것을 본다. 소년들에게 그 이유를 물으니 원님이 부친을 잡아갔는데 뇌물을 바치지 않아서

---

22 이윤석, 「동양문고본 <홍길동전> 연구」, 『동방학지』 99, 1998, 283~284면.

23 이윤석, 위의 글에서 재인용, 296면, "차셜 이때 뉼도국 왕이 무도ᄒᆞ여 정ᄉᆞ를 닥지 아니ᄒᆞ고 쥬색의 침익ᄒᆞ여 백셩이 도탄의 드러난지라 일일은 길동이 졔인다려 일너 왈 우리 이졔 병졍양족ᄒᆞ매 무도ᄒᆞᆫ 뉼도를 치미 엇더ᄒᆞ뇨 졔인이 일시의 응셩ᄒᆞ여 뉼도왕 치기를 ᄌᆞ원ᄒᆞ거날."

풀어주지 않기 때문이라고 한다. 이에 두 장수는 소년에게 돈을 주고 그 돈으로 부친을 구하게 한다. 두 소년은 나중에 길동 군대의 선봉이 된다.[24]

동양문고본이 전쟁 부분을 확대한 것은 세책본으로서 흥미의 확장을 꾀한 것이라 할 수 있을 것이고, 율도국이 제대로 다스려지지 않는 것으로 설정한 것은 기나긴 전쟁에 명분이 필요했기 때문일 것이다. 그러나 이처럼 명분을 주었다고 한들 그것이 정벌로 이어지는 것에는 필연성이 없다. 또한 율도국 정벌 과정을 고려한다면 이상향이라고 부르기 어렵다. 제도나 율도국은 식민주의적 발상에서 만들어진 또 하나의 조선의 기지, 또는 제2의 조선이라 할 수 있다.

4. 조선 후기 사회의 '외부' 인식과 <홍길동전>

<홍길동전> 서사의 불통일성에 대해서는 일찍부터 지적되어왔으며, 그에 대한 다양한 의견들이 나와 있다. <홍길동전>이 문제적인 것은 세상 밖을 꿈꾸는 인물을 등장시켰기 때문이다. 가정에서 천대받던 길동은 그 어미에게 장길산을 본받아 '세상 밖'으로 가겠다고 하며 집을 나가고, 병조판서를 한 번 지낸 뒤 조선을 떠난다. 홍길동이 요구하는 것은 가정의 질서나 사회의 질서를 근본적으로 변화시켜야 가능한 것이기 때문이다. 따라서 홍길동이 홍씨 가문을, 그리고 조선을 떠나는 것은 <홍길동전>이 조선 사회에 대한 근본적인 문제 제기를 하기보다

24 이윤석, 위의 글, 297~298면.

는 타협의 지점을 찾았다는 의미를 갖는다. 길동이 조선을 떠나 율도국의 왕이 되는 과정도 앞서 길동이 보여준 문제의식을 보여주지 못하고 정복자의 의식을 보여주는 것으로 보인다.

타자의 관점에서 보면 <홍길동전> 서사의 이러한 불통일성이 좀 더 분명하게 드러난다. 즉 타자의 서사와 타자화의 서사가 연결되면서 주인공의 성격이 달라지는 데서 서사의 불통일성이 비롯되는 것이다. 율도국으로 가기 이전 홍길동은 적서차별에 대해 반복적으로 문제를 제기한다. 이는 가정의 타자이자 사회의 타자로서 드러나지 않던 서자의 목소리가 들리게 해준다는 점에서 의미가 있다. 그런데 곧 이어지는 서사에서 길동은 제도에 본래 존재하던 울동을 괴물로 간주하여 퇴치하고, 율도국을 정벌한다. 조선 밖에 존재하는 제도와 율도국은 타자의 공간이 되며, 이곳에 살고 있던 존재들은 퇴치의 대상, 정복의 대상이 된다. 조선에서 타자로 존재하며 가족에서 배제되고, 벼슬로부터 배제되던 존재가 이제는 조선과 동일시되면서 조선 밖의 존재들을 타자화하는 주체가 되는 것이다. 타자에서 주체로의 이러한 전환을 개인의 성장으로 볼 수도 있지만 주체화의 과정이 정복이라는 폭력적인 힘을 사용한다는 점에서 성장으로 보기도 어렵다.

<홍길동전>은 조선 후기 가정이나 사회에서 배제된 타자들이 조선의 외부로 눈을 돌렸을 때 그것이 어떠한 형태로 발현되는지를 상상적으로 보여준다는 점에서 조선 후기 사회의 외부 인식을 보여준다. 외부 인식이란 곧 내부에 대한 인식, 곧 스스로에 대한 인식과 연계되어 있는데, <홍길동전>에서 볼 수 있는 외부에 대한 인식은 조선인들 안에 내재해 있는 소중화주의적 인식과 연계되어 있는 것으로 생각된다. 소중화주의 인식을 다른 말로 하면 식민주의적 인식이라 할 수 있을 것

이다.

<홍길동전>의 율도국 부분이 소중화주의적 인식의 결과라는 생각을 가능하게 해주는 것은 낙선재본 소설 <태원지>이다. <태원지>는 그동안 중국 소설로 알려져서 관심을 끌지 못했으나 최근 임치균에 의해 국내 창작소설일 가능성이 밝혀졌다. 아직도 이 작품을 국내 창작소설로 확증하기에는 조심스러운 점이 있지만,[25] 이런 작품이 독서 대상으로 낙선재 목록에 들어 있다는 것으로도 의미가 있다. 일찍이 김진세는 <태원지>에 대해 조선 후기 사회인들의 이상향을 그린 것으로, 기성 사회에 대한 반발, 휴머니즘의 상징, 왕권에 대한 새로운 의미를 던지는 작품으로 평가했다.[26] <태원지>는 천명을 받은 주인공 임성이 그를 따르는 호걸들과 함께 중원이 오랑캐의 지배를 받는 것을 한탄하며 오랑캐를 치고 새로운 나라를 세우는 내용으로 이루어져 있다. 임성 일행은 망망대해를 떠돌다 태원에 이르러 정복 전쟁을 통해 나라를 세운다. 그런데 <태원지>에서 임성이 바다를 떠돌다 섬을 발견하고 들어가면서 만나는 존재들은 괴수이거나 요괴들로 형상화되어 있다.

> 이는 해적의 으뜸인 괴수였다. 여기서 일천 사백 리를 가면 한 섬이 있는데 둘레가 백 리요, 이름은 영도이다. …… 복희씨 때에 한

---

25 임치균, 「<태원지> 연구」, 『고전문학연구』 35, 2009, <태원지>의 국내 창작설을 확신하지 못하게 하는 결정적인 이유는 이 책이 『중국소설회모본』 목록에 들어 있다는 것이다. 임치균은 『중국소설회모본』 목록에 제시된 책 중에는 조선에서 쓰여진 책도 들어 있다고 하면서 『여범(女範)』을 들고 있는데 필자가 보기에 『여범(女範)』은 중국의 『여사서』에 들어 있는 『여범첩록』일 가능성이 높다.

26 김진세, 「태원지고: 이조 후기 사회인들의 Utopia를 中心으로」, 『영남대학교논문집』 1~2, 1968, 13~24면.

> 사람이 그 가운데서 나왔는데 신장이 일 장 오 척이고 쇠 몸에 구리 머리요, 눈이 금빛 같고 이는 옥 같아서 물에 들어가도 빠지지 않고 불에 들어가도 타지 않았으며 금수도 해치지 못했다.[27]

이는 <홍길동전>에서 제도의 율동을 묘사하는 것과 같은 인식선상에 있는 것으로 보인다. 또한 <태원지>의 정복 전쟁은 천명으로 합리화되고 있으나 중원을 절대적 중심에 놓고 있지 않다. 이는 <홍길동전>이 조선을 중심에 놓는 것만큼이나 세계 인식이 달라진 것을 보여준다. <태원지>에서 임성 일행은 태원에 살고 있던 선주민으로부터 침략자로 인식된다. 토국의 태자 경역은 임성 일행을 도적이라 일컬으며, 서안국 장수 마통은 임성을 '무단한 수적'이라 일컫는다. 태자 경역은 사직을 지키기 위해 임성 일행과 죽을 각오로 싸우고자 하지만 왕은 항복을 결심한다. 왕이 천명이 임성에게 있으니 어쩔 수 없다고 하며 항복하자 경역은 처자를 죽이고 목매 자살한다. 이는 완판본 <홍길동전>에서 율도왕의 아들이 자살하는 것을 연상시키며, <홍길동전>의 율도국 정벌이나 임성 일행의 태원 정벌이 침략 전쟁임을 분명히 보여준다.

<태원지>에서 볼 수 있는 것처럼 오랑캐도 천명을 지니고 중원의 주인이 될 수 있다는 인식은 조선 후기 중화의식의 전환을 보여준다. 홍현성은 이에 대해 오랑캐에 의한 중원 지배를 인정한다면 사대 역시 인정해야 현실에 어긋나지 않는다고 하면서, <태원지> 작가는 태원을

---

27 <태원지> 권 1, 168면, "이ᄂᆞᆫ 해적의 웃듬 괴쉬되 이리로셔 일쳔ᄉᆞ백 니ᄅᆞᆯ 가면 ᄒᆞᆫ 셤이 이시니 쥬회 백 니오 일홈은 영되라 …… 복희시 때의 한 사ᄅᆞᆷ이 그 가온데로셔 나오니 신댱이 일댱 오쳑이오 쇠몸의 구리머리며 눈이 금빗ᄀᆞᆺ고 니 옥ᄀᆞᆺᄐᆞ니 물의 드러도 빠지지 아니ᄒᆞ고 불의 드러도 타지 아니ᄒᆞ며 금슈도 능히 해치 못ᄒᆞᄂᆞᆫ지라."

대륙으로 설정해 '천하의 중심'에 관한 문제를 던진다고 보았다. 태원이 유구한 역사를 지닌 대륙이라면 중원이 지닌 세계의 중심이라는 의미는 퇴색하며, 중원은 세계의 중심이 아닌 세계의 부분일 뿐이기 때문이다.[28]

<홍길동전>이나 <태원지>는 조선 사회 외부에 대한 상상을 통해 서사 공간을 확장하고 있다. 이 두 작품이 보여주는 서사 공간의 확장은 조선 후기 세계 지리에 대한 관심의 확장과 관련되어 있는 것으로 보인다. 17세기 후반에 출현해 18~19세기에 널린 퍼진 원형 <천하도(天下圖)>는 조선에서 독자적으로 제작한 세계 지도로 평가받는다.[29] 원형 <천하도>는 당시인들의 세계 지리에 대한 호기심을 해소해주는 역할을 담당했다. 홍현성은 <태원지>의 공간을 논하면서 <태원지>의 공간 구성이 원형 <천하도>와 비슷하다고 보았다.[30] <태원지>에 비하면 <홍길동전>의 공간 인식은 중원 중심성을 분명하게 벗어난 것으로 볼 수 있다. <홍길동전>은 조선을 중심에 놓고 율도국을 주변국으로 놓고 있기 때문이다.

<홍길동전>이나 <태원지>는 조선 후기 사회의 세계 지리에 대한 관심의 확대를 보여주며, 중원 이외, 조선 이외의 공간을 상상적으로 구현하고 있다는 점에서 새로운 서사 공간을 연 작품이라 할 수 있다. 그러나 여기서 중요하게 질문할 것이 있다. 그렇게 해서 만들어진 공간이 지금까지의 연구에서 언급해왔던 대로 과연 이상향인가? 그리고 새

---

28 홍현성, 「<태원지> 시공간 구성의 성격과 의미」, 『고소설연구』 29, 2010, 312면.
29 오상학, 「조선후기 원형 천하도의 특성과 세계관」, 『지리학연구』 35권 3호, 2001, 231~247면.
30 홍현성, 앞의 글, 296면.

로운 나라의 건국 과정은 정당한가?

필자는 <홍길동전>이 타자의 서사에서 출발해서 또 다른 타자를 만들어내는 서사라고 본다. 율도국 부분이 후대에 들어갔다는 추정을 받아들인다면, 현전 <홍길동전>은 조선 후기인들의 외부에 대한 상상이 정복의 욕망과 섞여 들어가 있는 텍스트라 할 수 있다. 다시 말해 <홍길동전>은 우리 안에 있는 소중화주의, 좀 더 나아가면 제국주의적 인식소를 들여다보게 하는 작품이라고 할 수 있는 것이다.

5. 타자에 대한 공감과 타자화에 대한 욕망을 동시에 보여주는 거울

<홍길동전>은 근본 천생으로 양반 사회의 타자인 홍길동의 인정투쟁을 실감나게 그린 작품이다. 그러나 전반부의 타자의 서사가 후반부로 가면서 타자화의 서사로 전환되면서, 애초의 문제의식은 희석되고 정복의 서사로 마무리된다. <홍길동전> 초반부에서 보이는 적서차별에 대한 문제의식은 치열하지만 그것의 해결은 개인적인 차원에서 이루어진다. 그것은 외부를 필요로 할 만큼 조선 사회 내부에서는 이루어질 가능성이 희박하다는 의미이기도 하다. <홍길동전>은 조선 사회에서 차별을 벗어나기 어렵다는 것에 좌절하지 않고 새로운 공간을 찾아가서 새로운 삶의 공동체를 실현하는 것까지 보여준다는 점에서 타자들에게 새로운 가능성을 제시한다. 그러나 <홍길동전>은 타자를 주인공으로 내세워 타자의 목소리를 드러내고는 있지만 타자를 만들어내는 구조를 문제 삼지 않는다. 이는 홍길동이 현실에서의 가부장, 임금

의 인정을 갈구하는 데서 잘 드러난다. 그런 점에서 <홍길동전>은 타자의 성공에 대한 욕망을 정직하게 드러내는 서사라 할 수 있다. <홍길동전>은 조선 후기 소중화의식이 통속적인 형태로 발현된 작품으로 조선 후기인들의 성공에 대한 욕망과 타자에 대한 인식을 솔직하게 드러내고 있는 것으로 보인다.

이러한 평가는 <홍길동전>이라는 대표적인 고전소설의 가치를 폄하하고 훼손하기 위한 것이 아니다. <홍길동전>은 조선의 가정과 사회가 안고 있는 적서차별에 대해 전면적으로 문제를 제기하고 그에 대한 돌파구를 찾은 작품이라는 점에서 문제적이다. 그러나 그 돌파구가 성공에 대한 욕망과 외부의 존재에 대한 타자화의 방식을 벗어나지 못했다는 한계를 갖는다. 이러한 한계는 근대 민족의식이 본격화되기 전 중화주의의 타자로 억눌려왔던 조선인이 가질 수 있는 욕망의 한 형태로 이해할 수 있다. 그러나 그 욕망은 지나간 것이 아니라 현재에도 살아 있다. 현대 한국은 산업적 발전의 결과 얻은 경제적 지위를 통해 '소제국주의'의 행태를 보이고 있다. 필자는 이러한 행태가 식민과 가난의 역사를 겪어온 한국인의 성공담 뒤에 숨어 있는 또 다른 얼굴이라고 생각한다. 바로 이 지점에서 <홍길동전>은 우리의 두 가지 얼굴, 즉 타자에 대한 공감과 타자화에 대한 욕망을 동시에 보여주는 거울이라고 생각한다. <홍길동전>은 이런 거울로서 계속 읽혀져야 할 것이다.

제12장

관계로서의 동물, 동물의 문학적 재현

동물전을 중심으로

1. 동물로의 전환

인구 증가와 상공업의 발달로 도시의 면모를 갖추어가던 18세기 서울의 모습을 담은 <성시전도시(城市全圖詩)>는 서울의 사람과 거리, 건축물과 자연물을 화려하고 생동감 있게 담으면서 동물들의 모습도 놓치지 않고 묘사하고 있다.[1] 그 한 예로 박제가의 <성시전도시>를 보면 저잣거리의 닭과 소, 돼지와 말, 연희가 벌어진 곳의 작은 원숭이, 죽은

---

* 이 장은 「관계로서의 동물, 동물의 문학적 재현: 조선후기 동물전(動物傳)을 중심으로」(『이화어문논집』 51, 2020)를 재수록한 것이다.

1 박현욱, 「『성시전도시』의 유형과 18세기 서울의 경관: 13종 『성시전도시』를 중심으로」, 『鄕土서울』 90, 2015, 114~115면에 의하면 박제가, 이학규의 시에도 동물이 등장

소나무 가지 위의 백로, 화려한 새장, 한가롭게 모이를 먹는 오리와 거위 등 동물의 모습을 발견할 수 있다.[2] 가상의 성시(城市)를 묘사한 필자 미상의 <태평성시도>는 중국풍의 인물과 건축물, 의식주와 관련된 모든 것, 특히 상공업에 관한 것들을 풍부하게 그린 그림이다. 이 그림에는 무려 2,170명의 사람과 300여 마리의 동물이 등장한다.[3] <성시전도시>나 <태평성시도>는 인간과 동물이 공존하는 도시의 모습을 자연스럽게 보여준다.

동물에 대한 관심은 인류의 초창기부터 있었다. 신화를 비롯해 동물을 주인공으로 한 우화나 동물 상징이 풍부하게 발견되고, 박물지를 비롯한 백과전서적 저술에는 동물에 대한 항목이 빠지지 않으며, 경전에도 동물에 관한 기록이 풍부하게 발견된다. 한국 고전문학 작품 중에도 동물을 소재로 한 한시, 우화소설, 가전(假傳), 산문 등이 풍부하게 남아 있다. 그러나 동물에 대한 이러한 관심과 문학적 재현, 지식의 축적이 동물에 대한 어떤 인식에 기반해 있으며, 인간과 동물의 관계가 역사적으로 어떻게 형성되어왔는가에 대한 연구가 본격적으로 이루어지지는 않았다. 동물은 인류 문명의 초기부터 인간과 가까이 있었으며 인간 문명의 일부를 이루었음에도 불구하고 문명이 발달할수록 동물과 인간의 관계는 멀어지고 인간이 언제나 중심에 있다고 생각했기 때

한다.

2 박제가, 「성시전도응령(城市全圖應 令)」, 『정유각집』 3집, "或試其重擧一鷄, 或壓其嘶負雙豕, 或買牛柴自牽轡, 或相馬齒旁揷箠 …… 別有傀儡登場手, 勅使東來掌一抵, 小猴眞堪嚇婦孺, 受人意旨工拜跪 …… 雕籠彩鵔風旖旎, 舒雁舒鴨恣呷唼 …… 白鷺飛踏松枝死, 指點林端射垛明…….",

3 김희경, 「조선 후기 성시풍속도의 유형별 특징 연구」, 『온지논총』 16, 2007, 309~310면.

문이다.[4]

이 장에서는 고전 서사 가운데서 18~19세기에 창작된 동물에 대한 전을 중심으로 그 문학적 재현 양상을 분석하고 동물에 대한 인식을 살피고자 한다. 이 시기를 선택한 이유는 이전에 비해 동물을 주제로 한 전(傳)이 많이 창작되었을 뿐만 아니라 이들 작품이 동물에 대한 새로운 재현 양상을 보여준다고 생각하기 때문이다. 동물을 소재로 한 서사 기록으로는 동물을 의인화해서 입전한 동물가전(動物假傳)[5]과 "특정 동물의 특이한 행동을 전(傳) 양식을 빌려 형상화"[6]한 동물전(動物傳), 동물우화소설을 들 수 있다. 동물전에 대한 연구는 윤승준에 의해 이루어진 바 있으며[7] 동물에 대한 인식과 문학적 재현에 관해서는 최근에 이르러 본격적으로 연구되기 시작했다.[8] 동물전, 동물가전, 동물우화소설은 동물을 주인공으로 하고 있고, 동물에 대한 인식, 인간과 동물의 관계를 다룬 서사 기록이라는 점에서 비슷해 보이지만 동물에 대한 태도에서는 차이를 드러낸다. 동물우화소설과 동물가전은 동물을 주인공으로 하지만 이들 작품들은 동물 자체를 관심의 대상으로 삼기보다는 인간의 행동이나 생각을 우의적으로 표현함으로써 인간 세계를 풍자

---

4 존 버거, 『본다는 것의 의미』, 박범수 옮김, 동문선, 2000, 이 책에 실린 「왜 동물들을 구경하는가」에서 존 버거는 산업화를 전후하여 인간과 동물의 관계가 달라졌으며, 일상생활에서 동물이 제거되고 식용고기 생산이 눈앞에서 사라졌다고 했다.

5 동물가전에 대해 안영훈은 동물을 의인화하여 입전한 전기문학으로 보았다. 안영훈, 「한국 동물가전의 양상과 특징」, 『국학연구논총』 18, 2016, 176면.

6 윤승준, 「동물전 연구 서설」, 『한문학논집』 14, 1996, 354면.

7 윤승준, 앞의 글, 『한문학논집』 14, 1996, 353~391면.

8 『동방한문학』 61호~63호에 걸쳐 <중세의 동물에 대한 인식과 문학적 형상화>라는 기획주제로 불교, 유선문학의 동물에 대한 인식과 이규보, 정약용, 윤기 등 문학 작품에 나타난 동물 형상과 인식을 비롯해서 한문소설, 전, 연행록, 한시 등에 나타난 호랑이, 말, 소, 고래, 개, 해동청, 뱀, 이 등의 재현 양상과 인식을 다룬 논문들을 싣고 있다.

하는 것을 목적으로 하고 있다. 이에 비해 동물전은 서사의 관심을 동물 자체 또는 인간과 동물의 관계에 집중한다. 동물전에서 동물은 다른 무엇을 말하기 위한 비유로 사용되는 것이 아니라 그 자체가 관심의 대상인 것이다. 이처럼 동물전은 동물우화소설이나 동물가전과 재현 방식에 있어 차이를 드러내기 때문에 여기서는 함께 다루지 않는다.

서구 학계의 경우 1970년대 이후 동물에 대한 관심이 새롭게 제기되면서 동물권, 동물해방론이 거론되고,[9] 동물에 대한 역사학적 연구가 시작되었다.[10] 동물에 대한 관심과 연구는 고대로부터 내내 존재했지만 최근에는 동물로의 전환 혹은 선회(animal turn)'[11]라고 할 만큼 동물에 대한 관심과 연구가 본격적으로 이루어지고 있다. 그 배경에는 동물실험과 공장식 식용동물 사육, 반려동물의 증가로 인한 사회·경제적인 문제, 인간의 이성을 척도로 하는 근대의 인간중심주의에 대한 문제제기가 깔려 있다. 인간이 동물을 도구화, 타자화하고 동물의 서식지를 침범한 결과 일어난 전지구적 곤경은 우리에게 지금이 삶의 형식을 전환해야 할 시점이며, 인간과 동물의 관계에 대한 근본적인 성찰과 변화가 필요하다고 거듭 촉구한다. 이를 위해 현재 인간-동물의 관계를 재설정하기 위한 이론적 작업과 실천도 중요하지만, 이와 더불어 인간중심의 역사를 해체하고 인간과 동물의 역사를 복원하여 공동-역사를

---

9 피터 싱어가 『동물해방』에서 동물권을 주장한 것이 1975년이다.

10 송충기, 「역사학에서 '동물로의 전환(animal turn): 짐승의 사회문화사에서 포스트휴머니즘 역사로」, 『서양사론』 139, 2018, 215면.

11 '동물로의 전환(animal turn)'은 해리엇 리트보(Harriet Ritvo)가 "On the animal turn", *Doedalus*, vol. 136, 2007, 118~122면에서 사용한 용어로 지난 수십 년간 동물과 인간-비인간 동물의 관계가 인문학과 사회과학 연구에서 부상하기 시작한 것을 말한다.

쓰는 것도 중요하다. 그런 점에서 인간 중심의 사회 문화와 인간과 별개의 원시적 동물 문화의 경계를 허물고 인간과 반려동물이 서로 적응하면서 공진화해온 공동-역사 이야기를 상상한 해러웨이의 관점은 참조할 만하다.[12] 이 새로운 시도는 인간-동물 관계의 새로운 서사, 플롯을 요구한다.

여기서 동물이라는 용어를 사용하지만 전근대 한자 문화권에서는 영어의 'animal'에 해당하는 동물이라는 말을 사용하지는 않았다. 세계 내에 존재하는 것들을 인(人)과 물(物)로 나누고 물은 천지간에 존재하는 만물(萬物)을 지칭하는 말로 사용했다. 따라서 오늘날 동물에 해당하는 것은 물(物)에 속하는데, 물은 다시 금(禽) 또는 조(鳥), 수(獸), 충(蟲), 어(魚), 초(草), 목(木) 등으로 구분했다. 그래서 당시의 개념으로 보면 동물전보다는 금수전(禽獸傳) 또는 조수전(鳥獸傳)이라는 용어가 더 적절할 수 있지만 "동물 같은"이라고 했을 때와 "금수 같은"이라고 했을 때 어감이 다른 데서 보듯 오늘날에는 금수보다는 동물이 좀 더 중립적으로 사용되는 것으로 보인다. 그러나 동물이라는 용어를 사용하면 인간도 동물에 속하기 때문에 분류의 모순이 여전히 남는다. 이 점을 감안하면서 여기서는 동물이라는 용어를 사용한다.

12 도나 해러웨이, 「반려종 선언: 개, 사람, 그리고 소중한 타자성」, 『해러웨이 선언문』, 황희선 옮김, 책세상, 2019.

2. 조선 후기 동물에 대한 기록의 증가

고려시대부터 조선 후기에 이르기까지 지속적으로 동물은 기록의 대상이었지만 조선 후기에 이르러 수적인 면에서 증가하는 것으로 보인다. 여기서는 특히 조선 후기에 이르러 동물을 소재로 한 서사 작품, 동물에 대한 견해를 서술한 산문의 증가 현상을 정리하고 그 이유에 대해 간단히 살펴보기로 한다.

동물을 주인공으로 해서 창작된 동물전은 이유홍(1566~1619)의 <의구전(義狗傳)>, 이익(1681~1763)의 <우계전(友鷄傳)>, <할계전(瞎鷄傳)>, 유언호(1730~1796)의 <의구전(義狗傳)>, 김약련(1730~1802)의 <충구전(忠狗傳)>, <의구전(義狗傳)>, <열계전(烈鷄傳)>, 최남복(1759~1814)의 <둔마전(鈍馬傳)>, 이옥(1760~1812) <소기마전(所騎馬傳)>, 홍우건(1811~?)의 <의록전(義鹿傳)>, 황오(1816~?)의 <연자전(燕子傳)> 등이 있다. 대상 동물은 개, 닭, 사슴, 말, 꾀꼬리, 제비 등인데 개를 주인공으로 한 것이 가장 많고, 이유홍의 <의구전>을 제외하면 대부분이 18~19세기에 창작되었다. 이외에도 박지원(1737~1805)의 <호질(虎叱)>, 이옥의 <협효부전(峽孝婦傳)>, <포호처전(捕虎妻傳)>은 호랑이가 등장하지만 <호질>의 호랑이는 실제 호랑이라기보다는 의인화된 존재이고, <협효부전>과 <포호처전>은 호랑이가 아니라 호랑이를 만난 여자들이 주인공으로 등장하기 때문에 동물전이라 하기 어렵다.

동물을 의인화해서 전의 형태로 기록한 동물가전은 숫자가 많지는 않지만 고려 말부터 조선 말까지 꾸준히 창작되었다. 동물가전으로 이규보(1168~1241)의 <청강사자현부전>, 권필(1569~1612)의 <곽삭전(郭索傳)>, 정두경(1597~1673)의 <산군전(山君傳)>, 최효건(1608~1671)의 <산

군전(山君傳)>, 조구명(1693~1737)의 <오원자전(烏圓子傳)>, 유본학의 <오원전(烏圓傳)>, 남유용(1698~1773)의 <굴승전>, 황현(1855~1910)의 <금의공자전> 등이 남아 있다. 이들 작품이 다룬 동물은 거북, 게, 호랑이, 고양이, 말, 앵무새 등이다. 많지 않은 편수지만 총 8편 가운데 <청강사자현부전>과 <곽삭전>을 제외한 나머지 6편은 17세기 이후에 창작되어 조선 후기에 와서 더 증가한 것으로 볼 수 있다.

동물을 주제로 한 논설류의 글은 동물가전이나 동물전에 비해 많이 남아 있는데 이 역시 조선 후기에 집중적으로 기록되었다.[13] 동물에 대한 논설로는 고려 말 이규보의 <문조물(問造物)>, <슬견설(蝨犬說)>을 비롯해서 성현(1439~1504)의 <흑우설(黑牛說)>, 홍우원(1605~1687)의 <노마설(老馬說)>, 조찬한 (1572~1631)의 <권돈설(圈豚說)>, 강시환(1761~1813)의 <화묘설(化猫說)>, 기우만(1846~1916)의 <구유설(狗乳說)>, 최연(1503~1549)의 <묘포서설(猫捕鼠說)>, <안노설(雁奴說)>, 이덕무(1741~1793)의 <궤호설(饋虎說)> 등이 있다.

이처럼 조선 후기에 이르러 동물에 대한 기록이 증가한 이유는 무엇일까? 여기에 대한 답은 동물에 대한 기록들을 전반적으로 다룬 뒤에 좀 더 분명하게 이야기할 수 있겠지만 동물에 대한 인식의 변화와 관련이 있을 것으로 추측할 수 있다. 어떤 대상에 대한 기록의 감소나 증가는 대상에 대한 관심의 변화를 의미하며, 관심의 변화는 곧 인식의 변화를 의미하기 때문이다. 그러면 동물에 대한 인식 변화는 어떤 배경을 갖고 있을까? 그 배경으로 인물성동이논쟁(人物性同異論爭), 백과전

13 윤승준, 「조선시대 '동물설'에 대한 일고찰: 조선 전기를 중심으로」, 『한문학논집』 15, 1997, 228~229면에 의하면 『雜著記說類記事索引』에 수록된 동물설은 총 187편이며 그중 17편이 조선 전기에 해당한다.

서 저술의 경향으로 인한 지식의 대상 확장을 들 수 있다.

인간과 사물의 본성이 같은가 다른가에서 출발한 인물성동이논쟁은 인간과 사물의 본성뿐만이 아니라 중국과 오랑캐, 성인과 범인, 남자와 여자는 같은가 다른가에 대한 질문으로도 이어질 수 있는, 그래서 둘 사이의 위계에 대한 해체로 나아갈 수도 있는 잠재성을 가진 논쟁이었다. 따라서 조선 후기 동물에 대한 관심이 확대되고, 동물에 대한 인식이 달라지는 배경으로 작용했을 가능성이 있다. 예를 들어 인물성동론의 입장을 취한 홍대용은 <의산문답>에서 하늘의 관점에서 보면 인간이나 동물이 같다[14]고 한 뒤 각각 사람의 예의와 동식물의 예의가 각각 있다고 하고, 박지원 역시 <호질>에서 하늘의 입장에서 보면 인간이나 호랑이나 만물의 하나[15]라고 했다. 이처럼 인성과 물성이 같다는 입장은 인간과 동물의 본성과 존재 양상에 대한 새로운 인식으로 나아가는 데 중요한 배경이 되었을 것이다.

조선 후기에 이르러 동물은 지식의 대상이 되어 백과전서적 저술의 일종인 유설의 한 항목으로 자리 잡았다. 이수광(1563~1628)의 『지봉유설』의 금충(禽蟲) 항목, 이익의 『성호사설』 만물문에 수록된 동물 관련 기록, 이옥의 『백운필』의 새, 물고기, 짐승, 벌레 항목, 위백규(1727~1798)의 『존재집』 중 「격물설」, 이규경의 『오주연문장전산고』 「만물편」의 조(鳥) · 수(獸) · 충(蟲) · 어(魚) 항목 등이 여기에 해당한다. 각 항목은 주로 기존의 문헌 기록에 의거하거나 저자 자신이 관찰하고 경험한 내용을 중심으로 기술되어 있고, 동물의 구조를 관찰한 해부학적 기

14 홍대용, <의산문답>, 『담헌집』 내집 권 4, 18면, “以人視物, 人貴而物賤, 以物視人, 物貴而人賤, 自天而視之, 人與物均也.”

15 박지원, 「관내정사」 『열하일기』, 597~598면, “自天所命而視之, 則虎與人乃物之一也.”

록이 이루어지지는 않았다. 하지만 동물을 중요한 항목으로 설정했다는 점에서 동물에 대한 관심이 확대되었음을 확인할 수 있다. 이외 비둘기, 앵무새, 물고기에 관한 지식을 정리한 유득공(1748~1807)의 <발합경>, 이서구(1754~1825)의 <녹앵무경>, 정약전(1758~1816)의 <자산어보> 등 특정 동물에 대한 독자적이고 전문적인 기록도 출현했다. 이 저술들은 기존의 지식을 재배치하고 그것을 기술하는 방식도 추상적인 논의에서 벗어나 구체적인 사물을 놓고 고증하는 새로운 방식을 취했다.[16] 이러한 저술들도 동물에 대한 관심의 확장과 인식의 변화에 영향을 미쳤던 것으로 보인다. 그러나 여기서 든 두 가지 경향이 서로 어떤 관계에 놓였는지, 이 두 가지 경향이 동물 담론에 어떤 영향을 미쳤는지에 대해서는 동물전뿐만 아니라 동물성을 비롯한 여타의 기록들도 아울러 연구한 뒤에 좀 더 구체적으로 논할 수 있을 것이다.

3. 동물전의 플롯과 재현의 양상

전(傳)은 사마천의 『사기』「열전」에서 출발한 장르로 인간의 삶을 기록한 것이라면, 가전(假傳)은 인간이 아닌 사물을 의인화해서 인간의 삶처럼 기록한 것이다. 동물가전이 동물을 인간의 일생에 비유해서 기록한 것이라면, 동물전은 특정 동물의 행동이나 삶을 기록한 것이다. 전은 주인공의 생애 기록과 그에 대한 작가의 평가 두 부분으로 구성

16 김경미, 「개인적인 삶에 대한 긍정과 지식의 재배치: 이옥의 <백운필>을 중심으로」, 『고전문학연구』 48, 2015, 371~379면.

된다. 전에서 작가의 평가는 주로 유교적 관점에서 이루어지는데 동물전도 여기서 크게 벗어나지 않는다. 앞서 동물전의 제목에서 보았듯이 의(義), 충(忠), 열(烈) 같은 유교 이념이 평가의 척도가 되고 있다. 그러나 동물전은 유교 이념을 강조하는 데 그치지 않고 특정 동물에 대한 당대의 통념, 특정 동물과 인간의 관계 등을 구체적으로 보여주고 있어 동물에 대한 인식을 엿볼 수 있다. 그렇다면 동물전은 동물, 동물과 인간의 관계를 어떻게 재현하고 있는가? 이 질문에 답하기 위해 동물의 재현 양상을 인간에게 충성과 의리를 지키는 존재, 스스로 열행과 의리를 수행하는 존재, 기예를 가진 존재, 애도의 대상이 된 존재로 나누어 살펴보았다. 앞의 두 양상은 동물의 행위를 인간의 입장에서 유교적인 관념을 통해 해석하는 태도를 드러낸다는 점에서 비슷해 보일 수 있다. 하지만 여기서 굳이 이를 나눈 것은 '충성과 의리를 지키는 존재'에서 다루게 될 작품들이 동물과 인간의 관계를 서사의 중심에 놓고 있다면, '스스로 열행과 의리를 수행하는 존재'에서 다루게 될 작품들은 동물을 서사의 중심에 두고, 열행과 의리를 수행하는 주체도 인간이 아니라 동물을 등장시키고 있기 때문이다.

인간에게 충성스럽고 의리 있는 동물의 서사

이유홍의 <의구전>은 의로운 개에 대한 이야기다. 여기에 등장하는 개 네 마리는 사냥을 하러 갔다가 호랑이를 만나 거의 죽게 된 주인을 위해 앞뒤에서 막고 공격해서 주인을 구한다. 이유홍은 "여섯 가축 가운데 개가 가장 천하다. 똥을 먹고 몹시 더럽게 길러지니 제사상에 오르지 못하고 그 쓰임이 매우 비루하다. 어린아이라도 개에게 절하라고 하면 발끈 화를 내고 천한 사람이라도 개와 비교하면 맞는 것보다 아프게 여기니 어찌 그 길러짐이 몹시 더럽고 쓰임이 매우 비루하다 하지 않겠는가?"[17]라는 말로 당시 개를 천하게 여긴 통념을 전하고 이 네 마리의 개는 "사람과 같은 개[狗中人]"[18]라고 했다. 여기서 강조되는 것은 개의 인간에 대한 의리와 충성이다.

영남의 문인 김약련이 쓴 <의구전> 역시 의리 있는 개가 주인공이다. <의구전>은 어느 날 관아로 뛰어든 개가 과부의 살해를 알리고 범인을 찾아내 처벌하게 한 뒤 따라 죽은 이야기다. 과부는 양반으로 어려서 과부가 된 뒤 친척도 없이 살았는데 사내아이가 강간하기 위해 칼로 위협하자 목숨을 걸고 저항했다. 사내아이가 다른 사람이 알게 될까 봐 죽이자 개가 사건을 알리고 범인도 밝혔다. 사또는 범인을 때려죽이게 하고 과부의 장례를 치러주었는데 장례가 끝나자 개가 따라 죽어 과부의 묘 옆에 묻어주었다. 김약련은 이 일에 대해 기이하다고 하면서 "누가 미련한 동물이 능히 이렇게 했다고 생각할 수 있겠는가"[19]라고 하며 믿을 수 없다는 태도를 취한다. 그리고 "이는 반드시 주인의 평소 행동이 동물을 감화시켜 그렇게 된 것"[20]이라고 했다.

<충구전>은 충성스런 개에 대한 세 가지 이야기를 담고 있는데 모두 김약련이 직접 본 일을 기록한 것이다. 첫 번째 이야기는 친구 아들 송생의 아내 김씨가 친정에서 기르던 개가 주인공이다. 김씨에게는 시집가기 전 기르던 개가 있었는데 김씨가 시집을 가자 따라갔다. 개는

---

17 이유홍, <의구전>, 『간정집』 권 3, 31면, "六畜之中, 狗最賤. 食以糞養至穢, 不登俎用至陋也. 尺童使之拜則艴然怒, 下賤與之比則痛於箠, 豈非養至穢用至陋也."

18 이유홍, <의구전>, 앞의 책, 31면.

19 김약련, <의구전>, 『두암선생문집』 권 5, 53면, "誰謂蠢然者能是哉."

20 김약련, <의구전>, 앞의 책, 53면, "是必由主人平日之行, 有能感於物而然也."

김씨가 친정에 갈 때마다 따라와서 길을 반쯤 가다가 돌아가고 친정에서 돌아올 무렵이면 반 정도 나가서 맞이하곤 했다. 그러다 김씨가 병이 들자 그 개는 문밖을 떠나지 않고 마치 사람의 기색을 살피는 것처럼 지켰다. 김씨의 병이 위독해지자 개는 며칠간 먹지 않았고 김씨가 죽자 사람을 따라 슬프게 곡을 했으며 장례가 끝난 뒤 보이지 않아 찾아보니 죽어 있었다. 두 번째 이야기는 계모의 구박으로 고모에게 가던 중 눈구덩이에 빠져 죽은 주인의 시신을 맹수로부터 지킨 개에 관한 것이다. 세 번째 이야기는 김약련의 집에 있던 여종이 기르던 개가 여종이 죽자 낮에는 그 무덤을 지키고 밤에는 집으로 돌아오기를 오래도록 계속했다는 이야기다. 김약련은 이런 일을 한 개들에 대해 기록해서 전하지 않는 것은 의리에서 벗어난 일이라고 했다.

> 대개 개는 그 주인을 알아보기 때문에 예로부터 '견마지충(犬馬之忠)'이라고 일컫는다. 그러나 주인이 살았을 때 그 주인을 알아보는 것은 이상할 게 없다. 그런데 물불을 거리끼지 않고 주인의 어려움을 구하기도 하고, 호랑이를 피하지 않고 주인의 시신을 지키기도 하고, 주인이 죽어 장례를 치른 뒤 그 은혜를 잊지 못해 그 무덤을 지키며 은혜를 갚기도 하고, 자신의 목을 눌러 주인을 따라 죽기에까지 이르렀다. 이런 부류라면 그 무리들 가운데 뛰어난 개로서 이를 전하지 않고 묻어두는 것은 의리에 벗어나는 일이다. 그리하여 충구전을 짓는다. 일선의 개는 오래되었으니 반드시 이미 그 일을 전한 자가 있을 것이다.[21]

21 김약련, <충구전>, 앞의 책, 52면, "盖狗能知其主, 自古稱犬馬之忠. 然其主生而能知其

유언호의 <의구전>(1757)은 유언호가 다른 사람에게서 들은 내용을 바탕으로 쓴 전으로 앞서 다룬 충성과 의리를 지닌 개들의 이야기와 유사한 측면이 있다. <의구전>은 남원의 양응환의 처 홍씨와 개의 이야기다. 홍씨는 홍재의 딸로 시집가기 전 개 한 마리를 길렀는데, "긴 허리, 짧은 다리에 두 귀는 쫑긋했으며"[22] 다른 개들과 달리 고기를 던져줘도 먹지 않았다. 홍씨가 시집간 뒤 몇 년이 지나 식구들이 그 개를 홍씨에게 보냈는데 한밤중에 부녀들이 모여 앉아 웃고 떠드는 가운데서도 홍씨의 목소리를 알아들었으며 그 뒤로 그 방 앞을 떠나지 않았다. 어느 날 개가 암탉을 채가기에 그 이유를 알아보니 홍씨가 병이 들었는데 암탉 국물을 먹으면 낫는다는 말을 듣고 암탉을 잡아간 것이었다. 암탉을 고아 먹은 홍씨는 병이 나았다. 몇 년 뒤 홍씨가 죽자 개는 먹지도 않고 구슬프게 짖고, 염하고 입관할 때는 문지방에 턱을 받치고 조용히 끝까지 지켜보았다. 장례가 끝나자 개가 머리를 부딪치며 울부짖기를 종일 하더니 곧 기진해서 죽었다. 작가는 홍씨와 함께한 개의 일생을 기록한 뒤 개가 홍씨를 따라 죽은 이유를 설명하기 위해 홍씨가 처음 시집가서 제사를 지낼 때 새끼 밴 가축을 이웃집에 피하게 하고 젖을 먹게 했는데 마을 사람들이 모두 기특하게 여겼다는 일화를 소개한다. 그리고 개가 주인을 따라 죽은 것을 홍씨의 맑은 덕에 감동한 결과라고 보았다. 유언호는 이 개를 보고 "천성의 선함은 사람이나 동물이나 한 근원이며 동물에게 오륜이 함께하지 않는다는 것을 나

主 無足異也. 而或不憚水火以救其主, 或不避豺虎以護主屍, 或主死葬而不忘其恩, 守其塚以報之, 乃至有自扼其項以殉其主人. 若此者類, 狗之出乎其類者也, 不傳而沒之非義也. 遂作忠狗傳. 一善之狗古也, 必已有傳之者."

22 유언호, <의구전>, 『연석』 13책, "長腰短股, 雙耳竦尖."

는 믿지 않는다"[23]고 했다. 그렇다고 유언호가 사람과 동물이 같다고 본 것은 아니다. 유언호는 사람과 사물은 천지간에 함께 길러지지만 기(氣)의 바름과 치우침, 통함과 막힘이 있고, 이(理) 또한 기를 따르기 때문에 사물이 인간만큼 순수하지 못하다고 했다. 사람과 사물이 다르다고 본 것이다. 그러나 유언호는 간혹 사물 가운데도 치우치고 막힌 가운데 한 점 밝은 데가 있어서 왕왕 기이한 자취가 드러난다[24]고 하면서 예외적인 경우도 있음을 인정했다. 홍씨를 따라 죽은 의리 있는 개가 그 예외적인 경우에 해당한다.

<의구전>과 <충구전>은 모두 주인을 따라 죽은 개의 일생을 재현하고 있다. 이 작품들에서 개와 각별한 관계를 맺는 인간은 의지할 데 없는 과부거나 여종 또는 부인이다. 작가는 개의 행위를 충(忠)과 의(義)로 평가하고, 이는 주인의 평소 행실을 보고 감화된 결과로 보았다. 이 작품들에 나타난 인간과 개의 관계를 어떻게 볼 수 있을까? 일방적인 충성이나 순종의 양상의 볼 것인가, 아니면 서로의 감정을 수평적으로 친밀하게 주고받는 결과로 볼 수 있을 것인가? 여기에 대해서는 <의록전>을 간단히 살펴본 뒤에 언급하기로 한다.

홍우건의 <의록전>(1835)은 의리 있는 사슴에 대한 이야기다. 어느 날 덕천 군수 심공의 관아로 사슴 한 마리가 왔는데 아전들과 사람들이 쫓아내도 가지 않았다. 심공이 저절로 찾아온 것을 어찌 쫓아내겠느냐고 하면서 관사 안에 두고 "어루만지며 몹시 사랑하니 사슴도 공을 사랑하여 떠나려 하지 않았다."[25] 심공이 이름을 녹손(鹿孫)이라 하

23 유언호, 앞의 책, "於斯益可見性之善, 人物一原, 而謂物之不與乎五常者, 吾不之信也."

24 유언호, 앞의 책, "人與物並育天地間, 得氣有正偏通塞, 理亦隨之, 故物不能如人之粹然, 然其偏且塞之中, 自有一點明處, 往往著奇異之蹟."

고 그 이름을 부르면 머리를 수그리고 따랐으며 "심공의 집에서 녹손은 어엿한 한 식구가 되었다."[26] 녹손이 마을 사람들의 곡물을 훔쳐 먹고 다니자 사람들이 죽이려고 벼르고 있는데 녹손이 또 나가려고 했다. 관아 사람이 녹손에게 마을 사람들이 죽이려고 하는데 어디 가느냐고 하자 녹손이 두려워하며 알아듣는 것처럼 하더니 다시는 관아 밖으로 나가지 않고 심공의 주변을 맴돌며 지냈다. 을미년(1835)에 심공이 죽자 녹손이 슬피 울부짖으며 상여를 따라갔다. 발뒤꿈치가 닳을 정도였는데도 절룩거리며 따라가자 심공의 아들이 말에 태워갈 정도로 녹손은 한 순간도 상여 곁을 떠나지 않았다. 그런데 심공의 신주가 돌아온 다음날 녹손은 사라졌다.

홍우건은 녹손과 심공의 일을 기록한 뒤 군자(君子)와 혹자[或]와 나[余]의 대화를 실어 녹손이 사라진 데 대한 세간의 의견과 자신의 의견을 개진했다. 먼저 군자의 의견이다. 예로부터 의로운 소, 의로운 개들이 헤아릴 수 없이 많았던 것은 소나 개가 가축으로 사람과 가까웠기 때문에 믿고 감동하는 것이 쉬워서이다. 사슴은 깊은 산골짜기에 살기 때문에 길들이기 어려운데도 믿고 감동한 자취가 뚜렷하다. 이는 사슴이 심공의 교화와 다스림에 깊이 감화된 것이다. 그러자 혹자가 말한다. 사슴이 사라진 것은 사슴고기가 맛있기 때문에 도회 사람들이 고기 맛을 보려고 훔쳐가서 부엌에 둔 것이다. 그렇지 않으면 심공의 집에서 닭이나 개처럼 길들여졌는데 하룻밤 사이에 어떻게 자취도 없이 사라지겠는가. 여기에 대해 내[余]가 말한다. 사슴이 올 때 그냥 왔듯이

25 홍우건, <의록전>, 『원천집』, 권 5, "公摒愛之甚而鹿亦眷戀而不肯去."
26 홍우건, 앞의 글, "於是沈公之家, 鹿孫當一口矣."

갈 때도 그냥 간 것이며 사슴이 오고 간 것은 모두 심공 한 사람을 위한 것으로 의지할 곳이 없어서 간 것이다. 또 장례를 모두 마치고 갔으니 사슴은 심공의 은혜에 답한 것이고 본분을 다했으니 아무런 유감이 없었을 것이며 다른 사람에게 얽매이지 않고 스스로 산림에 돌아간 것이니 그 진퇴에 지나침이 없다. 따라서 사슴이 떠난 것은 참으로 기이한 것으로 의심할 바가 없다.[27] '군자'는 심공의 교화와 다스림을 강조하고, '혹자'는 사람들이 사슴고기를 먹기 위해 잡아갔을 것이라고 의심하고, '나'는 사슴과 심공의 특별한 관계를 말하고 심공이 죽자 사슴이 산림으로 간 것이라고 믿는다. 홍우건은 사슴의 의리를 강조하면서도 사슴이 간 것에 대해 사람들에게 잡아먹혔을 수도 있다는 의견을 포함한 여러 가지 의견을 개진함으로써 심공과 녹손의 특별한 관계나 녹손의 떠남을 신비화하거나 미화하지 않는다.

<의록전>은 주인에 대한 동물의 의리를 내세우고 있다는 점에서 앞서 다룬 <의구전>, <충구전>과 유사한 것으로 보인다. 그러나 <의구전>, <충구전>의 개는 인간을 위해 따라 죽을 정도로 충성을 다하는 이념적 존재로 재현된 데 비해, <의록전>의 사슴은 떠나는 것으로 재현된다. 사슴이 사람들에게 먹혔을 가능성도 포함하고 있다. 이 작품들에서 동물의 행동은 인간의 관점에서 해석된다는 점에서 인간 중심적

---

27 홍우건, 앞의 글, "君子曰, 古之以義感稱者, 如義牛義馬義狗之類, 不勝數也. 然是皆畜於家, 寂與人近, 其孚感也易, 若鹿則不然, 生長乎深山邃谷之中, 惟獐兎熊羆之是隣, 人不得而馴焉, 而乃孚感之迹, 若是著焉. …… 或曰, 鹿之肉味, 都之人願啖其一臠, 是必隣人之竊去而充諸庖也. 不然則鹿之畜公家, 馴擾如鷄犬, 豈有一夜之頃, 遂逸而弗知終之理哉. 余曰, 不然. 鹿之來既不得召, 其去也又豈告人. 其來其去只爲公一人而已. 公既逝矣, 無可依矣. 殯葬虞卒禮已畢矣, 其所以答恩而盡分者亦已無憾矣. 於是, 浩然遂去而不顧, 不爲他人所羈縶, 而以自放於林峀雲壑之間. 其進退從容, 雖智者無得以過焉. 故余獨以鹿之去爲愈奇而不以爲疑焉."

사고가 나타나는 것이 사실이다. 그러나 인간과 동물의 관계가 수직적이거나 일방적이지만은 않다. 여기서 인간과 동물의 관계는 각각 개별적으로 맺어지며 "감(感)", "부감(孚感)" 등의 글자가 반복되어 사용되는 것에서 보듯이 서로 감응하는 존재로 그려지기 때문이다.

열행과 의리의 수행자로서의 동물 서사

이익은 우애가 있는 닭에 대해 기록한 <우계전>, 한쪽 눈이 먼 외눈 닭에 대한 기록인 <할계전>을 남겼다. 이는 아마도 이익이 시골에서 생활하던 당시 닭을 직접 기르면서 관찰한 내용을 담은 것으로 보인다. <우계전>은 자신이 기르던 어미 닭이 들짐승에게 잡아먹히고 병아리도 물려간 뒤 용케 살아남은 암탉의 이야기다.

> 암탉 하나가 용케 달아났는데 머리와 어깨의 털이 빠지고 병들어 먹이를 쪼지도 못했다. 병아리들이 울어대며 어미를 찾는 것이 너무 가련했는데 그 암탉이 병이 조금 낫자 곧 병아리들을 끌어다 품어주었다. 집식구들은 처음에는 우연이라고 여겼다. 얼마 지나서도 암탉은 먹이를 얻으면 반드시 부르고 다니며 구구대는 소리가 뜰과 섬돌을 떠나지 않았으며 혹 깃을 펴서 재난을 막아주는 것도 같고 어쩌다 잃어버리면 황급히 찾아다니며 미친 듯이 퍼덕거렸다. 어린 것과 큰 것이 서로 사랑해서 흡족해하는 모양이 하나같이 친어미 같았다. 또 해를 피해 사람 가까이 있고 처마 밑에서 잠을 잤다. 그때 큰 장마가 몇 달이나 계속되자 두 날개로 병아리를 덮어 젖지 않게 했는데 몸이 작아 다리를 굽히지도 못하고 똑바로 서서 밤을 지

새웠다. 여름, 가을 내내 한결같이 그렇게 하니 그것을 본 사람들이 감탄해서 '우애 있는 닭[友鷄]'이라고 불렀다. 무릇 착하지 않은 사람이 있으면 문득 서로 경계하기를 "닭을 보라, 닭을 보라."고 하면 부끄러워하며 수그러들지 않음이 없었다. 그래서 비록 곳간의 쌀을 쪼아 먹어도 차마 내쫓지 못했으니 사람들에게 신뢰를 받는 것이 이와 같았다.[28]

그런데 그 암탉이 또다시 들짐승에게 잡아먹히자 이익은 눈물을 흘릴 뻔했다고 할 정도로 슬퍼하고 그 잔해를 모아 관을 만들고 산에 장사 지낸 뒤 그 무덤을 '우계총(友鷄塚)'이라고 했다.

우애라는 것은 부모에게 하는 것을 미루어 형제에게 하는 것으로 사람들에게서도 찾기 어렵다. 하물며 미물에게서야! …… 내가 듣기로 나면서부터 아는 자는 성인이라는데 그렇다면 이 닭은 만물 가운데 성자인가? 타고난 대로 행하는 자가 성인인데 날짐승으로 사람의 행실을 하니 이는 기질에 구애받지 않은 것인가? 공을 이루고도 몸이 죽어 보답을 받지 못했으니 그 이치는 이미 통했으나 운수가 막힌 것인가?[29]

---

28 이익, <우계전>, 『성호선생전집』 권 68, 29면, "而一雌偶逃, 頭肩毛脫, 病不能啄. 羣雛啼號, 求母甚憐, 而一雌病少間, 卽爲之引抱. 家人始以爲偶然, 旣而得食必呼, 行作嘲嘲聲, 不離庭階, 或張翮防患, 偶有相失, 違違尋求, 飛踔若狂. 小大相慈愛, 恰恰然一似其母也. 又避害近人而宿於露檐. 時大霖雨數月, 卻以兩翼覆雛, 俾免霑濕, 而體眇小脚不能屈, 正立達夜, 閱夏秋一如也. 見者爲之感歎, 命之曰友雞. 凡人有不善, 輒相戒曰視雞視雞, 而無不媿屈. 故雖啄囷粟不忍驅, 其孚信於人如此也."

29 이익, <우계전>, 앞의 책, 29~30면, "友也者, 推父母及于兄弟, 人而或鮮, 况于物乎. …… 吾聞生知爲聖, 是其物之聖者歟, 踐形爲聖, 禽而人行, 是不囿於質者歟. 功成而身

이익은 자신이 기르던 암탉의 행동을 직접 관찰하고 자세히 묘사한 뒤 닭의 본성, 나아가 만물의 본성에 대해 다시 생각한다. 사람의 본성과 사물의 본성을 구분한 이론에 의하면 타고난 성은 다름이 없지만 기질의 치우침에 따라 사람과 사물의 차이가 드러난다고 했다. 그런데 이익은 닭의 행동이 사람과 차이가 없다고 보았다. 사람의 행동을 가치의 척도로 두고 있지만 만물에게서 사람과 다름없는 점을 발견하고 인정한 것이다.

김약련의 <열계전>은 문소(聞韶) 지역에서 있었던 일을 기록한 것이다. 문소는 지금의 경상북도 의성(義城)의 옛 이름이다. 문소 지역에 암탉 세 마리가 수탉 한 마리를 따르며 지냈는데 이웃의 닭이 그 수탉을 죽이자 암탉 두 마리가 따라 죽고 한 마리가 살아남았다. 이 암탉은 수탉이 죽기 전 알 열 개를 낳았는데 수탉이 죽을 무렵 다시 두 개를 더 낳아 품어서 열두 개의 알이 모두 병아리가 되었다. 그때는 춘정월로 암탉은 부엌과 뒷간을 오가며 병아리에게 부지런히 모이를 구해 먹였다. 병아리들이 자라자 주인이 한 마리를 팔아 소금을 사서 장을 담갔는데 소금이 부족해서 장맛이 싱겁자 주인이 다시 두 마리를 팔아 소금을 더 넣으려고 했다. 그런데 장독이 저절로 깨지는 바람에 암탉이 병아리들을 데리고 가서 그것을 먹어버렸다. 5월이 되어 병아리들이 다 자란 뒤 어느 날 저녁 이 암탉이 병아리들과 지붕 위에 올라가 이웃집 횃대로 날아가니 열한 마리의 병아리도 따라서 날아갔다. 암탉은 곧바로 이웃집 횃대로 올라가 이웃집 닭의 목을 깨물었고 병아리들도 다투어 치고 쪼았다. 이웃집 닭이 떨어진 뒤에도 문 밖에서 계속 싸워

陷, 不見報施, 其理之旣通而値數之局者歟?”

결국 이웃집 닭이 죽으니 그제야 암탉이 집으로 돌아갔는데 문에 이르러 죽었다. 병아리들은 그 어미가 죽는 것을 보고 모두 문지방에 몸을 던져 죽었다.

김약련은 닭은 정해진 배필이 없고 힘이 센 수컷이 있으면 따르다가 수컷이 죽으면 다시 다른 수탉을 따르는데 이 닭은 수탉을 위해 복수를 했으며 "언어로 그 새끼를 가르치지 않았는데도 새끼들이 어미의 뜻을 깨닫고 어미의 열을 배웠으니 어찌 그 어미의 열이 감화시켜 여기에 이른 것이 아니겠는가?"[30]라고 닭의 열행을 높이 평가했다. 그리고 이들의 기(氣)를 사람에게 쏟아 모자(母子)로 태어나게 하면 모두 열부, 효자, 충신, 의사가 될 것이라고 했다.

이익의 <우계전>과 김약련의 <열계전>은 닭의 생태를 자세히 관찰하고 기록했지만 이를 인간의 윤리로 해석하고 평가했다. 김약련은 남편을 위해 복수하는 열녀전의 패턴과 거의 유사한 방식으로 <열계전>을 쓰고 인간에게 반성을 촉구했다. 결국은 인간의 이야기를 하기 위해 닭 이야기를 가져온 것이라 할 수 있다. 하지만 닭을 주인공으로 한 이 전들은 닭을 단지 가축이나 먹거리로서만 재현하지 않았다. 비록 인간의 시각에서 해석한 것이라 할지라도 닭을 의지를 가진 존재, 하늘로부터 기를 부여받은 존재로 재현했다는 점에서 의미가 있다.

30 김약련, <열계전>, 앞의 책, 51면, "禽非能言語以教其雛, 其雛能知母之志而學母之烈, 豈非以其母之烈, 能相感而自然至此哉."

기예를 가진 동물의 서사

이익의 <할계전>은 외눈 닭이 제대로 보이지 않는데도 불구하고 병아리들을 잘 기른 것을 보고 스스로 깨달은 내용을 기록한 것이다. <할계전>은 닭 자체를 주인공으로 내세워 서술하고 있다는 점에서 <우계전>이나 <열계전>과 유사한 측면이 있다. 그러나 닭에 대한 관심과 세심한 관찰 태도를 보여주는 한편, 이익의 동물에 대한 새로운 관점을 드러낸다는 점에서 차이가 발견된다. <할계전>의 주인공 암탉은 왼쪽 눈이 감기지 않아 약간 사팔눈이어서 낟알이 그릇에 가득 차지 않으면 제대로 쪼아 먹지도 못하고 다닐 때도 담장에 부딪칠 정도였다. 그래서 사람들이 새끼를 기를 수 없을 것이라고 여겨 병아리를 다른 닭에게 주려고 했는데 가엾어서 차마 그렇게 하지 못하고 기르게 했다. 그런데 지켜보니 이 암탉은 별로 하는 일이 없는 것 같은데 병아리들이 잘 자랐다. 눈도 잘 보이지 않는 닭의 병아리가 잘 자라는 것을 보고 이익은 이 닭이 어떻게 새끼를 기르는지 관찰했다.

보통 닭이 새끼를 잘 기른다는 것은 먹이를 잘 구하는 것과 재난에서 구하는 것 두 가지를 말하는데 먹이를 잘 구하려면 건강해야 하고, 재난을 막으려면 사나워야 한다. 그러나 먹이를 열심히 구하다 보면 지쳐서 힘은 다하고 몸은 병들어가는데 이때 재앙이 닥치면 이를 막을 힘이 없어 맹수의 밥이 되곤 한다. 이익은 이러한 일들이 암탉이 병아리를 기르는 과정에서 흔히 볼 수 있는 일이며 이런 일을 겪으며 사는 것이 암탉의 일생이라고 보았다. 그런데 저 한쪽 눈이 잘 보이지 않는 닭은 다르게 행동했다.

> 눈으로 잘 볼 수 없기 때문에 항상 두려워하는 모습으로 행동을 천천히 했다. 병아리를 자주자주 안아주고 덮어주었으며 애를 쓰는 모습을 보지 못했다. 그런데도 병아리가 스스로 먹이를 찾아 먹고 자랐다. 무릇 새끼를 기르는 것은 작은 생선 삶듯이 조심해야 하고 어지럽게 하는 것은 피해야 한다. 저 닭의 지혜가 거기까지 미치진 않았지만 방법이 적중했다. 끝내 모두 온전하게 된 것은 방법을 적중하는 데 있지 지혜가 미치는 데 있는 것이 아니다. 사물을 기르는 것은 먹이를 챙겨주는 사랑에 있을 뿐만이 아니라 거느리는 기술이 있어서 각각 그 생명을 이루어주는 것이니 그 요령은 잘 거느려 잊지 않는 데 있을 뿐임을 비로소 알게 되었다. 내가 이에 닭을 기르다가 사람 기르는 방도를 얻었다.[31]

이익은 한 눈이 잘 보이지 않는 닭이 병아리를 기르는 것을 보고 사람을 기르는 방법을 얻었다고 했다. 이익은 닭에게서 먹이를 챙겨주는 사랑뿐만 아니라 "거느리는 기술이 있다[帥之有術]"는 것을 발견했다. 술(術)은 기술, 방법을 의미한다. 이익이 닭에게서 "거느리는 기술"을 발견할 때, 닭은 막연한 자연의 일종 또는 동물의 일종이 아니라 기술, 기예를 가진 구체적인 존재로 재현된다. 닭으로부터 사람을 기르는 방도, 방법을 얻게 되었다는 말은 자연으로부터 인간이 배운다는 막연한 언술이 아니라 구체성을 갖는다. 이처럼 동물에게서 기술을 발견한 것

31 이익, <할계전>, 『성호선생전집』 권 68, 28면, "目不能察, 故常懷畏懼, 動息徐徐, 抱覆頻頻, 不見用力之迹, 雛自啄拾而成矣. 夫養雛若烹小鮮, 惟忌攪亂. 彼非智有以及之, 而適中方便, 畢竟萬全者, 在此不在彼. 始知物之養成, 不但在於哺鷇之恩, 卽帥之有術, 而各遂其生, 其要在善御而不忘而已也. 余於是因養雞而得養人之道."

이 새삼스러운 일은 아니다. 이수광은 “장자는 ‘벌레도 능히 하늘을 안다’고 했다. 대개 사람과 물이 함께 하늘로부터 얻었으나 물의 기교에 사람이 도리어 미치지 못하는 것이 있다”[32]고 하며 누에가 고치를 치는 것이나 거미가 그물을 치는 것, 벌이 꿀을 만드는 것, 제비가 집을 짓는 것, 개미가 둑을 쌓는 것을 그 예로 들었다. 기술의 발명이나 기술의 사용은 인간 문명과 자연을 구분하는 중요한 근거가 된다. 기술을 인간의 영역에서만 가능한 것으로 생각하기 때문이다. 그러나 기술의 범주를 확장하면 각 존재들이 생존을 위해 하는 행위들도 기술에 포함될 수 있다. 기술의 범주를 이렇게 확장하면 인간과 자연을 이분법적으로 구분하고 위계화하는 것도 넘어설 수 있다. 이익과 이수광이 언급한 내용을 포함해서 동물의 기예 또는 기술에 대해 언급한 내용들은 그 의미가 좀 더 부각될 필요가 있다.

애도의 대상으로서의 동물 서사

이옥은 호랑이뿐만 아니라 일상적으로 가깝게 접하는 소와 말, 닭 등 가축에 대한 글들을 다수 남겼는데 동물을 주인공으로 한 전도 남겼다. 이옥은 평소 자신이 타고 다니던 말과 노새에 대해 쓴 <소기마전(所騎馬傳)>, <노군전(盧君傳)>을 남겼는데 현재 <노군전>은 전하지 않고 <소기마전>만 남아 있다. <소기마전>은 1791년 자신이 타고 다니던 말이 죽자 이를 애도하며 쓴 것이다. 이옥은 말의 모습과 성격, 태어

32 이수광, <잡사>, 『지봉유설』 권 17, “莊子曰, 惟蟲能天. 蓋人與物同得乎天, 而物之機巧, 人反有不可及者.”

난 곳, 생애, 죽음, 말에 대한 애도, 자신이 이를 기록하게 된 이유를 통해 자신이 타던 말을 생생하고 구체적으로 재현했다.

> 말은 수컷으로 검붉은 색이다. 걸음을 잘 걸어 하루에 이백 리를 갈 수 있고, 키는 마부의 어깨를 넘으며, 아는 말을 보면 반드시 발굽으로 땅을 차고 높이 부르짖는데 그 소리가 매우 맑고 씩씩하였다. 그런데 성질은 잘 길들여져 유순하였다. 서로 전하기를 제주산이라 하는데 태어난 지 오 년 만에 우리 집에 왔고 십이 년 동안 우리 집에서 길러졌으니, 말 나이로 셈하면 모두 삼십삼 수(禾)였다.[33]

여기서 말은 자신만의 독특한 개성을 가진 존재로 묘사되고 있다. 이옥은 이어 말이 죽게 된 경위를 기록한다. 1791년 5월 말이 병들어 먹지 못했다. 이옥이 수의사를 불러 진찰하게 하니 열이 콩팥에까지 미쳐 목숨이 위태롭다고 해서 침과 약으로 말을 치료하게 하고 고향으로 돌려보냈다. 그런데 그해 7월 말이 죽었다. 이옥은 말이 죽었다는 편지를 받고 거의 눈물을 흘릴 뻔했다고 하면서 시를 지어 애도하며 "말을 애석해함이 아니라 그 준걸함을 애석해한 것이고, 내 집에서 오래 있었음을 어여삐 여긴 것"이라고 했다. 말이 아니라 말의 준걸함을 애석해하고 집에 오래 같이 있었음을 어여삐 여긴다는 말은 무슨 뜻일까? 흔히 말하는 말의 특징 때문이 아니라 자신이 함께하고 시간을 같이 보냈기 때문에 의미가 있다는 뜻이다. 이옥은 여기서 그 자신과 타던 말의 특별하고 구체적인 관계가 중요하다는 말을 하고 있는 것으로 보인다.

---

33 이옥, <타고 다니던 말[所騎馬傳]>, 『이옥전집』 2권, 383면.

이옥은 "내 지각이 있을 때부터 한 노새와 두 말을 잃었다."[34]고 하고 노새 잃음은 계집종 잃은 것 같아 오직 그 어여쁨이 아까울 뿐인데 말 잃어버림은 사내종 잃은 것 같아 마치 잃은 게 많은 것 같다고 말을 종에 비유한다. 그리고 말이 땀에 젖었을 때의 모습, 구유통을 보여주면 말이 없던 모습 등 말과의 추억을 하나하나 떠올린다. 노새를 계집종에게 비유해서 어여쁨이 아깝다고 하고, 사내종을 말에 비유해서 많은 것을 잃은 것 같다는 말은 이옥의 성에 대한 편견과 인간-동물, 주인-종의 관계가 동일한 방식으로 위계화되고 있음을 여실히 보여준다. 그런데 이옥은 또 말의 죽음 앞에서 그 슬픔은 사람과 다르지 않다고 말한다.

> 사람과 짐승이 다르지 않은지라
> 내 눈물 술잔을 가득 채우네.
> 하물며 차마 듣지 못할 것
> 마을 사람들 밤중에 몰래 살을 베어갔다네.
> 수레 빌리고 노새 빌려
> 지금부터 내 걸음 구차하네.
> 원컨대 너는 빨리 윤회에 들어
> 사람으로 태어나 많은 복 받으라.
> 다른 날 빈 마구간 지나치게 되면
> 눈에 닿는 것, 나의 회포 일으키리라.[35]

34 이옥, 앞의 글, 383면.
35 이옥, 위의 글, 『이옥전집』 2권, 386면.

이옥은 사람과 짐승이 다르지 않다고 하지만 사람과 짐승이 같다고 보지도 않았다. 마을 사람들이 죽은 말의 살을 베어갔다는 말을 듣고 차마 듣지 못할 일이라 할 뿐 이를 비난하지 않는다. 말이 죽은 뒤에 고기를 먹는 관행이 있었기 때문이다. 이옥은 수레를 빌리고 노새를 빌려 구차하게 다녀야 하는 불편함을 이야기하면서도 말에게 윤회에 들어 사람으로 태어나라고 빌어준다. 그리고 빈 마구간을 보면 눈에 닿는 것마다 회포를 불러일으킬 것이라고 그리움을 표현하고 있다. 이옥의 <소기마전>에서 말은 교통수단으로서뿐만 아니라 개성을 가진 존재, 감정을 나눈 대상, 애도의 대상으로 재현되고 있다. 이옥은 앞서의 전과 달리 말을 충이나 의와 같은 유교적 이념을 통해 평가하지 않는다. 그보다는 제주에서 태어나 서울로 와서 함께 시간을 보낸 말, 그 말과의 관계를 통해 형성된 감정을 더 중요하게 이야기한다는 점에서 앞서의 전들과 차이를 드러낸다.

4. 동물의 발견, 타자의 위치에서 교감하는 존재들

18세기를 전후하여 기록된 동물전은 동물을 의인화하지 않고 동물 그 자체의 생태와 속성을 그리거나 인간과의 관계를 그렸다. 이전 서사에서 찾아보기 어려운 새로운 플롯이다. 어쩌면 이는 동물에 대한 새로운 발견과 함께 이루어진 일이라 할 수 있다. 이 시기 동물전에서 다룬 동물들은 역사적으로 인간과 늘 함께 존재해온 익숙한 동물들이다. 그런데 이 무렵에 와서 전으로 서사화된 것에는 그 역사, 문화적 배경이 있을 것이다. 이익을 비롯한 유언호 등의 언급에 비추어볼 때 조선 후기 학계의 쟁점이었던 인물성동이논쟁이 동물전에 영향을 미쳤던 것으로 보인다.[36] 이익은 금수일로(禽獸一路), 즉 금수에게도 한 가닥 이치를 아는 것이 있는데 이는 저절로 그렇게 되는 것으로 여기서 천리(天理)의 진면목을 본다고 했다.[37] 유언호 역시 인성과 물성의 차이를 부인하지 않지만 간혹 차이가 드러나지 않을 때도 있다고 보았다. 이러한 언급들은 인물성동이논쟁의 영향과 관련지어 이해할 수 있는 단서가 된다.

동물전은 추상적 차원에서 이루어지던 인물성론(人物性論)을 구체적이고 경험적인 차원으로 옮겨놓았다. 구체적인 한 동물, 작가 혹은 작가의 지인이 직접 경험하거나 관찰한 동물을 구체적으로 재현함으로써 '동물'이라는 추상적인 개념 속에 특정 동물을 가두지 않았다. 그러나 이들을 평가하는 기준이 충, 의, 열이라는 것은 유가의 이념이 가치의 척도로 작용하고 있으며 여전히 인간 중심의 가치가 작동하는 것을 의미한다.

동물전 가운데 <우계전>, <할계전>, <열계전>은 동물을 주인공으로 내세웠고, 나머지는 인간과 동물의 관계 속에서 동물의 행동을 부각해서 서술했다. 인간과의 관계에서 개, 사슴 등은 의리와 충성을 다해 주인을 구하거나 주인이 죽은 뒤에 따라 죽거나 떠난다. 동물과 맺은

---

36 윤승준, 앞의 글, 1996, 370면. 윤승준은 동물전이 표면적으로는 동물의 행적을 통해 인간에게 경종을 울리는 서술 태도를 취하고 있음에도 불구하고, 당시의 철학적 영향을 받아 금수와 구별되는 인간의 도덕적 존엄성을 강조하고자 하는 의도가 그 이면에 작용한다고 보았다. 그러나 필자는 동물전이 인간에게 경종을 울리거나 인간의 도덕적 존엄성을 강조하기보다는 동물의 본성을 발견하고 인간과 동물이 교감할 수 있음을 발견한 것으로 본다.

37 이익, <금수일로>, 『성호사설』 권 5, 「만물문」, "禽獸或通一路, 雖不常有是, 卽無所爲而爲之者也, 於此可見天理之眞面目, 尤令人感歎."

직접적인 관계를 표현한 <소기마전>은 인간과 동물의 교감을 보여준다. 흥미로운 것은 개와 인간의 관계를 다룬 작품들 대부분이 개와 여자의 관계를 다룬 플롯으로 재현된다는 점이다. 김약련의 <의구전>에 보이는 개와 과부, <충구전>의 개와 김씨, 개와 여종, 유언호의 <의구전>에 재현된 개와 홍씨 부인에서 보듯이 개는 누구의 보호도 받지 못하는 과부나 시집에서 병든 주인을 위해 범인을 고발하고, 닭을 잡고, 따라 죽는다. 사람이 아니라 오히려 개가 이들을 보호하고 구한다. 유언호의 <의구전>에 개의 주인으로 나오는 홍씨가 병이 들자 개가 암탉을 잡아 치료하게 했다. 이는 홍씨를 위해 암탉을 먹이려 한 것은 친정에서 따라온 개뿐이었다는 뜻이기도 하다. 다시 말하면 시집 식구 누구도 나서지 않았다는 뜻이다. 작가는 타자의 위치에 있는 이 두 존재가 서로 교감했다고 쓰고 있다. 개와 여자의 관계가 가까운 것으로 재현된 것은 여자가 개에게 밥을 먹였던 생활 세계의 논리가 반영된 것일 수 있다. 이와 관련해서는 보다 폭넓은 검토가 필요할 것으로 보인다.

지금까지 본 동물전의 동물 재현은 아주 특별한 동물에 대한 것이고, 인간과의 관계도 특별한 부분이 있다. 모범적인 인간을 주로 그리는 전의 주인공으로 동물이 등장했다고 해서 인간과 동물의 관계가 평등하게 되었다거나 인간 중심적 생각이 희미해졌다고 보기 어렵다. 조선 후기에 여성을 주인공으로 한 전이 많이 나왔다고 해서 남성과 여성의 관계가 평등해졌다고 말할 수 없는 것과 같은 이치이다. 동물전이 기록되던 생활 세계에서는 여전히 인간과 동물의 위계, 동물 사이의 위계가 엄존했다. <의록전>에서 사슴이 사슴고기 맛을 보려는 사람들에게 잡혔을지도 모른다는 추측을 하거나 <소기마전>에서 죽은 말의 고기를 사람들이 베어갔다는 말은 사슴과 말이 언제든 인간이 먹는 고기로 취급될 수 있음을 시사한다. 이 시기 동물전이 종 차별의 타자로 비가시화된 동물들을 일시적으로 등장시킨 것이었는지, 동물이라는 타자의 발견이었는지에 대해 평가하기 위해서는 19세기 말의 상황을 보아야 할 것으로 생각된다. 그러나 사상적 맥락은 다소 다를 수 있지만 동학이 보여준 평등사상을 생각할 때 후자에 가까웠다고 잠정적으로 말할 수 있겠다. 구체적인 동물을 주인공으로 삼아 경험적이고 구체적인 내용을 담은 동물전은 동물에 대한 인식이 다양해지고 있음을 보여주는 중요한 예이며, 타자화된 존재를 비유할 때 동원되곤 했던 동물을 그 자체로 재현했다는 점에서 동물에 대한 달라진 인식을 보여준다. 조선 후기 동물에 대한 인식, 동물과 인간의 관계에 대한 인식을 더욱 정확하게 규명하기 위해서는 동물전뿐만 아니라 조선 후기에 나온 풍부하게 기록된 동물설을 비롯한 동물 관련 담론을 검토할 필요가 있다.

참고 문헌

자료

『경국대전』.

『논어』.

『영조실록』, 한국고전번역자료 DB.

『정조실록』, 한국고전번역자료 DB.

강항, 『수은집』, 한국고전종합 DB.

경섬, 『해사록』, 한국고전종합 DB.

김균태, 『문집소재전자료집』, 계명문화사, 1986.

김동욱, 『고소설판각본전집』.

김시습, 『금오신화』, 김경미 옮김, 펭귄클래식 코리아, 2009.

김약련, 『두암선생문집』, 한국고전번역원 DB.

김종군, 『중국전기소설선』, 박이정, 2005.

남구만, 『약천집』, 한국고전번역자료 DB.

박제가, 『정유각집』, 한국고전번역원 DB.

박지원, 『열하일기』, 한국고전번역원 DB.

박태석, 『한당유사』.

박희병, 『한국한문소설교합구해』, 소명출판, 2005.

성대중, 『청성잡기』, 한국고전번역자료 DB.

성해응, 『연경재전집』, 한국고전번역자료 DB.

소현세자 시강원, 『심양장계: 심양에서 온 편지』, 정하영 외 역주, 창비, 2008.

<수산광한루기>.

신위, 『경수당전고』, 한국고전번역자료 DB.

심노숭, 『자저실기』, 안대회 김보성 외 옮김, 휴머니스트, 2014.

아리스토텔레스, 『시학』, 천병희 옮김, 문예출판사, 2019.

오비디우스, 『변신이야기』, 천병희 옮김, 숲, 2017.

왕덕구, 『황조유민록』, 국립중앙도서관 DB.

위백규, 『존재집』, 한국고전번역원 DB.

유만주, 『흠영』, 서울대학교 규장각, 1997.

유언호, 『연석』, 한국고전번역원 DB.

이규경, 『오주연문장전산고』, 한국고전번역원 DB.

이능화, 『조선여속고』, 민속원, 1995.

이대형 편역, 『수이전』, 소명출판, 2013.

이방 편, 『태평광기』, 김장환 옮김, 학고방, 2004.

이상구 역, 『숙향전 · 숙영낭자전』, 문학동네, 2010.

이상구 편역, 『17세기 애정전기소설』, 월인, 1999.

이수광, 『지봉유설』, 남만성 옮김, 을유문화사, 2001, KRpia DB.

이옥, 『이옥전집 1~4』, 실시학사 고전문학연구회 옮김, 2009.

이우성 · 임형택, 『이조한문단편집』, 일조각, 1980.

이유홍, 『간정집』, 한국고전번역원 DB.

이윤석 · 김경숙 교주, 『홍길동전 · 임장군전 · 정을선전 · 이대봉전』, 경인문화사, 2007.

이익, 『성호선생전집』, 한국고전번역원 DB.
일연, 『삼국유사』.
임경주, 『청천자고』 권 3, 규장각 DB.
임헌회, 『고산집』, 한국고전번역자료 DB.
장시광, 『조선시대 동성혼 이야기 방한림전』, 한국학술정보(주), 2006.
장효현 · 윤재민 · 최용철 · 지연숙 · 이기대, 『애정세태소설』, 고려대민족문화연구소, 보고사, 2007.
전주 이씨, <완월회맹연>, 장서각 DB.
조찬한, 『현주집』, 한국고전종합 DB.
최남복, 『도와유고』, 장서각 디지털아카이브.
홍대용, 『담헌집』, 한국고전종합 DB.
홍세태, 『유하집』, 한국고전종합 DB.
홍우건, 『원천집』, 한국학종합 DB.
황경원, 『강한집』, 한국고전번역자료 DB.
『좌계부담』, 국립중앙도서관 DB.

논저

강동엽, 「허균과 유토피아」, 『한국어문학연구』 41, 2003.
강상순, 『한국고전소설과 정신분석학』, 고려대학교출판부, 2016.
강진옥, 「이형경전연구」, 『고소설연구』 2, 1996.
거자오광, 『전통시기 중국의 안과 밖』, 김효민 등 옮김, 소명출판, 2019.
고정갑희, 「그리스로마 신화에 나타난 변신의 성정치」, 『영미문학페미니즘』 11, 2003.
______, 「성장치와 여성주의 문화론: 구분하기, 가로지르기, 바꾸어내기」, 『여/성이론』 2호, 2000.

———, 『성이론』, 여이연, 2011.
———, 『페미니즘은 전환이다』, 북코리아, 2016.
김경미, 『19세기 소설사의 새로운 모색』, 보고사, 2011.
———, 「개인적인 삶에 대한 긍정과 지식의 재배치: 이옥의 <백운필>을 중심으로」, 『고전문학연구』 48, 2015.
———, 「동아시아적 시각에서 다시 읽는 <최척전>·<김영철전>」, 『고전문학연구』 43, 2013.
———, 『소설의 매혹』, 월인, 2003.
———, 「<운영전>에 나타난 여성 서술자의 의의」, 『한국고전여성문학연구』 4, 2002.
———, 「이민자에 대한 조선사회의 태도와 그 반응: 명 유민(遺民)을 중심으로」, 『한국고전연구』 49, 2020.
———, 『임윤지당 평전』, 한겨레출판사, 2019.
———, 「전기소설의 젠더화된 플롯과 닫힌 미학을 넘어서」, 『한국고전여성문학연구』 20, 2010.
김덕진, 『대기근, 조선을 뒤덮다』, 푸른역사, 2008.
김명순, 「<숙녀지기>에 나타난 여성의 삶과 우정」, 『고소설연구』 1, 1998.
김무진, 「조선 사회의 遺棄兒 收養에 관하여」, 『계명사학』 4, 계명사학회, 1993.
김문식, 「成海應이 증보한 『丁未傳信錄』」, 『진단학보』 115, 2012.
———, 『조선후기 지식인의 대외인식』, 새문사, 1995.
김문희, 「<숙향전>의 환상성의 창출양상과 의미」, 『한민족어문학』 47, 2005.
김미현, 「<沈生傳>의 서술시각과 작가의식」, 고려대학교 석사학위논문, 2008.
김복순, 「식민지근대 초기의 만보와 소설 형식의 젠더화」, 『현대소설연구』 28, 2005.
———, 「페미니즘 미학의 기본개념과 방법」, 『여성문학연구』 15, 2006.

김수연, 「명대 주변부 문인의 삶과 <주생전>」, 『영주어문』 40, 2018.
김영미, 「불교의 수용과 여성의 삶·의식세계의 변화」, 『역사교육』 62, 1997.
김장동, 「<운영전>의 시점과 시제의식」, 『한국문학연구』 8, 1985.
김정녀, 「<방한림전>의 두 여성이 선택한 삶과 작품의 지향」, 『반교어문연구』 21, 2006.
______, 「고소설의 여성주의적 연구의 동향과 전망」, 『여성문학연구』 15, 2006.
______, 「신자료 국문본 <강도몽유록>의 이본적 특성과 의미」, 『고소설연구』 27, 2009.
김정신, 「임진왜란 조선인 포로에 대한 기억과 전승」, 『한국사상사학』 40, 2012.
김종철, 「서사문학사에서 본 초기 소설의 성립 문제: 전기소설과 관련하여」, 『고소설연구논총』, 경인문화사, 1988.
김진세, 「태원지고: 이조후기 사회인들의 Utopia를 中心으로」, 『영남대학교논문집』 1~2, 1968.
김하라, 「<방한림전>에 나타난 지기관계의 변모」, 『관악어문연구』 27, 2002.
김현양, 「최척전, '희망'과 '연대'의 서사」, 『열상고전연구』 24, 2006.
______, 「최치원의 장르 성격 논의에 대한 비판적 검토」, 『민족문학사연구』 10, 1997.
김혜정, 「서사문학에 나타난 여성의 우정 실현 양상과 의미」, 『동양고전연구』 22, 2005.
김희경, 「조선후기 성시풍속도의 유형별 특징 연구」, 『온지논총』 16, 2007.
노승희, 「페미니즘 이론의 실천적 지평」, 『페미니즘, 어제와 오늘』, 민음사, 2000.
노혜경, 「영조대 황조인에 대한 인식」, 『동양고전연구』 37, 2009.
대곡삼번, 『조선후기의 소설독자층 연구』, 고려대 민족문화연구소, 1985.

덩위첸(鄧雨宸), 「<金現感虎>와 『太平廣記』 소재 虎女 이야기의 비교 고찰」, 『東方文學比較研究』 2, 2014.

______, 「김현감호의 호녀 형상 고찰」, 고려대학교 석사학위논문, 2014.

류정월, 「『촌담해이』에서 오락과 도덕의 상호작용」, 『한국고전연구』 20, 2009.

류준경, 「<金現感虎>를 통해 본 전기소설의 형성과정과 그 특징」, 『고소설연구』 30, 2010.

류준필, 「<김현감호>형 서사의 비교문학적 접근」, 『한국학연구』 45, 2017.

밀렛, 케이트, 『성 정치학』, 김유경 옮김, 쌤앤파커스, 2020.

박기석, <운영전>, 『한국고전소설작품론』, 집문당, 1990.

박영한, 「한국 중세시대에 보이는 난민들」, 『다문화콘텐츠연구』 30, 2019.

박일용, 「<최치원>의 형상화 방식과 남·녀 주인공의 성적·사회적 욕망」, 『한국고전연구』 23, 2011.

______, 「<홍길동전>의 문학적 의미 재론」, 『고전문학연구』 9, 1994.

______, 「소설사의 기점과 장르적 성격 논의의 성과와 과제」, 『고소설연구』 24, 2007.

______, 『조선시대의 애정소설』, 집문당, 2000.

박현욱, 「『성시전도시』의 유형과 18세기 서울의 경관: 13종 『성시전도시』를 중심으로」, 『鄕土서울』 90, 2015.

박혜숙, 「여성영웅소설과 평등·차이·정체성의 문제」, 『민족문학사연구』 31, 2006.

박희병, 「최척전」, 『한국고전소설작품론』, 김진세 편, 집문당, 1990.

______, 「한문소설과 국문소설의 관련 양상」, 『한국한문학연구』 22, 1998.

______, 『한국전기소설의 미학』, 돌베개, 1997.

______ · 정길수 편역, 『전란의 소용돌이 속에서』, 돌베개, 2007.

______, 「<운영전> 작가 고증」, 『국문학연구』 42, 2020.

버거, 존, 『본다는 것의 의미』, 박범수 옮김, 동문선, 2000.

브룩스, 피터, 『플롯 찾아 읽기』, 박혜란 옮김, 강, 2011.

사경화, 「조선 후기 明 遺民에 대한 기록 양상」, 『한문고전연구』 34, 2017.

살스비, 재크린, 『낭만적 사랑과 사회』, 박찬길 옮김, 민음사, 1985.

서근식, 「조선시대 '향화' 개념에 대한 연구: 『조선왕조실록』을 중심으로」, 『동양고전연구』 37, 2009.

서보현, 「『沈生傳』의 愛情 傳奇小說의 계승과 변모 양상」, 『반교어문연구』 56, 2020.

서신혜, 「개인의 아픔으로 읽는 <방한림전>」, 『한국고전여성문학연구』 20, 2010.

______, 「李奎象이 『幷世才彦錄』에 쓴 明人 기록의 등장 底邊: 「寓裔錄」, 「風泉錄」의 意義와 관련하여」, 『어문연구』 38권 2호, 2010.

서지영, 『역사에 사랑을 묻다: 한국문화와 사랑의 계보학』, 이숲, 2011.

소인호, 「쌍녀분 전승의 쟁점적 고찰」, 『한국융합인문학』 4권 1호, 2016.

소재영, 「<운영전>의 비극성」, 『고소설통론』, 이우출판사, 1983.

손혜리, 「18세기 후반~19세기 전반 조선 지식인들의 明 遺民에 대한 기록과 편찬의식」, 『한국실학연구』 28, 2014.

______, 「반계가 바라본 명청 교체와 명 유민」, 『한국실학연구』 34, 2017.

송충기, 「역사학에서 '동물로의 전환(animal turn)': 짐승의 사회문화사에서 포스트휴머니즘 역사로」, 『서양사론』 139, 2018.

신경숙, 「<운영전>의 반성적 검토」, 『한성어문학』 9, 1990.

신재홍, 「<숙향전>의 미적 특질」, 『다곡이수봉박사정년기념 고소설연구논총』, 경인문화사, 1994.

신지연, 「1920-30년대 '동성(연)애' 관련 기사의 수사적 맥락」, 『민족문화연구』 45, 2006.

심치열, 「숙향전 연구」, 『한국언어문학』 38, 1997.

싱어, 피터, 『동물해방』, 김성한 옮김, 연암서가, 2016.

안영훈, 「한국 동물가전의 양상과 특징」, 『국학연구논총』 18, 2016.
안장리, 「강희맹의 생애와 문학」, 『열상고전연구』 18, 2003.
알튀세르, 루이, 『재생산에 대하여』, 김웅권 옮김, 동문선, 2007.
애벗, H. 포터, 『서사학 강의』, 우찬제 외 옮김, 문학과지성사, 2010.
양혜란, 「고소설에 나타난 조선조 후기 사회의 性차별의식 고찰: <방한림전>을 중심으로」,『한국고전연구』 4, 1998.
엄태식, 『한국 전기소설 연구』, 월인, 2015.
오상학, 「조선후기 원형 천하도의 특성과 세계관」, 『지리학연구』 35권 3호, 2001.
옥복연, 「불교 경전에 나타난 여성혐오적 교리의 재해석: 불교여성주의의 관점에서」, 『한국여성학』 31권 1호, 2015.
우경섭, 「명청교체기 조선에 표류한 漢人들: 1667년 林寅觀 사건을 중심으로」, 『조선시대사학보』 88, 2019.
______, 「조선후기 귀화한인과 황조유민의식」, 『한국학연구』 27, 2012.
유발-데이비스, 니라, 『젠더와 민족』, 박혜란 옮김, 그린비, 2012.
윤경희, 「이대본 숙향전에 나타난 照命論的 세계관」, 『한국고전연구』 창간호, 1995.
윤세순, 「17C 중국인 피난민 강세작에 대한 문학적 형상화와 그 태도: <강세작전>과 <강군세작묘지명>을 중심으로」, 『고소설연구』 30, 2010.
윤승준, 「동물전 연구 서설」, 『한문학논집』 14, 1996.
______, 「조선시대 '동물설'에 대한 일고찰: 조선전기를 중심으로」, 『한문학논집』 15, 1997.
윤재민, 「전기소설의 인물성격」, 『민족문화연구』 28, 1995.
______, 「조선후기 전기소설의 향방」, 『민족문학사연구』 15, 1999.
윤채근, 『소설적 주체, 그 탄생과 전변』, 월인, 1999.
이강옥, 「<홍길동전>의 제문제와 해결」, 『한국고전소설론』, 새문사, 1990.

이경하, 「여성주의 문학연구의 효용성과 고전문학사」, 『여성문학연구』 16, 2006.

이규상, 『병세재언록』, 민족문학사연구소 한문분과, 창작과비평사, 1997.

이문규, 「<홍길동전>의 성격」, 『한국문학사의 쟁점』, 집문당, 1986.

이민희, 「멜랑콜리 관점에서 본 「李生窺墻傳」 還魂 서사의 의미」, 『고전문학연구』 51, 2017.

이봉지, 『서사학과 페미니즘』, 배재대학교출판부, 2005.

이상구, 「<숙향전>의 현실적 성격」, 『고전문학연구』 6, 1991.

______, 「<심생전(沈生傳)의 인물형상과 작가의식」, 『한국고소설사의 시각』, 국학자료원, 1996.

______, 「<운영전>의 갈등 양상과 작가의식」, 『한국고소설의 자료와 해석』, 아세아문화사, 2001.

______, 「숙향전의 문헌적 계보와 현실적 성격」, 고려대 박사학위논문, 1994.

이상택, 「고대소설의 세속화과정 시론」, 『고전문학연구』 1, 한국고전문학연구회, 1971.

이옥경, 「정절 이데올로기의 형성 기반과 정착 방식에 관한 연구」, 이화여대 석사학위논문, 1985.

이윤석, 「동양문고본 <홍길동전> 연구」, 『동방학지』 99, 1998.

이정원, 「『태평통재』에 실린 <최치원>에 대한 장르론 검토」, 『국어국문학』 192, 2020.

______, 「애정 전기소설사 초기의 서사적 성격」, 『고소설연구』 25, 2008.

이지영, 「<상사동기>, <옥소선>, <심생전>의 '열정적 사랑'에 대하여」, 『고소설연구』 36, 2013.

이태진, 「소빙기(1500~1750) 천변재이 연구와 <조선왕조실록>」, 『역사학보』 149, 역사학회, 1996.

이택동, 「한국 古典에 투영된 동물의 表象」, 『시학과 언어학』 24, 2013.

이현재, 「포스트모던적 로맨스 주체: 줄타기와 저글링」, 『여/성이론』 28, 여이연, 2013.

임선빈, 「조선초기 歸化人의 賜鄕과 특징」, 『동양고전연구』 37, 2009.

임완혁, 「<김현감호>에 나타난 虎女의 형상과 주제의식」, 『대동한문학』 53, 2017.

임치균, 「<태원지> 연구」, 『고전문학연구』 35, 2009.

임형택, 「傳奇小說의 戀愛主題와 <韋敬天傳>」, 『동양학』 22권 1호, 1992.

______, 『한국문학사의 시각』, 창작과비평사, 1984.

장시광, 「<방한림전>에 나타난 동성결혼의 의미」, 『국문학연구』 6, 국문학회, 2001.

장효현, 「홍길동전의 생성과 형성」, 『고전소설사의 제문제』, 고려대학교출판부, 2002.

______, 『한국고전소설사연구』, 고려대학교출판부, 2002.

전수연, 「<沈生傳>의 樣式的 特性」, 『이화어문논집』 9, 1987.

정민, 「<주생전>의 창작 기층과 작품 성격」, 『한양어문연구』 9, 1991.

정길수, 「전기소설의 전통과 「구운몽」」, 『한국한문학연구』 30, 2002.

정두희 · 이경순 엮음, 『임진왜란 동아시아 삼국 전쟁』, 휴머니스트, 2007.

정병호, 「<심생전>에서의 신분의 문제」, 『동방한문학회』 8, 1992.

정출헌, 「<운영전>의 중층적 애정 갈등과 그 비극적 성격」, 『고전소설사의 구도와 시각』, 소명출판, 1999.

______, 「삼국의 여성을 읽던 一然의 한 시각: 「金現感虎」의 경우」, 『문학과 경계』 13, 2004.

정하영, 「<沈生傳>의 題材的 脈絡과 敍事方式」, 『고전문학연구』 18, 2000.

______, 「전쟁포로의 소설적 형상화」, 『탈경계인문학』 10, 2011.

정한기, 「숙향전의 구조와 초월적 모티프의 작품내적 기능에 대한 연구」, 『관악어문연구』 20, 1995.

정환국, 「전근대동아시아와 전란, 그리고 변경인」, 『민족문학사연구』 44, 2010.
______, 「한국 초기서사의 복수(複數) 구도」, 『민족문학사연구』 59, 2015.
______, 「한문소설사 서술의 제 문제」, 『한국한문학연구』 64, 2016.
조광국, 『한국고전소설의 이념과 사랑』, 태학사, 2019.
조동일, 『동아시아 문명론』, 지식산업사, 2010.
조용호, 「<숙향전>의 구조와 의미」, 『고전문학연구』 7, 1992.
______, 「<운영전> 서사론」, 『한국고전연구』 3, 1997.
조현설, 「17세기 전기·몽유록에 나타난 타자 연대와 서로주체성의 의미」, 『국문학연구』 19, 2009.
조현우, 「金現感虎」와 「虎願」의 對比 研究」, 『어문연구』 29권 1호, 2001.
조혜란, 「<강도몽유록> 연구」, 『고소설연구』 11, 2000.
______, 「남성 환타지 소설의 시작, 최치원」, 『여/성이론』 8, 여이연, 2003.
______, 「<숙녀지기>에 나타난 여성 지기(知己) 형상화의 의미」, 『한국고전여성문학연구』 24, 2012.
조희웅·松原孝俊, 「『숙향전』 형성연구 재고: 일본측 자료를 중심으로」, 『고전문학연구』 12, 1997.
주영아, 「디아스포라에 대한 조선 지식인의 문학적 수용 태도: 명나라 유민 강세작의 실상을 중심으로」, 『동방학연구』 37, 2017.
지연숙, 「<주생전>의 배도 연구」, 『고전문학연구』 28, 2005.
______, 「<숙향전>의 세계 형상과 작동 원리 연구」, 『고소설연구』 24, 2007.
진재교, 「越境과 敍事, 동아시아의 서사 체험과 '이웃'의 기억: 최척전 독법의 한 사례」, 『한국한문학연구』 46, 2010.
차(배)옥덕, 『백년 전의 경고: 방한림전과 여성주의』, 아세아문화사, 2000.
______, 「<방한림전>의 구조와 의미: 페미니즘적 시각을 중심으로」, 『고소설연구』 4, 1998.
차충환, 「<숙향전>의 보은담 구조와 세계관」, 『인문학연구』 2, 경희대 인문학연구소, 1998.

______, 「숙향전의 구조와 세계관」, 『고전문학연구』 15, 1999.

______, 『숙향전 연구』, 월인, 1999.

최귀묵, 「전기 <최치원 다시 읽기」, 『문학치료연구』 16, 2010.

최기숙, 「17세기 고소설에 나타난 여성인물의 유랑과 축출, 그리고 귀환의 서사」, 『고전문학연구』 38, 2010.

______, 『17세기 장편소설 연구』, 월인, 1999.

최승현, 「한국의 明代遺民 연구」, 『중국인문과학』 47, 2011.

최원식, 「동아시아 텍스트로서의 한국현대문학」, 『어문학』 83, 2003.

최원오, 「17세기 서사문학에 나타난 越境의 양상과 초국적 공간의 출현」, 『고전문학연구』 36, 2009.

최진아, 「傳奇로 읽은 唐代 남성의 욕망: 愛情類 傳奇를 중심으로」, 『중국소설논총』 14, 2001.

쿤츠, 스테파니, 『진화하는 결혼』, 김승욱 옮김, 작가정신, 2009.

퀴어이론문화연구모임 WIG, 『젠더의 채널을 돌려라』, 사람생각, 2008.

파이어스톤, 슐라미스, 『성의 변증법』, 김민예숙·유숙열 옮김, 꾸리에, 2016.

펠스키, 리타, 『페미니즘 이후의 문학』, 이은경 옮김, 여이연, 2010.

한국현대소설학회, 『현대소설론』, 평민사, 2015.

한명기, 『정묘·병자호란과 동아시아』, 푸른역사, 2009.

한문종, 「조선초기의 向化倭人과 李藝」, 『한일관계사연구』 28, 2007.

한승현, 「19세기 전반기 明 遺民의 정체성과 구별짓기: 濟南 王氏 王德一, 德九의 사례를 중심으로」, 『역사교육』 146, 2018.

한의숭, 「18~19세기 傳奇小說의 인물형상 再考: <沈生傳>과 <布衣交集>을 중심으로」, 『대동한문학』 58, 2019.

한의숭, 「光山 金氏 惟一齋 宗宅 소장 고전소설의 유전 양상과 성격」, 『동양한문학연구』 58, 2021.

해러웨이, 도나, 『해러웨이 선언문』, 황희선 옮김, 책세상, 2019.

호이징가, 요한, 『중세의 가을』, 최홍숙 옮김, 문학과지성사, 1988.

홀, 스튜어트, 『문화, 이데올로기, 정체성』, 임영호 편역, 컬처룩, 2015.

홍완표·권순형, 「고려시대 귀족 여성의 혼인 생활 연구: 염경애 묘지명을 중심으로」, 『한경대학교논문집』 37, 2005.

홍현성, 「「문장풍류삼대록」에 나타난 여성 인식과 의미」, 『장서각』 21, 2009.

______, 「<태원지> 시공간 구성의 성격과 의미」, 『고소설연구』 29, 2010.

황윤실, 「17세기 애정전기소설에 나타난 여성주체의 욕망발현 양상」, 한양대 박사학위논문, 2000.

Ritvo, Harriet, "On the animal turn", *Doedalus*, vol. 136, 2007.

Robert Scholes, Robert Kellogg, *The Nature of Narrative*, New York: Oxford University Press, 1979.

찾아보기

플롯의 발견

한국 고전 서사의 재생산과 전환

펴낸날 1판 1쇄 2022년 1월 28일
지은이 김경미
펴낸이 이승아
펴낸곳 이화여자대학교출판문화원
주소 서울특별시 서대문구 이화여대길 52 (우03760)
등록 1954년 7월 6일 제9-61호
전화 02) 3277-2965 (편집), 362-6076 (마케팅)
팩스 02) 312-4312
전자우편 press@ewha.ac.kr
홈페이지 www.ewhapress.com
책임편집 이혜지
인쇄 한영문화사

ISBN 979-11-5890-450-0 93810
값 29,000원